普通高等教育材料成形及控制工程专业改革教材

焊接工程基础

主　编　熊腊森
副主编　刘顺洪
参　编　王　学　何志江　吴丰顺
　　　　吴军　罗传红　张富巨
主　审　陈武柱

机械工业出版社

本书由三篇组成。第一篇焊接方法及设备主要论述焊接电弧物理基础、熔滴过渡基本理论、焊接自动化调节原理；介绍工程中常用焊接方法(电弧焊、电阻焊)的特点、应用和相关的设备电气原理、新型焊接自动控制技术；简述先进制造技术。第二篇金属材料焊接在概述金属材料焊接性基本理论的基础上，重点介绍常用工程材料如合金结构钢、耐热钢、不锈钢、铸铁和有色金属焊接。第三篇焊接结构重点介绍焊接应力与变形；焊接结构的脆性断裂和疲劳强度以及焊接接头的强度与计算等基本理论。

本书供高校材料成形与控制专业及大中专热加工工程专业学生使用，也可供机械、造船等专业师生和工程技术人员参考。

图书在版编目（CIP）数据

焊接工程基础/熊腊森主编. —北京：机械工业出版社，2002.2（2025.7 重印）

普通高等教育材料成形及控制工程专业改革教材

ISBN 978-7-111-09829-4

Ⅰ.焊... Ⅱ.熊... Ⅲ.焊接－高等教育－教材 Ⅳ.TG4

中国版本图书馆 CIP 数据核字（2002）第 002914 号

机械工业出版社(北京市百万庄大街 22 号　邮政编码 100037)
责任编辑：王霄飞　冯春生　版式设计：冉晓华　责任校对：张　佳
封面设计：姚　毅　　　　　　责任印制：张　博
固安县铭成印刷有限公司印刷
2025 年 7 月第 1 版·第 14 次印刷
169mm×239mm ·23.25 印张·451 千字
标准书号：ISBN 978-7-111-09829-4
定价：59.80 元

电话服务　　　　　　　　网络服务
客服电话：010-88361066　　机　工　官　网：www.cmpbook.com
　　　　　010-88379833　　机　工　官　博：weibo.com/cmp1952
　　　　　010-68326294　　金　书　网：www.golden-book.com
封底无防伪标均为盗版　　　机工教育服务网：www.cmpedu.com

普通高等教育材料成形及控制工程专业改革教材编审委员会

主编单位：华中科技大学
策划单位：华中科技大学　　　机械工业出版社
顾　　问：杨叔子　院士
　　　　　周　济　院士
　　　　　崔　崑　院士
参编单位：西北工业大学　　　武汉理工大学
　　　　　武汉大学　　　　　吉林大学
　　　　　重庆工业大学　　　太原理工大学
　　　　　湖北工学院　　　　华南理工大学
　　　　　太原重型机械学院　武汉科技大学
　　　　　大连理工大学　　　上海交通大学
　　　　　湖北汽车工业学院　武汉凯奇公司
　　　　　机械科学研究院武汉材料保护研究所
审稿单位：武汉大学　　　　　东南大学
　　　　　武汉理工大学　　　山东大学
　　　　　合肥工业大学　　　中国科学院计算所
　　　　　西安交通大学　　　浙江大学
　　　　　福州大学　　　　　上海交通大学
　　　　　（排名不分先后）　清华大学

序

我国社会主义现代化建设浪潮不断高涨,高等教育与教学改革不断深入发展,长江后浪推前浪。

培养基础宽、素质高、能力强、适应面广,具有创新能力的人才,教材建设是一大关键。新的专业目录颁布以来,经过摸索和探讨,对一些改革力度大的专业组建和教材建设,各高校的观点和看法逐渐趋于大同。在这个基础上,编写一套适合于普通高等教育"材料成形与控制工程"专业系列改革教材是适时的,也是非常必要的。

该系列教材内容合理而先进,充分体现了专业重心下移,着重于专业的基础性、共性课程的设置。而反映铸、锻、焊专业方向性的课程,绝大部分作为选修课程设置。其主要特点,一是系列教材覆盖面宽,不仅覆盖了 4 个老专业近 40 门专业教材的内容,而且还延伸到材料热加工的最新技术及发展的前沿;二是内容精练,选材新颖,结构合理,13 门教材平均每门不足 30 万字,仅为 4 个老专业教材篇幅的 1/4~1/5,且近一半的内容选自近 10 余年来的科研成果、国内外文献和国外原版教材;三是 13 门专业主干教材中,有 4 门是与计算机和信息技术相结合的教材,突出了计算机和信息技术的学习与应用。

我相信,通过这套专业系列教材的学习,可使材料成形与控制工程专业的学生较为充分掌握系统的专业基础与共性知识,在先进的材料加工新技术和发展趋势方面较好了解乃至有所掌握,在计算机应用和外语水平方面能形成优势,这有利于培养较高的综合素质和较强的创新能力。

当然,任何事情不能一蹴而就。这套专业系列教材也有待于在教学实践中不断修改与完善。好的开始等于成功的一半。我祝愿在著者与读者的共同努力下,这套教材有一个更为美好的明天,谨此为序。

中科院院士 杨叔子

前　言

为了适应国家教育改革形势的发展，根据教育部最新颁布的新的专业目录，全国大部分工科院校已将原热加工专业的铸造、焊接、锻压、热处理四个专业合并为材料成形及控制工程大专业。1998年12月，教育部热加工专业教学指导委员会在哈尔滨召开年会，探讨了专业改造和教材建设的问题。

推行专业改革，为社会培养综合素质高、知识结构全面的栋梁之材，在很大程度上取决于教材建设。教育部颁布新的专业目录已两年多，经过这一阶段的摸索和探讨，对材料成形及控制工程专业的改造和教材建设，各高校观点和方法逐渐趋于大同，在这个基础上，编写一套普通高等教育材料成形及控制工程专业系列教改教材是适时的。为此，机械工业出版社教材编辑室成立了以华中科技大学为牵头单位的系列教改教材编审委员会，共同组织编写材料成形及控制工程专业系列教材。

本书是以材料加工工程、材料成形及控制工程、材料学、机械工程和船舶工程等专业本科生为主的教学用书。

"焊接工程基础"的主要专业技术基础是"电工电子学"、"金属学及热处理"、"计算机工程"、"材料成形原理"、"工程力学"等，是材料成形及控制工程专业开设的方向性较强的专业课教材。

本书分三篇共十六章。第一至八章为焊接方法及设备篇；第九至十二章为金属材料焊接篇；第十三至十六章为焊接结构篇。在编写过程中，编者力求做到以下几点：

（1）突出重点，理顺知识　传统的焊接专业，专业课目繁多，内容庞杂，总量在200万字以上。由于体系、结构的原因，这些教材有些内容互相重叠、叙述多有冗余，有的甚至老化过时，已经不能适应专业改造和教材改革的需要。本书根据工程实际的需求，综合焊接方法及设备、金属材料焊接和焊接结构三大知识板块的主要内容，理顺焊接工程所必须的基础知识，删除传统焊接专业教材中大量的资料性图表和叙述，做到重点突出，内容精炼，条理清楚。

（2）注重基础，抓住特点　本书焊接方法及设备篇重点介绍焊接电弧物理基础、熔滴过渡和自动焊接调节原理等基础理论；对于主要焊接方法则强调其工艺特点、电弧特点、熔滴过渡特点及应用特点，这样既突出了基础和重点，又做到了理论与实际相结合。同样，材料焊接重点讨论合金钢、不锈钢及有色金属的焊接性基础和焊接工艺特点；焊接结构则侧重设计基础和相关的基本理论，如焊接变形和残余应力、焊接结构的疲劳和脆性断裂等。上述基础理论和基本方法都具有很强的专业特点，是焊接工作者必须掌握的。

（3）联系实际，技术求新　本书力求理论联系实际，在叙述基础理论时尽量介绍其可能的实际应用，介绍工艺应用时则引用其理论基础。焊接技术尽可能延伸到最新技术及其发展前沿，例如表面张力过渡技术、自动跟踪技术、自适应控制技术、计算机控制技术以及先进制造技术等在焊接中的最新应用成果。

本书由华中科技大学熊腊森为主编（编写绪论、第一、二、三、五章，第八章第四节），刘顺洪为副主编（编写第十五、十六章）。参加编写的有：华中科技大学吴丰顺（编写第八章一至三节，第十二章一、三节及第十章部分工作），武汉大学张富巨（编写第四、六章），王学（编写第九章、第十一章、第十二章第二节），罗传红（编写第七章），武汉理工大学吴军（编写第十章），何志江（编写第十三、十四章）。最后由熊腊森统稿，并由清华大学陈武柱教授主审。

本书在编写过程中，得到了华中科技大学胡伦骥教授、夏巨谌教授、魏华胜教授及刘庆华同志等的帮助和支持，在此表示衷心的感谢。对所有为本书提供资料和建议的同志也一并表示诚挚的谢意！

限于编者水平，书中错误难免，敬请广大读者指正。

　　　　　　　　　　　　　　　　　　　　　　　　　　编者
　　　　　　　　　　　　　　　　　　　　　　　　　2001年9月

目　录

前言
绪论 ··· 1

第一篇　焊接方法及设备 ·· 5

第一章　电弧焊基础知识 ·· 5

第一节　焊接电弧 ··· 5
　一、焊接电弧的导电特点 ·· 5
　二、焊接电弧的构成及其导电特性 ··· 10
第二节　焊接电弧中的能量平衡及电弧力 ··· 13
　一、焊接电弧中的能量平衡 ··· 13
　二、电弧的能量密度和温度分布 ·· 14
　三、电弧的主要作用力 ··· 14
　四、电弧的极性及其选择方法 ·· 16
第三节　磁场对电弧的作用 ·· 17
　一、电弧自身磁场的作用 ·· 17
　二、电弧的磁偏吹 ··· 18
　三、外加磁场对电弧的作用 ··· 20
第四节　焊丝的熔化及熔滴过渡 ·· 22
　一、焊丝加热与熔化的能量 ··· 22
　二、焊丝的熔化速度及熔化系数 ·· 23
　三、熔滴过渡 ··· 25
　四、熔滴过渡的控制 ·· 34
第五节　母材熔化和焊缝成形 ··· 36
　一、熔池和焊缝的形状尺寸 ··· 36
　二、焊接条件对焊缝成形的影响 ·· 37
　三、焊缝成形的控制 ·· 39

第二章　电弧焊自动控制基础 ··· 42

第一节　熔化极自动电弧焊的自动调节系统 ·· 42
　一、自动电弧焊自动调节概述 ·· 42
　二、熔化极等速送丝电弧自身调节系统 ··· 44
　三、电弧电压反馈调节系统 ··· 48
第二节　恒速调节系统 ··· 53

一、晶闸管可控制整流驱动电路 ·································· 53
　　二、脉宽调制式开关管驱动电路 ·································· 57
　第三节　电弧焊的程序自动控制 ······································ 60
　　一、程序自动控制的对象和要求 ·································· 60
　　二、程序自动控制的转换和实现方法 ······························ 61
　　三、电弧焊程序控制的基本环节 ·································· 62
第三章　埋弧焊 ·· 69
　第一节　埋弧焊的特点及应用 ·· 69
　　一、埋弧焊的特点 ·· 69
　　二、埋弧焊的应用及其局限性 ···································· 70
　　三、埋弧焊的焊剂、焊丝及其选配 ································ 70
　第二节　埋弧焊机 ·· 72
　　一、分类及结构 ·· 72
　　二、MZ—1000 型埋弧焊机 ······································· 75
　第三节　埋弧焊技术 ·· 77
　　一、常用埋弧焊技术 ·· 77
　　二、埋弧焊的其他焊接技术 ······································ 81
第四章　熔化极气体保护电弧焊 ·· 84
　第一节　熔化极气体保护电弧焊原理及分类 ···························· 84
　　一、熔化极气体保护焊原理 ······································ 84
　　二、熔化极气体保护焊方法分类及其应用 ·························· 84
　第二节　熔化极气体保护焊的气体选择与冶金特性 ······················ 85
　　一、熔化极气体保护焊的气体选择 ································ 85
　　二、MIG 及 MAG 焊的冶金特性及焊丝选择 ························ 86
　　三、CO_2 焊接的冶金特性 ·· 86
　　四、CO_2 气体及焊丝 ·· 88
　第三节　惰性及混合气体保护焊 ······································ 90
　　一、熔化极惰性气体保护焊 ······································ 90
　　二、熔化极混合气体保护焊 ······································ 93
　　三、熔化极气体保护焊设备 ······································ 94
　第四节　CO_2 气体保护焊 ·· 95
　　一、CO_2 焊接方法特点及其应用 ·································· 95
　　二、CO_2 焊接工艺技术 ·· 96
　　三、CO_2 焊接的飞溅控制 ·· 99
　第五节　药芯焊丝电弧焊 ·· 103
　　一、药芯焊丝的结构及分类 ······································ 103
　　二、药芯焊丝电弧焊的技术经济特性 ······························ 104
　　三、药芯焊丝电弧焊的电弧形态与熔滴过渡 ························ 105

第六节　熔化极气体保护焊的特别技术 ………………………………… 106
　　　　一、脉冲电流焊接 …………………………………………………… 106
　　　　二、窄间隙焊接 ……………………………………………………… 109
第五章　钨极氩弧焊 …………………………………………………………… 113
　　第一节　钨极氩弧焊的原理与特点 ……………………………………… 113
　　　　一、钨极氩弧焊方法特征及应用 …………………………………… 113
　　　　二、钨极氩弧焊焊枪 ………………………………………………… 113
　　　　三、钨极氩弧焊的电极 ……………………………………………… 114
　　第二节　钨极氩弧焊焊机 ………………………………………………… 118
　　　　一、钨极氩弧焊的电流种类和极性 ………………………………… 118
　　　　二、逆变式钨极氩弧焊设备简介 …………………………………… 121
　　第三节　钨极氩弧焊工艺 ………………………………………………… 129
　　　　一、常规钨极氩弧焊工艺技术 ……………………………………… 129
　　　　二、其他钨极氩弧焊工艺 …………………………………………… 130
第六章　等离子弧焊 …………………………………………………………… 134
　　第一节　等离子弧特性及其发生器 ……………………………………… 134
　　　　一、等离子弧的形成 ………………………………………………… 134
　　　　二、等离子弧的分类 ………………………………………………… 134
　　　　三、等离子弧特性 …………………………………………………… 135
　　　　四、等离子弧发生器 ………………………………………………… 136
　　　　五、双弧现象及其防止 ……………………………………………… 139
　　第二节　等离子弧焊接与切割 …………………………………………… 140
　　　　一、等离子弧焊接工艺及其参数选择 ……………………………… 140
　　　　二、等离子弧切割（PAC） …………………………………………… 143
　　第三节　等离子弧堆焊和喷涂 …………………………………………… 145
　　　　一、等离子弧堆焊 …………………………………………………… 145
　　　　二、等离子弧喷涂 …………………………………………………… 146
第七章　电阻焊 ………………………………………………………………… 149
　　第一节　电阻焊的基本原理 ……………………………………………… 149
　　　　一、电阻焊过程及特点 ……………………………………………… 149
　　　　二、电阻焊热源及热过程 …………………………………………… 150
　　　　三、焊接电流的种类及运用范围 …………………………………… 155
　　　　四、金属材料电阻焊的焊接性 ……………………………………… 156
　　第二节　点焊、缝焊、凸焊 ……………………………………………… 158
　　　　一、点焊 ……………………………………………………………… 158
　　　　二、缝焊 ……………………………………………………………… 160
　　　　三、凸焊 ……………………………………………………………… 162
　　第三节　对焊 ……………………………………………………………… 163

一、电阻对焊 163
　　二、闪光对焊 164
　第四节　电阻焊设备及控制 166
　　一、电阻焊机的分类和主要技术要求 166
　　二、电阻焊机的主电源 168
　　三、电阻焊质量控制 172

第八章　新型焊接自动控制技术 176
　第一节　焊缝位置自动跟踪控制 176
　　一、焊缝位置自动跟踪传感器 176
　　二、焊缝位置自动跟踪控制系统 181
　　三、焊缝位置自动跟踪控制的应用 182
　第二节　焊接过程计算机控制 183
　　一、轨迹控制 183
　　二、自适应控制 185
　第三节　焊接机器人 187
　　一、工业机器人的工作原理 187
　　二、焊接机器人 188
　第四节　先进制造技术概述 192
　　一、先进制造技术的内涵、构成及其发展 192
　　二、焊接技术的未来 197

第二篇　金属材料焊接 200

第九章　金属焊接性基础 200
　第一节　金属焊接性概念 200
　　一、金属焊接性的定义 200
　　二、金属焊接性的影响因素 200
　　三、金属焊接性评定方法 202
　第二节　钢焊接性判据 202
　　一、碳当量法 202
　　二、冷裂纹敏感指数（P_c） 203
　第三节　常用焊接裂纹试验方法 204
　　一、斜Y形坡口焊接裂纹试验 204
　　二、横向可变拘束热裂纹试验 206
　　三、层状撕裂试验 206

第十章　合金结构钢及铸铁的焊接 208
　第一节　合金结构钢的焊接 208
　　一、合金结构钢的分类 208
　　二、合金结构钢的焊接性 208

第二节　铸铁的焊接 218
　　　　一、铸铁的种类及性能 218
　　　　二、铸铁焊接性分析 220
　　　　三、铸铁焊接方法简介 224
　第十一章　耐热钢、不锈钢的焊接 226
　　第一节　耐热钢、不锈钢概述 226
　　　　一、耐热钢分类及特性 226
　　　　二、不锈钢分类及特性 227
　　　　三、不锈钢、耐热钢的物理性能 229
　　第二节　珠光体(含贝氏体)耐热钢的焊接 230
　　　　一、珠光体耐热钢的分类 230
　　　　二、珠光体耐热钢的焊接性 230
　　　　三、珠光体耐热钢的焊接工艺 232
　　第三节　马氏体、铁素体钢的焊接 234
　　　　一、铁素体钢的焊接 234
　　　　二、马氏体钢的焊接 236
　　第四节　奥氏体钢的焊接 239
　　　　一、奥氏体钢的分类和特性 239
　　　　二、奥氏体钢的焊接性 240
　　　　三、奥氏体钢的焊接工艺 245
　第十二章　有色金属的焊接 247
　　第一节　铝及铝合金的焊接 247
　　　　一、铝及铝合金的分类 247
　　　　二、铝及铝合金的性能 248
　　　　三、铝及铝合金的焊接性 249
　　　　四、铝及铝合金的焊接工艺特点 251
　　第二节　铜及铜合金的焊接 253
　　　　一、铜及铜合金的分类和特性 253
　　　　二、铜及铜合金的焊接性 254
　　　　三、铜及铜合金的焊接工艺 256
　　第三节　钛及钛合金的焊接 257
　　　　一、钛及钛合金的分类和性能 257
　　　　二、钛及钛合金的焊接性 258
　　　　三、钛及钛合金焊接的工艺要点 263

第三篇　焊接结构 266
　第十三章　焊接应力与变形 266
　　第一节　焊接应力和变形的形成过程 266

一、内应力与内部变形的基本概念 ·································· 266
　　二、热循环中的应力与变形的演变过程 ···························· 268
　　三、焊接过程中应力和变形的形成 ·································· 270
　第二节　焊接残余应力 ·· 275
　　一、焊接残余应力的分布 ··· 275
　　二、焊接残余应力对焊接结构性能的影响 ························ 278
　　三、焊接残余应力的控制和消除措施 ······························ 281
　　四、焊接残余应力的测定 ··· 284
　第三节　焊接残余变形 ·· 286
　　一、焊接残余变形的基本形式 ······································· 286
　　二、焊接残余变形的计算及影响因素 ······························ 287
　　三、焊接残余变形的控制与矫正 ···································· 290

第十四章　焊接接头强度及计算　295
　第一节　焊接接头的特点及形式 ·· 295
　　一、焊接接头的概念及特点 ·· 295
　　二、焊缝及焊接接头的基本形式 ···································· 295
　第二节　焊接接头的工作应力分布 ··· 297
　　一、焊接接头工作应力分布特点 ···································· 297
　　二、电弧焊焊接接头的工作应力分布 ······························ 298
　第三节　焊接接头强度计算基础 ·· 300
　　一、焊接接头的组配 ··· 300
　　二、焊接接头强度计算的基本假设 ································· 301
　　三、强度计算的基本方法 ··· 301
　　四、焊接接头的静载强度计算 ······································· 303

第十五章　焊接结构的脆性断裂　308
　第一节　金属材料或结构的断裂及其影响因素 ·························· 308
　　一、断裂分类 ··· 308
　　二、影响金属材料断裂的主要因素 ································· 309
　第二节　金属材料和焊接结构断裂的评定方法 ·························· 314
　　一、临界转变温度和断裂判据 ······································· 314
　　二、防止裂纹发生和阻止裂纹扩展的原则 ······················· 315
　　三、防止结构脆断的试验研究方法 ································· 315
　第三节　焊接结构的特点及其对脆断的影响 ····························· 321
　　一、焊接结构的特点 ··· 321
　　二、焊接结构制造工艺的影响 ······································· 322
　第四节　预防焊接结构脆性断裂的措施 ··································· 327
　　一、正确地选用材料 ··· 327
　　二、采用合理的结构设计 ··· 329

三、精心制造，严格执行制造工艺和质量要求 ………………………………… 331
　　四、用断裂力学方法评定结构的安全性 …………………………………………… 332
第十六章　焊接接头和焊接结构的疲劳强度 ………………………………………… 333
　第一节　疲劳断裂的基本概念 ………………………………………………………… 333
　　一、疲劳断裂 ……………………………………………………………………… 333
　　二、疲劳破坏的断口特征 ………………………………………………………… 333
　第二节　疲劳破坏机理 ………………………………………………………………… 334
　　一、疲劳裂纹萌生机理 …………………………………………………………… 334
　　二、疲劳裂纹扩展机理 …………………………………………………………… 335
　　三、瞬断阶段 ……………………………………………………………………… 337
　第三节　疲劳断裂力学的基本概念 …………………………………………………… 338
　　一、裂纹的亚临界扩展 …………………………………………………………… 338
　　二、疲劳裂纹的扩展特性 ………………………………………………………… 340
　　三、疲劳裂纹扩展寿命的估算 …………………………………………………… 341
　第四节　疲劳强度的常用表示法 ……………………………………………………… 342
　第五节　影响焊接结构疲劳强度的因素 ……………………………………………… 344
　　一、应力集中的影响 ……………………………………………………………… 344
　　二、残余应力的影响 ……………………………………………………………… 350
　第六节　提高焊接接头疲劳强度的措施 ……………………………………………… 353
　　一、降低应力集中 ………………………………………………………………… 353
　　二、调整残余应力场 ……………………………………………………………… 354
　　三、改善材料的力学性能 ………………………………………………………… 355
参考文献 ………………………………………………………………………………… 356

绪 论

一、焊接技术的发展及其在现代先进制造技术中的作用

焊接是指通过适当的手段使两个分离的固态物体产生原子(分子)间结合而成为一体的连接方法。被连接的两个物体可以是同类或不同类的金属(钢、铁及非铁金属),也可以是非金属(石墨、陶瓷、塑料、玻璃等),还可以是金属与非金属。迄今为止,金属材料仍然是焊接的主要对象,在我国焊接研究与发展的重点仍然是金属材料。

焊接是一种新兴而又古老的加工技术,早在公元 3000 年前我国古代已有铜-金,铅-锡焊接的应用,举世瞩目的秦始皇墓中出土的铜车马构件上就有锻焊和钎焊焊缝。明代的科学著作《天工开物》中也有关于锻焊的记载。目前工业生产中广泛应用的现代焊接技术则几乎都是 19 世纪末 20 世纪初的现代科学技术,特别是冶金学、金属学、力学、电工、电子学等迅速发展的产物。1885 年俄国人发现气体放电电弧为电弧焊接提供了可靠的能源,1930 年前后出现了涂药焊条电弧焊,此后相继出现了埋弧焊、钨极氩弧焊以及熔化极气体保护焊等焊接方法。1886 年发明电阻焊,并逐步完善为电阻点焊、缝焊和对焊方法,几乎与电弧焊同时推向工业应用。从此电弧焊和电阻焊便逐步取代铆接成为制造工业中广泛应用的基础加工工艺。

20 世纪现代焊接技术的发展十分迅速,继几种主要的电弧焊技术出现后,20 世纪 50 年代出现电渣焊、电子束焊;60 年代出现等离子弧焊和激光焊接;70 年代出现脉冲焊和窄间隙焊接;80 年代开始太空焊接。至 90 年代已经有电弧焊 18 种、硬钎焊 11 种、固态焊接 9 种、软钎焊 8 种、电阻焊 9 种、气焊 4 种、其他焊 10 种、热喷涂 3 种、氧切割 9 种、电弧切割 7 种、其他切割 6 种以及扩散焊 1 种。近年来出现的表面张力过渡焊、搅拌摩擦焊、激光和电弧复合加热焊等显示了新的焊接技术仍在不断发展之中。

焊接是现代金属加工中最重要的方法之一,它和金属切削加工、压力加工、铸造、热处理等其他金属加工方法一起构成的金属加工技术是现代一切制造工业,包括汽车、船舰、飞机、航天、原子能、石油化工、电力、电子等工业部门的基础生产工艺。随着国民经济的高速发展和科学技术的不断进步,工业大型结构将进一步采用焊接方法,"锻焊结合"、"铸焊结合"也将会得到日益广泛的应用。

焊接技术是机械制造工业中的关键技术之一,是现代先进制造技术的一个重要组成部分。20 世纪焊接技术获得了革命性的进展,在制造工业中发挥了举足

轻重的作用。可以毫不夸张地说，没有现代焊接技术的发展，就不可能有现代工业和科学技术的今天。展望21世纪，全世界钢产量的50%将要通过焊接制成产品，焊接技术仍将在制造业中起着极其重要的作用。

先进制造技术的发展将带动焊接技术的发展，焊接将不断吸收高新技术成果，如信息、材料、能源、现代电力、电子技术及管理等方面的成果，适应和推动现代先进制造技术的发展。在21世纪焊接也将在科学技术发展和市场日益增大需求的引导下，向着人类活动的各个领域进军，以满足人类各方面的需要。优质、高效、安全、低耗、清洁、灵活的生产仍是努力的方向，取得理想的技术经济效果仍是最终追求的目标。

根据先进制造技术的发展方向，结合焊接技术本身的特点，未来焊接技术的发展趋势是：焊接成形精确化，焊接生产自动化和过程控制智能化，优质、高效的焊接工艺将不断涌现，特殊材料及特殊环境下焊接技术，焊接过程计算机模拟技术将得到不断发展和应用，同时焊接技术也将不断向材料科学和工程的新兴领域渗透和拓展。

二、焊接技术科学的形成以及焊接工程的主要基础

焊接不仅是一种技艺，而且是一门科学。这种从技艺向科学的发展建筑在其他学科发展的基础上，如化学冶金、物理冶金、材料力学、电工学、电子学、光电子学以及计算机技术等等。吸收、消化、发展这些科学，便使焊接从一门单纯的技艺发展成为一门科学的制造技术。推动这一发展的动力，则是焊接技术在重大工程中应用，以及因此而产生的后果。例如，20世纪30年代欧洲数座焊接桥梁发生脆性断裂，造成重大人员伤亡；40年代美国"自由轮"事件，5000艘焊接船中1000余艘发生裂纹或脆性破坏；50年代美国采用HY 80钢制造潜艇产生大量氢致裂纹；60年代美国APOLLO计划，土星V飞船采用高强铝合金焊接产生气孔、变形及强度问题。这些重大的焊接事故引起了政府和技术界的极大关注，大量资金和技术研究的投入，极大地促进了焊接科学的发展。焊接冶金学、焊接金属学、焊接工艺和设备理论以及焊接断裂力学便应运而生，其中焊接断裂力学的形成不仅推动了焊接工程的应用，而且也推动了力学学科的发展。

随着科学技术的发展以及焊接技术在各行各业中的广泛应用，焊接本身已从单一的加工工艺发展成为新兴的综合性的工程和技术学科，它涉及到材料、结构设计、工艺方法、电源设备及工艺装备、下料、成形、焊前和焊后处理、生产过程自动化和机械化、质量检验与控制、失效分析、卫生与安全及环境保护等众多领域。焊接结构设计，金属材料焊接以及焊接方法与设备则是焊接工程的基础，它们之间有着密切的联系，把它们作为一个系统来研究，反映了焊接技术综合化发展趋势，必将推动焊接工程技术进一步向前发展。

随着焊接技术的不断进步，国民经济的迅速发展，焊接结构在国民经济各个

部门中的应用日益广泛。20世纪90年代初我国焊接结构产量已经达到钢产量的30%，90年代末我国焊接结构的产量超过钢产量的40%，21世纪中国乃至全世界焊接结构的产量将达到钢产量的50%。这不仅为焊接结构本身的研究、设计开拓了更为广阔的前景，而且为新材料、新方法、新设备的开发和应用，为焊接工程的整体发展，提供了前所未有的挑战和机遇。

焊接方法是指实现焊接过程的方式或手段，焊接设备则是供给能量、实施控制、完成某种操作的电路、机械、气路、水路等的总称。有一种焊接方法则必有一套与之相适应的焊接设备。目前国内外学者关于焊接方法的分类方法甚多，例如常见的族系法、一元坐标法、二元坐标法等。图0-1为常用焊接方法的基本分类。

三、课程内容及教学方法

本课程是材料成形及控制工程专业的一门方向性很强的专业课。它的任务是使学生掌握焊接工程实际中所涉及的方法与设备，材料焊接以及焊接结构的基础理论、基本原理和必要的实验技能；可从事简单结构的设计与计算，制定合理的焊接结构生产工艺，选择焊接方法及设备，分析各种条件下金属的焊接性能和制定合理的工艺方案，并初步具备分析和解决焊接生产实际问题的能力。

本课程主要内容有：
1) 电弧焊基本理论以及电弧焊自动控制基础；
2) 主要电弧焊和电阻焊方法的过程本质、特点和应用；
3) 金属焊接性基础以及常用工程材料的焊接；
4) 焊接结构的基本力学性能以及断裂、疲劳等基本理论。

本课程综合性和基础性较强，力求突出重点，注重基础，同时又尽可能引入新的研究成果，做到理论和实际相结合。根据焊接工程技术的现状与发展，焊接方法和设备仍以电弧焊为重点，电阻焊也作了适当的介绍。金属焊接的冶金基本原理在先前课程《材料成形原理》中已经介绍，本课程在简要论述金属焊接性的基础上，重点讨论常用工程材料如合金结构钢、不锈钢及耐热钢和有色金属的焊接。焊接结构则重点介绍焊接应力、变形和断裂等基本的理论以及焊接接头的强度计算。

本课程强调基本理论、基本原则和方法，以阐明基本知识为主旨，因此教材中未列入过多的工艺参数图表等具体数据资料，读者需用时可查阅相关的手册；对于教材中涉及的一些较新技术的发展，由于篇幅所限未能展开介绍分析，读者可参看书末列出的相关文献资料。在校学生应自觉培养阅读科技文献和查阅相关手册、资料的良好习惯，以逐步积累专业知识和不断扩大知识面。

本课程涉及焊接工程的主要基础领域，实践性很强，应与其他课程和教学环节如生产实习、课程设计等相配合，以增强学生的实践知识和动手能力。本课程开设的实验课程，也将有助于理论与实际相结合，培养学生分析问题和解决问题的实际能力。

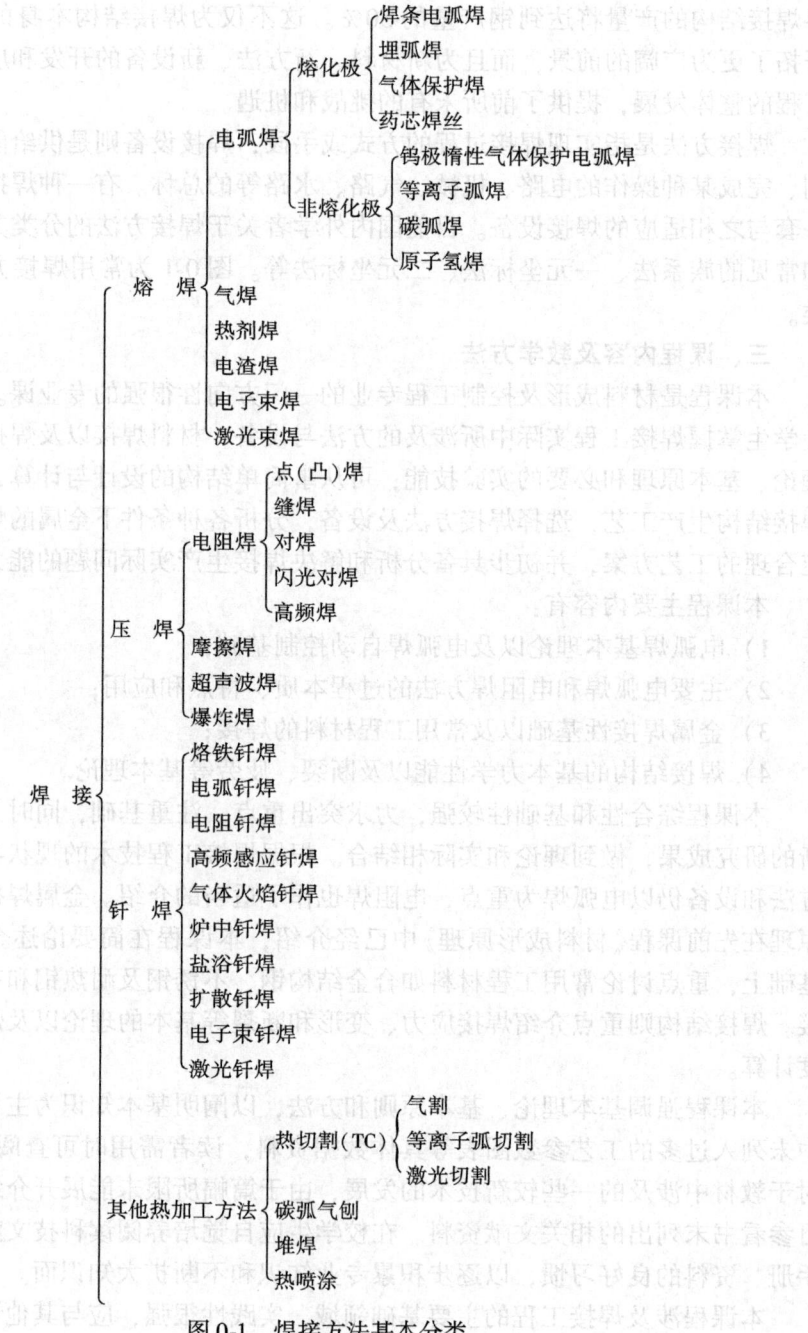

图 0-1　焊接方法基本分类

第一篇 焊接方法及设备

焊接方法是实现焊接工艺过程的方式或手段,焊接设备则是供给能量、实施控制、完成某种操作的机械、电气、供水、供气等装置的总称。每一种焊接方法,都有一套与之相应的设备。本篇讨论工程中常用的电弧焊及电阻焊方法及设备。

第一章 电弧焊基础知识

本章介绍与电弧焊相关的基础知识,其主要内容有:焊接电弧的物理基础、焊接电弧的能量平衡及电弧力、电弧的极性及其选择、磁场对电弧的作用、焊丝的加热、熔化和熔滴过渡以及母材的熔化和焊缝成形等。

第一节 焊接电弧

电弧能有效而简便地把电能转换成焊接过程所需要的热能和机械能,因而电弧焊在焊接应用中占有重要的地位。为了认识电弧焊接,就必须首先弄清电弧的导电机理以及电弧能量产生和转换的基本规律。

一、焊接电弧的导电特点

电弧是一种气体放电现象。所谓气体放电,是指两电极存在电位差时,电荷通过两电极之间气体空间的一种导电现象(图1-1)。

在正常状态下,气体不含带电粒子而由中性分子或原子组成,它们虽然可以自由移动,但在外电场作用下,不能够产生定向运动。因此,在一般情况下,气体是不导电的。为了使正常状态下的气体导电,必须先有一个产生带电粒子的过程,然后才能出现导电现象。在外电场的作用下,气体中所有带电粒子都要产生定向运动,所以气体的导电规律与金属导电有显著的不同。另外,气体导电时,其导电部分的电压与电流不遵循欧姆定律,而是一个很复杂的关系。

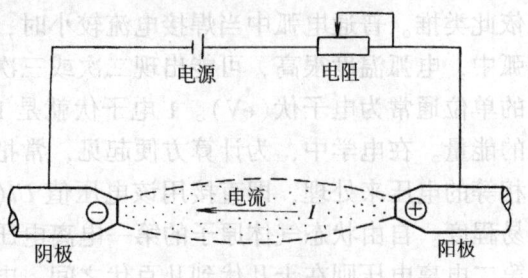

图1-1 电弧示意图

它在不同的条件和不同的导电区间,具有不同的导电特性。图 1-2 是气体放电的伏安特性曲线,图中电弧放电区是所有气体放电中电压最低、电流最大、温度最高、发光最强的一个放电区域,因此电弧在工业生产中广泛用来作为光源和热源。

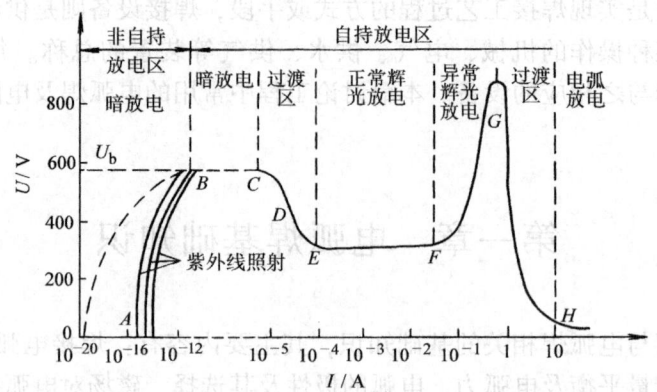

图 1-2 气体放电的伏-安特性

电弧是由两个电极和它们之间的气体放电空间而构成的,电弧的带电粒子主要依靠气体的电离和电极发射电子这两个物理过程产生。除这两个主要物理过程外,还有一些其他过程,如气体的解离、激励、扩散、复合和形成负离子等,也会影响电弧的导电性能。

(一) 气体的电离

在一定的条件下,中性气体分子或原子分离成为电子和正离子的现象称为电离。为了将气体电离,就必须施加足够的能量,使气体分子或原子中的电子脱离原子核的束缚而成为自由电子,同时使原子成为正离子。使中性气体粒子失去第一个电子所需要的最低外加能量称为第一电离能,生成的正离子称为一价正离子,这种电离称为一次电离。使中性气体粒子失去第二个电子需要更大的电离能,称为第二电离能,生成的正离子称为二价正离子,这种电离称为二次电离,依此类推。普通电弧中当焊接电流较小时,只存在一次电离,而在大电流焊接电弧中,电弧温度很高,可能出现二次或三次电离,但仍以一次电离为主。电离能的单位通常为电子伏(eV)。1 电子伏就是 1 个电子通过 1V 电位差的空间所需要的能量。在电学中,为计算方便起见,常把以电子伏为单位的能量转换为数值上相等的电压来处理,即直接用该电压值 U_i(称为电离电压)来表示气体电离的难易程度。自由状态气体原子的第一电离电压在 3.9V(Cs)到 24.5V(He)之间,而第二电离电压则在十几伏到几百伏之间。电弧气氛中可能遇到的气体电离电压如表 1-1 所示。

表 1-1 常用气体粒子的电离电压

元素	电离电压/V	元素	电离电压/V
H	13.5	W	8.0
He	24.5(54.2)	H_2	15.4
Li	5.4(75.3, 122)	C_2	12
C	11.3(24.4, 48, 65.4)	N_2	15.5
N	14.5(29.5, 47, 73, 97)	O_2	12.2
O	13.5(35, 55, 77)	Cl_2	13
F	17.4(35, 63, 87, 114)	CO	14.1
Na	5.1(47, 50, 72)	NO	9.5
Cl	13(22.5, 40, 47, 68)	OH	13.8
Ar	15.7(28, 41)	H_2O	12.6
K	4.3(32, 47)	CO_2	13.7
Ca	6.1(12, 51, 67)	NO_2	11
Ni	7.6(18)	Al	5.98
Cr	7.7(20, 30)	Mg	7.61
Mo	7.4	Ti	6.81
Cs	3.9(33, 35, 51, 58)	Cu	7.68
Fe	7.9(16, 30)		

注：括号内的数字依次为二次、三次、……电离电压。

除原子状态的气体可电离外，分子状态的气体也可以直接被电离。在通常情况下，分子状态时的电离电压比原子状态时的电离电压值要高一些，如氢原子为 13.5V，而氢分子为 15.4V。当然也有个别气体分子的电离电压比原子的电离电压低，如 NO 分子的电离电压为 9.5V，而 N 原子和 O 原子的电离电压分别为 14.5V 和 13.5V。

气体电离电压的高低说明电子脱离原子或分子时所需要外加能量的大小，也就是在某种气氛中产生带电粒子的难易程度。在相同的外加能量的条件下，电离电压低的气体产生带电粒子较为容易，就此而言这有利于维持电弧稳定。但是影响电弧稳定性的因素很多，气体的其他性能（如解离性能、热物理性能等），也影响整个电弧空间的能量状态和带电粒子的产生和移动等过程，同样会影响电弧的稳定性。因此，在分析焊接电弧现象时，应综合考虑气体的各种性质。

当电弧空间同时存在电离电压不同的几种气体时，在外加能量的作用下，电离电压较低的气体粒子将首先被电离。如果这种低电离电压气体供应充分，则电弧空间的带电粒子将主要依靠这种气体的电离过程来提供，所需的外加能量也主要由这种气体的电离电压来决定。由表 1-1 可知，铁的电离电压为 7.9V，比二氧化碳或氩的电离电压（13.7V，15.7V）都低得多。因此，在钢材的气体保护焊时，如果焊接电流足够大，电弧空间将充满铁的蒸气，其带电粒子将主要由铁蒸气的电离过程来提供，电弧气氛的电离电压也将主要由铁蒸气的电离电压来决定。通常把这种决定电弧气氛的电离电压称为实效电离电压。

当气体中性粒子受外来能量作用其数量不足以使电子完全脱离气体原子或分子，而可能使电子从较低的能级转移到较高的能级时，中性粒子内部的稳定状态被破坏，但对外仍呈电中性，这种状态称为激励。使中性粒子激励所需的最低外加能量称为最低激励能。激励能小于电离能，也用电压值来表示，称为激励电压。

粒子的激励状态是一种非稳定状态，它存在的时间十分短暂，一般为 10^{-2}~10^{-8}s，能级高的存在时间短，能级低的存在时间较长。较高能级的激励粒子若继续接受外来能量，达到或超过电离能时则会使其电离，否则将自己的能量以辐射能的形式释放出来，而恢复到原来的稳定状态。低能级的激励粒子则可能通过碰撞将能量传递给其他粒子而恢复到稳定状态。接受其能量的其他粒子则可能解离、激励或电离。因此粒子的激励过程也是与电离过程和电弧特性密切相关的物理现象。

外加能量可以通过不同方式施与中性气体粒子，但是能量的传递途径从本质上讲只有两种，即碰撞传递和光辐射传递。碰撞传递是借助于气体粒子相互碰撞时进行能量转移的一种能量转换和传递方式。弹性碰撞只能引起粒子温度变化，不能产生电离过程；非弹性碰撞能使被碰撞的粒子的内部结构发生变化，最终使中性气体粒子电离并为电弧提供带电粒子。电弧空间气体中除了中性粒子外，还同时含有电子和正离子，其间的碰撞和能量传递与它们的质量比有密切关系。被碰撞粒子和撞击粒子的质量比越大，被撞粒子获得的能量则越大。电子的质量大大小于气体原子、分子或粒子的质量，因而当具有足够动能的电子与中性粒子进行碰撞时，它的动能几乎可以全部传递给中性粒子，转换为中性粒子的内能，使其电离。中性气体粒子也可以直接接受外界以光量子形式所施加的能量，使其内能增加，造成内部结构改变而电离。

在实用电弧中，通过气体粒子间的碰撞将能量传递给中性粒子并使之电离，是电弧本身产生带电粒子以维持其导电的主要途径，而通过光辐射传递方法来产生带电粒子则是次要的。

电弧中气体粒子的电离因外加能量的种类不同而分为热电离、电场作用下的场电离和光电离三类。气体粒子受热作用而产生的电离称为热电离，它实际上是由于气体粒子的热运动而产生碰撞的一种电离过程。气体热电离的电离度 x [x = (电离后的电子或离子密度)/(电离前中性粒子的密度)] 随着温度升高，气体压力减小和电离电压降低而增加，其中以温度的影响最为显著。热电离的电离度与温度的关系如图 1-3 所示。当带电粒子的动能在电场的影响下增加到足够高的数值时，则能与中性粒子产生非弹性碰撞而使之电离，这种电离称为电场作用下的电离。电场作用下的电离现象主要是电子与中性粒子的非弹性碰撞所引起的。

中性粒子接受光辐射的作用而产生电离现象称为光电离。电弧的光辐射能直接引起电离电压较低的 K、Na、Ca、Al 等金属蒸气的光电离，但不能使其他气体直接引起光电离。

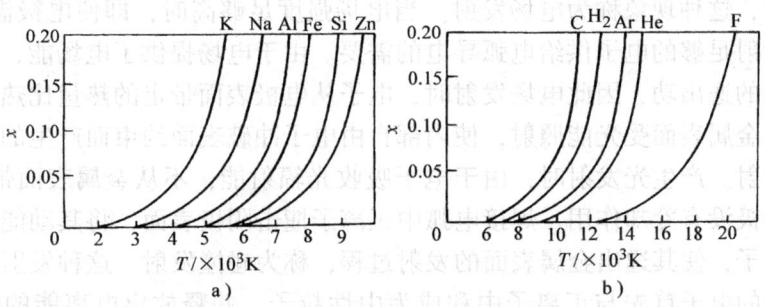

图 1-3 热电离的电离度 x 与温度 T 的关系
a) 金属蒸气电离 b) 气体电离

电弧弧柱的温度一般在 5000～30000K 之间，而电场强度仅为 10V/cm 左右，所以在弧柱区热电离是产生带电粒子的主要途径，电场作用下的电离则是极为次要的。在电弧的阴极压降区和阳极压降区，电场强度可达 10^5～10^7V/cm，因而有可能产生电场作用下的电离现象。至于光电离则是电弧中产生带电粒子的一个次要途径。

(二) 电子发射

电极表面受到外加能量的作用，使其内部的电子冲破电极表面的束缚而飞到电弧空间的现象称为电子发射。从阴极发射出来的电子在电场的作用下参加电弧导电过程，向弧柱提供所需要的电子流。

使一个电子从金属表面飞出所需要的最低外加能量称为逸出功（W_W），单位是电子伏（eV）。因电子电量为一常数，通常以逸出电压 $U_W = W_W/e$(V) 来表示逸出功。表 1-2 为几种金属材料的逸出功，由表可见，当金属表面附有氧化物时其逸出功都会减小。

表 1-2　几种金属的逸出功（逸出电压，V）

金属种类	W	Fe	Al	Cu	K	Ca	Mg
纯金属	4.54	4.48	4.25	4.36	2.02	2.12	3.78
表面有氧化物		3.92	3.9	3.85	0.46	1.8	3.31

由于外加能量不同，电子发射机构可分为热发射、电场发射、光发射和粒子碰撞发射等四种类型。热发射是由于金属表面受热作用，使其内部的自由电子热运动加剧，当自由电子的动能大于逸出功时，则飞出金属表面参加电弧的导电过程。电子从金属表面逸出时要带走热量，对金属表面产生冷却作用；当其被金属

表面接收时会释放能量，使金属表面加热。带走和释放的能量在数值上均为 IU_W，其中 I 为发射的总电子流，U_W 为逸出电压。当金属表面存在一定强度的正电场时，金属内部的电子会受到电场力的作用。当此力足够大时，电子即可飞出金属表面，这种现象称为电场发射。当电场强度足够高时，即使电极温度很低，也可以发射足够的电子供给电弧导电的需要。由于电场提供了电场能，相当于降低了电极的逸出功，因此电场发射时，电子从电极表面带走的热量比热发射带走的要少。金属表面受光能照射，使内部自由电子冲破表面约束而产生的电子发射称为光发射。产生光发射时，由于电子吸收光辐射能，不从金属表面带走能量，所以对电极没有冷却作用。焊接电弧中正离子撞击阴极表面，将其动能传给阴极内部的电子，使其逸出金属表面的发射过程，称为碰撞发射。这种发射伴随着从阴极逸出的电子首先与正离子中和成为中性粒子，并释放出电离能的过程。因此，当该电离能与正离子的撞击能之和为电子逸出功的两倍时，阴极才能发射出一个有效电子。

在实际焊接电弧中，当使用沸点高的材料钨或碳作电极时，其阴极区的带电粒子主要靠热发射来提供，通常称为热阴极电弧。使用钢、铜、铝、镁等材料作电极时，由于它们沸点很低，电极加热温度受沸点限制不可能很高，热发射不能提供足够的带电粒子，此时电场发射起重要作用，这种电弧称为冷阴极电弧。焊接电弧由于光量较弱，因而光发射在阴极电子发射中居次要地位。焊接电弧中阴极区前面有大量的正离子聚集，而形成一定强度的正电场，能使正离子加速撞击阴极，因而在一定条件下碰撞发射能够供给电弧所需的电子。

（三）负离子的产生

焊接电弧的带电粒子中除了电子和正离子之外，还可能产生另一种带电粒子——负离子，它是在一定条件下，某些中性原子或分子吸附一个电子而形成的。中性粒子吸附电子形成负离子时，其内部能量不是增加而是减少。减少的这部分能量称为中性粒子的电子亲和能，通常以热能或光辐射的形式释出。电子亲和能越大的元素形成负离子的倾向越大，卤族元素（F、Cl、Br、I 等）的电子亲和能较大，比较容易形成负离子。此外，电弧中的 O、O_2、OH、NO_2、H_2O、Li 等气体具有一定的电子亲和能，也都可能形成负离子。由于形成负离子要伴随着放热过程且电子在高温时运动速度高，所以在电弧高温区负离子不易形成和存在。负离子所带的电荷量虽然与电子相同，但因其质量比电子大得多，不能有效地参加电弧导电过程，所以电弧中如果产生大量的负离子，则必然会引起电弧导电困难而使其稳定性降低。

电弧正是通过上述带电粒子的产生和消亡等一系列物理过程，不断把电能转换为热、光和机械能，以满足焊接和其他工业应用的需要。

二、焊接电弧的构成及其导电特性

焊接电弧由三个不同电场强度的区域,即阳极区、阴极区和弧柱区构成(图1-4)。其中弧柱区电压降 U_C 较小而长度较大,说明阻抗较小,电场强度较低;两个极区沿长度方向尺寸较小而电压降较大(U_A 为阳极压降,U_K 为阴极压降),可见其阻抗较大,电场强度较高。电弧的这种特性是由于各区导电机构不同所决定的。

(一) 弧柱区的导电特性

弧柱温度因气体种类和电流大小不同,一般在 5000~50000K 范围内,因此弧柱气体将产生以热电离为主的导电现象。由热电离产生的带电粒子在外加电场的作用下,正离子向阴极方向运动,电子向阳极方向运动而形成电流。这种受电场作用而形成的电子流和正离子流将由阳极区和阴极区产生相应的电子流和正离子流予以补充,以保证弧柱带电粒子的动态平衡。从整体看,弧柱呈电中性,因此电子流和粒子流通过弧柱时不受空间电荷电场的排斥作用,从而决定电弧放电具有大电流、低电压的特点(电压降可为几伏,电流可达上千安培)。

弧柱的导电性能的优劣,直接表现在弧柱导电时所需要的电场强度 E 的大小。E 的大小与电弧气氛种类和电流大小有密切关系,图1-5 为几种气体的弧柱电场强度与电流的关系。由图可知,在较小电流区间,E 随电流增大而减小,在较大电流区间,E 则随电流的增加而稍有增加。

(二) 阴极区的导电特性

阴极区的作用是向弧柱区提供所需要的电子流,接受由弧柱区送来的正离子流。由于阴极材料种类、电流大小以及电弧气体介质不同,阴极区的导电机构可分为三种类型。

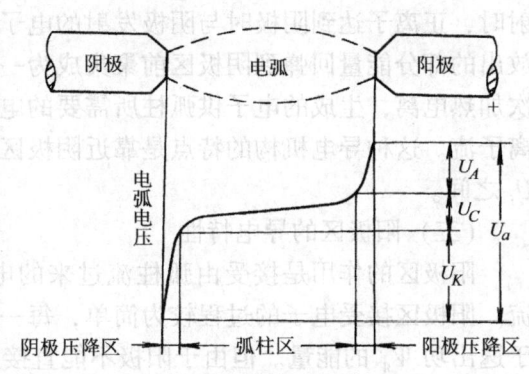

图1-4 电弧各区的电压分布

(1) 热发射型阴极区导电机构 当阴极采用 W、C 等高熔点材料,电流较大时,由于阴极区可达到很高的温度,弧柱所需要的电子流主要靠阴极的热发射来提供,这样的阴极区称为热发射型阴极区。如果阴极通过热发射能够提供所需要的全部电子,则阴极区不复存在,阴极压降也不存在,即阴极前面的电场强度完全和弧柱区一致。在大电流钨极氩弧焊时,这种

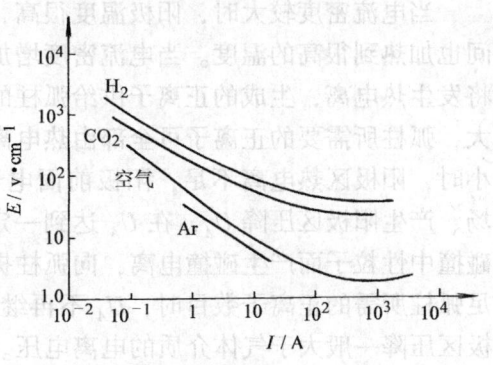

图1-5 弧柱电场强度与电流的关系

阴极导电机构占主要地位。

(2) 电场发射型阴极区导电机构　当阴极材料为 W、C，但电流较小或者阴极材料采用熔点较低的 Fe、Al、Cu 时，阴极表面的温度受电流或材料沸点的限制，不能产生较强的热发射以供给所需的电子流。由于电子供应不足，使得邻近阴极区的弧柱处正负电荷的平衡首先受到破坏，造成过剩的正离子堆积，形成正电场。热发射越弱，则正电场越强。在这一正电场的作用下，使阴极产生电场发射，同时加速电子运动，在阴极区产生碰撞电离，共同向弧柱提供所要的电子流。这种形式的导电机构也称为冷阴极导电机构，是熔化极电弧焊常见的导电机构。在通常情况下热发射和电场发射两种阴极导电机构并存，并且根据电极材料、电流大小和气体介质不同而自动调节。当电极材料熔点较高或者电流较小时，热发射比例较大，电场发射比例较小，阴极压降较低；反之，电场发射比例增大，阴极压降也随之提高。

(3) 等离子型阴极区导电机构　在冷阴极小电流或低气压钨极氩弧焊时，由于阴极热发射不足以提供所要求的电子，在阴极前造成电荷堆积，产生阴极压降 U_K，当 $U_K < U_i$ 既不足以使中性粒子产生碰撞电离，也不能引起强烈的电子发射时，正离子达到阴极时与阴极发射的电子中和成为中性粒子，并携带中和时所放出的部分能量回弹到阴极区前聚集成为一个高温区。该高温区使中性粒子被再次加热电离，生成的电子供弧柱所需要的电子流，生成的正离子流向阴极形成正离子流。这种导电机构的特点是靠近阴极区处有高亮度的辉点，阴极压降在 $0 \sim U_i$ 之间。

(三) 阳极区的导电特性

阳极区的作用是接受由弧柱流过来的电子流和向弧柱提供所需要的正离子流。阳极区接受电子的过程较为简单，每一个电子到达阳极时便向阳极释放相当于逸出功 W_W 的能量。但由于阳极不能直接发射正离子，所以正离子只能由阳极区供给。根据电弧电流密度的大小，阳极区可由两种方式提供正离子。

当电流密度较大时，阳极温度很高，阳极材料发生蒸发，靠近阳极前面的空间也加热到很高的温度。当电流密度增加到一定程度时，聚集在这里的金属蒸气将发生热电离，生成的正离子供给弧柱的需要，电子则流向阳极。如果电流足够大，弧柱所需要的正离子可全部由热电离提供，此时阳极区压降为零。当电流较小时，阳极区热电离不足，阳极前面电子数将大于正离子数，形成负的空间电场，产生阳极区压降 U_A，在 U_A 达到一定程度时，会使弧柱来的电子加速运动，碰撞中性粒子而产生碰撞电离，向弧柱提供所需要的正离子。当这种电离可以满足弧柱所需的正离子数目时，U_A 不再继续升高而保持稳定。在这种情况下，阳极区压降一般大于气体介质的电离电压。

试验表明，大电流钨极氩弧焊及大电流熔化极焊接时，U_A 都很小甚至接近于零。U_A 除了与焊接电流有关外，还与材料的导热性能有关。在相同条件下，阳极材料的导热性能越强，U_A 越大。

第二节 焊接电弧中的能量平衡及电弧力

一、焊接电弧中的能量平衡

电弧可以看作一个把电能转换成热能的元件，当其各部分（弧柱、阴极区、阳极区）的能量交换达到平衡时，电弧便处于稳定燃烧状态。由于电弧三个区域导电性能不同，因而各区的能量产生和转换的特性也不一样，各区的温度也不相同。

（一）弧柱区的能量平衡

单位时间内弧柱区所产生的能量，主要为通过弧柱电场而被加速的正离子和自由电子所获得的动能，并借助于其间的碰撞以及中和作用转变成热能。单位时间内弧柱产热量可用单位弧长的外加能量 IE（I 为电流，E 为弧柱电场强度）来表示。弧柱区的产热和热损失相平衡。热损失有对流、传导和辐射等，其中对流约占 80% 以上，传导与辐射占 10% 左右。

在电流一定时，弧柱区的产热量将随热损失量的大小通过自动改变其 E 值而自行调节。例如，气体介质不同，导电性能不同，周围散热条件不同等都会引起电弧燃烧时的热损失不同，通过自动调节弧柱的电场强度 E，可使得弧柱的产热量也相应变化。当 E 升高时，意味着热损失和产热量增加，也意味着电弧温度升高。当弧柱外围有强迫冷却或气压升高时，都会使弧柱电场强度和温度升高。

一般电弧焊接过程中，弧柱的热量不能直接作用于加热焊条（丝）或母材，只有很少一部分通过辐射传给焊条和工件。当电流较大产生等离子流时，才会将弧柱的部分热量带到工件上，增加工件的热量。在等离子弧焊接、切割或钨极氩弧焊时，则主要利用弧柱的热量来加热工件和填充焊丝。

（二）阴极区的能量平衡

由阴极区的导电机理可知，该区是由电子与正离子两种带电粒子构成的，这两种带电粒子不断产生、消失和运动，便构成了能量的转变与传递过程。在能量交换过程中，阴极区获得的能量，有被阴极压降 U_K 加速的正离子动能，正离子达到阴极表面取出等量的电子并与之中和而放出的电离能和由阴极发射的电子经阴极压降加速后在阴极区和弧柱区交界面上释放的动能等几项。单位时间内阴极区实际获得的能量，在数值上等于阴极电流（电子流和离子流之和）和阴极压降的乘积 IU_K。单位时间内阴极区消耗的能量有阴极发射电子所需要的能量、该区产生热电离所需要的能量以及阴极发射的电子和电离产生的电子进入弧柱区所带走的热量等几项，在数值上等于 $I(U_W + U_T)$，其中 IU_W 表示发射电子所需的逸出功，IU_T 表示电子从阴极区带进弧柱区的能量（U_T 为与弧柱温度相应的等效电压）。因此单位时间内阴极区产热量也可用电功率 P_K 表示，P_K 等于单位时间内获得的能量与消耗的能量之差，即：

$$P_K = I(U_K - U_W - U_T) \tag{1-1}$$

阴极区的产热量，在焊接过程中可直接用来加热焊丝（条）或工件。

（三）阳极区的能量平衡

阳极区的能量转换过程比较简单，一般只考虑接受电子流所产生的能量转换。单位时间内阳极接受电子时可获得三部分能量，即经阳极压降 U_A 加速获得的动能 IU_A，电子从阴极带出的逸出功 IU_W 以及从弧柱带来的与弧柱温度相应的热能 IU_T，因此单位时间内阳极区的总能量也可用电功率 P_A 表示为

$$P_A = I(U_A + U_W + U_T) \tag{1-2}$$

在焊接过程中，阳极区产热量也可用来直接加热焊丝（条）或工件。

二、电弧的能量密度和温度分布

单位面积上的热功率称为能量密度。能量密度大时，能有效地利用热源，提高焊接速度，减少焊接热影响区，达到改善焊缝质量的目的。气焊火焰的能量密度为 $1 \sim 10 \text{W/cm}^2$，而电弧的能量密度则可达到 $10^2 \sim 10^4 \text{W/cm}^2$。

由电弧各区的导电特点可知，各部分的轴向能量密度的分布与电流密度的分布是相对应的，即阴极区和阳极区的能量密度高于弧柱区的能量密度。但温度的轴向分布却不与能量密度分布相对应，而是弧柱温度较高，两电极温度较低，如图1-6所示。这是因为电极温度受电极材料导热性能以及熔点和沸点的限制，而弧柱的温度则不受材料限制的缘故。至于阴极和阳极的温度哪个高些，则不仅与该极区的产热量有关，而且还受材料热物理性能（熔点、沸点和导热性能等）、电极的几何尺寸大小以及周围的散热条件等因素的影响。在相同产热量的情况下，如果材料沸点低，导热性好，电极的几何尺寸大，则该极区温度低；反之，则该极区温度高。

三、电弧的主要作用力

电弧在焊接过程中不仅是一个热源，而且也是一个力源。焊接电弧的作用力对于熔池和焊缝的形成，以及焊丝（条）端部金属熔滴的过渡都有着重要的影响。电弧的主要作用力有以下几种。

1. 磁收缩力 从电工学已知，两根相距不远的导线中通过同向电流时产生相互引力，如果电流方向相反则产生相互排斥力。当电流在一个导

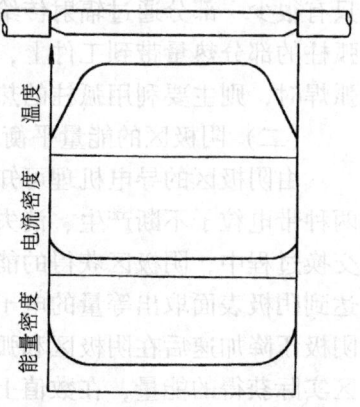

图1-6 电弧各区的温度、电流密度、能量密度的轴向分布

体中流过时，整个电流可以分成许多电流线，这些电流线之间也将产生相互吸引力，而有使导体断面产生收缩倾向。如果导体是固体，这种收缩力不足以改变导体的外形；如果导体是液体或气体，则将导致收缩并在导体内引起径向和轴向压力。

实际焊接电弧的形状是一个断面直径变化的圆锥体，由于它是气态导体，因此在电磁收缩力的作用下，径向压力将使电弧产生收缩（图1-7）。图中可见，靠近焊丝（条）的断面直径较小，连接工件的导电断面直径较大，轴向压力将因直径不同而产生压力差，从而产生由焊丝（条）指向工件的向下推力，这种电弧的压力称为电弧的电磁静压力。电磁静压力作用在熔池上将形成图1-8a所示的熔池轮廓。

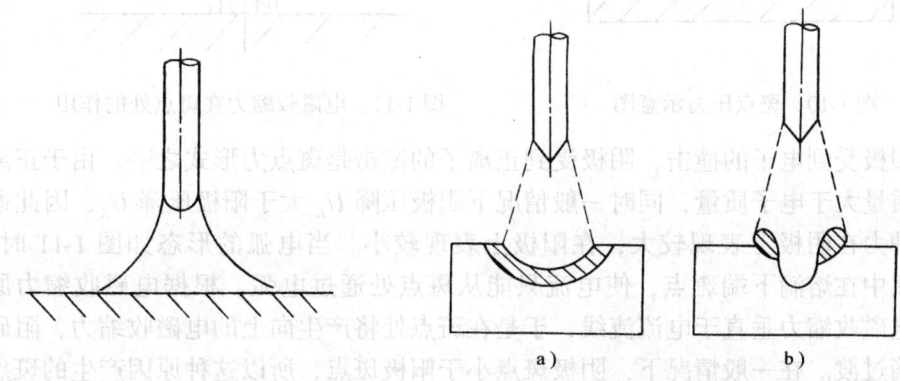

图1-7 焊接电弧受电磁力作用

图1-8 电磁力对熔池形状的影响
a）电磁静压力 b）电磁动压力

2. 等离子流力　由于上述电磁收缩力引起的轴向推力的作用，使靠近焊条（丝）端部处的高温气体向工件方向流动（图1-9），由于高温气体的流动，将引起焊丝（条）上方的气体以一定的速度连续进入电弧区。这些新进入电弧的气体被加热电离后受轴向推力的作用不断冲向工件，对熔池形成附加压力。这种高温电离气体（产生等量的电子和正离子）高速流动时所形成的力称为等离子流力。等离子流力又称为电磁动压力，其流速度可达每秒钟数百米，产生的压力使焊缝形成图1-8b所示的熔池形状。

3. 斑点力　斑点是阴极发射电子或阳极导入电子的导电点。斑点力又称极点力或极点压力，

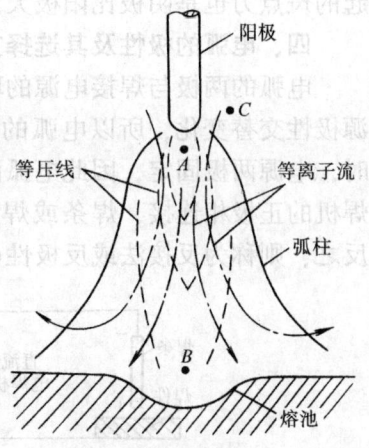

图1-9 电弧中等离子流形成示意图

是电弧施加在电极上的作用力。如图 1-10 所示，这种力在一定条件下将阻碍金属熔滴的过渡。通常认为斑点压力可以是正离子和电子对电极的撞击力，也可以是电磁收缩或电极材料蒸发的反作用力等。

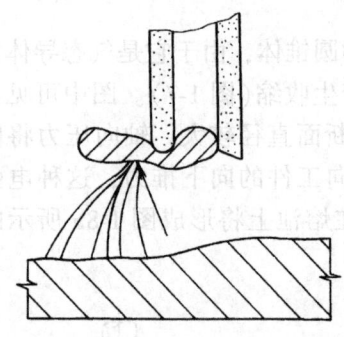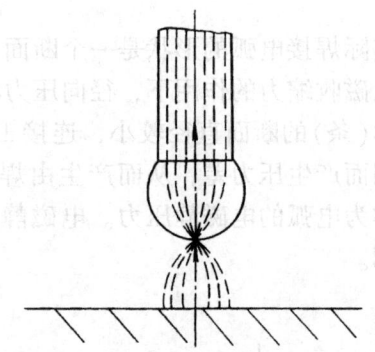

图 1-10　斑点压力示意图　　　　图 1-11　电磁收缩力在斑点处的作用

阳极受到电子的撞击，阴极受到正离子的撞击是斑点力形式之一。由于正离子的质量大于电子质量，同时一般情况下阴极压降 U_K 大于阳极压降 U_A，因此通常这种力在阴极上表现较大，在阳极上表现较小。当电弧的形态如图 1-11 时，电弧集中在熔滴下端斑点，使电流只能从斑点处通过电弧。根据电磁收缩力原理，电磁收缩力垂直于电流流线，于是在斑点处将产生向上的电磁收缩力，阻碍了熔滴过渡。在一般情况下，阴极斑点小于阳极斑点，所以这种原因产生的斑点力也是阴极大于阳极。由于斑点处电流密度高，局部高温使电极产生剧烈蒸发，金属蒸气以一定速度从斑点喷出并施加给斑点一定的反作用力。由于这种原因引起的斑点力也是阴极比阳极大。

四、电弧的极性及其选择方法

电弧的两极与焊接电源的联接方式即称为电弧的极性。交流电弧焊接时，电源极性交替变化，所以电弧的两极可与电源两接线柱任意联接。直流电弧焊接时，电源两极固定，因此电弧两极可以有两种方式与电源两极相连接。若焊件与焊机的正极相连接，焊条或焊丝与负极相连，称为正接法或正极性（图 1-12a）；反之，则称为反接法或反极性（图 1-12b）。

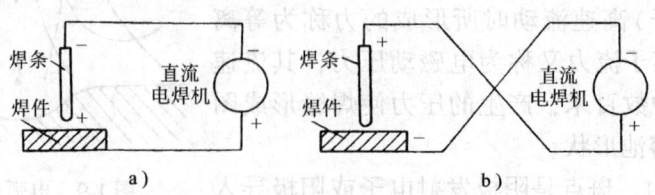

图 1-12　直流电弧焊的极性接法

由于直流电弧两极的导电机理和产热特性各不相同，因而两极不同的接法对于焊接电弧的稳定性以及焊丝(条)和母材的熔化特性都有着重要的影响。直流电弧极性的选择，通常可遵循以下原则：对于非熔化极焊接，希望电极获得较少的热量，以减少电极的烧损；对于熔化极电弧焊接，则希望工件获得较大的热量以增加其熔深；在堆焊和薄板焊接时，则希望母材获得较少的热量，减少熔深以降低堆焊的稀释率和防止薄板烧穿。此外，还必须综合考虑电弧的稳定性和工艺过程的稳定性，例如，减少飞溅及减少极点压力等。下面试举几例说明电弧极性选择的实用方法。

在直流钨极氩弧焊、等离子弧焊等非熔化极焊接时，为了使电极获得较少的热量从而使钨极烧损较小，通常采用直流正接法，即工件接电源正端，电极接电源负端。因为电极为高熔点材料，作为阴极时具有很强的电子热发射能力，因而阴极压降 U_K 极低，阴极产热量小于阳极产热量，这样就使钨极获得较少的热量而母材获得较多的热量。埋弧焊采用低锰低硅焊剂或手工电弧焊使用碱性焊条时，为了获得稳定的焊接电弧以及使母材有较大的熔深，应该选用直流反极性。因为埋弧焊低硅低锰焊剂和碱性焊条的药皮中都含有大量的氟石(氟化钙)，高温时分解出具有较高电离电压(U_i)的氟，又因为这两种焊接方法均为冷阴极，要获得足够的带电粒子必须提高 $U_K(U_K > U_i)$，以加强电场发射和场致电离。随着 U_K 的提高会使得阴极产热量高于阳极的产热量，从而使母材有较大的熔深。对于熔化极气体保护焊，一般也采用直流反极性。这是因为 Ar、CO_2 等保护气体都具有较高的电离电压 U_i，且不论焊丝或母材都为冷阴极材料，因此，要获得足够的带电粒子必须具有较高的阴极压降 U_K，这就使得阴极产热量大于阳极产热量，从而使母材有较大的熔深。另外，反极性时熔滴具有较小的极点压力，使电弧和熔滴过渡比正极性时稳定性要高，这对于 CO_2 气体保护焊是十分重要的。

第三节 磁场对电弧的作用

电弧是一种气态导体，正、负电荷以一定的方向运动而形成电流。因此当有磁场存在时，将会对电流产生一定的作用力。力、磁场、电流方向之间的关系仍可用左手定则来确定。电弧周围的磁场有两种来源，一种为本身电流所产生的磁场称为自身磁场，另一种是外加磁场。下面分别讨论它们对电弧的影响。

一、电弧自身磁场的作用

电弧和其他通电导体一样，在其周围也要产生磁场，电流与磁场的方向由右旋定则确定，如图1-13所示。这

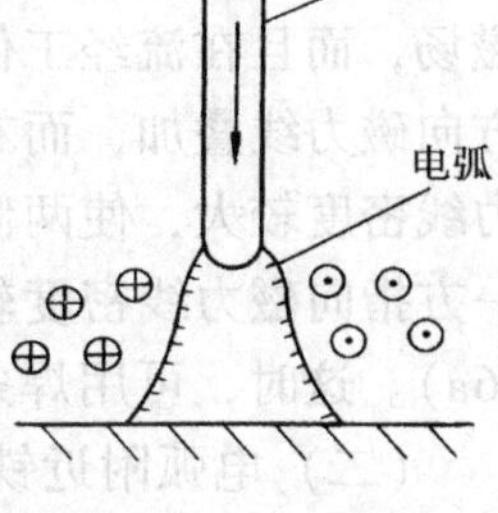

图1-13 电弧周围的磁场

种磁场能够引起电磁收缩力、促进熔滴过渡、保证熔池深度并且使电弧具有一定的挺度。

电弧的挺度是电弧抵抗外界机械干扰,力求保持沿焊丝(条)轴向运动的性能。如图1-14所示,当电流通过电弧空间时,带电粒子的流动有尽量朝电弧中心方向集中的倾向。沿2-2′和3-3′运动的带电粒子也受到自身磁场产生的力F的作用,而被推向电弧中心。因此当电弧受风等某种机械作用欲使电弧偏离焊丝轴向时,自身磁场则有抵抗这种干扰的能力,使电弧尽量保持在焊丝的轴线方向上。由于电弧具有这种刚直性,所以当焊丝(条)与工件有一定倾角时(图1-15),电弧仍将保持轴线方向。由于自身磁场的强度决定于产生磁场的电流大小,因而在一般情况下电流越大,电弧的挺度也越大。

二、电弧的磁偏吹

当焊丝(条)轴线周围的磁场强度均匀,亦即磁力线的分布在焊丝(条)轴线周围是均匀的时候,电弧能保持轴向位置。但是在实际焊接过程中,由于种种原因,这种磁力线分布的均匀性可能受到破坏,而使电弧偏离焊丝(条)轴线方向,这种现象称为磁偏吹。

电弧磁偏吹使焊接电弧失去刚直性,造成电弧飘摆不稳定,甚至会使电弧熄灭。由于电弧不稳定,会使施加在熔池上的作用力也不稳定,同时也使熔滴过渡不规则,导致焊缝成形不规则,从而引起未焊透、夹渣等缺陷。此外,磁偏吹还会破坏电弧周围的保护气氛,混入有害气体,影响焊缝内在质量。因此,必须研究电弧磁偏吹产生的原因,尽可能克服其有害影响。

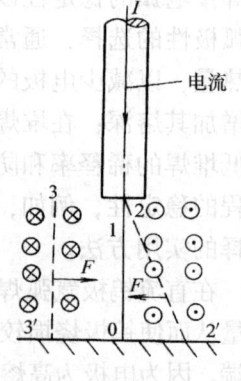
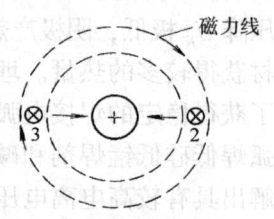

图1-14 电弧自身磁场的作用

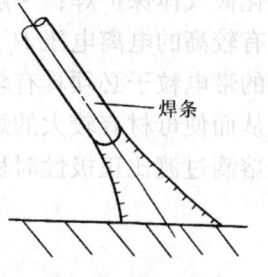

图1-15 电弧的挺度表现

(一) 导线位置引起的磁偏吹

当焊接导线接法如图1-16所示时,电流不仅在通过焊丝与电弧的空间产生磁场,而且在流经工件的空间也产生磁场,使电弧左侧空间为两段导体产生的同方向磁力线叠加,而右侧空间只有电弧电流本身产生的磁力线。这样电弧左侧磁力线密度较大,使两侧磁力线分布失去对称性,从而产生了从磁力线密度较大的一方指向磁力线密度较小一方的横向推力,结果电弧偏离焊丝(条)轴线(图1-16a)。这时,可用焊条倾斜来减小磁偏吹(图1-16b)。

(二) 电弧附近铁磁体引起的磁偏吹

当电弧一侧有钢板等良导磁体时,电弧将偏离轴线而趋向钢板,如图1-17所

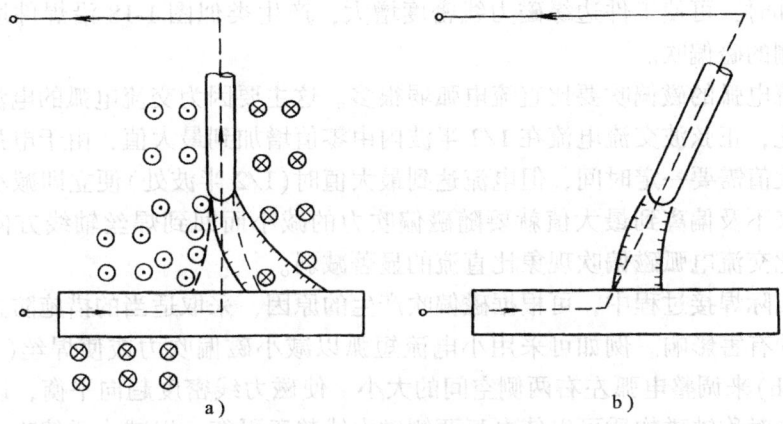

图1-16 导线连接位置产生的电弧磁偏吹

示。这是因为在电弧右侧放置钢板时,因其磁阻较小,以致较多的磁力线集中到钢板中,使电弧右侧空间的磁力线密度显著降低,破坏了空间磁力线分布的均匀性,电弧将偏向钢板一侧。电弧一侧钢板越大或距离越近,引起磁力线密度分布不对称就越严重,电弧磁偏吹也越厉害。

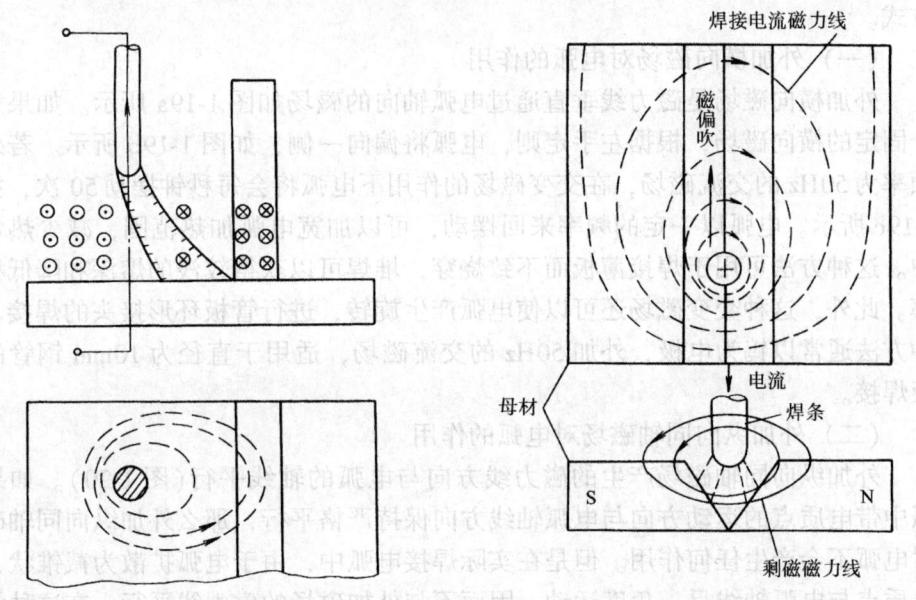

图1-17 电弧一侧有铁磁物质引起的磁偏吹　　图1-18 剩磁引起的磁偏吹

(三)剩磁引起的磁偏吹

在坡口机械加工等过程中,焊件可能产生剩磁。如图1-18所示的焊件剩磁方向。根据左手定则,电弧将沿焊件坡口方向发生偏吹。此外,当焊接电弧走到钢板端部时，可使工件边缘磁力线密度增大，产生类似图1-18沿焊件坡口指向工件内侧的磁偏吹。

交流电弧的磁偏吹要比直流电弧弱很多。这主要因为交流电弧的电流和磁场都在变化，正弦波交流电流在1/2半波内由零值增加到最大值，由于电弧偏离轴线到最大值需要一定时间，但电流达到最大值时（1/2半波处）便立即减小，这样电弧还来不及偏离到最大值就要随磁偏吹力的减小而回到焊丝轴线方向的位置上，因此交流电弧磁偏吹现象比直流的显著减弱。

在实际焊接过程中，可根据磁偏吹产生的原因，采取适当的措施防止或减轻磁偏吹的有害影响。例如可采用小电流短弧以减小磁偏吹力或使焊丝（条）倾斜（图1-16b）来调整电弧左右两侧空间的大小，使磁力线密度趋向平衡，以减小磁偏吹。加对称铁磁物质可以使电弧两侧磁力线趋于平衡，以减小磁偏吹。针对剩磁方向加反向磁场是克服加工剩磁引起的磁偏吹的有效方法。此外，在焊接过程中对电弧进行屏蔽，也可以在一定程度上克服磁偏吹现象。

三、外加磁场对电弧的作用

为了一定的工艺目的可以人为地加上某种磁场，实现对电弧的控制。通常有外加横向磁场、外加纵向同轴磁场以及外加尖角形磁场等三种对电弧进行控制的方式。

（一）外加横向磁场对电弧的作用

外加横向磁场是磁力线垂直通过电弧轴向的磁场如图1-19a所示。如果加一个固定的横向磁场，根据左手定则，电弧将偏向一侧，如图1-19b所示。若外加频率为50Hz的交流磁场，在交变磁场的作用下电弧将会每秒钟摆动50次，如图1-19c所示。电弧以一定的频率来回摆动，可以加宽电弧加热范围，减少热量集中。这种方法可用于焊接薄板而不致烧穿，堆焊可以获得较浅的熔深和降低稀释率。此外，这种交变磁场还可以使电弧产生旋转，进行管板环形接头的焊接。这种方法通常以钨为电极，外加50Hz的交流磁场，适用于直径为10mm钢管的管板焊接。

（二）外加纵向同轴磁场对电弧的作用

外加纵向同轴磁场产生的磁力线方向与电弧的轴线平行（图1-20）。如果电弧中带电质点的运动方向与电弧轴线方向保持严格平行，那么外加纵向同轴磁场对电弧不会产生任何作用。但是在实际焊接电弧中，由于电弧扩散为截锥状，带电质点与电弧轴线呈一角度运动，因而不与外加磁场的磁力线平行。在这种情况下，带电质点将受该磁场的作用。因为电弧电流主要是电子流，因此磁场对电弧带电质点的作用主要为对电子产生附加作用力。

假设一个电子在外加磁场B中以v速度运动如图1-21所示。电子垂直于磁力线方向的速度分量为v_x，根据左手定则，电子在v_x方向切割外加磁场磁力线，

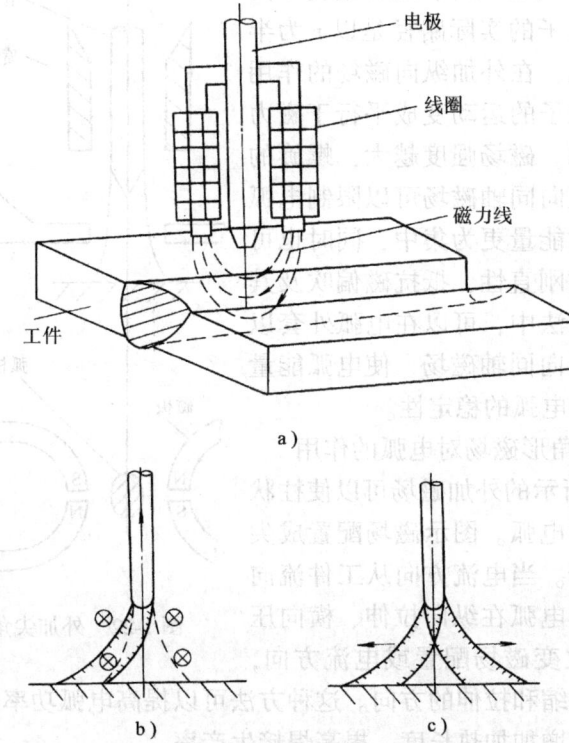

图 1-19 外加横向磁场对电弧的作用
a) 横向磁场　b) 直流横向磁场　c) 交流横向磁场

并受磁场力 F 的作用,其方向垂直于 v_x。受 F 的作用,电子运动方向和运动速度将发生改变,电子运动方向和速度的改变又反过来引起 F 方向的改变,结果使电子产生圆周运动。根据离心力平衡关系,电子运动的半径与 v_x 的大小成正比,与外加磁感应强度成反比。

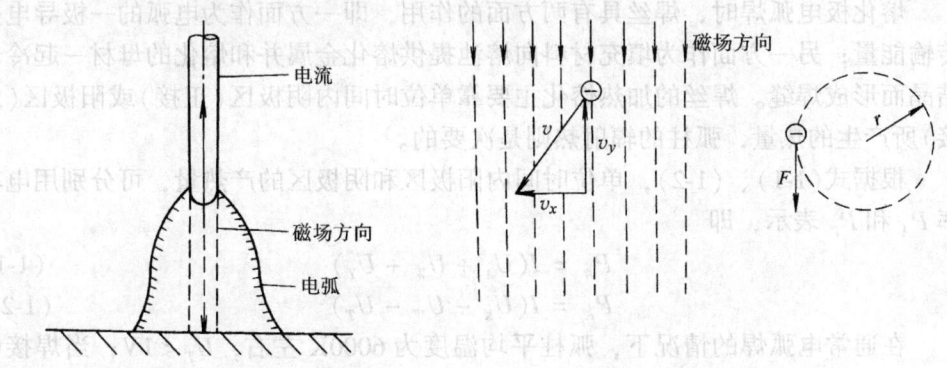

图 1-20　外加纵向同轴磁场示意图　　　　图 1-21　电子在磁场中的运动

电子除了有 v_x 的运动外，还有垂直方向 v_y 的运动，所以电子的实际路径是以 r 为半径的螺旋线。因此，在外加纵向磁场的作用下，电弧中带电粒子的运动变成平行于磁力线方向的螺旋运动。磁场强度越大，螺旋的半径越小。因此纵向同轴磁场可以限制电弧的扩散，使电弧的能量更为集中，同时也可以用来增加电弧的刚直性，抵抗磁偏吹及其他干扰。在焊接方法中，可以在电弧外套以螺旋管线圈获得纵向同轴磁场，使电弧能量集中以增加熔深和电弧的稳定性。

（三）外加尖角形磁场对电弧的作用

利用图1-22所示的外加磁场可以使柱状电弧变化为椭圆形电弧。图示磁场配置成尖角状故称尖角磁场。当电流方向从工件流向电极时，磁场将使电弧在纵向拉伸、横向压缩成为椭圆形。改变磁场配置或电流方向，

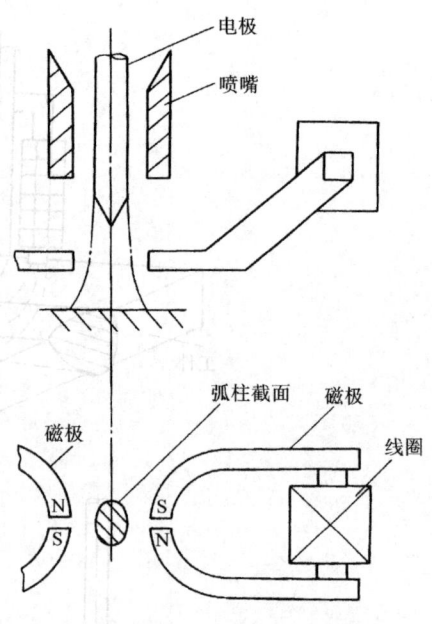

图1-22 外加尖角磁场示意图

就可以改变电弧压缩和拉伸的方向。这种方法可以提高电弧功率密度和弧柱电场强度，同时还可以增加加热长度，提高焊接生产率。

第四节 焊丝的熔化及熔滴过渡

在熔化极自动和半自动焊中，焊丝的熔化以及过渡到熔池的特性是影响焊缝质量和焊接生产率的重要因素之一。

一、焊丝加热与熔化的能量

熔化极电弧焊时，焊丝具有两方面的作用，即一方面作为电弧的一极导电并传输能量；另一方面作为填充材料向熔池提供熔化金属并和熔化的母材一起冷却结晶而形成焊缝。焊丝的加热熔化主要靠单位时间内阴极区（正接）或阳极区（反接）所产生的热量，弧柱的辐射热则是次要的。

根据式(1-1)、(1-2)，单位时间内阳极区和阴极区的产热量，可分别用电功率 P_A 和 P_K 表示，即

$$P_A = I(U_A + U_W + U_T) \tag{1-1}$$
$$P_K = I(U_K - U_W - U_T) \tag{1-2}$$

在通常电弧焊的情况下，弧柱平均温度为6000K左右，$U_T < 1V$；当焊接电流较大时，阳极区压降 U_A 极小，故上二式又可化简为

$$P_A = IU_W \tag{1-3}$$
$$P_K = I(U_K - U_W) \tag{1-4}$$

即阳极区与阴极区的产热量主要取决于 U_K 与 U_W。细丝熔化极气电焊以及使用含有 CaF_2 焊剂的埋弧焊或碱性焊条等情况下，$U_K \gg U_W$，所以 $P_K > P_A$。这时在使用同一材料和同一电流的情况下，焊丝为阴极（正极性）时的产热量将比焊丝为阳极（反极性）时要大。

从焊丝与导电嘴的接触点到电弧端头的一段焊丝上（即焊丝的伸出长度，用 L_s 表示）有焊接电流流过，将产生电阻热，这也是焊丝加热熔化的一部分热源（图1-23），并可用电功率 P_R 表示：

$$P_R = I^2 R_s \tag{1-5}$$

式中　R_s——L_s 段的电阻值。

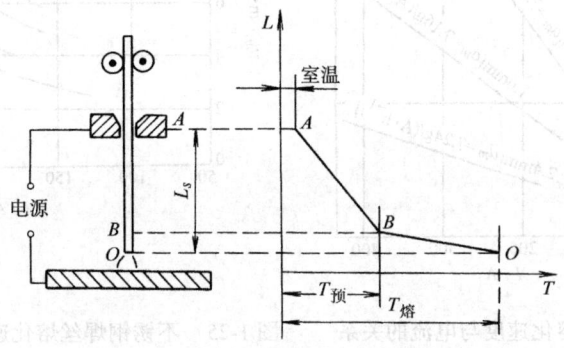

图1-23　焊丝伸出长度的电阻热示意图

对于导电性能良好的铝和铜等金属焊丝，P_R 与 P_K 或 P_A 相比是很小的，可以忽略不计；对于不锈钢、钢和钛等材料，电阻率较高，特别在细丝大电流时，焊丝外伸长度越大，P_R 越大，这时 P_R 与 P_K 或 P_A 相比才有重要的作用。综合电弧热和电阻热，用于加热和熔化焊丝的总能量可表示为

$$P_m = I(U_m + IR_s) \tag{1-6}$$

式中　U_m——电弧热的等效电压，焊丝为阳极时 $U_m = U_W$；为阴极时 $U_m = U_K - U_W$。

二、焊丝的熔化速度及熔化系数

焊丝熔化速度 v_m 通常以单位时间内焊丝的熔化长度（m/h 或 m/min）或熔化重量（kg/h）表示；熔化系数或称比熔化速度 α_m，则是指每安培焊接电流在单位时间内所熔化的焊丝重量（$g/A^{-1} \cdot h^{-1}$）。焊丝的熔化速度主要取决于式(1-6)所表示的单位时间内用于加热和熔化焊丝的总能量 P_m。在实际焊接中，P_m 则取决于焊接工艺参数和焊接条件，如焊接电流和电压、焊丝的伸出长度、保护介质、焊丝材料的物理性能和表面状态以及电源特性等。

(一) 焊接电流和电压对熔化速度的影响

图 1-24、图 1-25 分别为铝和不锈钢焊丝熔化速度与电流的关系。铝焊丝电阻率很小，电阻热可忽略不计，式(1-6)可近似表示为 $P_m = IU_m$，故焊接电流与熔化速度呈直线关系。焊丝直径越小，焊丝的熔化系数 α_m 越大，电流和熔化速度关系直线的斜率越大。不锈钢丝电阻率大，电阻热不可忽略，因此当电流和伸出长度增大时，曲线的斜率也随之增大，且使熔化速度与电流呈曲线关系。

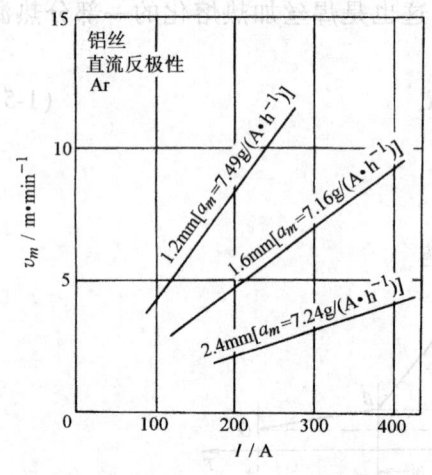 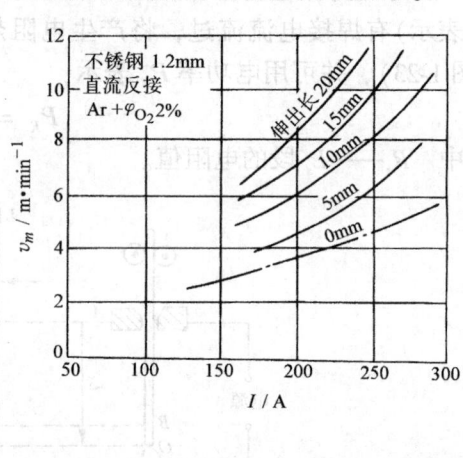

图 1-24　铝焊丝熔化速度与电流的关系　　图 1-25　不锈钢焊丝熔化速度与电流的关系

图 1-26a 曲线表示在稳定的焊接条件下，铝焊丝的等熔化曲线，此时图中表示的送丝速度应与熔化速度相平衡。当电弧较长时，曲线垂直于横坐标，焊丝熔化速度不受电弧电压的影响，而只与焊接电流有关(AB 段)。当电弧为 8mm 到 2mm 区间(BC 段)时，随着电弧电压降低(弧长缩短)，熔化一定数量焊丝所要的电流减小，亦即等量的焊接电流所熔化的焊丝增加。之所以如此，是因为弧长缩短时，电弧热量向周围空间散失减少，提高了电弧的热效率，使焊丝的熔化系数增加所致。这种现象使得弧长因外界干扰发生变化时，能自动恢复到原来的长度。这种作用称为电弧的固有调节作用(Intrinsic Self Regulation Characteristics)。铝焊丝电弧的固有调节作用很强，钢焊丝较弱(图 1-26b)，故铝焊丝采用这段弧长(亚射流过渡)进行焊接时，可以使用恒流电源实行等速送丝熔化极气体保护焊。

(二) 电流极性、气体介质对焊丝熔化速度的影响

图 1-27 为熔化极气体保护焊采用 Ar 与 CO_2 混合气体保护时，不同的混合比例对焊丝熔化速度的影响。因图中采用的钢焊丝为冷阴极材料，$U_K \gg U_W$，由式(1-1)和式(1-2)，可知 $P_K > P_A$。因此，焊丝为阴极(正接)时的熔化速度总是大于焊丝为阳极(反接)时的熔化速度，并随混合气体比例不同而变化；焊丝

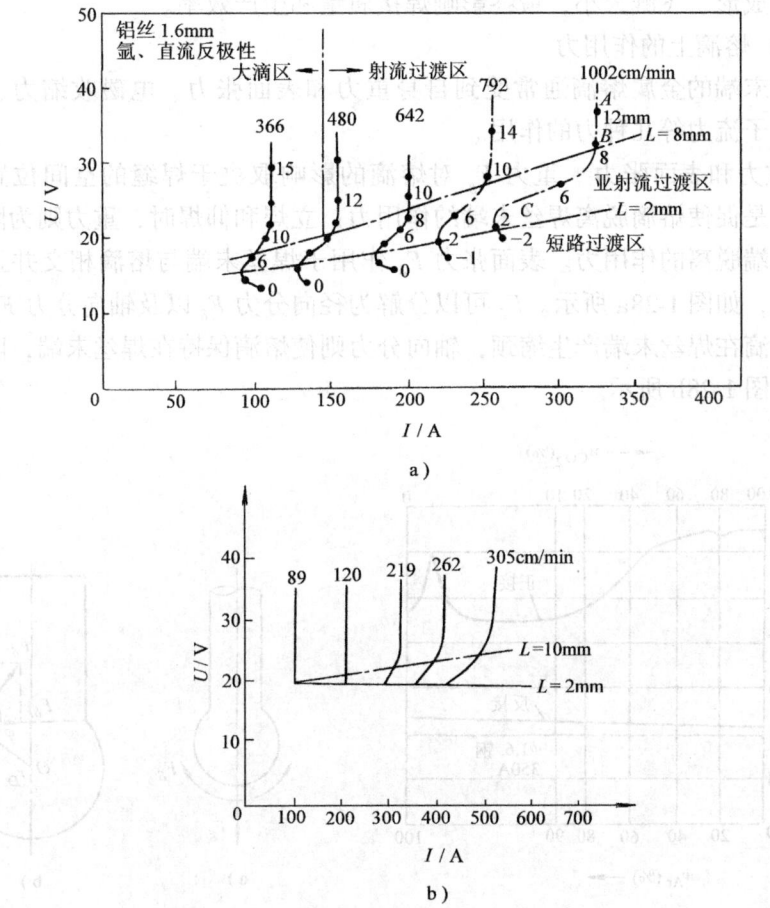

图1-26 熔化极气体保护焊时电弧的固有调节作用
a) 铝焊丝 b) 钢焊丝

为阳极时焊丝熔化速度基本不变,这是因为 P_A 不受气体介质的影响,只与 U_W 有关。气体介质不仅影响阴极产热,影响焊丝的加热与熔化,而且还会影响到熔滴过渡形式,所以图1-27表示的焊丝熔化速度与气体介质的关系为一条复杂的曲线。

此外,焊丝伸出长度及其电阻率(图1-24,图1-25)、焊丝的表面状态、熔滴的过渡形式等也都会影响焊丝的熔化速度。

三、熔滴过渡

在电弧热的作用下,焊丝末端加热熔化形成熔滴,并在各种力的作用下脱离焊丝进入熔池,称之为熔滴过渡。熔滴过渡的形式以及过渡过程的稳定性取决于作用在焊丝末端熔滴上的各种力的综合影响,其结果会关系到焊接过程的稳定性、焊缝成形、飞溅大小,最终影响焊接质量和生产效率。

(一) 熔滴上的作用力

焊丝末端的金属熔滴通常受到自身重力和表面张力、电磁收缩力、斑点压力、等离子流力等几种力的作用。

1. 重力和表面张力　重力 F_g 对熔滴的影响取决于焊缝的空间位置。平焊时,重力是促使熔滴脱离焊丝末端的作用力;立焊和仰焊时,重力则为阻碍熔滴从焊丝末端脱离的作用力。表面张力 F_δ 作用于焊丝末端与熔滴相交并且相切的圆周面上,如图1-28a所示。F_δ 可以分解为径向分力 $F_{\delta r}$ 以及轴向分力 $F_{\delta a}$,径向分力使熔滴在焊丝末端产生缩颈,轴向分力则使熔滴保持在焊丝末端,阻碍熔滴过渡,如图1-28b所示。

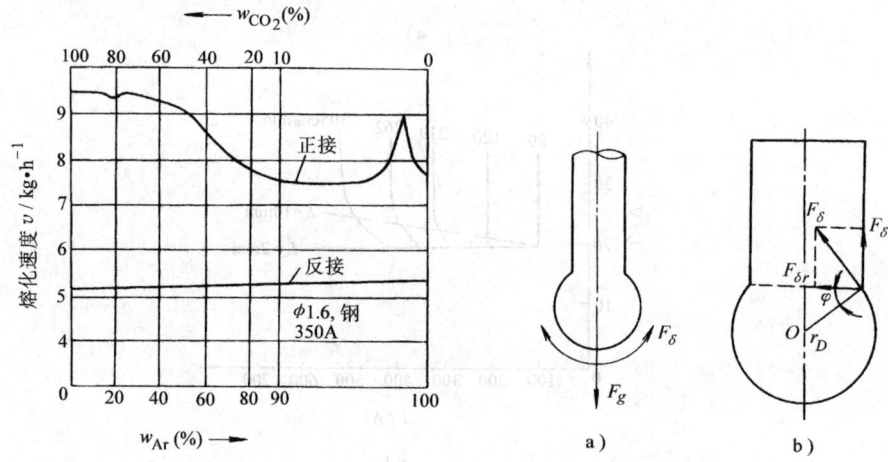

图1-27　电流极性、气体介质对焊丝熔化速度的影响

图1-28　熔滴受重力和表面张力示意图

若焊丝半径为 R,熔滴半径为 r,则 F_g 和 F_δ 分别表示为:

$$F_g = mg = 4\pi r^3 \rho g \tag{1-7}$$

$$F_\delta = 2\pi R \sigma \tag{1-8}$$

式中　ρ——熔滴密度;

g——重力加速度;

σ——表面张力系数。

表1-3列出了一些纯金属的表面张力系数,分析时还应考虑熔滴的化学成分、表面状态及温度、气体介质等的影响。如纯铁表面氧化后,σ 可降到 1030×10^{-3} N/m。因此采用适当的氧化性气氛或者提高熔滴温度都会降低表面张力系数、减小表面张力、细化熔滴尺寸,从而改善熔滴过渡性能。

表 1-3　纯金属的表面张力系数($\times 10^{-3}$N·m^{-1})

金　属	Mg	Zn	Al	Cu	Fe	Ti	Mo	W
σ	650	770	900	1150	1220	1510	2250	2680

2. 电磁力　电流流过焊丝、熔滴、电极斑点以及弧柱的导电截面是变化的，而电磁力 F_m 的方向总是与电流流线的方向垂直，因此作用在熔滴上的电磁力通常可分解为径向和轴向两个分力。径向分力使熔滴产生缩颈而有利于熔滴过渡，轴向分力的方向总是从小截面指向大截面，如图 1-29 所示。如 a-a 面电磁力轴向分力 F_a 向上；b-b 面该轴向力 F_b 的方向向下，将促使熔滴断开。在熔滴端部与弧柱间导电的弧根面积的大小将决定该处电磁力的方向，如果弧根直径小于熔滴直径，此处电磁力合力向上，成为斑点力，阻碍熔滴过渡；反之，若弧根面积笼罩整个熔滴，此处电磁力合力向下，促进熔滴过渡。

3. 等离子流力　电弧等离子流力随等离子流从焊丝末端侧面切入，然后流向熔池，有助于熔滴脱离焊丝，并使其加速通过电弧空间进入熔池。等离子流力与焊丝直径和焊接电流有密切关系，采用的焊丝直径越细，电流越大，产生的等离子流力和流速越大，因而对熔滴推力也就越大。在大电流焊接时，等离子流力会显著地影响熔滴过渡特性。

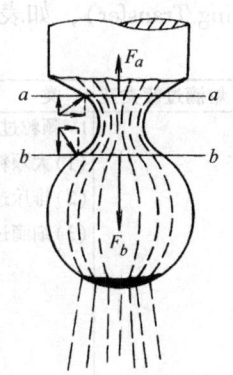

图 1-29　作用在熔滴上的电磁力

4. 斑点力　斑点力又称为斑点压力，包括正离子和电子对熔滴的撞击力，电极材料蒸发时产生的反作用力以及弧根面积很小时产生的指向熔滴的电磁收缩力。在一定条件下，斑点力将阻碍金属熔滴的过渡。通常阳极受到的斑点压力比阴极受到的斑点力要小，因而焊丝为阳极时熔滴过渡的阻碍力较小。这也是许多熔化极电弧焊采用直流反极性(焊丝接正极)的主要原因之一。除了以上几种主要作用力之外，有时还会由于高温气体膨胀或短路爆破形成的爆破力，也会影响熔滴过渡特性，甚至造成大量飞溅。

上述诸力，除重力和表面张力之外，电磁收缩力、等离子流力以及斑点力等的存在与形状都与电弧形态有关。而对于熔滴过渡的作用则随工艺条件、焊接位置以及熔滴状态等的变化而异。例如，长弧焊时，表面张力总是阻碍熔滴从焊丝末端脱离，而成为反过渡力。但短弧焊时，当熔滴与熔池金属短路并形成液态金属过桥时(图 1-30)，由于与熔池接触界面很大，使向下的表面张力远大于焊丝端向上的表面张力，结果使液桥拉进熔池而有利于熔滴过渡。电磁力也有相同的情况，当熔滴短路时，电流呈发散形(图 1-31)，此时电磁力的轴向分力则有助于熔滴过渡。

(二) 熔滴过渡形式及其特点

根据外观形态，熔滴尺寸以及过渡频率等特征，熔滴过渡通常可分为三大类

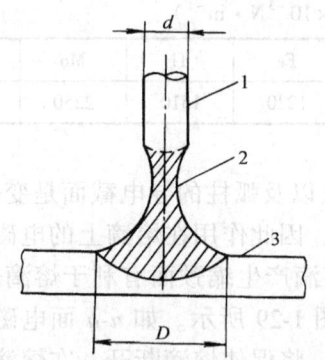
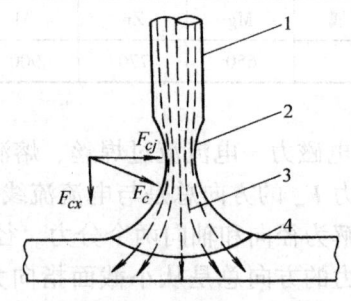

图1-30 形成液态桥时表面张力的作用
1—焊丝 2—液态金属过桥 3—母材

图1-31 形成液态桥时电磁力的作用
1—焊丝 2—液态金属过桥 3—电流 4—母材

型,即自由过渡(Free Flight)、接触过渡(Bridging Transfer)和渣壁过渡(Slag Guiding Transfer),如表1-4所示。自由过渡是指熔滴脱离焊丝末端前不与熔池接触,

表1-4 熔滴过渡分类及其形状示意图

熔滴过渡类型	类 型	形 态	焊 接 条 件
自由过渡	1. 颗粒过渡 (1) 大颗粒过渡 (2) 排斥过渡 (3) 细滴过渡	1-(1) 1-(2) 1-(3)	高电压小电流 MIG 焊 高电压小电流 CO_2 焊
	2. 射流过渡 (1) 射滴过渡 (2) 射流过渡 (3) 旋转过渡	2-(1) 2-(2) 2-(3)	铝焊丝 MIG 及脉冲焊 钢焊丝 MIG 焊 大电流 MIG 堆焊
	3. 爆炸过渡		气体爆破产生的过渡形式
接触过渡	4. 短路过渡 5. 搭桥过渡		CO_2 气体保护焊 非熔化极填丝焊
渣壁过渡	6. 沿渣壳过渡 7. 沿药皮筒过渡		埋弧焊 焊条电弧焊

脱离焊丝后经电弧空间自由飞行进入熔池的一种过渡形式。接触过渡是通过焊丝末端的熔滴与熔池表面接触成桥而过渡的。在熔化极气体保护焊时，熔滴与熔池重复短路熄弧和燃弧过渡交替过程，称为短路过渡（Short Circuiting Transfer）。TIG焊时，焊丝作为填充金属，不间断向熔池过渡，称为不间断搭桥过渡（Bridging Transfer Without Interruption）。渣壁过渡是渣保护时的一种过渡形式，埋弧焊时在一定条件下熔滴沿熔渣的空腔壁形成过渡。

上述三类熔滴过渡，由于焊接方法不同以及工艺条件的差异，可以进一步细分为多种熔滴过渡形式。其中过渡性能优良，应用最多的当属射流过渡和短路过渡，下面对这两种典型的过渡形式分别予以讨论。

1. 射流过渡（Spray Transfer） 氩气或富氩气体保护焊接时，在一定工艺条件下，会出现喷射过渡，通常分为射滴、亚射流、射流和旋转射流四种过渡形式。射滴过渡是介于滴状过渡与连续射流过渡之间的一种熔滴过渡形式，其工艺条件与连续射流过渡有相似之处，主要适用于钢焊丝脉冲焊及铝合金焊丝熔化极气体保护焊。亚射流过渡是介于短路与射滴之间的一种过渡形式，主要用于铝、镁及其合金的熔化极气体保护焊。旋转射流过渡是在焊丝伸出长度较大，焊接电流比通常射流过渡临界电流高出很多时（称为第二临界电流）出现的一种熔滴过渡形式。此种过渡形式由于液滴细长，在各种外力的作用下失稳而产生旋转，因其焊缝成形不良，故不能用于焊接，但有人用这种过渡形式进行表面堆焊，曾获得满意的效果。

射流过渡是喷射过渡中最富有代表性且用途广泛的一种过渡形式。获得射流过渡的条件是采用纯氩或富氩保护气氛，直流反极性接法，除了保持高弧压（长弧）外，还必须使焊接电流大于某一临界值。

钢焊丝MIG焊电流较小时，电弧和熔滴的形态如图1-32a所示，电弧弧根面积小，斑点力阻碍熔滴过渡，熔滴在重力作用下呈大颗粒过渡。随着电流增加，电弧阳极斑点笼罩面积逐渐扩大，以致达到熔滴的根部，如图1-32b。此时熔滴与焊丝间形成细颈，全部电流都从细颈流过，使该处电流密度很高，细颈过热，表面产生大量金属蒸气，从而具备了产生阳极斑点的有利条件。

电弧在氩气或富氩气氛中燃烧时电场强度E值较低，为了维持一定的弧压，电弧很容易向上扩散，又因为熔滴缩颈处被拉长变细，其电阻值R较大，所以很可能出现细颈段ab所消耗的电阻能量加上电

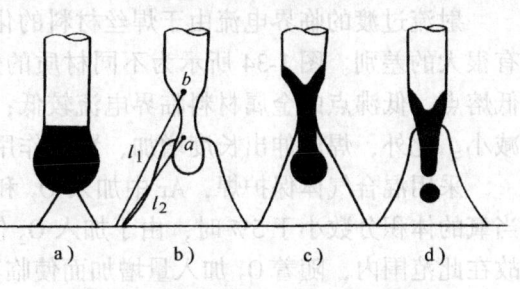

图1-32 射流过渡的形成过程示意图

弧 l_2 段消耗的能量大于或等于电弧直接从 b 到母材(l_1 段)所消耗的能量。在这种情况下，一旦熔滴细颈上表面温度达到沸点，电弧的阳极斑点立即从熔滴根部迅速扩散到细颈的上部。这一过程称为跳弧，跳弧后电弧和熔滴的形态如图 1-32c 所示。上述跳弧条件可用下式表示：

$$U_{颈}/(l_1 - l_2) \geq E \tag{1-9}$$

式中　$U_{颈}$——缩颈 ab 上的电压降；

　　　l_1、l_2——通过 b、a 两点的导电通路长度；

　　　E——电弧的电场强度。

出现跳弧后，焊丝末端已经存在的大滴即行脱离，电弧随之变成图 1-32d 所示的圆锥形状。这种形状有利于形成较强的等离子流，并在各种电弧力的作用下，细小熔滴从焊丝尖端连续不断向熔池过渡。因这种过渡熔滴细小，频率较高，速度可达重力加速度的数十倍，故称为射流过渡。

产生跳弧的最小电流称为射流过渡的临界电流。例如，在图 1-33 所示的工艺条件下，当电流由 255A 增加到 265A 时，熔滴过渡频率从 15 突增到 240，熔滴直径由 4mm 降到 1mm。当电流超过 265A 时，熔滴过渡频率增加不多，故 265A 可作为上述焊接条件下射流过渡的临界电流值。

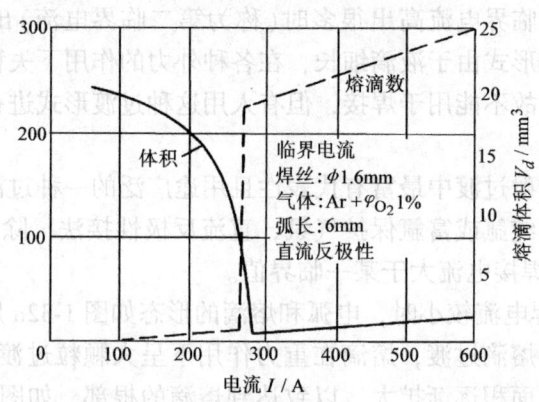

图 1-33　MIG 焊熔滴过渡与电流的关系

射流过渡的临界电流由于焊丝材料的化学成分、焊丝直径和保护气体不同而有很大的差别。图 1-34 所示为不同材质的焊丝在不同直径时的临界电流。可见低熔点、低沸点的金属材料临界电流较低；随着焊丝直径减小，临界电流也随之减小。此外，焊丝伸出长度增加，预热作用加强，临界电流也会有所下降。

采用混合气体保护焊，Ar 中加入 O_2 和 CO_2 都会影响射流过渡的临界电流。当氧的体积分数小于 5% 时，由于加入 O_2 使熔滴表面张力降低，过渡阻力减小，故在此范围内，随着 O_2 加入量增加而使临界电流降低。当 O_2 加入量进一步增加时，由于解离吸热作用使弧柱电场强度增大，电弧收缩且不易扩展，难于实现跳弧,反而使临界电流提高(图1-35)。加入 CO_2 时,由于弧柱电场强度提高,电弧难于向上扩散,故随着 CO_2 加入量增加,临界电流值增大,如图1-35所示。当 CO_2 加入量超过30%时(体积分数),已不能形成射流过渡而具有 CO_2 气体保护焊细滴过渡的特点。

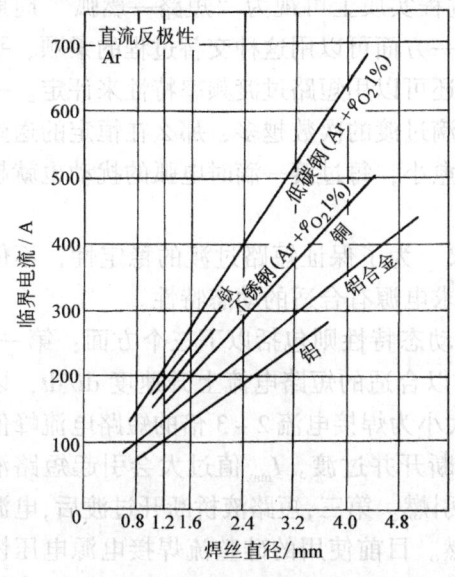

图1-34 不同材质焊丝的临界电流

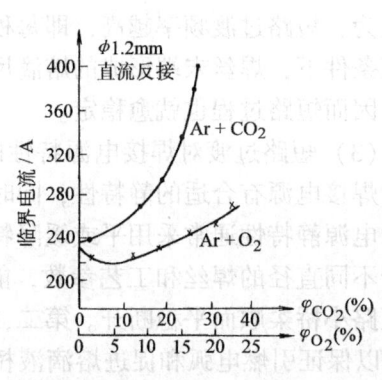

图1-35 气体成分对临界电流的影响

2. 短路过渡(Short Circuiting Transfer) 短路过渡主要用于 $\phi1.6mm$ 以下的细丝 CO_2 气体保护焊,采用低电压、小电流焊接工艺。由于电压低,电弧较短,熔滴尚未长成大滴时即与熔池接触而形成短路液桥,在向熔池方向的表面张力及电磁收缩力的作用下形成过渡。这种过渡电弧稳定,飞溅较小,焊缝成型良好,广泛用于薄板结构及全位置焊接。

(1) 短路过渡过程的特点 正常的短路过渡过程,一般要经历电弧燃烧形成熔滴—熔滴长大并与熔池短路熄弧—液桥缩颈而断开过渡—电弧复燃等四个阶段。

图1-36为短路过渡过程电参数波形图。图中1)~2)为电弧引燃,焊丝末端加热、熔化形成熔

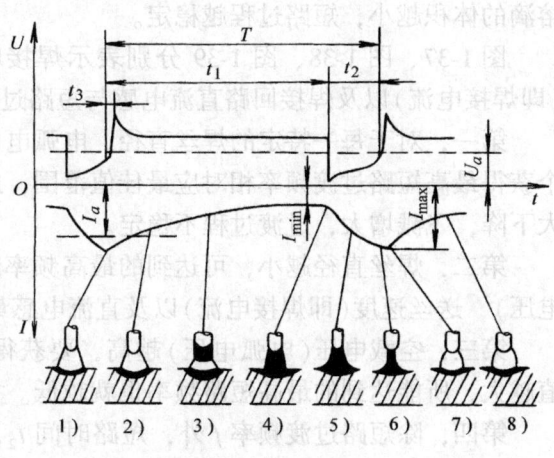

图1-36 短路过渡过程与电流、电压波形

滴；3）为随后熔滴长大；4）为弧隙减小，直至与熔池接触短路，此时电弧瞬时熄灭，电压 U 降至最低点，短路电流迅速增加；5）~6）为短路液桥内电磁收缩力增加并形成缩颈；7）为短路电流增加到一定值时，液桥缩颈处断开而过渡，电弧电压迅速恢复，电弧重新引燃，此后重复上述过程。

（2）短路过渡的稳定性 短路过渡过程实质上可视为"短路—燃弧"周期性的交替过程。因此，短路过程的稳定性一方面可以用这种交替过程的柔顺、平稳程度以及过程中飞溅大小来衡量，同时还可以用短路过渡频率特性来评定。一般认为，短路过渡频率越高，即每秒钟熔滴过渡的次数越多，那么在恒定的送丝速度条件下，焊丝末端形成的熔滴尺寸则愈小，每过渡一滴时电弧的扰动也就越小，因而短路过程也就愈稳定。

（3）短路过渡对焊接电源特性的要求 为了保证短路过渡的稳定性，不但要求焊接电源有合适的静特性，同时还要求电源有合适的动态特性。

电源静特性通常采用平或缓降特性。动态特性则包括以下三个方面：第一，对于不同直径的焊丝和工艺参数，能够配以合适的短路电流上升速度 di/dt，以使短路小桥柔顺而平稳断开。第二，提供大小为焊接电流 2~3 倍的短路电流峰值 I_{max}，以保证引燃电弧和促进熔滴液桥平稳断开并过渡。I_{max} 值过大会引起短路液桥激烈爆断，造成飞溅，过小则不利于电弧引燃。第三，短路液桥断开过渡后，电源空载电压恢复速度要快，以便电弧及时复燃。目前使用的硅整流焊接电源电压恢复速度较快，逆变开关电源速度则更快，都能满足短路过渡焊接的要求。至于合适的 di/dt 和 I_{max}，则主要通过串联在输出直流回路中的电感来进行调节。

（4）短路过渡的频率特性 每秒钟熔滴过渡的次数称为短路过渡频率，以 f 表示，若以 v_f 表示焊丝的送进速度，在稳定焊接时 $v_f = v_m$，那么每次熔滴过渡的消耗焊丝的平均长度 $L_d = v_f/f$。因此，在送丝速度恒定时，f 越高则 L_d 越小，即熔滴的体积越小，短路过程越稳定。

图 1-37、图 1-38、图 1-39 分别表示焊接电弧电压（空载电压）、送丝速度（即焊接电流）以及焊接回路直流电感与短路过渡频率的关系，其影响规律如下：

第一，对于每一特定的焊丝直径，电弧电压、送丝速度以及直流电感都有一个获得最高短路过渡频率相对应最佳值范围，此值过大或过小都会使短路频率大大下降，飞溅增大，过渡过程不稳定。

第二，焊丝直径越小，可达到的最高频率越大，所对应的电弧电压（或空载电压）、送丝速度（即焊接电流）以及直流电感最佳值则越小。

第三，空载电压（电弧电压）越高，要获得最佳短路频率，对应的直流电感值越大，所能达到的最高短路频率也就越低。

第四，除短路过渡频率 f 外，短路时间 t_2、短路电流峰值 I_{max} 也都会影响短路过渡的稳定性。在图 1-38 中，Q 点熔滴体积（v_f/f）最小，同时 t_2 和 I_{max} 也

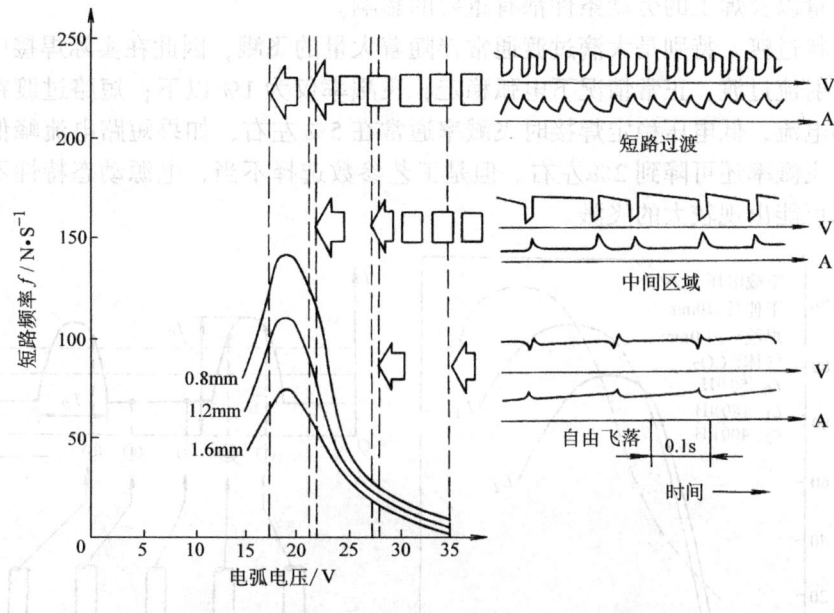

图 1-37 短路过渡频率与电弧电压的关系

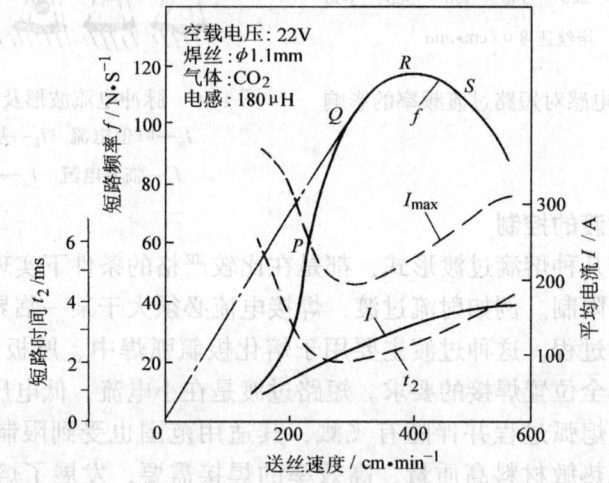

图 1-38 送丝速度与短路过渡频率、
短路时间和短路电流峰值的关系

都为最小值,所以短路过渡过程也十分稳定。

(三)飞溅问题

焊接过程中,大部分焊丝熔化过渡到熔池冷却成为焊缝,小部分飞落到熔池之外而成为飞溅(Spatter)。通常用飞溅损失的金属与熔化焊丝(焊条)金属质量的百分比(飞溅率)来表示飞溅的程度,它对于焊接过程的稳定性、焊接生产效率、焊接质量以及焊工的劳动条件都有重要的影响。

滴状过渡，特别是大滴过渡通常伴随着大量的飞溅，因此在实际焊接中应用极少；射流过渡，正常情况下电弧稳定，飞溅率仅为1%以下；短路过渡在细焊丝，小电流，低电压稳定焊接时飞溅率通常在5%左右，如果短路电流峰值控制得当，飞溅率还可降到2%左右。但是工艺参数选择不当，电源动态特性不好等原因则可能出现较大的飞溅。

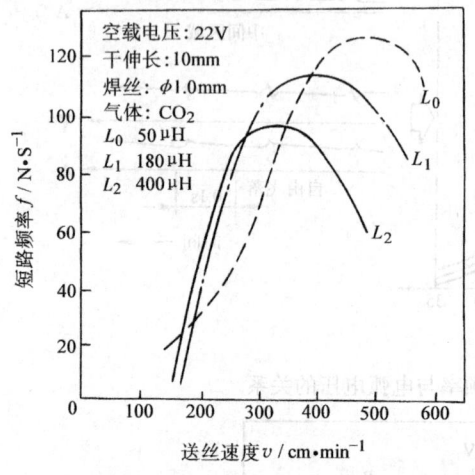

图1-39 回路电感对短路过渡频率的影响　　图1-40 脉冲电流波形及熔滴过渡示意图

I_p—峰值电流　I_b—基值电流

I_c—临界电流　I_a—平均电流

四、熔滴过渡的控制

目前采用的几种熔滴过渡形式，都是在比较严格的条件下实现的，而且使用范围也有一定的限制。例如射流过渡，焊接电流必须大于某一临界电流值，才能实现稳定的焊接过程。这种过渡主要用于熔化极氩弧焊中、厚板水平位置焊接，不能满足薄板、全位置焊接的要求。短路过渡是在小电流，低电压，细焊丝条件下实现的，它有熄弧过程并伴随有飞溅，其适用范围也受到限制。为了满足薄板、全位置以及热敏材料高质量、高效率的焊接需要，发展了熔滴过渡控制技术。目前采用的控制技术有脉冲电流控制法、脉动送丝控制法、射流—短路过渡控制法、波形控制法以及脉动送丝—电流波形联合控制法等。本节重点介绍脉冲电流控制法，波形控制法将结合具体章节予以介绍。

脉冲电流控制法是熔化极氩弧焊常用的控制方法，它通过控制焊接电流以一定的频率脉冲变化，实现对焊丝熔化及熔滴过渡的控制。这种方法可以在小的平均电流情况下，实现稳定的射流过渡并可控制母材的热输入和焊缝成形。目前最常用的脉冲电流波形为正弦波或矩形波，典型波形及熔滴过渡过程如图1-40所示。

为了以较小的平均电流 I_a 实现可控的射流过渡，无论用什么样的脉冲电流波形，熔化极氩弧焊的脉冲电流峰值 I_p 都一定要大于相同条件下射流过渡临界电流值 I_c。由于脉冲电流大小和脉冲持续时间各不相同，以钢焊丝为例，通常可能出现以下三种情况。

第一种是在一个脉冲周期中过渡两个或多个细小熔滴，如图 1-41 所示。这种情况是在脉冲电流较大或脉冲时间 T_p 较长，即脉冲能量较大时出现。熔滴在脉冲电流的作用下，加速向熔池过渡，有较强的指向性，可用于全位置焊接。

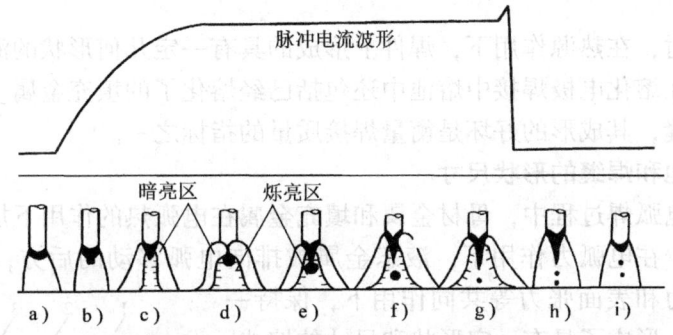

图 1-41 一个脉冲多个熔滴过渡形式

第二种是一个脉冲周期仅过渡一个等于或小于焊丝直径的熔滴，如图 1-42。这种过渡的脉冲能量正好等于过渡一个熔滴所需要的能量，且过渡频率等于脉冲频率。由于脉冲电流较小或时间较短，熔滴大多在脉冲电流结束后基值电流初期过渡，因而加速度较小，过渡速度低，但仍沿焊丝轴向，可用于仰、立等空间位置的焊接。

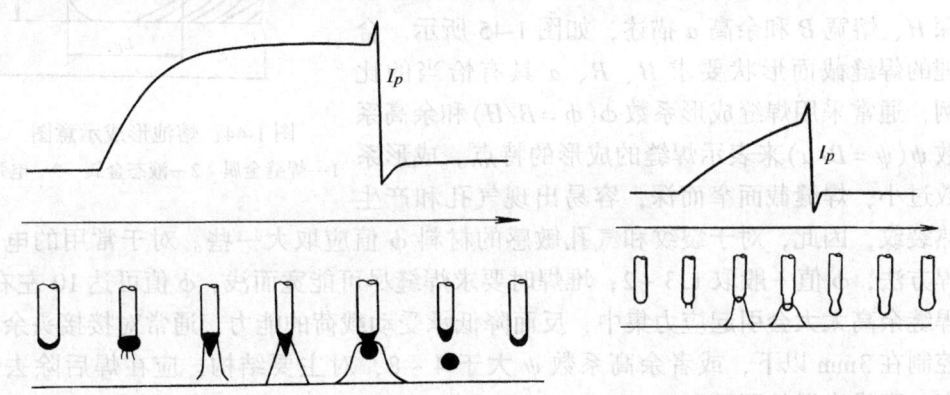

图 1-42 一个脉冲一个熔滴过渡形式　　　图 1-43 多脉冲一个熔滴过渡形式

第三种是两个或两个以上的脉冲周期才过渡一个熔滴，熔滴直径等于或略大于焊丝直径。这种情况脉冲电流较小，脉冲持续时间较短，即能量较弱，熔滴过渡频率低于脉冲频率，过渡时刻有较大的随机性，但多在基值电流区间（T_b），如图 1-43

所示。

形成脉冲射流过渡的临界电流,一般高于连续射流过渡的临界电流,其大小同连续射流过渡一样受焊丝直径、保护气体成分、焊丝成分以及伸出长度等因素的影响。此外,为了获得稳定的脉冲射流过渡,脉冲电流值还必须与脉冲持续时间 T_p、基值电流电流 I_b 以及脉冲频率等脉冲参数互相匹配。

第五节 母材熔化和焊缝成形

熔化焊时,在热源作用下,焊件上形成的具有一定几何形状的液态金属部分称为熔池,在熔化电极焊接中熔池中还包括已经熔化了的填充金属。熔池冷却凝固后成为焊缝,其成形的好坏是衡量焊接质量的指标之一。

一、熔池和焊缝的形状尺寸

熔化极电弧焊过程中,母材金属和填充金属在电弧热的作用下加热、熔化而混合在一起,在电弧力作用下,液态金属被排向电弧移动的后方,并且在电弧力、本身重力和表面张力等共同作用下,保持一定的液面差,形成了具有一定形状和尺寸的熔池,如图1-44。随着电弧前移,熔池也随之前移,熔池尾部液态金属的温度逐步降低。当液态金属温度降到金属的凝固温度时,便冷凝结晶而成为焊缝。

焊缝形状是指焊缝横截面的形状,一般以熔深 H、熔宽 B 和余高 a 描述,如图1-45所示。合理的焊缝截面形状要求 H、B、a 具有恰当的比例,通常采用焊缝成形系数 $\phi(\phi = B/H)$ 和余高系数 $\psi(\psi = B/a)$ 来表示焊缝的成形的特点。成形系数过小,焊缝截面窄而深,容易出现气孔和产生

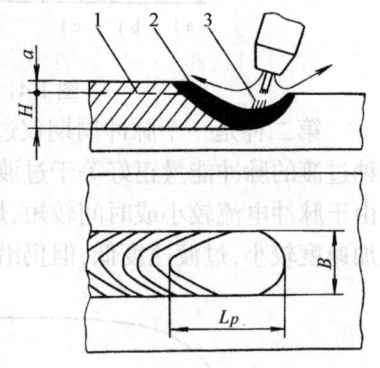

图1-44 熔池形成示意图
1—焊缝金属 2—液态金属 3—电弧

热裂纹,因此,对于裂纹和气孔敏感的材料 ϕ 值应取大一些。对于常用的电弧焊方法,ϕ 值一般取 1.3~2;堆焊时要求焊缝尽可能宽而浅,ϕ 值可达 10 左右。焊缝余高太大会引起应力集中,反而降低承受动载荷的能力,通常对接接头余高控制在 3mm 以下,或者余高系数 ψ 大于 4~8,对主要结构,应在焊后除去余高,磨成光滑的凹型。

母材金属在焊缝中所占的比例,可用母材金属在焊缝中所占的面积 A_m 与焊缝的总面积 $(A_m + A_H)$ 之比(熔合比 γ)表示,即 $\gamma = A_m/(A_m + A_H)$,其中 A_H 为填充金属在焊缝截面中所占面积。由1-45可见,坡口和熔池形状改变时,熔合比 γ 都将发生变化。通过改变熔合比,可以调整焊缝化学成分,降低裂纹倾向

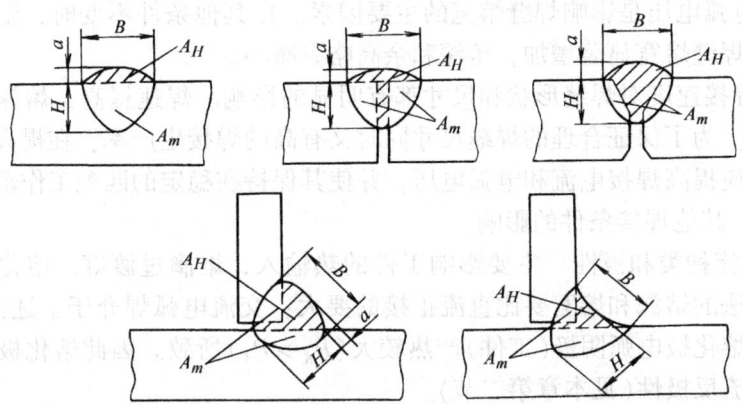

图 1-45 焊缝形状及描述参数

和提高焊缝力学性能。

二、焊接条件对焊缝成形的影响

焊缝的形状是由熔池的形状决定的，熔池的形状则取决于电弧的热、力特性以及相关的焊接条件。焊接条件包括焊接工艺参数和工艺因素两部分，它们对于熔池和焊缝形状的影响既有单项的影响又有多个因素的共同交叉影响。本节只介绍普通电弧焊方法中各种因素对焊缝成形单项影响的基本实验规律。

（一）电流、电压、焊速的影响

焊接电流、电弧电压和焊接速度是决定焊缝尺寸的主要工艺参数，它们对于焊缝形状的影响（图1-46）规律如下：

1）焊接电流是影响焊缝熔深的主要因素。随着焊接电流增大，熔深近于成比例增加，熔宽略有增加，同时余高增加而使成形系数及余高系数减小。

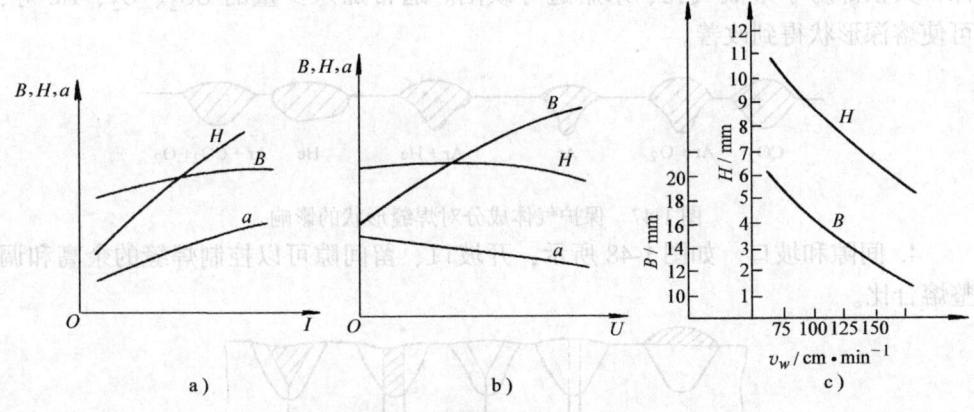

图 1-46 焊接工艺参数对焊缝尺寸的影响

a）焊接电流的影响 b）电弧电压的影响 c）焊接速度的影响

2) 电弧电压是影响焊缝熔宽的主要因素。在其他条件不变时,随着电弧电压增大,焊缝熔宽显著增加,熔深和余高略有减小。

3) 焊接速度对焊缝形状和尺寸都有明显的影响。焊速提高,熔深和熔宽都显著减小。为了保证合理的焊缝尺寸同时又有高的焊接生产率,在提高焊速的同时,应相应提高焊接电流和电弧电压,并使其保持在稳定的匹配工作范围内。

(二) 其他焊接条件的影响

1. **电流种类和极性** 主要影响工件的热输入,熔滴过渡等。熔化极电弧焊直流反接法的熔深和熔宽要比直流正接的要大;交流电弧焊介于上述两者之间,这是因为熔化极电弧阴极(工件)产热较大($P_K > P_A$)所致。因此熔化极电弧焊一般采用直流反极性(见本章第二节)。

非熔化极电弧焊电极产热特性与熔化极电弧焊相反($P_A > P_K$),故正接时熔深较大,反接时较小。除铝、镁及其合金要求除去表面氧化膜采用交流外,非熔化极电弧焊一般采用直流正接法。

脉冲电流焊接时,在同样的焊接电流和电弧电压平均值条件下,比一般的电弧焊可获得更大的焊缝熔深和熔宽。

2. **焊丝直径和伸出长度** 在一定的范围内,同样的焊接电流,焊丝直径越细,焊缝熔深越大。焊丝伸出长度增大时,焊丝电阻热增加,熔化量增多,焊缝余高增大,焊丝材质电阻率越高,直径越细,伸出长度越大时,这种影响越明显,因此必须限制焊丝的平均电流密度(小于 $100A/mm^2$)和焊丝的伸出长度。

3. **保护气氛和熔滴过渡形式** 保护气体对焊缝成形的影响如图 1-47 示。CO_2 保护焊大电流细滴过渡,焊缝熔深较大,底部呈圆弧状;短路过渡焊缝形状与其类似只是熔深要浅得多。纯氩保护射流过渡的焊缝中部深陷,为所谓杯状熔深,其根部易于形成气孔、未熔透等缺陷。通常加入少量的 CO_2、O_2、He 等,可使熔深形状得到改善。

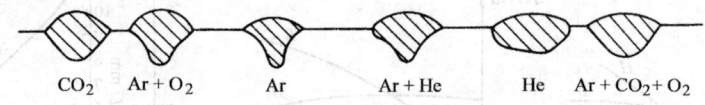

图 1-47 保护气体成分对焊缝形状的影响

4. **间隙和坡口** 如图 1-48 所示,开坡口、留间隙可以控制焊缝的余高和调整熔合比。

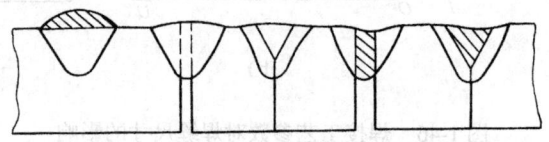

图 1-48 间隙和坡口对焊缝形状的影响

5. 电极(焊丝)的倾角　电极相对工件倾斜有前倾和后倾两种，习惯的定义方法如图1-49所示。电极(焊丝)前倾时，电弧力后排熔池金属的作用力减弱，熔池底部液态金属增厚，熔深减小；同时电弧对熔池前方工件的预热作用加强，熔宽增大。焊丝倾角 α 越大，这种作用越明显。电极(焊丝)后倾时，情况与前述相反。实际焊接中，手工钨极氩弧焊、半自动熔化极气体保护焊等一般采用前倾焊；后倾焊除特殊情况如小直径圆筒形自动弧焊外，较少在自动弧焊中使用，多用于焊条电弧焊。

影响焊缝成形的因素还有许多，如工件厚度、倾斜度及散热条件，焊剂、焊条药皮成分等。

三、焊缝成形的控制

要获得优良的焊缝成形，就必须根据工件的材料、厚度、接头形式和焊缝位置以及工作条件对焊缝尺寸的要求等，选择合适的焊接工艺参数和其他焊接条件。目前采用试验优化设

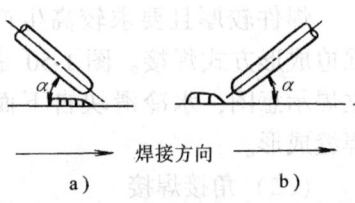

图 1-49　焊丝倾角的习惯定义
a) 电极前倾　b) 电极后倾

计方法和计算机技术，建立焊缝形状尺寸与工艺参数之间的数学模型，选择并优化工艺参数，预测焊缝形状已经取得了很大的进展，有些系统在生产实际中已经得到应用。

(一) 平焊、立焊、横焊成形控制

1. 平焊　成形条件最好，可采用双面焊、单面多道焊或单面焊双面成形，通常有自由成形和强迫成形两种形式。自由成形完全由熔池金属的表面张力承托自重，在自由状态下完成焊缝背面成形；强迫成形则是利用成形装置如衬垫或铜滑块等托住熔池金属，使之强制成形。

表1-5给出了自由成形时单面焊双面成形的工件厚度。电弧功率密度越大，达到相同熔深的熔池体积越小，工件的最大焊接厚度越大；液体金属密度越大，表面张力系数越小，工件的最大焊接厚度则越小。

表1-5　自由成形时单面焊双面成形的工件厚度

焊　接　方　法	焊　接　材　料	表面张力系数/N·m^{-1}	最大厚度/mm
钨极氩弧焊	钢	0.950	1.5~2
	铝	0.840	4~5
等离子弧焊	不锈钢	1.250	8~10
	碳钢	0.950	7
	钛	1.550	10~12

2. 立焊和横焊　也有自由成形和强迫成形两种形式。自由成形焊接时，熔

池金属在重力作用下流淌而影响焊缝良好成形。为此要用较小的焊接电流以限制熔池尺寸,同时电弧进行适当摆动和停留以控制熔池形状,保证侧壁熔透,获得所需的焊缝成形。采用脉冲电弧可以控制熔池的体积,保证一定的熔深,同时使熔池迅速冷却结晶,避免流淌。

焊件较厚且要求较高生产率时,可采用强迫成形方式焊接。图1-50是气体保护电弧立焊示意图,水冷滑块自下而上运动,强迫焊缝成形。

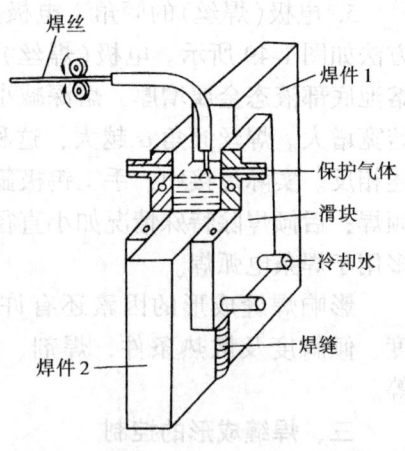

图1-50 气体保护电弧立焊示意图

(二) 角接焊接

水平角焊缝可为船形焊接(图1-51a)和斜角焊接(图1-51b)。图51a中,当$\delta_1 = \delta_2$时,取$\alpha = \beta_1 = \beta_2 = 45°$;当$\delta_1 \ll \delta_2$时,可取$\alpha < 45°$使熔合区偏于厚板一侧。为防止熔池金属流失,应控制工件装配间隙或采取其他工艺措施。图1-51c是在不同条件下斜角焊接焊缝成形,其中(4)~(6)是比较理想的成形。为获得理想的焊缝成形,应注意焊丝夹角及严格控制其他工艺条件。

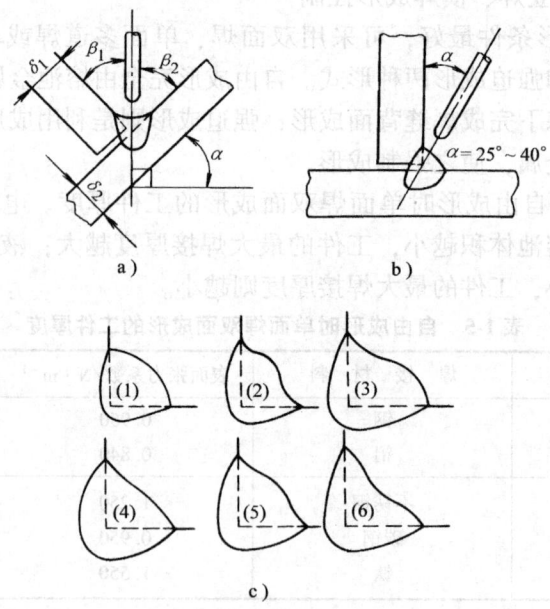

图1-51 角接焊缝的成形

(三) 环缝焊接

环缝可以在工件转动，焊枪固定的条件下焊接，也可采取焊枪绕工件转动的全位置焊接方法。图 1-52 是工件转动、焊枪固定的环缝焊接。为了减少曲面对熔池金属流动的不利影响，无论是焊接外环缝或内环缝，焊枪都应逆工件旋转方向偏移一段距离 e，使熔池的形成与凝固结晶处于接近水平位置。

焊枪绕工件转动的全位置焊接方法时，为了防止熔池金属在重力作用下流淌，通常采用细焊丝、小电流或脉冲电弧等措施限制电弧功率以减小熔池体积。自动焊时，可采用程序控制装置，把整个圆周按空间位置划分成几个区域，在不同区域自动采用不同的工艺参数。还可采用自适应控制方法，随着焊枪绕工件转动位置变化，自动进行工艺参数的适应性调整。

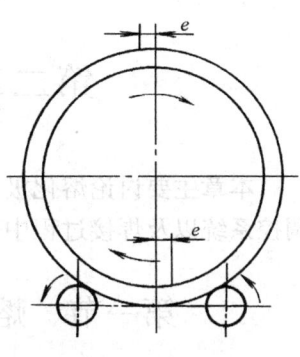

图 1-52 环缝焊接时的焊枪位置

第二章 电弧焊自动控制基础

本章主要讨论熔化极自动电弧焊稳定工作状态自动调节系统，拖动电机稳速调控系统以及焊接过程中先后次序控制环节。

第一节 熔化极自动电弧焊的自动调节系统

借助机、电装置完成电弧焊基本操作的机械化焊接方法，习惯上称为自动焊，最早出现的熔化极自动电弧方法是埋弧焊。它可以采用按钮、继电器、电动机等构成的机电装置自动完成引弧、送丝、焊接和收尾熄弧等基本操作。随着科学技术的发展，目前能够自动完成的焊接操作，远不止上述几个简单动作，而是可以实现整个焊接生产过程的自动化。

一、自动电弧焊自动调节概述

为了获得稳定的焊接过程，自动电弧焊系统应能根据工艺需要方便地选择主要工艺参数 I_a、U_a、v_w，而且一旦参数选定之后，应能使其在整个焊接过程中稳定不变。通常自动弧焊 I_a、U_a 的控制精度要求为 $\pm 25 \sim 50A$、$\pm 2V$；全位置气体保护焊 I_a、U_a 的最高控制精度甚至达到 $\pm 0.1 \sim 1.0A$、$\pm 0.1V$。

自动电弧焊接稳定工作点由电源外特性曲线和自动调节系统的调节特性曲线的交点确定，由此交点即确定稳定的 I_a、U_a 和与之相对应的电弧静态特性曲线。在实际焊接过程中，由于外界干扰，电源的外特性，电弧的静特性，甚至系统的调节特性曲线都可能发生波动，使实际工作点偏离稳定工作点，造成 I_a、U_a 波动。外界干扰通常有：

（1）使电弧静特性产生波动的外界干扰 由于装配定位焊道、坡口加工或装配不均匀、环缝焊接时筒体的圆度、焊接小车导轨不平整或工作台振动等造成电弧弧长变化；由于送丝系统机、电故障造成的送丝不均匀；由于焊剂、保护气体、母材和电极材料成分不均匀或污染物等引起的弧柱电场强度的变化等因素都会使电弧静特性波动。

（2）使电源外特性发生变化的外界干扰 电阻焊机、热处理等大容量电气设备的起、停等造成的电网电压波动，弧焊电源内部的电子元器件和电阻器件等受热后使其输出发生波动也会引起电源外特性的波动。

此外，由于坡口加工或装配不均匀等因素，不仅造成电弧弧长波动，往往还会引起焊丝伸出长度变化，使自动调节系统的调节特性发生变化而造成 I_a、U_a 的波动。

在上述各种干扰中，弧长变化最为突出。通常弧柱电场强度依焊接条件不同为 10~40V/cm，弧长只要有 1mm 的变化，就可能使电弧电压的波动超过允许值。因此，如何克服弧长干扰就成为熔化极自动电弧焊自动调节系统应解决的首要问题。

人手直接操作的焊条电弧焊，焊工利用自己的感官判别弧长的波动，通过大脑分析比较，指挥手臂调整运条动作来克服弧长的波动，其原理为闭环调节系统（图 2-1a）。由于这种调节是由人工完成的，因此手弧焊的焊接质量取决于焊工技艺的优劣。以机械代替手工运条的自动电弧焊方法则利用检测、比较放大及机电执行机构三个部分组成的调节器代替人工调节，实现闭环自动调节控制，与手弧焊对应的系统框图如图 2-1b 所示。这种闭环自动调节控制是现代工业生产过程乃至许多家电设备常用的控制手段（图 2-1c）。

闭环自动调节是一种反馈控制系统，被控对象（如电弧）的状态物理量反馈到输入端与输入给定比较，产生误差信号，加到控制器上，随时修正被控对象调节量的大小，使其趋于期望值。反馈是闭环系统消除外界干扰的基础，没有反馈的控制系统称为开环系统（图 2-1d）。开环系统通常不具备自动调节能力，但如果受控对象的输入和输出量之间存在某种固有的内在联系，会构成固有的内反馈作用，这样的开环系统也会产生自动调节作用。

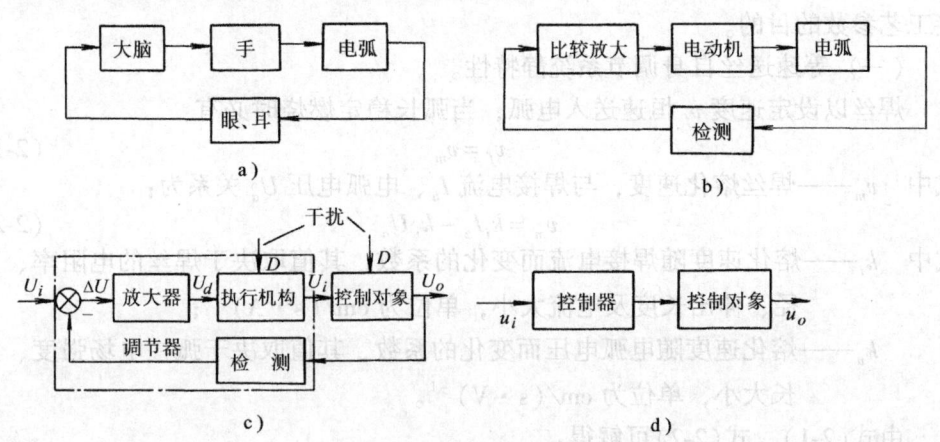

图 2-1 电弧焊的调节系统
a) 手弧焊的人工调节系统 b) 机电结构的闭环反馈自动调节
c) 闭环调节系统一般结构 d) 开环控制系统

自动电弧焊接自动调节的原则是，当选定的工作点由于外界干扰发生变化，使既定的焊接工艺参数 I_a、U_a 产生波动时，调节系统迅速实施调控使其回到原工作点，从而保证焊接工艺参数的稳定。目前用于熔化极电弧焊接中的自动调节系统主要为电弧电压反馈调节系统和等速送丝电弧自身调节系统，近年来焊接电流反馈调节系统，也开始得到应用。电弧电压反馈调节系统为闭环控制系统，它将电弧的某一特征物理量反馈到调节器，根据"检测偏差，纠正偏差，没有偏差，没有调节"的原则对电弧进行调节。等速送丝电弧自身调节系统则是一种开环系统，由于电弧自身具有的内反馈作用，使其也能自动补偿调节。

稳定性不是开环系统的重要问题，而对于电弧电压调节系统这类闭环系统，由于调节对象和调节器组成部件中都可能包含机械惯性、电容、电感、热容等惯性，使其输出往往滞后于输入的变化。例如，调节对象的惯性，使调节动作不能及时纠正被调量的偏差；调节器的惯性，使偏差信号不能及时转化为控制调节输出量的变化等。于是当某一调节输出量本来可以使被调量达到稳定值时，调节对象的惯性使偏差信号依然存在；当被调量已经达到稳定值时，执行机构本该停止工作，调节器的惯性使调节作用还在原方向继续进行，结果使被调量超过稳定值，从而产生反向偏差，于是执行机构又作相反方向调节。闭环系统使稳态误差减小，系统精度提高，但可能引起超调，使系统作等幅振荡或变幅振荡，因此稳定性始终是该系统的一个重要问题。除了稳定性外，调节过程的动态品质、调节完成后的静态误差也是衡量闭环系统调节性能的技术指标。

二、熔化极等速送丝电弧自身调节系统

该系统依靠电弧自身内反馈具有的自身调节作用，来达到补偿干扰，稳定焊接工艺参数的目的。

（一）等速送丝自身调节系统静特性。

焊丝以设定速度 v_f 恒速送入电弧，当弧长稳定燃烧时必有：

$$v_f = v_m \tag{2-1}$$

式中 v_m——焊丝熔化速度，与焊接电流 I_a、电弧电压 U_a 关系为：

$$v_m = k_i I_a - k_u U_a \tag{2-2}$$

式中 k_i——熔化速度随焊接电流而变化的系数，其值取决于焊丝的电阻率、直径、伸出长度及电流大小，单位为 cm/(s·A)$^{-1}$；

k_u——熔化速度随电弧电压而变化的系数，其值取决于弧柱电场强度、弧长大小，单位为 cm/(s·V)$^{-1}$。

由式(2-1)、式(2-2)可解得：

$$I_a = v_f/k_i + (k_u/k_i) U_a \tag{2-3}$$

式(2-3)称为等速送丝熔化极电弧等熔化曲线或自身调节系统静特性方程。该方程表示为一直线，线上任何一点，均满足 $v_m = v_f$，且与电源外特性曲线的相交点构成系统的稳定工作点，偏离此线，则会使 I_a、U_a 波动，造成 $v_m \ne v_f$。曲线右边，$v_m > v_f$；曲线左边 $v_m < v_f$。等速送丝熔化极电弧自身调节系统静特性曲线，可由实验方法测定。在给定的焊接条件下，选定一种送丝速度和几种不同的电源外特性曲线进行焊接，测出每一次焊接的稳态 I_a、U_a 即可在 I_a、U_a 坐

系中作出一条等熔化特性曲线。图2-2a所示为不同送丝速度下自动埋弧焊的等熔化特性曲线，熔化极气体保护电弧焊在不同条件下等熔化特性曲线呈现不同的特征如图1-26。实验表明等熔化特性曲线有如下特点：

1）长弧细焊丝时，由于k_i很大，而k_u很小，式(2-3)可写成：

$$I_a \approx v_f/k_i \tag{2-4}$$

此时等熔化曲线几乎垂直于电流坐标轴，称为等电流曲线。

2）随着弧长缩短，电弧等熔化曲线斜率减小，v_m增大，弧长缩短到一定范围时，等熔化曲线左拐，具有固有的自调节作用。

3）其他条件不变时，v_f增加(减少)，等熔化曲线平行向右(左)移动；焊丝伸出长度增加(减少)，k_i增大(减少)，等熔化曲线向左(右)移动；焊丝直径增大(减少)，k_i减少(增大)，等熔化曲线向右(左)移动，而且斜率减小(增大)。

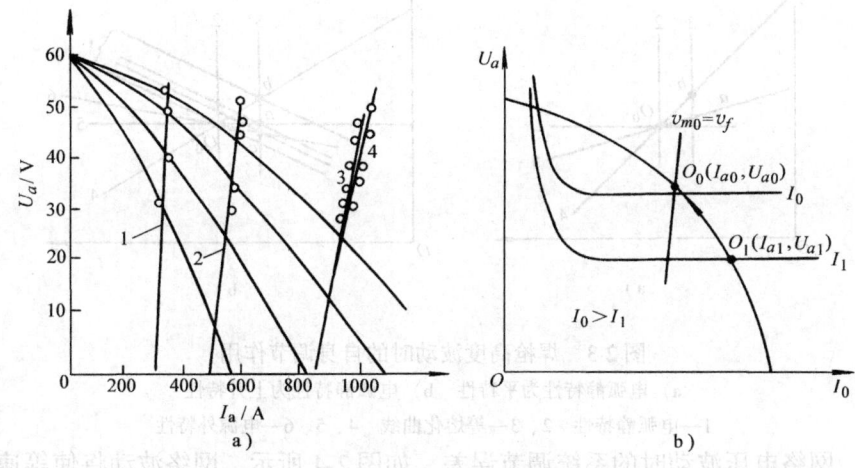

图2-2 等熔化曲线及自身调节原理
a) 相同焊丝直径不同送丝速度等熔化曲线的测定 b) 弧长波动时的自身调节
1—ϕ2mm, v_f=7.1cm/s 2—ϕ4mm, v_f=2.5cm/s
3—ϕ4mm, v_f=4.4cm/s 4—ϕ5mm, v_f=2.9cm/s

（二）等速送丝自身调节的精度

调节精度是指系统调节过程结束后，静态误差的大小。

1. 弧长波动时的自身调节精度　等速送丝自动电弧焊(如埋弧焊)的调节过程如图2-2b所示。当电弧受外扰缩短时，系统的工作点将从O_0点移至O_1点，由于$I_{a1}>I_{a0}$，$U_{a1}<U_{a0}$，所以O_1点的熔化速$v_{m1}>v_{m0}=v_f$；于是工作点将在电源外特性曲线上从O_1点向O_0点恢复。如果弧长变化是由于送丝速度瞬时波动等原因，焊枪与焊件表面距离不变，焊丝伸出长度不变，那么这种调节作用最终将回到系统的稳定工作点O_0而不带静态误差。

通常弧长波动是由焊枪相对高度变化引起的,自身调节将在焊丝伸出长度也有变化的条件下进行,调节过程结束后的稳定工作点将由焊丝伸出长度变化后的等熔化曲线和电流外特性曲线的交点确定,因而产生静态误差。误差大小除与焊丝伸出长度变化量、直径及电阻率有关外,还与电源的外特性形状有关。由图2-3a可见,当电弧静特性为平特性时,陡降特性电源将比缓降特性电源引起更大的电弧电压静态误差;当电弧静特性为上升特性时(图2-3b),由于上升特性电源弧长误差最小,造成的焊丝伸出长度误差也最小,故实际电压误差以上升特性电源为最小。因此,为了减少电弧电压及弧长的静态误差,宜采用缓降(对平特性电弧)或微升(对上升特性电弧)特性电源。对于电流静态误各种情况都相差不大。

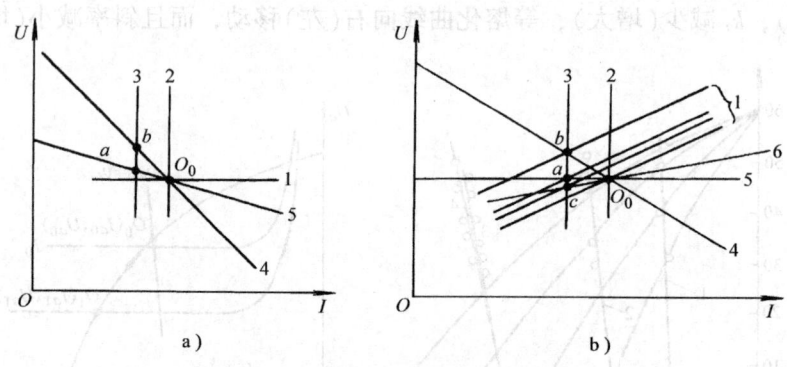

图2-3 焊枪高度波动时的自身调节作用
a)电弧静特性为平特性 b)电弧静特性为上升特性
1—电弧静特性 2、3—等熔化曲线 4、5、6—电源外特性

2. 网络电压波动时的系统调节误差 如图2-4所示,网络波动将使等速送丝电弧焊的工作点从 O_0 移到 O_1,此时长弧焊将产生明显的电弧电压静态误差,短弧焊则产生明显电流静态误差。但是如果长弧焊采用缓降外特性电源,短弧焊采用陡降外特性电源,上述误差都将减小。

(三) 等速送丝自身调节的灵敏度

调节灵敏度是指调节过程的速度,速度愈快,所需调节时间愈短,系统的调节效果愈好。

从该系统的调节原理可知,由于焊丝送进速度恒定,弧长干扰可借助焊丝熔化速度变化所产生的自身调节作用得到补偿,因此系统调节速度的快慢,即调节灵敏度取决于熔化速度的变化量的大小。由式(2-3)、式(2-4)可知:

$$\Delta v_m = k_i \Delta I_a - k_u \Delta U_a \quad 或$$
$$\Delta v_m = k_i \Delta I_a \tag{2-5}$$

由式可见,k_i 和 ΔI_a 是影响调节灵敏度的主要因素。

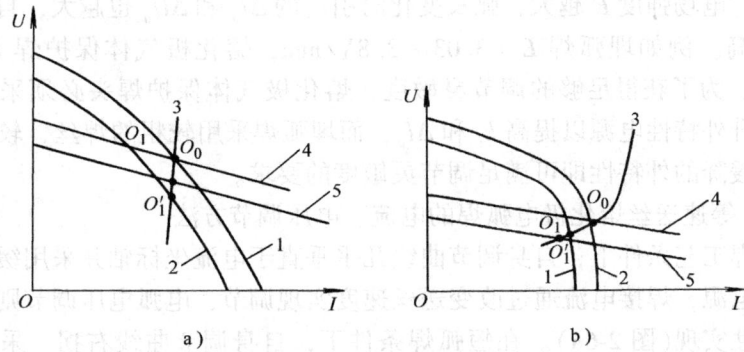

图 2-4 网压波动时自身调节作用
a) 长弧 b) 短弧
1、2—陡降电源外特性 3—等熔化曲线 4、5—缓降电源外特性

1) k_i 电流不变，焊丝直径变细，k_i 增大，Δv_m 增大，系统的调节灵敏度提高。焊丝直径不变，增大电流即提高电流密度，也会有同样的效果。对于一定直径的焊丝，电流的取值应保证系统有足够的调节灵敏度，同时也要保证工艺过程的稳定性。

2) ΔI_a 电弧静特性与电源外特性的配匹将影响调节过程中 ΔI_a 的大小，如图 2-5 所示。当电弧静特性为平特性时，采用缓降外特性电源比陡降外特性电源能获得更大的 ΔI_a；当电弧静特性为上升时，采用上升的外特性电源（注意，其上升斜率应小于电弧静特性斜率），比用平特性电源能获得更大的 ΔI_a。因此，从调节灵敏度而言，一般等速送丝长弧焊接应采用缓降或平特性，甚至上升特性的电源。

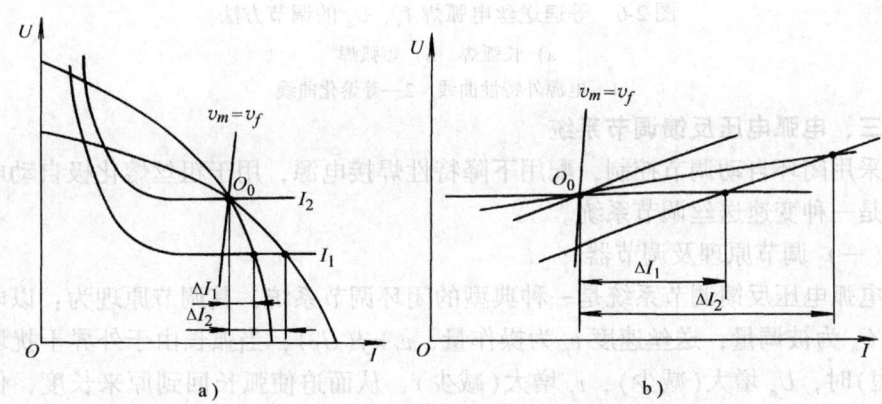

图 2-5 电源外特性形状对自身调节灵敏度的影响
a) 平电弧静特性 b) 升电弧静特性

此外，电场强度 E 越大，弧长变化时引起的 ΔI_a 和 ΔU_a 也越大，自身调节灵敏度也越高。例如埋弧焊 $E = 3.03 \sim 3.8 \text{V/mm}$，熔化极气体保护焊 $E = 0.7 \sim 1.5 \text{V/mm}$，为了获得足够的调节灵敏度，熔化极气体保护焊头必须采用细焊丝以及平或升外特性电源以提高 k_i 和 ΔI_a，而埋弧焊采用较粗的焊丝，较低的电流的密度和缓降的外特性即可满足调节灵敏度的要求。

（四）等速送丝熔化极电弧焊的电流、电压调节方法

长弧焊工艺条件下，自身调节曲线几乎垂直于电流坐标轴并采用缓降、平或微升特性电源，焊接电流通过改变送丝速度实现调节，电弧电压调节则通过改变电源外特性实现（图 2-6a）。在短弧焊条件下，自身调节曲线右拐，采用陡降外特性电源，这时焊接电流、电弧电压的调节分别由改变电源外特性、送丝速度来实现（如图 2-6b）。

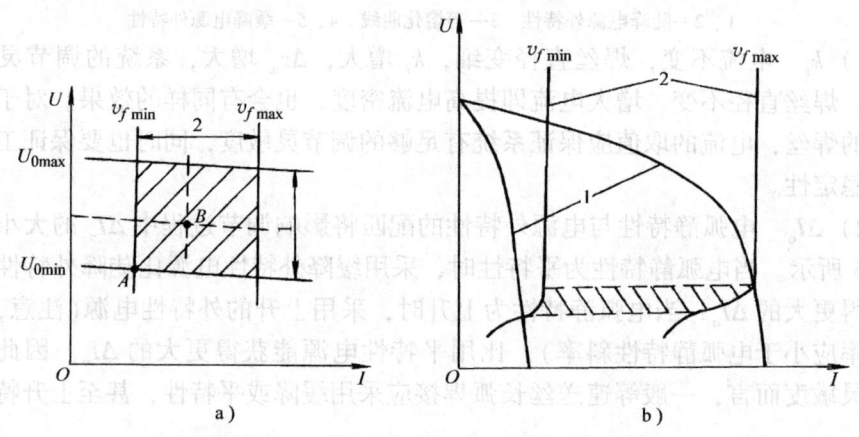

图 2-6 等速送丝电弧焊 I_a、U_a 的调节方法
a) 长弧焊　b) 短弧焊
1—电源外特性曲线　2—等熔化曲线

三、电弧电压反馈调节系统

采用闭环自动调节控制，配用下降特性焊接电源，用于粗丝熔化极自动电弧焊，是一种变速送丝调节系统。

（一）调节原理及调节器

电弧电压反馈调节系统是一种典型的闭环调节系统，其调节原理为：以电弧电压 U_a 为被调量，送丝速度 v_f 为操作量，$v_f = f(U_a)$；当弧长由于外界干扰增大（缩短）时，U_a 增大（减少），v_f 增大（减少），从而迫使弧长回到原来长度，保证焊接工艺参数稳定。图 2-7 为两种常用的调节器电路结构。图 2-7a 为发电机—电动机驱动式电路，发电机 G 有二个励磁线圈 LG_1 和 LG_2，LG_1 由给定控制电压 U_c 供电产生磁通 Φ_1，其大小可由电位器 RP_1 调定，磁通方向将使电动机 M 向

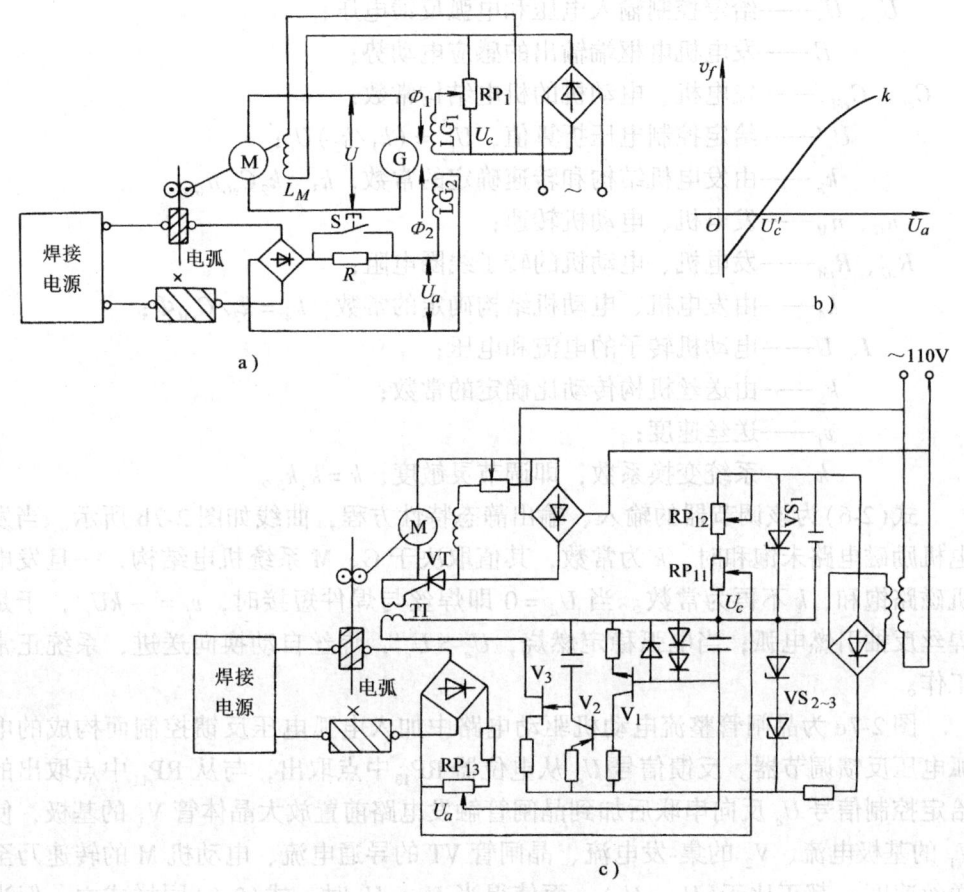

图 2-7 电弧电压反馈调节器
a) 发电机—电动机系统   b) 调节器静态控制特性
c) 晶闸管、电动机系统

退丝方向转动；LG_2 由电弧反馈电压 U_a 供电，其磁通 Φ_2 大小正比于电弧电压，方向与 Φ_1 相反，使 M 向送丝方向转动。正常焊接时 LG_1、LG_2 同时产生磁通，但 $\Phi_2 > \Phi_1$，使电动机有一稳定的送丝转速。据电工原理可求得：

$$\Phi_1 = k_1 U_c, \quad \Phi_2 = k_2 U_a$$
$$E = C_{eG}(\Phi_2 - \Phi_1) n_G = k_3 (U_a - U_c')$$
$$U = E - IR_{iG} \approx E$$
$$n_M = U - IR_{iM}/C_{eM}\Phi \approx U/C_{eM}\Phi \approx k_4(U_a - U_c') \quad (2-6)$$
$$v_f = k_5 n_M = k(U_a - U_c')$$

式中　k_1、k_2——由发电机励磁电路电阻，匝数确定的系数，磁路未饱和时均为常数；

U_c、U_a——给定控制输入电压和电弧反馈电压;

E——发电机电枢端输出的感应电动势;

C_{eG}、C_{eM}——发电机、电动机的机电结构常数;

U_c'——给定控制电压折算值,$U_c' = (k_1/k_2)U_c$;

k_3——由发电机结构和转速确定的常数,$k_3 = k_2 C_{eG} n_G$;

n_G、n_M——发电机、电动机转速;

R_{iG}、R_{iM}——发电机、电动机的转子线圈电阻;

k_4——由发电机、电动机结构确定的常数,$k_4 = k_3/C_{eM}\Phi$;

I、U——电动机转子的电流和电压;

k_5——由送丝机构传动比确定的常数;

v_f——送丝速度;

k——系统变换系数,即调节灵敏度,$k = k_4 k_5$。

式(2-6)为该调节器的输入、输出静态特性方程,曲线如图 2-7b 所示。当发电机励磁电路未饱和时,k 为常数,其值取决于 G、M 系统机电结构,一旦发电机磁路饱和,k 不再为常数。当 $U_a = 0$ 即焊丝与焊件短接时,$v_f = -kU_c'$,于是焊丝反抽引燃电弧;当电弧稳定燃烧,$U_a > U_c'$,焊丝自动换向送进,系统正常工作。

图 2-7c 为晶闸管整流电动机驱动电路中加入电弧电压反馈控制而构成的电弧电压反馈调节器。反馈信号 U_a 从电位器 RP_{13} 中点取出,与从 RP_{11} 中点取出的给定控制信号 U_c 反向串联后加到晶闸管触发电路前置放大晶体管 V_1 的基极,使 V_1 的基极电流、V_2 的集-发电流、晶闸管 VT 的导通电流、电动机 M 的转速乃至送丝速度 v_f 都正比于($U_a - U_c$),而使得当 $U_a > U_c$ 时,式(2-6)同样成立。但当 $U_a < U_c$ 时 $v_f = 0$,即图 2-7c 所示系统不能反抽引弧,因而实用系统必须加入辅助电路以实现无触点换相和反抽引弧。

(二) 电弧电压反馈调节系统的静态特性

该系统稳定工作时应满足式(2-1),联立解式(2-1)、式(2-2)、式(2-6)可求得:

$$U_a = \frac{k}{k+k_u}U_c' + \frac{k_i}{k+k_u}I_a \tag{2-7}$$

此式称为熔化极电弧焊电压反馈调节系统静态特性方程。焊接条件一定时,k、k_i、k_u 均为常数,式(2-7)为一斜截式直线方程。该直线在电压坐标轴上的截距为 $U_{a0} = \frac{k}{(k+k_u)}U_c$,斜率 $\tan\beta = \frac{k_i}{(k+k_u)}$,如图 2-8a,且有如下特性:

(1) 该直线上所有点均满足 $v_f = v_m$,并与电源外特性相交确定系统的稳定工作点。

(2) 当 $k \gg k_i$、k_u 时，$\tan\beta \to 0$，系统静特性为接近于平行电流坐标轴的直线。当系统机电结构改变，即 k 值改变时，其斜率随之变动。

(3) 其他条件不变时，增加 U_c'，系统静特性平行上移，反之，则平行下移；减小焊丝直径或增大焊丝伸出长度时，k_i 增加，$\tan\beta$ 增加。此外，焊丝材质和保护条件对 $\tan\beta$ 也略有影响。

电弧电压反馈调节系统静特性，也可用与测定等熔化曲线同样的方法测得。

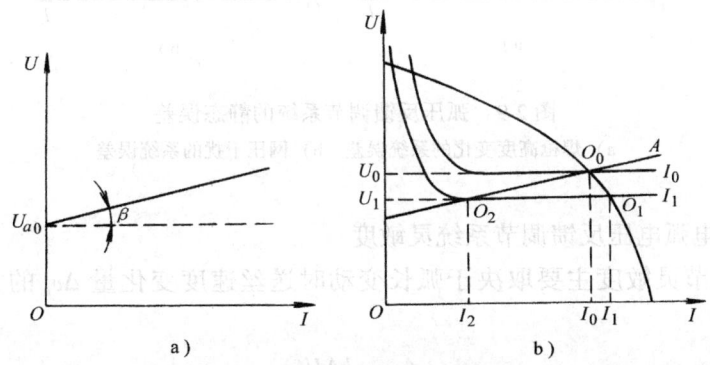

图 2-8 电弧电压反馈调节系统静特性
a) 系统静态特性 b) 弧长波动时的调节过程

(三) 电弧电压反馈系统调节精度

系统的调节过程如图 2-8b 所示，工作点 O_0 由电弧电压反馈调节系统静特性曲线与电源外特性曲线交点确定，此点 $v_f = v_m$，并有对应稳定的 U_a、I_a 和弧长 l_0。如果弧长波动是在焊丝伸出长度不变的情况下发生的，如弧长由 l_0 缩短为 l_1，电弧工作点由 O_0 暂时移到 O_1 点，此时一方面由于 U_a 降低，使 v_f 急剧减小；另一方面由于 I_a 增加，v_m 增大，两者均使弧长恢复，工作点由 O_1 点沿外特性曲线向 O_0 点移动，系统不带静态误差。

1. 焊枪高度变化使弧长波动时的调节精度　因焊枪高度变化时，不仅弧长波动，同时使焊丝伸出长度、系统静特性斜率也有变化，则新的稳定工作点 O_0' 点将带有静态误差 (图 2-9a)。通常由于这种系统多用粗焊丝和低电流密度的焊接条件，k_i 较小，而 k 值很大，所以焊丝伸出长度变化引起的这种误差可以忽略不计。

2. 电网电压波动时系统误差　网络电压波动时电源外特性移动将使稳定工作点从 O_0 点移至 O_1 点，如图 2-9b 所示。此时引起电弧电压误差不大，电流误差则由于电源外特性的斜率不同而可能较大。调节器 k 值越大即调节特性越平、电源外特性越平硬，电流误差就越大。因此，这种系统宜用陡降

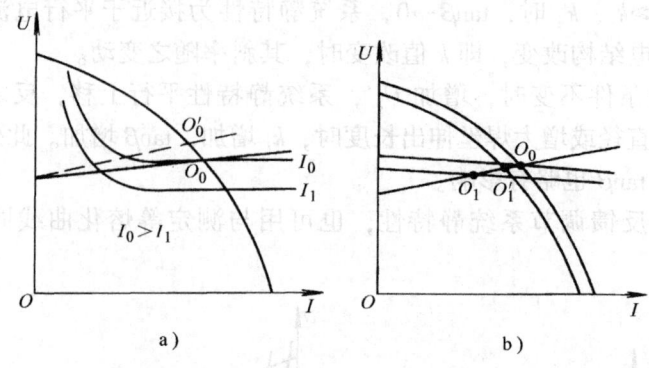

图 2-9 弧压反馈调节系统的静态误差
a) 焊枪高度变化的系统误差 b) 网压干扰的系统误差

特性电源。

（四）电弧电压反馈调节系统灵敏度

系统调节灵敏度主要取决于弧长变动时送丝速度变化量 Δv_f 的大小，由式 (2-6) 得

$$\Delta v_f = k\Delta U_a \tag{2-8}$$

由式可见：

1) k 值越大，调节器灵敏度越高。但是由于系统的机电惯性，k 值过大则容易产生振荡，惯性越大，越容易诱发振荡。因此，k 值不宜太大，同时也应采用惯性较小的印刷电动机为送丝电机。

2) 弧柱电场强度越大，同样弧长变化引起的 ΔU_a 越大，调节灵敏度也越高。例如采用相同参数的调节器埋弧焊比熔化极气体保护电弧的调节灵敏度要高。

（五）电弧电压反馈熔化极电弧焊的电流和电压调节方法

电弧电压反馈熔化极电弧焊系统静特性曲线为近乎平行于电流轴的直线，电源通常采用陡降外特性，因此调节电源外特性即可改变焊接电流，调节送丝给定控制电压则可改变电弧电压。工作点区间由两者的调节范围确定，如图 2-10 所示。

由于焊丝直径对 k_i 有明显的影响，细焊丝时 k_i 增大，系统的调节特性曲线斜率 $\tan\beta$ 增大，使工作点调节区域向电流减小电压增高方向移动，如图 2-10b 所示。这种移动与细焊丝时电流减小，电弧电压也相应减小的参数要求是不相适应的。因此细焊丝时应增大 k 值的减小 $\tan\beta$，如图 2-7a 中电阻 R 及并联开关 S，图 2-7c 中电位器 RP_{13} 都是为此目的设置的。但是 k 值过大易诱发系统振荡，因此，该系统不适于焊丝直径 2mm 以下的埋弧焊工艺。

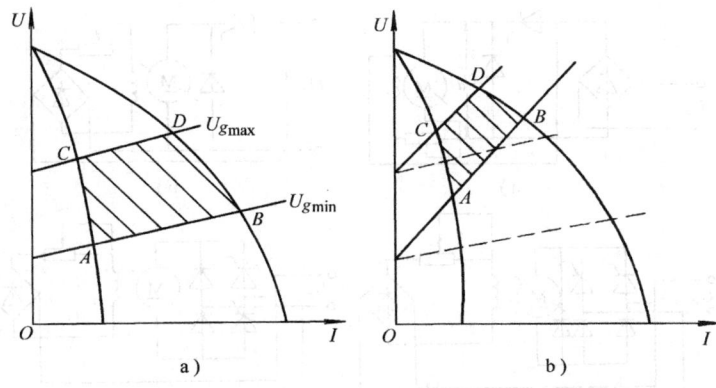

图 2-10 电弧电压反馈调节熔化极电弧焊 I_a、U_a 调节方法
a) 焊丝直径 5mm b) 焊丝直径 2mm

第二节 恒速调节系统

自动电弧焊接过程中的焊丝的送进、焊接小车或焊件胎夹具的拖动,目前多用直流电动机驱动,因此直流电动机转动速度的恒值控制关系到焊接电流、焊接速度、电弧电压乃至整个工艺过程的稳定性。通常送丝或小车行走驱动功率为 30~200W,一般用 S、SZ 系列直流他激式伺服电机,近年来正逐步改用永磁伺服电机和印刷电机。焊件胎夹具、变位机的驱动电机功率要稍大些,一般在 2kW 以内。驱动主电路多为晶闸管可控制整流电路,脉宽调制开关管驱动电路具有更宽的调节范围和更高的调节精度,其应用正在逐步扩大。

一、晶闸管可控制整流驱动电路

用于自动电弧焊中的直流电机拖动系统大都采用电枢电压调节方式(即调压式)进行速度调节,目前主要采取晶闸管可控整流电路提供可调电压,如图 2-11 所示。

(一) 晶闸管整流驱动电路中的反馈环节

为了补偿由于网路电压或驱动负载阻力矩波动造成的转速变动,通常采用电枢电压负反馈、电枢电流正反馈、电势负反馈等补偿方法达到恒速调控的目的。

1. 电枢电压负反馈 实用的电枢电压负反馈晶闸管驱动电路原理如图 2-12 所示。驱动主电路为图 2-12a 之结构,若不采用反馈措施,当网路电压波动时,其电枢电压 U_d 和电机转速 n 将随之波动。图中反馈信号从 R_3、R_4 构成的分压器上取出,给定信号 U_c 从电位器 RP_1 中点取出,二者反极性串联加于前置放大晶体管 V_1 的基极回路(图 2-12b),使基极电流受控于 $(U_c\ U_{uf})$,从而控制电容 C_1 的充电速度、单结晶体管 V_2 的击穿时间、脉冲变压器 TI 触发脉冲的相位、晶闸

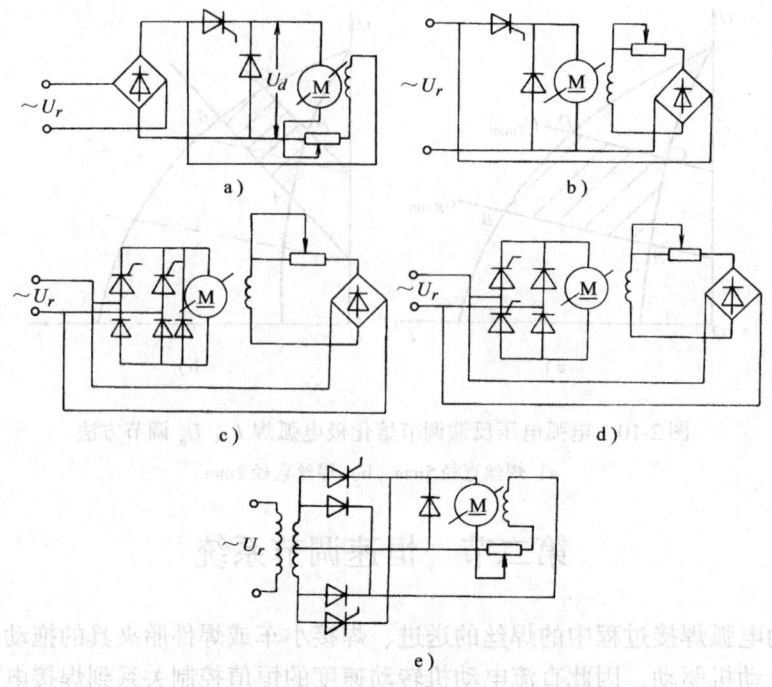

图 2-11 晶闸管整流驱动电路常用结构
a) 整流桥串联晶闸管 b) 半波可控整流
c) 共阴极桥式 d) 晶闸管串联桥式 e) 全波可控整流

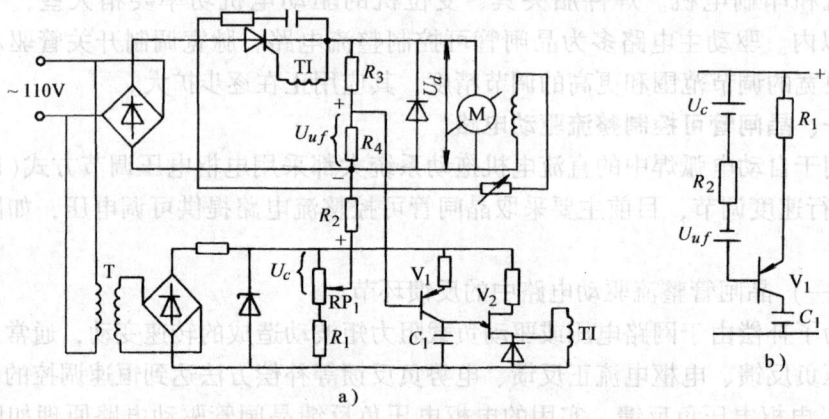

图 2-12 电枢电压负反馈晶闸管驱动电路
a) 驱动电路原理 b) 前置放大器输入端控制信号

管的导通角,最终使电枢电压 U_d 即电动机转速 n 不受网路波动的干扰。该电路主要补偿网路电压的干扰,也能补偿负载阻力矩波动引起电源内阻压降变化所造成的转速波动,但不能补偿负载阻力矩波动引起电动机转子内阻 R_{im} 因负载阻力矩波动所造成的转速波动，因此，这种反馈的调节精度不可能很高。

2. **电枢电压负反馈和电枢电流正反馈** 电枢电压负反馈和电枢电流正反馈联合使用，可以使驱动电路的调节精度提高。图 2-13 为实用电路原理，其中电枢电压负反馈信号 U_{uf} 的取出方式同上，电枢电流正反馈信号 U_{if} 从电枢串联电阻 R_5 上取出。在 R_4、RP_3、R_5 构成的回路中，从 RP_3 中点加到 V_1 基极的反馈信号 U_f 为电枢电流正反馈和电枢电压负反馈的组合信号，$U_f = (U_{if} - U_{uf})/m$，式中 m 为 RP_3 中点调定之分压比。此信号加入后，当电动机负载阻力矩增加时，U_{if} 和 U_f 随之增加，晶闸管导通角增加，使电动机转速因负载增加所造成的减速得以补偿，U_{uf} 的作用与单独电枢电压负反馈相同。

值得注意的是：①电路中从 RP_4 中点取出的给定控制信号 U_c 与 U_f 并联迭加于 V_1 的基极回路，其特点是二者单独调定比较方便，电路互不干扰。当然采用串联迭加法也是可行的。②电枢电流正反馈只能和电枢电压负反馈同时使用，且其反馈量不能过大，否则会引起振荡，同时 R_5 上功耗过大。③电动机功率或电枢电流较大时，可用电流互感器、霍尔元件检测反馈电流，以免 R_5 功耗过大或严重发热造成反馈信号不稳定。

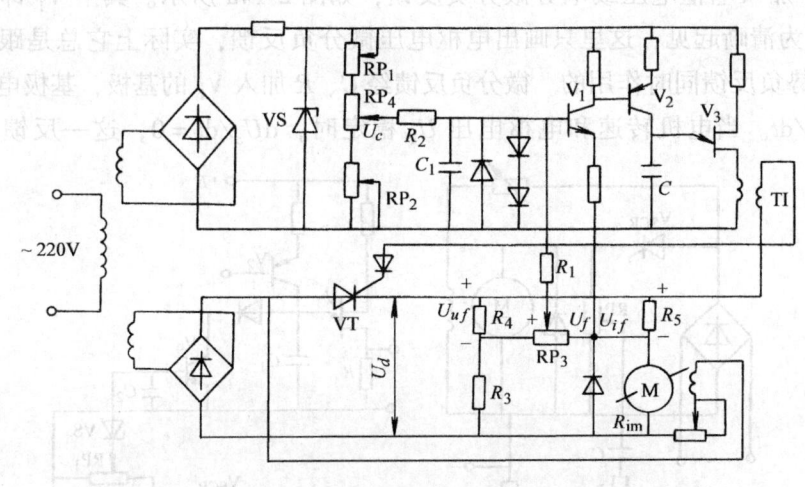

图 2-13 电枢电压负反馈和电流正反馈晶闸管驱动电路

3. **电势负反馈** 图 2-13 中，若取 $R_5/R_{im} = R_4/R_3$ 则有：

$$R_5/(R_{im} + R_4) = R_4/(R_5 + R_4) \tag{2-9}$$

因为
$$U_{uf} = \frac{R_4}{R_3 + R_4} U_d$$

所以
$$U_{if} = R_5(U_d - E)/(R_{im} + R_5) = R_4(U_d - E)/(R_3 + R_4)$$

$$U_f = (U_{if} - U_{uf})/m = -\frac{R_4 E}{m(R_3 + R_4)} = -\frac{R_4 C_{eM} \Phi n}{m(R_3 + R_4)} \tag{2-10}$$

式中 R_{im}——电动机电枢绕组直流电阻；

E——电动机反电动势 $= C_{eM}\Phi n$。

上述反馈信号是与电动机反电势 E 成正比的负反馈，故称电势负反馈；因其与电动机转速 n 成正比，因此可以使电动机任何转速干扰得以补偿，具有较高的调节精度。对于大功率驱动系统，电流正反馈须采用霍尔元件等传感器件取样，否则，因 R_5 发热使式(2-9)不匹配，会影响反馈控制精度。

（二）改善晶闸管整流驱动电路动态品质的措施

驱动电路动态品质的好坏关系到调节速度、精度及系统的稳定性，通常采取以下措施来改善晶闸管整流驱动电路动态品质。

1. 消除振荡　由于电动机电枢为感性负载，驱动系统又具有机械惯性，使得调节作用不能及时纠正被调量的偏差，系统出现不规则振荡，破坏调节的稳定性，消除振荡的措施有：

1) 适当减小调节器中的放大倍数，或者在带有正反馈的系统中减小正反馈量。

2) 加入电枢电压或电势微分负反馈，如图 2-14a 所示。其中 V_1 即图 2-12 中 V_1。为清晰起见，这里只画出电枢电压微分负反馈，实际上它总是跟电枢电压或电势负反馈同时作用的。微分负反馈经 C、R 加入 V_1 的基极，基极电流 $I_b = C \cdot dU_d/dt$。当电机转速和电枢电压 U_d 稳定时，$dU_d/dt = 0$，这一反馈环节无

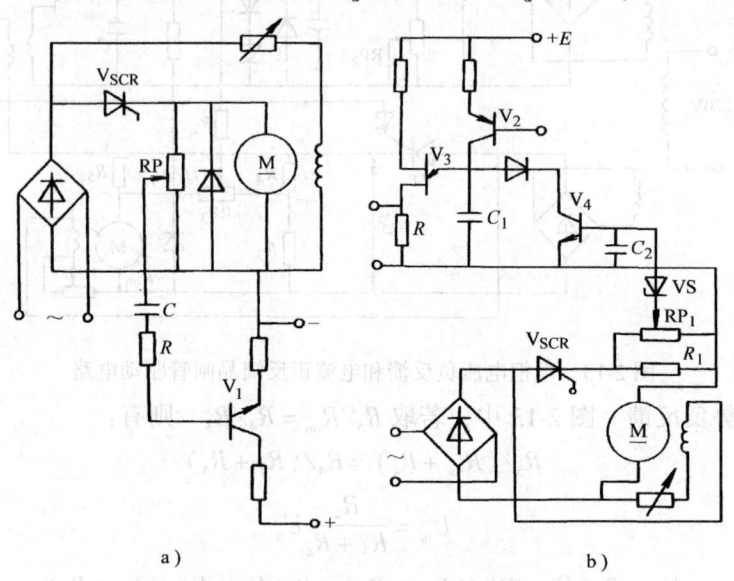

图 2-14　两种改善动态品质的单元电路

a) 电枢电压微分负反馈环节　b) 电流截止负反馈环节

作用；反之，$dU_d/dt>0$ 或 <0，它将抑制转速的变化率，从而抑制振荡。

3) 引入或调整局部负反馈或积分环节，如将图 2-13 中 C_1 增大可消除电动机转速的振荡。

2. 限制起动冲击 带有电枢电压或电势负反馈的驱动系统中，起动瞬时电机转速为零，负反馈信号也为零，给定信号使晶闸管全导通，使电动机起动电流和转速产生很大的冲击值。前者可能损坏电动机和晶闸管；后者则可能使引弧不可靠或引弧点熔深不足，解决办法有：

(1) 在信号输入端加积分环节 如图 2-13 中 C_1，当给定信号突然接通时 C_1 的充电过程可缓解起动冲击。当采用 IC 运放为触发电路前置放大器时，可以把运放接成比例—积分(PI)调节器或比例—积分—微分(PID)调节器，都能够改善调节系统的动态品质。PID 调节器调整简单而且具有更为广泛的适应性，是一种理想的调节器。图 2-15 为 IC 运放构成的 PID 调节器的常用结构。

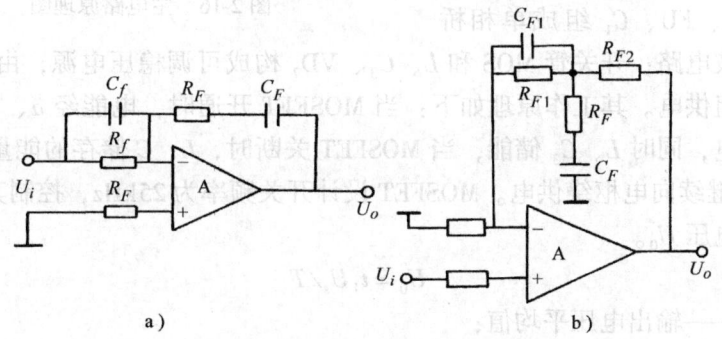

图 2-15 常用 IC 运放调节器结构

(2) 加入电流截止负反馈 此法常用于较大功率的驱动电路。电流信号取出方式与电流正反馈相同，但是反馈信号作用方向与给定信号相反，而且只有在电枢电流大于一定数值时才起作用，一旦起作用，晶闸管导通角和电动机转速将迅速降低。因此，必须采用比较电压或其他截止方法来制约反馈信号的加入与否。图 2-14b 利用稳压管 VS 作为截止比较，C_1 相当于图 2-13 中 C，V_4、VS、C_2 等元件是为电流截止反馈而加入的；R_1 和 RP_1 并联后串入电枢电路中取得电流信号，从 RP_1 中点取出的反馈信号经 VS 加在 V_4 基极，当电枢电流超过正常值时，VS 被击穿导通，V_4 导通，C_1 充电电流被旁路，充电速度减慢，晶闸管导通角和电动机转速减小，电枢电流越大，转速降低越显著，直至停转。当电枢电流恢复正常值时，VS 恢复截止，这一反馈则自动停止，电动机转速回复正常。在起动过程中，该反馈还可限制起动电流，延缓起动速度。

二、脉宽调制式开关管驱动电路

前面讨论的晶闸管驱动电路，直流电动机在脉冲供电状态下工作，一方面发热比较严重，必须降低使用功率；另一方面由于波形不连续，低速稳定特性差。不仅如此，晶闸管驱动系统响应速度慢，控制周期长，当电网电压和负载力矩在较大范围内波动时，补偿能力差。为了克服上述缺点，发展了模拟式晶体管驱动电路和脉宽调制式双极型晶体管、VMOS开关管驱动电路等新型电路。其中采用VMOS作为开关管的驱动电路，开关频率高、响应速度快、补偿能力强、稳定性好、速比高，同时还具有体积小、重量轻、价格低等优点。下面介绍一种以MOSFET作为开关管的实用电路。

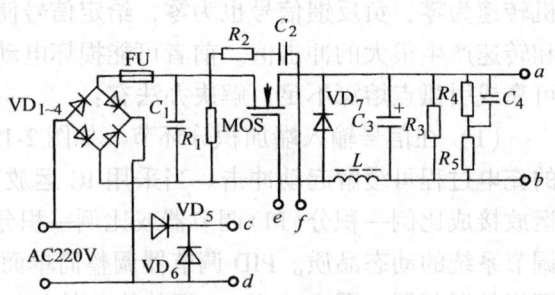

图2-16 主电路原理图

（一）主电路简介

主电路原理如图2-16所示，图中VD_{1-4}、FU、C_1组成单相桥式整流滤波电路；开关管MOS和L、C_3、VD_7构成可调稳压电源，由a、b输出向电枢绕组供电。其工作原理如下：当MOSEFT开通时，电能经a、b输出向电枢绕组供电，同时L、C_3储能，当MOSFET关断时，L、C存储的能量经VD_7从a、b输出继续向电枢绕供电。MOSFET设计开关频率为25kHz，控制其通断即可控制输出电压U_0。

$$U_0 = t_1 U_s / T \tag{2-11}$$

式中　U_0——输出电压平均值；

　　　U_s——输入滤波电容两端电压平均值；

　　　T——开关周期；

　　　t_1——一个周期内MOSFET的开通时间。

VD_5半波整流，VD_6续流构成励磁绕组110V的供电电源。FU起过流保护作用，还可限制C_1的充电电流，达到软启动的目的，R_2、C_2阻容吸收以保护MOSFET；R_1、R_3为输入输出死负载以保证空载稳定性。

（二）脉宽调制器（PWM）及脉宽调制电路

图2-17为控制电路原理，图中左半部TL494以及外围电路构成脉宽调制电路，由e、f输出可调脉宽控制信号加于MOSFET的栅—源两极以控制其开通与关断。

TL494是一种集成脉宽调制器件，结构如图2-18所示，内部锯齿波振荡器的振荡频率f_{osc}内外接管脚5、6的电阻R_1、电容C_1调节，并由下式确定：

$$f_{osc} = 1.1/(R_1 C_1) \tag{2-12}$$

输出脉冲宽度调节是通过C_1产生的正向锯齿波和两个控制信号进行比较来完成

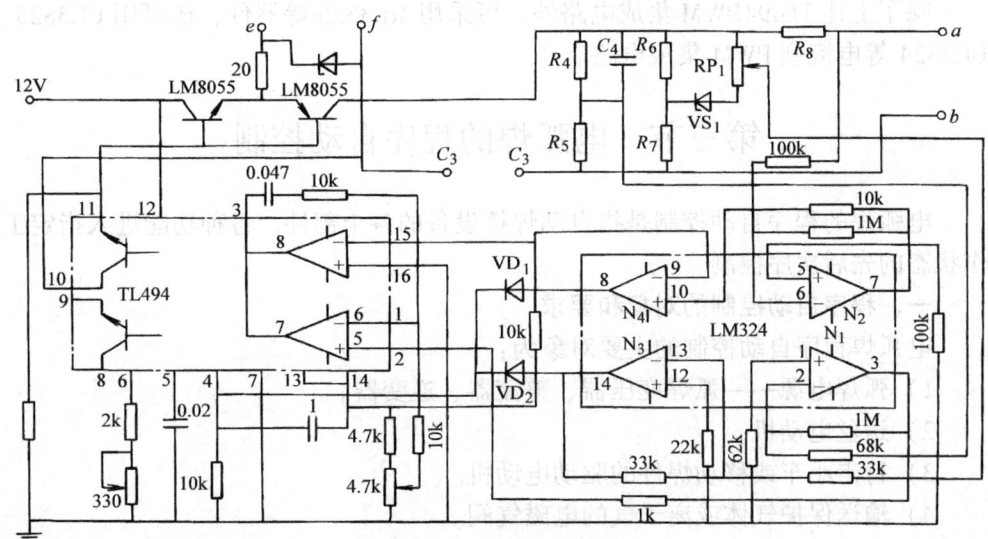

图 2-17 控制电路原理图

的,外部控制信号可接至 1、16 脚,即两个误差放大器的输入端,也可加至 4 脚即死区时间控制端。将 13 脚接至参考电压端 14 时,最大输出脉宽为周期的 48%。TL494 为非图腾柱输出,为改善其开关性能,图 2-17 中 TL494 输出极上加入 2 只 LM8055 组成的射极跟随器从 e、f 输出,作为 MOS-FET 的脉宽控制输出信号。

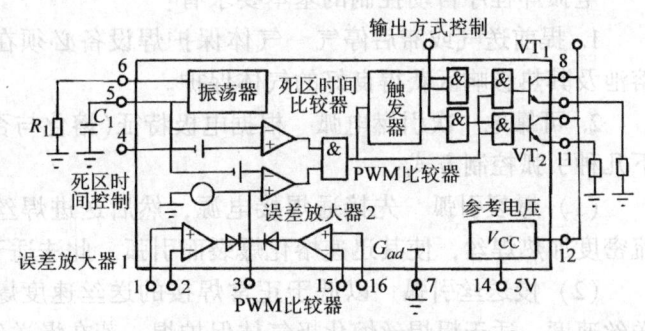

图 2-18 TL494 内部结构框图

(三)反馈控制信号

(1)电枢电压负反馈 如图 2-17,信号由 R_4 取出,经 C_4 滤波后,经运算放大器 N_1 放大后送至 TL494 的误差放大器,与 RP_1 取出的基准电压比较后控制脉宽,从而控制输出电压。调节 RP_1 即可调节输出电压,电枢电压负反馈则可补偿网路电压的波动。

(2)过压、过流保护 当过压出现时,稳压管 VS_1 导通,由 RP_2 输出一负信号至运放 N_3 反相放大后输出一高电平至 TL494 的 4 端,使输出脉宽降为零,达到过压保护的目的。

通过 R_8 采取的电枢电流信号送至 N_2 反相放大,其输出送至 N_4 与基准电压进行比较,当出现过流时,比较器 N_4 输出一高电平至 TL494 的 4 端,使输出脉宽降为零,达到过流保护的目的。

除了上述 TL494PWM 集成电路外，可采用 MC3525 等器件，还可用 UC3825、UC3824 等电流型 PWM 集成电路。

第三节　电弧焊的程序自动控制

电弧焊的程序自动控制是指自动焊接设备的各个部件、各种功能进入指定工作状态的先后次序控制。

一、程序自动控制的对象和要求

电弧焊程序自动控制的主要对象为：
1) 弧焊电源——弧焊变压器、整流器、逆变器。
2) 送丝电动机。
3) 行走小车或移动焊件的驱动电动机。
4) 输送保护气体或离子气的电磁气阀。
5) 高频或脉冲发生器。
6) 焊枪或焊件定位驱动电机、焊件定位夹紧气阀、焊剂回收泵等。

电弧焊程序自动控制的基本要求有：

1. 提前送气或滞后停气　气体保护焊设备必须在电弧引燃前和熄灭后，使熔池及其热影响区获得良好的气体保护。

2. 可靠地一次引燃电弧　根据电极特征(熔化与否、直径大小等)，可采用以下几种引弧控制方式：

（1）爆裂引弧　先接通焊接电源，然后送进焊丝与焊件短路，短路处高电流密度加热焊丝，使其迅速熔化爆裂而引弧。此法适于细丝熔化极电弧焊。

（2）慢送丝引弧　以低于正常焊接的送丝速度爆裂引弧后，再转换为正常送丝速度，适于粗焊丝熔化极气体保护焊。若在慢送丝同时使焊接小车也缓慢行走，则构成慢送丝擦划引弧，使引弧更为可靠，亦可用于埋弧焊。

（3）回抽引弧　引弧前使焊丝与焊件接触，先接通弧焊电源后回抽焊丝即可引弧，燃弧后改变送丝电动机转向，送进焊丝进入正常焊接，主要用于自动埋弧焊。

（4）高频或脉冲引弧　同时接通焊接电源和高频(或脉冲)引弧电源，电弧引燃后切断高频(或脉冲)并使电弧行走实施焊接。此法用于钨极氩弧焊、等离子弧焊，后者在高频引燃非转移弧后还要进行从非转移弧到转移弧的转换控制。

3. 顺利地熄弧收焊　要求填满弧坑并防止焊丝粘在焊缝或导电嘴上，对熔化极电弧焊在熄弧后焊丝端部最好不结球，以利重复引弧。常用的控制方法有：

（1）焊丝返烧熄弧　先停止送丝及电弧移动，经一定延时后再切断焊接电源熄弧。此法用于熔化极电弧焊。

（2）除球熄弧　此法实际上是使返烧熄弧时的电源电压降低到某一最佳值并

控制返烧时间，从而限制焊丝端部结球。

（3）电流衰减熄弧　先使焊接电流逐渐降低到某一数值，然后切断焊接电源熄弧。此法常用于钨极氩弧焊、等离子弧焊，后者还需同时衰减离子气流量。对于环缝自动焊，为保证搭接点熔透要求，有时采用先提升电流然后再衰减的熄弧方式。

（4）电弧后退熄弧　电弧配合衰减熄弧后退一段距离，用于高速环缝自动焊。

以上程控要求，可用受控对象某些特征参数的时间函数——程序循环图表示。图2-19为几种自动弧焊方法的程序循环图，它们是上述程控要求的具体组合，读者可自行分析所包含的内容。除了这种表示方法外还可采用表格法、框图法等描述程序控制循环。这些描述源于工艺设计的要求，是焊接设备程控电路的设计依据。自动焊接设备的控制系统除了焊接过程程序要求外，还应满足空载状态时焊丝和小车位置的调整，气体流量的预调，高频预检等以及必要的指示与保护环节。

二、程序自动控制的转换和实现方法

电弧焊的程控除接受必要的人工操作指令，如启动、停止、急停以外，其余程序转换都无须人工参与而自动实现，其转换方式有：

（1）时间转换　按时间间隔进行程序转换。保护气体提前、滞后，焊丝返烧熄弧皆属此类。

（2）行程转换　以空间距离为程序转换条件。焊缝终点时自动熄弧，焊枪自动返回等即用此法实现。

（3）条件转换　以电弧引燃或熄灭、焊件装夹定位、焊轮运动位置等特定条件实现转换。

程序自动控制的实现方法通常有

（1）继电器控制　是电弧焊设备常用方法，由开关、按钮、继电器、接触器和电磁气阀等元件按一定逻辑条件组合而成。基本逻辑组合有"或"、"与"、"非"三种，复杂一些的程控系统可以是它们的复合组。图2-20为常用继电器逻辑"或"和"与"组合。图2-20a中，只要气流预检开关S_1，提前和滞后送气中间继电器K_1以及延时继电器KT_1，三者任意一个接通，电磁阀YV即可接通。图2-20b中K_2为送丝电动机控制继电器，S_2为空载接通开关，焊接时只有K_1与KT_2都接通时K_2方能接通工作。

（2）无触点控制　利用分立元件、IC元件逻辑门电路及晶闸管、开关管等构成无触点程控取代继电器系统，已在专用弧焊设备中得到应用。

（3）微机控制　用单片微型计算机制成数字程控系统，具有更大的灵活性，已经成为专用焊接设备及弧焊机器人等的主要程控方式。

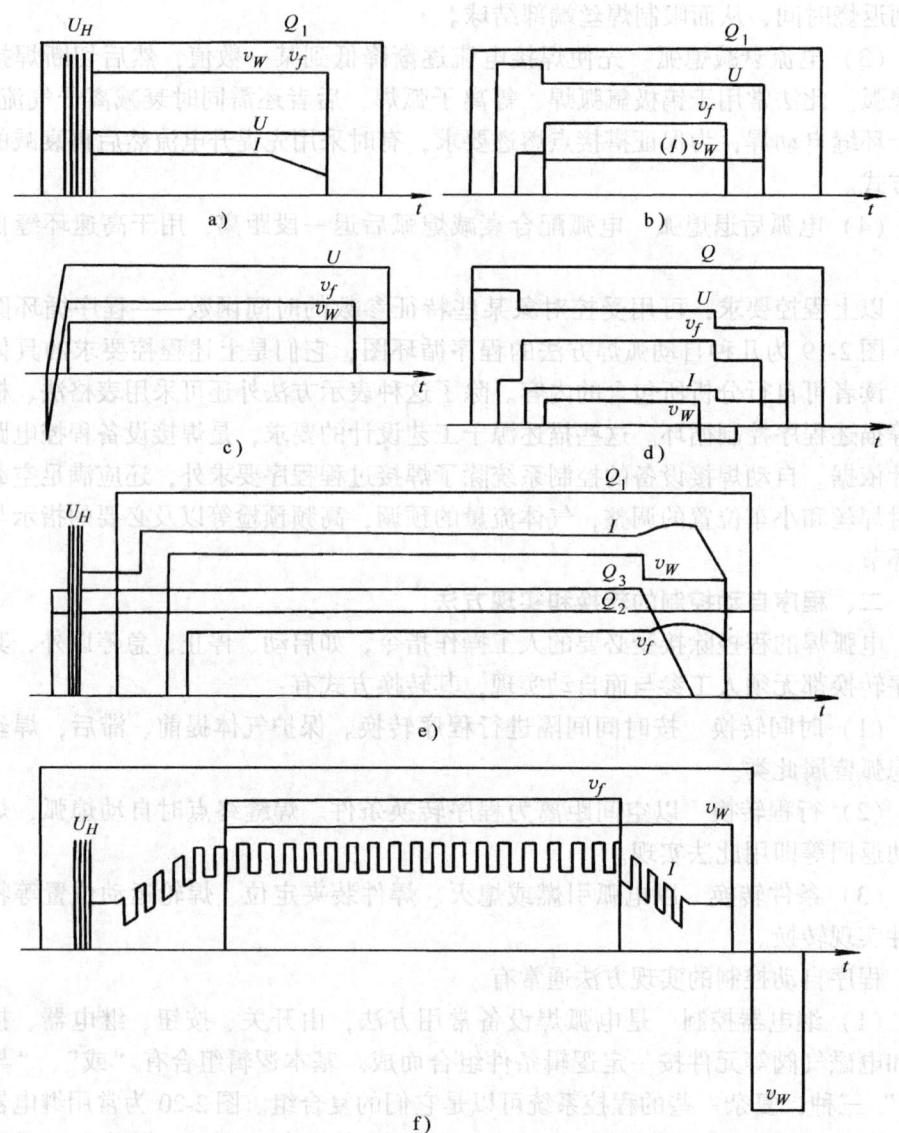

图 2-19 自动电弧焊典型程序循环图
a) 钨极氩弧焊 b) 熔化极气体保护焊 c) 埋弧焊
d) 专用 CO_2 自动焊 e) 等离子自动焊 f) 脉冲 TIG 焊

U—电弧电压 I—焊接电流 v_f—送丝速度 v_W—焊接速度 Q_1—保护气体流量
Q_2、Q_3—离子气流量 U_H—高频引弧电压

三、电弧焊程序控制的基本环节

电弧焊程序控制包括延时、引弧和熄弧等基本环节。

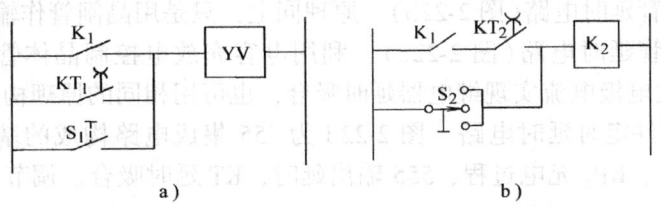

图 2-20 继电器控制电路组合
a)"或"组合 b)"与"组合

(一) 延时控制环节

1. 电容充放电延时 弧焊设备常用延时方式,电路结构有:

(1) 并联电容 图 2-21 为直流继电器 KT_1 并联电容 C 构成的延时电路。按下 SB_1 使 K_1 动作,KT_1 将因 C 的充电过程而延时动作;按下 SB_2 使 K_1 释放时,KT_1 因 C 的放电过程而延时断开。这样 KT_1 具有吸合和断开双重延时作用。图中 YV 为保护气流电磁阀,该电路是典型的提前送气和滞后停气电路。略去 KT 线圈电感,其吸合延时 ts_1 和断开延时 ts_2 分别为:

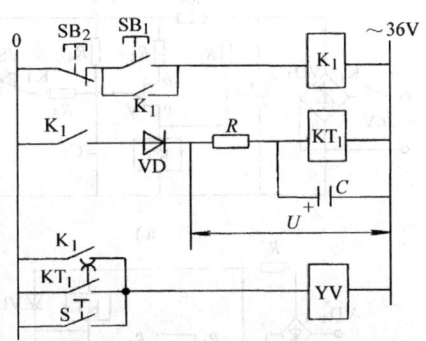

图 2-21 并联电容延时电路

$$ts_1 = RCLn\left[U_{kT}/(U_{KT}-U_{KTM})\right] \tag{2-13}$$
$$ts_2 = RCLn(U_{kT}/U_{KTR})$$

式中 U_{kT}——KT 线圈两端的实际电源电压 $= UR_{kT}/(R+R_{KT})$(其中 U 为直流电源电压,R_{KT} 为 KT 线圈的电阻值);

U_{KTM}——KT 线圈的动作电压,一般为 85% 线圈额定电压;

U_{KTR}——KT 线圈的断开电压,一般为 40% ~ 65% 线圈额定电压。

由式(2-13)可见,当电源电压 U 和继电器型号确定之后,ts_1、ts_2 将取决于 R、C 的大小,因此可以调节 R、C 来改变延时时间。

(2) 晶体管延时电路 晶体管延时电路具有控制精度提高,调节方便等优点,弧焊设备中常用的电路结构如图 2-22。

1) 单结晶体管延时电路(图 2-22a) K_1 接通电源时,由 VS 稳压的控制电压经 R_6、R_4 向电容 C_2 充电,C_2 两端电压达到单结晶体管 V 动作电压时,单结晶体管 V 导通,C_2 的充电时间即为 KT 的延时吸合时间,变动 R_6 可调节这一时间。R_1 与 KT 线圈构成通路,KT 动作前的电流值不足以使 KT 吸合,但 KT 吸合后可维持吸合且不使其抖动,KT 吸合后 C_2 经 R_5 短接,以免 C_2 重复放电。断开电源时,KT 立即断开,无断开延时。

2) 晶闸管延时电路(图2-22b)　原理同上,只是用晶闸管作输出开关。

3) 晶体管延时电路(图2-22c)　利用电容充放电控制晶体管的基极电流,从而控制其集电极电流实现继电器延时吸合,也可用相同的原理构成延时断开。

4) IC器件定时延时电路　图2-22d为555集成电路构成的基本延时电路。合上S,因C_2、RP_2充电过程,555输出延时,KT延时吸合。调节RP_2即可改变延时时间。

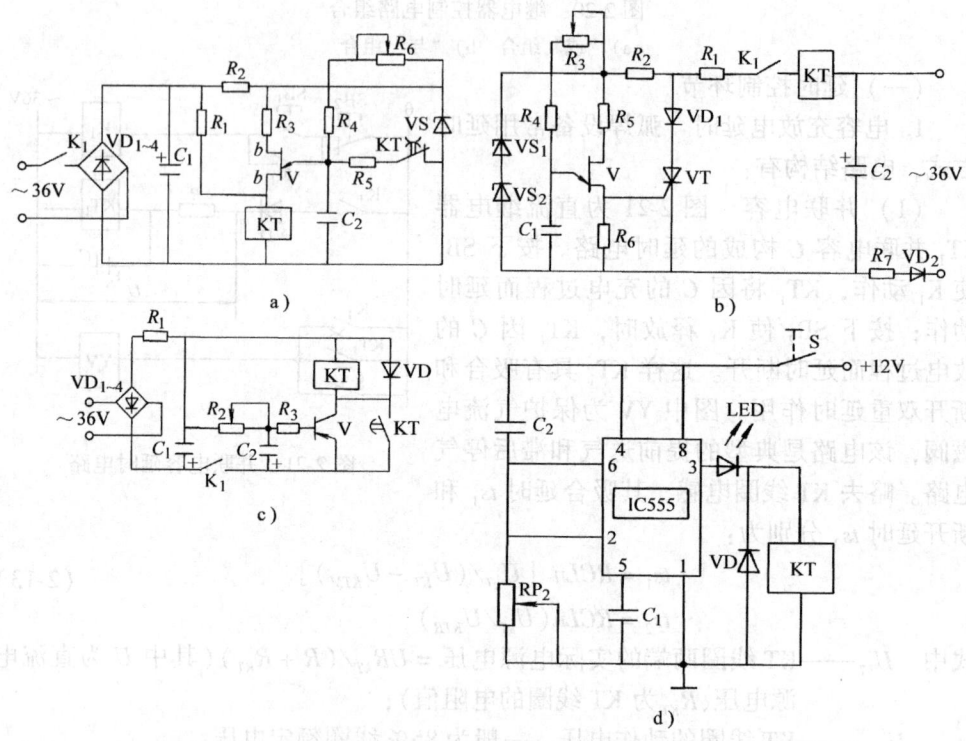

图2-22　晶体管延时继电器
a) 单结晶体管延时继电器　b) 晶闸管延时继电器
c) 延时吸合型晶体管延时继电器　d) 555构成的基本延时电路

(二) 引弧控制环节

1. 爆裂引弧　普通CO_2半自动弧焊机正常采用简单的直接短路爆裂引弧方式,往往一次引弧成功率不高。为了使爆裂引弧一次成功,可以采取以下两种控制方式。其一是根据不同的焊丝直径和电阻率,电源提供一个与之相适应的短路电流数值,即使短路接触处形成足够强烈的局部加热,而又不使爆裂长度过大,这就是控制短路电流的爆裂引弧法。此法实际上是电源外特性曲线的转换控制,使短路引弧时的短路电流趋于合理。控制方式如图2-23所示,控制电路则因弧焊电源结构不同而异。另一种方式是采用低于正常焊接时的送丝速度进行慢送丝爆裂引弧，此法在焊丝较粗时引弧可靠性更高，电路原理如图2-24所示。其中触发电路类似于图2-13，不过其输入端将由RP_1和RP_2分别给出引弧慢送丝给定信号U_{c1}和正常焊接送丝给定信号U_{c2}。没有焊接电流时，LA电抗很大，K_3不能吸合；K_1合上时，K_2动作，接通U_{c1}慢送丝引弧，引弧成功后，LA电抗急剧下降，K_3吸合，断开U_{c1}接通U_{c2}，正常送丝焊接。

2. 回抽引弧　除图2-7a 发电机-电动机可逆驱动系统能实现无触点回抽引弧外，还可采用电弧电压继电器控制的回抽引弧方法，如图2-25所示。图2-25a引弧前焊丝须与焊件接触，按SB_1引弧时K_1、KA吸合，主电路短路，电弧电压继电器K_4不吸合，K_2吸合，焊丝回抽；引弧成功后K_4吸合，K_2断开而K_3吸合，焊丝送进开始正常焊接。图2-25b中设有二只电弧电压继电器K_3、K_4，K_4由弧焊电源与一比较电源反极性串联供电，使其在弧焊电源空载电压时吸合，正常焊接时断开。K_3则在正常焊接时吸合，空载和短路时均断开。引弧指令使K_1、KA吸合，焊接主电源供电，若焊丝与工件尚未短接，K_4吸合，送进焊丝。发生短路时，K_4断开，K_3断开，焊丝回抽。引弧成功后K_3吸合，K_2吸合，焊丝又送进正常焊接，从而实现送—抽—送的引弧焊接过程。

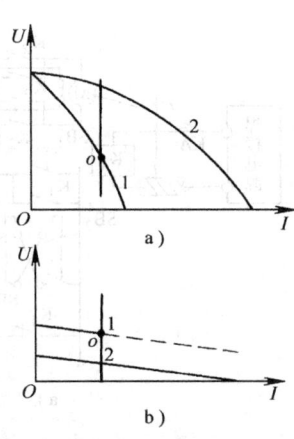

图2-23　短路电流控制方式
a）电源为下降特性
b）电源为平缓外特性
1—正常焊接时电源外特性
2—引弧时设置的电源外特性

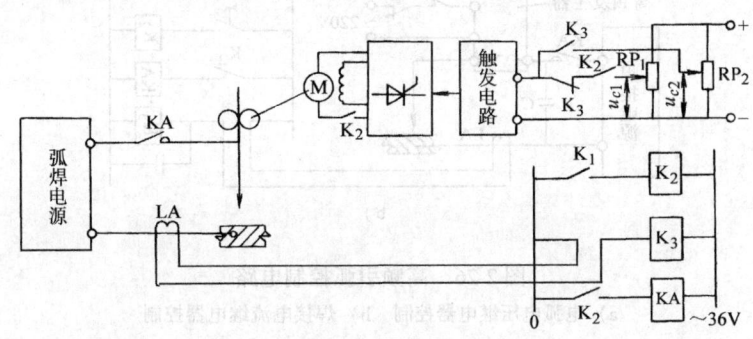

图2-24　慢送丝爆裂引弧电路

3. 高频引弧　此法用于非熔化极电弧焊，其关键在于引弧成功后及时切除高频发生器电源，可利用电弧电压继电器或焊接电流继电器实现，分别如图2-26a、b所示。

（三）熄弧控制环节

1. 焊丝返烧熄弧　用于熔化极电弧焊，常用方法有：

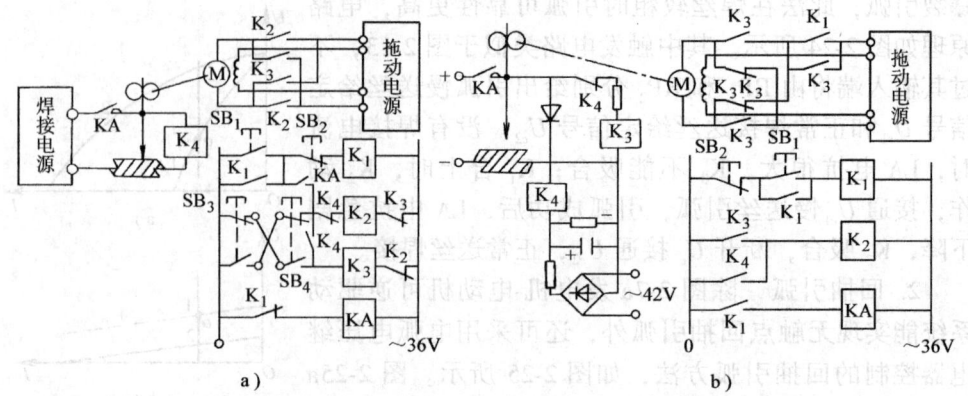

图 2-25 电弧电压继电器控制回抽引弧环节
a) 一只电弧电压继电器 b) 二只电弧电压继电器

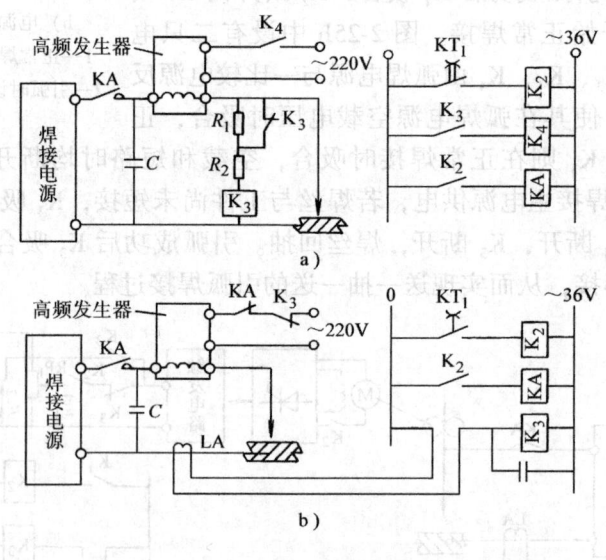

图 2-26 高频引弧控制电路
a) 电弧电压继电器控制 b) 焊接电流继电器控制

(1) 延时返烧熄弧 如图 2-27 所示，停焊时按 SB_2，K_1、K_2 断开，电机电枢回路电源切断，并与电阻 R 并接，使电机能耗制动，送丝快速停止。焊丝返烧一定时间后 KT_1 断开使 KA 断开，焊接电源切断熄弧。焊丝返烧时间可由 RP 调定。

(2) 电压继电器返烧熄弧 下降外特性电源采用上述延时返烧熄弧的方法容易出现回烧导电嘴的问题，可采用一个吸合动作电压高于正常电弧电压的电弧电压继电器来取代上述电路中的延时继电器予以解决。

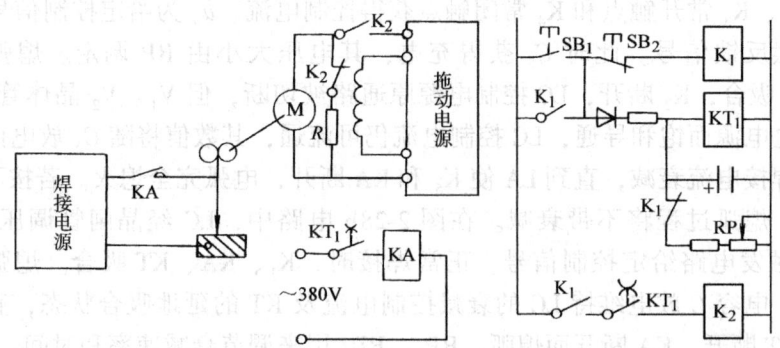

图 2-27 延时返烧熄弧控制电路

2. 电流衰减熄弧

（1）无级衰减熄弧　是钨极氩弧焊和等离子弧焊常用方法。它利用电容充放电使焊接电源的控制电流逐渐衰减，实现焊接电流逐渐衰减而熄弧。在图 2-28a 电路中，正常焊接时 K_2、K_3、KA、K_4 吸合，弧焊整流电源饱和电抗器控制线圈

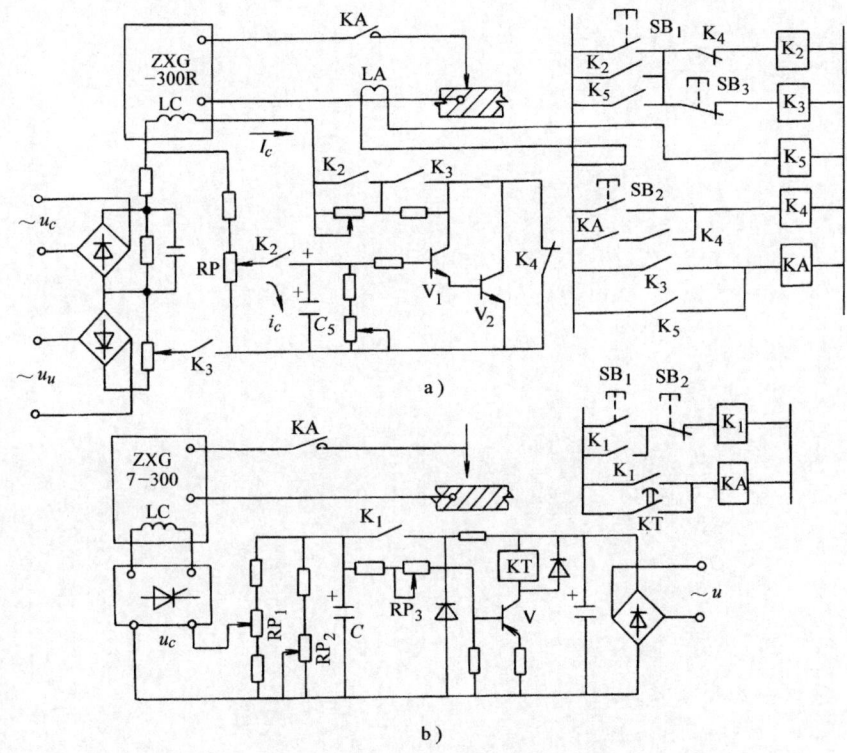

图 2-28　电源无级衰减熄弧控制电路
a）晶体管延时衰减电路　b）晶闸管延时衰减电路

LC 经 K_2、K_3 常开触点和 K_4 常闭触点获得控制电流。u_u 为给定控制信号，u_u 为网压补偿反馈信号。此时 C_5 获得充电，其电压大小由 RP 调定。熄弧时按下 SB_2，K_4 吸合，K_2 断开，LC 控制电源原通路被切断，但 V_1、V_2 晶体管因 C_5 两端已充电电源而饱和导通，LC 控制电流仍可流通，其数值将随 C_5 放电而逐渐减小，使焊接电流衰减，直到 LA 使 K_5 和 KA 断开，电弧完全熄灭。若按下 SB_3 停止焊接，熄弧过程将不带衰减。在图 2-28b 电路中，LC 经晶闸管调压器供电，u_c 为其触发电路给定控制信号。正常焊接时，K_1、KA、KT 吸合。熄弧时，K_1 断开后，电容 C 放电维持 LC 的衰减控制电流及 KT 的延地吸合状态，直至放电完毕，KT 断开，KA 断开而熄弧。RP_2、RP_3 用来调节衰减速率和时间。

（2）分级衰减熄弧　此法用于熔化极电弧焊。熄弧过程中先使焊接电流和电弧电压减小到设定数值，然后停止送丝，切断电源电压熄弧。读者参照图 2-24，只需增加一个中间继电器，就可以设计上述熄弧电路。

第三章 埋 弧 焊

本章讨论埋弧焊的特点和应用,焊丝和焊剂的选配原则,埋弧焊机的典型结构和工作原理,最后简述埋弧焊技术及其发展。

第一节 埋弧焊的特点及应用

埋弧焊是以颗粒状焊剂作为保护介质,电弧掩埋在焊剂层下的一种熔化极电弧焊接方法,也是最早获得应用的机械化焊接方法。

一、埋弧焊的特点

埋弧焊的施焊过程如图 3-1 所示,由三个基本环节组成:①在焊件待焊接缝处均匀堆敷足够的颗粒状焊剂;②导电嘴和焊件分别接通焊接电源两极以产生焊接电弧;③自动送进焊丝并移动电弧实施焊接。

通用埋弧焊设备的焊剂存储和输送漏斗、送丝机构、电弧行走机构,电源和程序的控制盘都装在焊接小车上;专用焊接设备有的采取焊件移动或转动造成电弧相对运动。

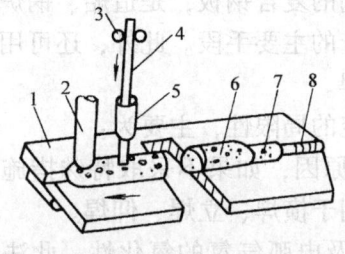
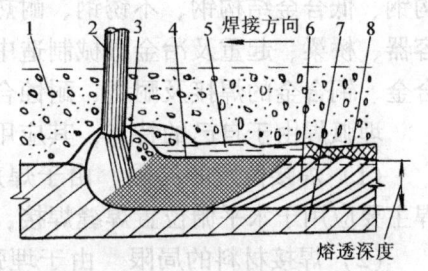

图 3-1 埋弧焊施焊过程　　　　　　　图 3-2 埋弧焊电弧
1—焊件　2—焊剂漏斗口　3—送丝系统　4—焊丝　　1—焊剂　2—焊丝　3—电弧　4—金属熔池
5—导电嘴　6—焊剂　7—渣壳　8—焊缝　　　　　5—熔渣　6—焊缝　7—工件　8—渣壳

埋弧焊的主要特点如下:

1. **电弧性能独特**　电弧在颗粒状焊剂下产生,在金属和焊剂的蒸气气泡中燃烧,如图 3-2 所示,气泡顶部被一层熔融状焊剂——熔渣所构成的渣膜包围。由于电弧的这一特点,使埋弧焊有如下优点:

(1) 焊缝质量高　熔渣膜隔绝空气保护效果好,而且电弧区主要成分为 CO_2,焊缝金属中含氮量、含氧量大大降低,加之焊接参数自动调节,电弧行走机械化,所以焊缝成分稳定,力学性能好。

(2) 劳动条件好 熔渣隔离弧光,有利于焊接操作;此外,机械化行走,劳动强度较低。

2. 弧柱电场强度较高 由于埋弧焊的电弧特点,使其电场强度较高,比之熔化极气体保护电弧焊,特点如下:

(1) 设备调节性能好 由于电场强度较高,不论采取何种自动调节系统,都具有较高的调节灵敏度,而使埋弧焊过程的稳定性提高。

(2) 焊接电流下限较高 由于电弧电场强度较高,为了维持电弧稳定必须采用较高的电弧电压和焊接电流,故此法适于大电流、高电压的粗焊丝工艺。当焊接电流小于100A时,所对应的电弧电压较低,电弧不稳,故此法不适于细焊丝小电流薄板焊接。

3. 生产效率高 与焊条电弧焊相比,由于焊丝导电长度缩短,加之电流和电流密度显著提高,使电弧的熔透能力和焊丝的熔敷效率都大大提高,一般不开坡口单面一次焊熔深可达20mm;又由于焊剂和熔渣的隔热作用,总的热效率大大增加,而使焊接速度可以大大提高。以厚度8~10mm钢板对接焊为例,单丝埋弧焊焊速可达30~50m/h;双丝或多丝埋弧焊焊速还可提高一倍以上,而焊条电弧焊则不超过6~8m/h。

二、埋弧焊的应用及其局限性

埋弧焊是目前工业钢结构焊接中广泛应用的一种弧焊方法。它可焊接碳素结构钢、低合金结构钢、不锈钢、耐热钢及它们的复合钢板,是造船、锅炉、化工容器、桥梁、起重及冶金机械制造中焊接生产的主要手段。此外,还可用于镍基合金、铜合金的焊接及耐磨、耐蚀合金的堆焊。

埋弧焊由于自己的特点,其应用也有一定的局限性,主要为:

(1) 焊接位置的局限 由于焊剂保持的原因,如果不采取特殊措施,埋弧焊主要应用于水平俯位置焊缝焊接,而不能用于横焊、立焊、仰焊。

(2) 焊接材料的局限 由于埋弧焊焊剂及电弧气氛的氧化性,此法不能用于铝、钛等氧化性强的金属及其合金的焊接。

此外,由于埋弧焊行走机构较为复杂,其机动灵活性比焊条电弧焊差,一般只适合于长焊缝焊接,且不能焊接空间位置有限(机头无法到达)的焊缝。

三、埋弧焊的焊剂、焊丝及其选配

(一) 焊剂

埋弧焊使用的焊剂为颗粒状可熔化物质,其作用类于焊条的药皮涂料。

1. 对焊剂的基本要求 用于焊钢的焊剂要求如下:

(1) 具有良好的保护性能和冶金特性 焊剂熔化产生的气、渣能有效地保护电弧和熔池,防止焊缝金属氧化、氮化以及合金元素的蒸发和烧损;具有脱氧和渗合金作用并与选用的焊丝配合使焊缝获得所需的化学成分和力学性能及抗热裂和冷裂的能力。

(2) 具有良好的工艺性能　即良好的稳弧、造渣、成形、脱渣性能；在焊接过程中析出的有害气体少；吸潮性小，有适当的粒度和足够的强度，便于重复使用。

2. 焊剂的分类　焊剂除按用途分为钢用和有色金属用外，还可按制造方法、化学成分、化学性质等分类。

(1) 按制造方法分类　分为熔炼焊剂、烧结焊剂和粘结焊剂三类。熔炼焊剂是按配方比例将原料混合均匀加热熔化，随后注入水中或激冷板上使之粒化，再经干燥、捣碎、过筛等工序而成。按其颗粒结构又分为玻璃状(呈透明状颗粒)、结晶状(具有结晶体特点)和浮石状(颗粒呈泡沫状)三种。烧结焊剂是将各种粉料按比例混拌均匀，加水玻璃调成湿料，在 750~1000℃ 温度下烧结，再经破碎过筛而成。粘结焊剂则是将各种粉料按配方比例混拌均匀，加水玻璃调成湿料，将湿料制成一定尺寸的颗粒，经 350~500℃ 温度烘干而成。

(2) 按化学成分分类　通常按熔渣碱度分为碱性、酸性和中性三类；我国熔炼焊剂则根据焊剂主要成分 MnO 含量(高、中、低、无)，SiO_2 含量(高、中、低)，CaF_2 含量(高、中、低)的组合来间接反映焊剂的酸碱性，例如，高锰、高硅、低氟焊剂等。

此外还可按焊剂的化学性质如氧化性、弱氧化性、惰性来进行分类。国产焊剂的牌号、类型，主要成分及用途读者可参阅有关文献。

(二) 焊丝

埋弧焊普遍使用实芯焊丝，目前已有碳素结构钢、合金结构钢、高合金钢和各种有色金属焊丝及堆焊用的特殊合金焊丝。焊丝直径通常为 1.6~6mm，焊丝表面应当干净光滑，除不锈钢和有色金属外，各种低碳钢和低合金钢焊丝的表面最好镀铜。镀铜层不但可以防锈而且还可改善导电性能。

(三) 焊丝和焊剂的选配

焊丝和焊剂的选配，首先必须保证获得高质量的焊接接头，同时又要尽可能降低成本，还要注意到适用的电流种类和极性。常见焊剂用途、配用焊丝及适用电流如表 3-1 所示。

表 3-1　常见焊剂及配用焊丝

焊剂型号	成分类型	用　途	配用焊丝	焊剂颗粒度/mm	适用电流种类
HJ130	无 Mn 高 Si 低 F	低碳钢，低合金钢	H0Mn2	0.4~3	交直流
HJ131	无 Mn 高 Si 低 F	Ni 基合金	Ni 基焊丝	0.25~1.6	交直流
HJ150	无 Mn 中 Si 中 F	轧辊堆焊	2Cr13、3Cr2W8	0.25~3	直流
HJ172	无 Mn 低 Si 高 F	高 Cr 铁素钢	相应钢种焊丝	0.25~2	直流

(续)

焊剂型号	成分类型	用途	配用焊丝	焊剂颗粒度/mm	适用电流种类
HJ173	无Mn低Si高F	Mn-Al高合金钢	相应钢种焊丝	0.25~2.5	直流
HJ230	低Mn高Si低F	低碳钢,低合金钢	H08MnA, H10Mn2	0.4~3	交直流
HJ250	低Mn中Si中F	低合金高强度钢	相应钢种焊丝	0.4~3	直流
HJ251	低Mn中Si中F	珠光体耐热钢	Cr-Mo钢焊丝	0.4~3	直流
HJ260	低Mn高Si中F	不锈钢,轧辊堆焊	不锈钢焊丝	0.25~2	直流
HJ330	中Mn高Si低F	重要低碳及低合金钢	H08MnA, H10Mn2	0.4~3	交直流
HJ350	中Mn中Si中F	重要低合金高强钢	Mn-Mo, Mn-Si及含Ni高强钢焊丝	0.4~3	交直流
HJ430	高Mn高Si低F	重要低碳及低合金钢	H08A, H08MnA	0.25~1.6 0.14~3	交直流
HJ431	高Mn高Si低F	重要低碳及低合金钢	H08A, H08MnA	0.25~1.6 0.4~3	交直流
HJ432	高Mn高Si低F	重要低碳及低合金钢(薄板)	H08A	0.25~1.6	交直流
HJ433	高Mn高Si低F	低碳钢	H08A	0.25~3	交直流

第二节 埋弧焊机

埋弧焊机的主要功能包括①连续不断地向焊接处送进焊丝;②传输焊接电流;③沿接缝移动电弧;④调控电弧的主要参数;⑤控制焊接的起动与停止;⑥向焊接区送敷焊剂;⑦焊前调节焊丝端部位置等。

一、分类及结构

(一) 埋弧焊机分类

1. 按调节方式 分为等速送丝式和变速送丝式焊机,前者适于细焊丝高电流密度,后者则多用于粗焊丝较低电流密度条件。

2. 按焊机用途 分为通用和专用埋弧焊机,前者用于各种结构的对接、角接、环缝和纵缝等焊接,后者只用于某些特定焊缝或结构的焊接,例如埋弧自动T形梁焊机、堆焊机等。

3. 按行走机构形式 分为焊车式、悬挂式、机床式、悬臂式以及门架式等。通用埋弧焊机大多采用焊车式结构,适于平板对接、角接及由外环缝焊接,国产MZ—1000、MZ1—1000、MZ—1—1000、MZ—1—1250等均属此类,其移动范围和机动性都比较大。其他机构形式则是根据焊件结构不同而设计的,多用于专用焊机。

4. 按焊丝数量或形状 分为单丝、双丝、多丝或带状电极埋弧焊机等。生产中主要采用单丝焊机,双丝、多丝焊机应用不多,带状电极焊机是大面积堆焊专用机。

此外还有一类埋弧焊机,焊丝自动送进,电弧移动由焊工操作,机动性较好,可用于中心线不规则的焊缝、短焊缝、施焊空间狭小工件的焊接。表3-2所

表 3-2 国产埋弧焊机主要技术数据

新型号	NZA—1000	MZ—1000	MZ1—1000	MZ2—1500	MZ-1—1000	MZ-1—1250	MZ6—2×500	MU—2×300	MU1—1000
旧型号	GM—1000	EA—1000	EK—1000	EK—1500	—	—	EH—2×500	EP—2×300	—
送丝形式	弧压自动调节	弧压自动调节	等速送丝	等速送丝	弧压自动调节	弧压或电流反馈调节	等速送丝	等速送丝	弧压自动调节
焊机结构特点	埋弧、明弧两用小车式	小车式	小车式	悬挂小车式	小车式	小车式	小车式	堆焊专用	堆焊专用
焊接电流/A	200~1200	400~1200	200~1000	400~1500	200~1000	250~1250	200~600	60~300	400~1000
焊丝直径/mm	φ3~5	φ3~6	φ1.6~5	φ3~6	φ3~6	φ3~6	φ1.6~2	φ1.6~2	焊带宽30~80,厚0.5~1
送丝速度/(m·h⁻¹)	30~360(弧压反馈控制)	30~120(弧压35V)	52~403	28.5~225	30~120	≤270	150~600	96~324	15~60
焊接速度/(m·h⁻¹)	2.1~78	15~70	16~126	3.4~112	15~70	12~150	8~60	19.5~35	7.5~35
焊接电流种类	直流	直流或交流	直流或交流	直流或交流	直流	直流	交流	直流	直流
送丝速度调整方法	用电位器无级调速(用晶闸管改变导通角来改变直流电机转速)	用电位器无级调整直流电机转速	调换齿轮	调换齿轮	用电位器无级调速(晶闸管系统)	用电位器无级调速(晶体管PWM系统)	用自耦变压器无级调整直流电机转速	调换齿轮	用电位器无级调整直流电机转速

列为国产埋弧焊机的主要技术数据。

（二）埋弧焊机结构

尽管埋弧焊机有不同的用途，但一台完整的埋弧焊设备通常由机械、电源和控制系统三个主要部分组成。

1. 机械结构　MZ—1000型焊机的焊接小车是通用埋弧焊机机械部分的典型代表，它由送丝机头、行走小车、机头调节机构、导电嘴及焊丝盘、焊剂漏斗等部件构成。通常控制系统的操作面板也装在焊车上。

机械部分的主要任务是送进焊丝和移动电弧，因此送丝机构和小车行走机构的结构关系到焊接过程的稳定性和操作的方便可靠性。图3-3、图3-4分别为MZ—1000通用埋弧焊机的送丝驱动系统和小车行走驱动系统结构。大多数焊机送丝和行走机构采用直流电动机单独驱动，其功率分别为40~100W及40~200W。

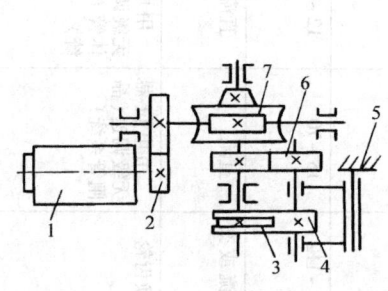 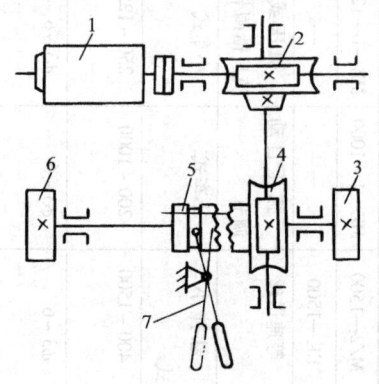

图3-3　送丝驱动系统　　　　　　图3-4　小车行走驱动系统
1—电动机　2、6—圆柱齿轮　　　1—电动机　2、4—蜗轮蜗杆　3、6—行走轮
3、4—送丝滚轮　5—杠杆　7—蜗轮蜗杆　　5—离合器　7—手柄

最近推出了一种改进的埋弧焊焊车结构，读者可参阅篇末文献[16]。

2. 埋弧焊电源　埋弧焊电源的种类和极性应与焊件的材质及选用的焊剂相匹配。低碳钢或低合金钢焊件选用高锰高硅低氟类焊剂"HJ430"、"HJ431"时，应优先采用交流电源；若用低锰、低硅、高氟等焊剂，则应配用直流反极性电源，以保证电弧稳定及获得较大的焊件熔深。

埋弧焊电源的外特性为下降型。等速送丝调节式宜用缓降外特性电源，细焊丝薄板时，可采用平特性电源；电弧电压反馈式则应选用陡降外特性电源。由于埋弧焊弧柱电场强度较高，要求电源的空载电压较高，一般在70~80V以上，常用的电源有：交流BX2—1000，直流ZXG—1000R、ZP5—1250等。

3. 埋弧焊机控制系统　通用小车式埋弧焊机控制系统由送丝与行走驱动控制、引弧和熄弧程序控制、电源外特性控制等环节组成。门架式、悬臂式专用埋弧焊机还可能包括横臂伸缩、升降、立柱旋转和焊剂回收等控制环节。控制系统的主要控制元件通常安装在一专设控制柜内,还有一部分控制元件安装在控制盒或焊接电源内,使用时必须按生产厂商提供的外部接线安装图把它们连成一个整体。新型电子控制埋弧焊机,因控制元器件体积大为减小,都安装在小车控制盒和电源箱内,不另设控制柜,使外部接线显著减少。

二、MZ—1000型埋弧焊机

MZ—1000型焊机是目前国内广泛应用的一种通用埋弧焊机,配用交流电源时的电路原理如图3-5所示。

（一）电路组成部分

整台焊机电路可分解为主电路和控制电路二大部分。主电路的主体为焊接电源,通常较为简单;控制电路则可按其功能进一步细分为若干小的控制环节。本焊机可分为:

1. 焊接电源 采用BX2—1000型弧焊变压器,其电抗LA铁心可由异步电动机MA来移动以改变电源外特性;MF为冷却散热风扇电动机。

2. 焊接小车驱动控制电路 由发电机G_2-电动机M_2系统组成。G_2有一个他励线圈LG_{21},二个串励线圈LG_{22},M_2有一个他励线圈LM_2。

3. 送丝驱动控制电路 由发电机G_1-电动机M_1组成。G_1有二个他励线圈LG_{11}、LG_{12},二个串励线圈LG_{13}。LG_{11}与LG_{12}分别由控制变压器T_2、电弧电压供给励磁电流。M_1只有一个他励线圈LM_1。G_1和G_2均由三相异步电动机M_3连轴驱动。

4. 程序控制电路 由开关$S_{1~4}$、按钮$SB_{1~10}$、旋钮$RP_{1~2}$、继电器$K_{1~3}$、接触器KA等组成,可完成焊机的空车调整,焊接的启动和停止等控制功能。

（二）电路工作原理分析

1. 空车调整 焊接前调节焊机的各种功能及状态。

1）接通S_1,MF、M_3起动,G_1、G_2转子转动;控制变压器T_1、T_2获得输入电压,整流器UR_1有直流输出。

2）S_3放在向左或向右位置,S_2放在空载位置(接通),合上离合器,M_2获得G_2供给的转子电压带动小车移动,移动速度可由RP_1调定,由此选定焊接方向及焊速。调整完毕应把S_2拨到焊接位置(断开)。

3）按下SB_1、LG_{12}从UR_2获得励磁电流,G_1有输出电压使M_1正转,焊丝下送;按下SB_2、LG_{11}从UR_2获得励磁电流,G_1输出电压使M_1反转,焊丝回抽。应该注意的是,如果控制箱三相进线相序不当,M_3转向相反,按下SB_1焊丝回抽,按下SB_2焊丝下送,焊机将不能正常工作。此时应调换进线相序。

4）按下SB_3(SB_4)或SB_5(SB_6),K_1或K_2动作,MA正或反转,带动LA铁心移动,改变电源外特性,实现焊接电流调节。

5）S_4用于调节电弧电压反馈深度。当它使R_1短路时电弧反馈深度增大,

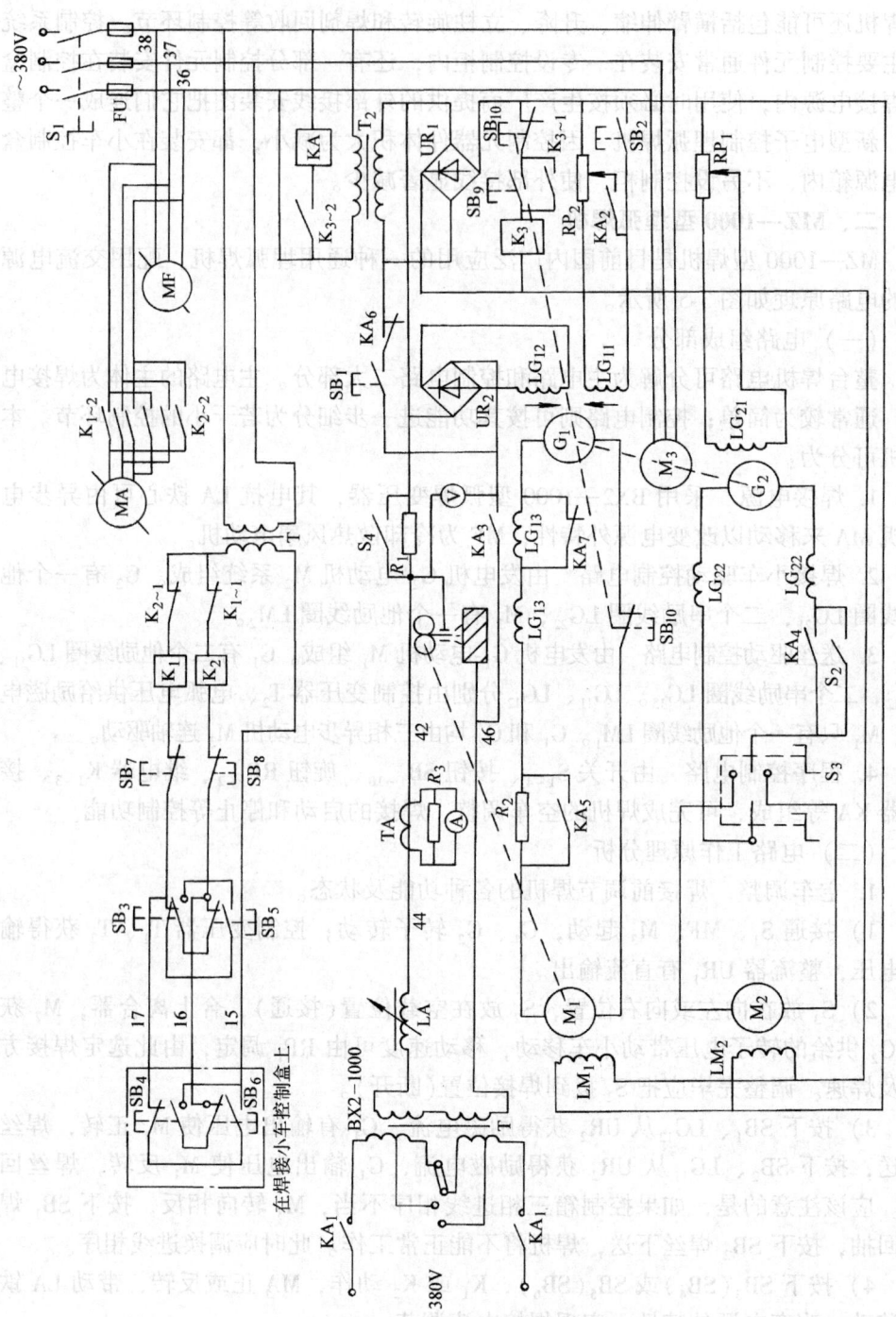

图 3-5　MZ—1000 型埋弧焊机电路原理

系统调节灵敏度提高以适合较细焊丝焊接。

2. 焊接起动和停止　完成焊接过程的全部控制程序循环。

（1）准备　按空车调整步骤预调焊接电流，焊速及 RP_2 的位置，并使焊丝与工件轻微接触。S_3 放在预定的焊接方向，S_2 放在焊接位置，然后打开焊剂漏斗阀门，使焊剂堆敷在起焊点。

（2）焊接　按下 SB_9，控制系统将按图 3-6a 完成动作程序。值得注意的是，在按下 SB_9 前应检查焊丝是否与工件轻微接触，未接触或顶得太紧都可能使正常引弧过程失败。

（3）停止　按下二次按钮 SB_{10}，即可完成图 3-6b 所示的停止控制程序。

MZ—1000 型焊机的外部接线应按供应厂商提供的外部接线图安装、连接。

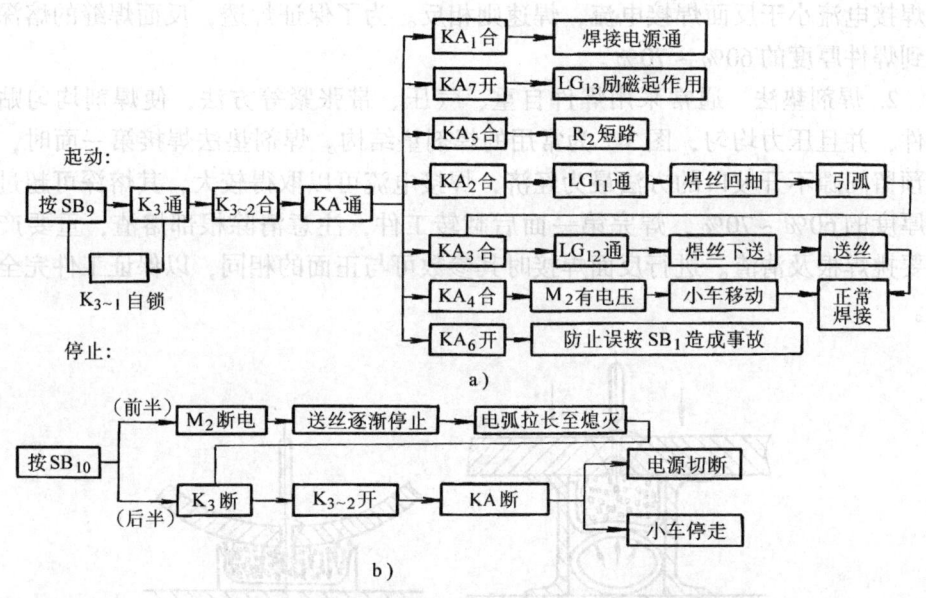

图 3-6　MZ—1000 型焊机焊接和停止动作程序框图

第三节　埋弧焊技术

工业应用中埋弧焊以平焊位置最为普遍，本节只讨论平焊位置时的焊接工艺及焊接技术。

一、常用埋弧焊技术

（一）焊前准备

1. 坡口设计与加工　板厚小于 14mm 一般可以不开坡口，板厚为 14～22mm 一般开单面"V"形坡口，板厚为 22～50mm 时，开"双 Y"形坡口。压力容器还常采用"U"形或双面"U"形坡口,以利于根部焊透并消除夹渣等缺陷。坡口设计可参考 GB/T986—1988,坡口加工常用刨边机、气割机等。

2. 焊前清理 坡口及焊接部位表面的油、锈、污和氧化物等在焊前应采用手工或机械(喷砂)等方法予以清除。

3. 装配定位 装配必须间隙均匀,高低平整,直缝还需加引弧板及熄弧板。

(二)平板对接双面焊接

这种方法对焊接工艺参数的波动和工件装配质量都较不敏感,是平板对接常用焊接技术。其技术要点是在第一面焊接时既要保证足够熔深,又要防止熔池流溢和烧穿。常用的工艺措施有:

1. 小间隙悬空焊接法 间隙小于 1mm 且不开坡口,反面不加衬托装置,正面焊接电流小于反面焊接电流,焊速则相反。为了保证焊透,反面焊缝的熔深应达到焊件厚度的 60%~70%。

2. 焊剂垫法 通常采用焊件自重、气压、带张紧等方法,使焊剂均匀贴紧焊件,并且压力均匀,图 3-7 为常用的焊剂垫结构。焊剂垫法焊接第一面时,采用预留间隙不开坡口的方法最为经济,焊接电流可以取得较大,其熔深可超过工件厚度的 60%~70%,焊完第一面后翻转工件,注意清除根部熔渣,重要产品还要挑焊根及清渣。进行反面焊接时其参数可与正面的相同,以保证工件完全焊透。

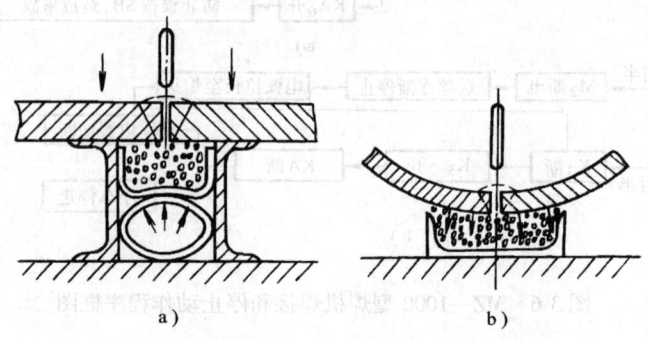

图 3-7 焊剂垫常用结构
a) 气压式 b) 自重式

3. 临时工艺垫板法 薄钢带、石棉绳、石棉板等均可用作间隙对接焊缝的工艺垫板进行第一面焊接。其作用是承托间隙中的焊剂并间接承托熔池,以保证第一面焊缝成形。焊完第一面后,去除临时衬垫及间隙中的焊剂和焊缝根部的渣壳,用同样的参数焊接第二面,每面熔深都要达到板厚的 60%~70%。

(三)平板对接单面焊双面一次成形

使用较大的焊接电流和强制成形衬垫,在适当的坡口、间隙条件下可以将焊件一次熔透,实现单面焊双面成形对接埋弧焊。这种焊接技术不需焊件翻面,可提高生产效率,但由于电弧能量密度的限制,一般用于25mm以下板厚的埋弧焊。

强制成形衬垫的结构至关重要,除前述焊剂垫可用于薄板外,目前生产中还采用以下三种方法:

1. 龙门压力架—焊剂铜垫法 龙门架横跨焊件接缝处,横梁上多个气缸将焊件压紧在敷有焊剂的铜垫上进行焊接,铜垫块截面及尺寸见图3-8和表3-3。铜垫两侧各有一块同样长度的水冷铜块作冷却之用,二者都装在下气缸上,可升降调整,焊件通常不开坡口,但需留一定的装配间隙以便将焊剂导入铜垫成形槽中。若装配间隙不均匀、铜垫未与焊剂贴紧、成形槽中焊剂充填不均或焊接工艺参数不稳定等都会造成背面焊缝凹陷、咬肉或出现焊瘤等常见缺陷,并可能在焊缝两端,尤其在尾端出现沿焊缝中心线裂纹,严重时会导致焊缝全长纵向裂开。对于25mm以下板厚的措施为:①将终端定位焊位置前移并减少定位焊长度;②采用图3-9所示开槽引出板。

表3-3 铜垫板截面尺寸   (mm)

焊件板厚	槽宽 b	槽深 h	槽曲率半径 r
4~6	10	2.5	7.0
6~8	12	3.0	7.5
8~10	14	3.5	9.5
12~14	16	4.0	12

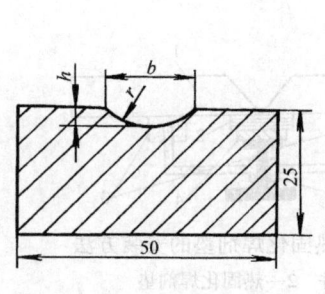

图3-8 铜衬垫截面

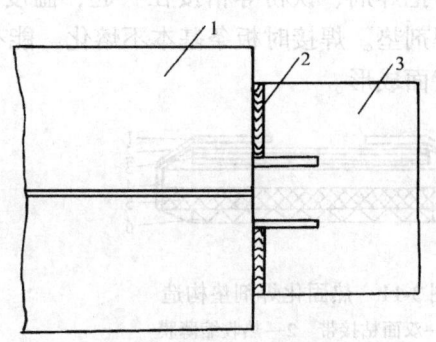

图3-9 开槽引出板结构
1—焊件 2—连接焊缝 3—开槽引出板

2. 水冷铜滑块垫法 此法将一短的水冷铜滑块,装夹在焊件接缝背面,随同电弧一起移动,以强制焊缝反面成形。铜滑块长度以保持熔池底部凝固不漏为限。图3-10为水冷铜滑块典型结构,其主要缺点是滑块易磨损,填充金属消耗也较大。

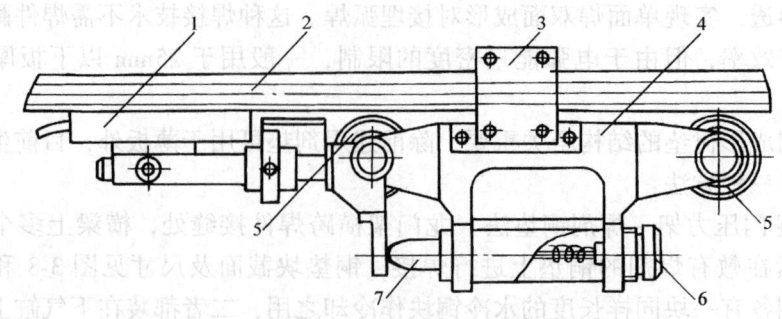

图 3-10 水冷铜滑块典型结构
1—铜滑块 2—钢板 3—拉片 4—拉紧滚轮架
5—滚轮 6—夹紧调节器 7—顶杆

3. 热固化焊剂衬垫法 将板条状热固化焊剂紧贴于焊缝背面承托熔池，可取代前述焊剂铜垫、水冷滑块，解决曲面对接焊缝的单面焊双面成形这一难题，并有着更为灵活和广泛的用途。热固化焊剂垫的典型结构如图3-11所示，其构成和功用为：

1）双面粘接带使焊剂垫紧贴焊件。
2）热收缩薄膜使衬垫保持预定形状，防止内部组成物移动和受潮。
3）玻璃纤维带使表面柔软，便于与不平整的接缝背面贴合。
4）热固化焊剂是在一般焊剂中加入适量热固化物质，如4.5%的酚醛或苯酚树脂、35%的铁粉、17.5%的硅铁(质量分数)等，当加热到80~100℃时树脂液化，把焊剂、铁粉等粘接在一起，温度升到100~150℃时树脂固化而成为板条状焊剂垫。焊接时板条基本不熔化，能有效地防止熔池液体金属流溢，并控制焊缝背面成形。

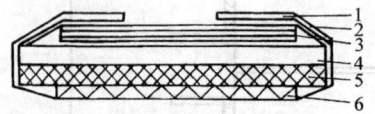

图 3-11 热固化焊剂垫构造
1—双面粘接带 2—热收缩薄膜
3—玻璃纤维布 4—热固化焊剂
5—石棉布 6—弹性垫

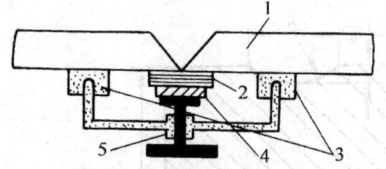

图 3-12 热固化焊剂垫的安装方法
1—焊件 2—热固化焊剂垫
3—磁铁 4—托板 5—调节螺钉

5）石棉布为耐火材料，保护焊剂垫。
6）弹性垫用瓦楞纸或硬石棉板，固定衬垫并使其压力均匀。热固化焊剂衬垫通常制成600mm左右标准长度，使用时可按图3-12所示的磁性夹具等固定在焊件背面。

此外，还有一种主要成分为 SiO_2 和 Al_2O_3 的中性陶瓷衬垫，可以改善焊缝背面成形，是一种比较理想的衬垫。

（四）角接缝焊接

焊接"T"形接头或搭接接头的角焊缝时，通常可采取船形焊和横角焊两种方法。

1. 船形焊 将工件角焊缝的两边置于与垂直线各成 45°的位置(图 3-13)，可为焊缝成形提供最有利的条件，但要求装配间隙小于 1~1.5mm，否则容易烧穿及液态金属流失。

2. 横角焊 当工件不能或不便于采用船形焊时，可采用横角焊，如图 3-14 所示。此法对接头装配间隙要求相对较低，即便达到 2~3mm，也不会造成液态金属流失，焊丝偏角 α 一般为 20°~30°，但每一单道焊缝的焊脚长度不能超过 8mm×8mm，否则，会生产金属流溢和咬边。

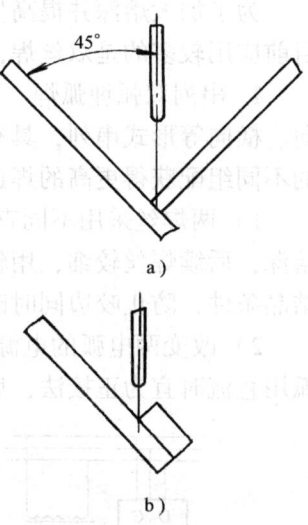

图 3-13 船形焊
a) T形接头 b) 搭接接头

（五）主要缺陷及其防止

埋弧焊由于工艺参数不当或不稳定，可能造成熔透不足、咬边、烧穿、满溢、成形不良等成形缺陷。这些缺陷大都可以通过调整工艺参数予以克服。除此以外，还可能产生气孔、裂纹、夹渣等冶金缺陷，现简述产生原因及防止措施。

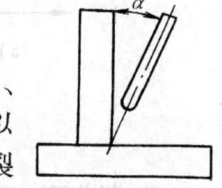

图 3-14 横角焊

1. 气孔 可能由于焊剂受潮、混入杂物、焊丝及接头部位被污染、焊剂层覆盖不充分、焊剂化学成分不当造成熔渣粘度过大或电弧磁偏吹等原因造成。

2. 裂纹 裂纹有结晶裂纹和氢致裂纹两类，其原因可能与焊接材料选配不当、焊丝中含 C 与 S 量过高、母材含杂质较多、焊接接头结构及形状尺寸不当、焊接工艺参数不当或焊剂的干燥、接头的清理等因素相关。分析时应判别裂纹形态、产生的温度区域，有针对性地采取防止措施。

3. 夹渣 焊缝内夹渣除与焊剂的脱渣性能有关外，还与工件的装配情况、焊接工艺参数、层间清渣不净以及焊丝位置不当等因素相关。

二、埋弧焊的其他焊接技术

单丝埋弧焊发明至今已 60 余年，现在仍是焊接生产中应用最为普遍的方法之一，与此同时也派生出多种改进形式，以进一步提高焊接生产率和焊接质量，适应各种特定的焊接要求。

（一）双丝及多丝埋弧焊

为了加大熔深并提高生产率，双丝和多丝埋弧焊得到越来越多的工业应用。目前应用较多的是双丝焊，三丝焊也有应用。

1. **串列双弧埋弧焊**　两根焊丝各由一个独立电源供电，产生两电弧可以纵向、横向等形式串列，具有熔深大，熔敷速度高等特点，并可以通过改变两电弧的不同组配获得更高的焊速和焊接质量，具体方法如下：

1) 两焊丝采用不同直径，前导焊丝较粗，用较高电流和较低电压获得足够熔深；后续焊丝较细，用较低电流和较高电压改善熔池尾部液态金属流动和焊缝结晶条件，防止咬边同时改善焊缝表面成形。

2) 改变两电弧的电源，如图 3-15 所示组合方式，熔深将依次递减。前导电弧用直流时宜为正接法，后续电弧用直流反接法。

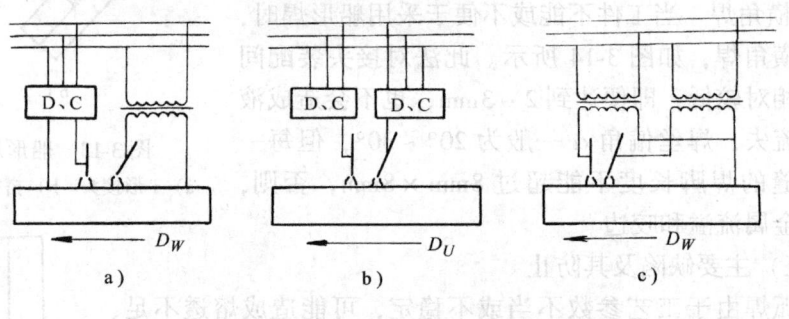

图 3-15　双弧串列的埋弧焊电源的几种组合方式
a) 直流-交流　b) 直流-直流　c) 交流-交流

3) 调节两电弧间距，弧间距较小时双弧共一熔池，间距较大时双弧双熔池。熔池形状和焊缝金属的结晶条件都可在一定范围内得以调控，借以克服凝固裂纹乃至改善组织性能。

4) 增加串列电弧数目，三弧或三弧以上多弧埋弧焊可进一步提高单程焊接速度。由于三丝以上多弧焊设备结构复杂，通常仅用于厚壁钢管和重型型钢等焊接应用。

2. **单电源双丝埋弧焊**　双丝合用一个电源，设备较为简单。此法有较高的熔敷速度和稀释率，但熔透能力低于单丝埋弧焊。通常采用直径较细的焊丝以增加焊丝的电流密度，但每根焊丝中流过的电流各占一半，因此难以提高熔深。可以通过调整焊丝排列方式和间距改变焊缝熔深。

3. **带状电极埋弧焊**　由多丝(并列)埋弧焊发展而成。采用钢带为电极，断面为长方形，有很高的熔敷速度，低的熔深和稀释率，最宜于埋弧堆焊，也可用于埋弧焊接。此法有如下特点：

1) 焊接电流大，可比圆断面焊丝采用更大的焊接电流，因电弧在电极端面上往返快速运动，使热量分散，焊缝形状系数得以提高，从而具有较强的抗裂纹能力。

2）电弧加热面大，而熔深又能控制在 0.5mm 左右，非常适合不锈钢等耐腐蚀合金大面积表面堆焊，而且堆焊生产率也极高。

3）稀释率极低，熔敷速度很高，使堆焊层金属性能极易达到设计要求。

常用带宽为 60mm，采用直流反极性电源。堆焊试验表明，为了减小熔深和稀释率，焊接电流应在 950A 以内，电压以 26V 为佳，焊速则以 60mm/min 左右为宜。

（二）附加热丝、冷丝、铁粉埋弧焊

依靠交流电源对附加焊丝电阻预热即为附加热丝埋弧焊；对埋弧焊本身焊丝用交流电源预热称为热丝埋弧焊；附加焊丝不预热则称附加冷丝埋弧焊；在坡口或间隙中敷以铁粉或金属颗粒等则称为添加铁粉埋弧焊。这些方法可以进一步提高熔敷率、降低熔深和稀释率、甚至还可获得特定成分的焊缝金属。图 3-16 为上述几种方法的示意图。

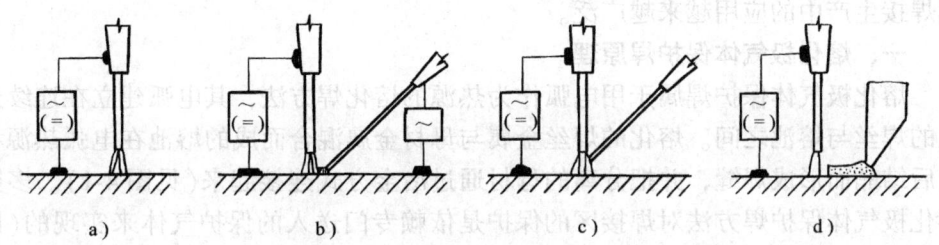

图 3-16 埋弧焊的几种附加方式
a）常规单丝 b）附加热丝 c）附加冷丝 d）添加铁粉等

（三）窄间隙埋弧焊

窄间隙埋弧是由窄间隙气体保护电弧焊演变和发展而来，厚板焊接时采用 I 形坡口而不用普通埋弧焊的 V 形或 U 形坡口，可大大节省填充金属，减少焊接变形，是一种高效、节能的焊接技术。实现此法的技术要点为：

1）近似 I 形坡口，根部间隙 15~35mm，坡口角度 1°~7°，每层焊缝 1~3 道，常采用带工艺垫板的打底焊。

2）因坡口深而窄，需采用脱渣性良好的焊剂，常用高碱度烧结焊剂。

3）为保证焊道与间隙侧壁良好熔透，应采用焊丝横向及高度方向的自动跟踪控制系统，使焊丝精确定位。

4）设计专用导电嘴，使焊丝能导入窄间隙根部又能自动调节，保证每层焊接的焊丝外伸长度都为 50~75mm。

5）窄间隙内极易产生电弧磁偏吹，应采用交流电源。对于韧性要求高的低合金高强钢，采用方波交流电源则更为理想。

6）要有合适的手段清除和修补焊接中出现的焊缝缺陷。

第四章 熔化极气体保护电弧焊

本章将简介该类方法的连接原理、熔滴过渡、焊接区冶金保护及其气体选择等基本原理，着重介绍焊接生产上常用的惰性/混合气体保护电弧焊、CO_2气体保护焊、药芯焊丝电弧焊的基本工艺技术及其相关的特别技术。

第一节 熔化极气体保护电弧焊原理及分类

熔化极气体保护电弧焊（英文简称 GMAW）具有熔敷率高、适用金属材料广泛、可全位置焊接、焊接区的冶金作用相对简单和易于实现自动化等优点，在现代焊接生产中的应用越来越广泛。

一、熔化极气体保护焊原理

熔化极气体保护焊属于用电弧作为热源的熔化焊方法，其电弧建立在连续送进的焊丝与熔池之间。熔化的焊丝金属与母材金属混合而成的熔池在电弧热源移走后结晶而形成焊缝，并把分离的母材通过冶金方式连接起来（见图 4-1）。多数熔化极气体保护焊方法对焊接区的保护是依赖专门送入的保护气体来实现的（即气体保护），但药芯焊丝电弧焊通常除外加气体保护外，还同时兼有药芯焊剂熔化后形成的熔渣保护（即气-渣联合保护）。作为熔化电极的焊丝常用实芯焊丝和药芯焊丝两大类。

熔化极气保护焊的设备除与其他电弧焊方法一样具有弧焊电源外，还必须采用具有专用的送丝机构、供气系统和集送丝、送保护气体和向电弧供电于一体的熔化极气体保护焊焊枪。

GMAW 方法常用半自动和自动焊两种形式。半自动焊由于具有对工件的组装精度和坡口加工精度要求较低，焊缝的空间位置可达性由人工跟踪而极其灵活，常用于中厚板及以下的安装位置、焊缝空间轨迹不太规则且较复杂的结构焊接；自动焊则用于加工和组装精度高、焊缝空间轨迹规则、规模化制造位置的焊接结构生产。

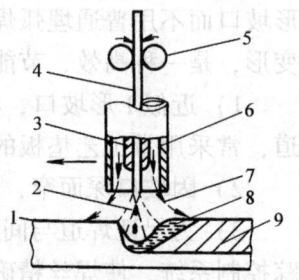

图 4-1 熔化极气体保护焊原理示意图
1—母材 2—电弧 3—导电嘴 4—焊丝 5—送丝滚轮 6—喷嘴 7—保护气体 8—熔池 9—焊缝金属

二、熔化极气体保护焊方法分类及其应用

依据焊丝结构，熔化极气体保护焊方法可分为实芯焊丝气体保护焊和药芯焊丝电弧焊两大类；依据保护气体类别可分为 CO_2 气体保护焊、混合气体保护焊

和惰性气体保护焊。

通过合理地选择焊丝和保护气体，GMAW 方法可用于碳钢、低合金结构钢、不锈钢、铝、铜及其合金等金属的焊接。

第二节 熔化极气体保护焊的气体选择与冶金特性

保护气体除了隔离空气，使高温焊接区免遭空气侵害外，还一定程度上影响甚至决定着电弧的能量特性、形态特征、工艺特性以及焊缝的冶金特性，依据工件钢种、板厚、焊缝空间位置、焊接接头质量要求、焊接生产率要求等，合理选择保护气体及焊丝，是熔化极气体保护焊应用中的重要工艺设计内容。

一、熔化极气体保护焊的气体选择

熔化极气体保护焊常用的保护气体按组元数量可分为单一气体和混合气体，按气体与金属的相互作用结果可分为氧化性气氛、还原性气体和惰性气氛。单一组元气体只具备单一的性质，而混合(2~4组元)气体则兼有各组元的性质，比单一气体具有更多的优越性。

焊接生产中保护气体的选择一般遵循以下三条原则：

1. 对焊缝性能无害原则　保护气体不可避免在熔滴阶段、熔池阶段与液相金属接触，若此阶段保护气体与液相金属发生化学反应并生成了有损于焊缝力学性能和化学性能的物质，且不能通过焊接冶金反应来消除其影响，该保护气体则不能用作该条件下的焊接保护气体。这主要取决于被焊材料的钢种，往往一种气体在某钢种下是很合适的保护气体，而在另一钢种下则是有害气体。如氧化性气体(如 CO_2、O_2)在焊接黑色金属(低碳钢、低合金结构钢)时有改善熔池润湿性及焊缝成形、提高弧柱电场强度、电弧挺度及电弧稳定性等，这是有益的一面；不利的是降低了合金元素的过渡系数，然而这一弊端可通过在焊材中加入脱氧剂而抑制或消除其有害作用；但氧化性气体不能用于有色金属的保护，因为有色金属一旦氧化则不可能通过化学冶金过程来消除其对焊缝性能的损害。

2. 改善工艺及焊缝质量原则　某些单一组元的保护气体由于其性质决定了其工艺质量和焊缝质量往往不尽人意。如纯 Ar 焊接黑色金属(即 MIG 焊，尤其是焊接不锈钢时)往往存在以下问题：

1) 液体金属的粘度及表面张力较大，易产生气孔；焊缝金属润湿性差，焊缝两侧易产生咬边缺陷。

2) 电弧阴极斑点不稳定(DCRP 时)，产生所谓阴极飘移现象，从而引起熔深和熔宽不规则。

3) 纯 Ar 气氛下射流过渡时，熔池底部极易形成"指状"熔深。

为克服 MIG 焊焊黑色金属的上述不足，焊接碳钢或低合金高强钢时，常用

Ar + CO_2 等混合气体；焊接不锈钢时常用 Ar + O_2 混合气体。

3. 提高工艺技术水平原则　为了提高焊接生产率，提高工艺质量可靠性，需要提高电弧的温度、能量密度、电弧的挺度以及电弧的热传导速度等。如焊接高导热率的铜及其合金时，采用 Ar + He 或 Ar + N_2 混合气体，可显著提高电弧温度和挺度，增大母材的热输入，改善焊缝的润湿性；在 TIME (Transferred Ionised Molten Energy) 焊接工艺中，由于采用了 0.5% O_2 + 8% CO_2 + 26.5% He + 65% Ar 四元混合气体，比传统 MAG 焊工艺的熔敷率提高 1 倍以上，可以实现厚大部件的高速焊接。

二、MIG 及 MAG 焊的冶金特性及焊丝选择

对于 MIG 焊 (Metal Inert Gas Arc Welding) 而言，由于焊接区气氛为纯 Ar 气（或 He），该类气体的化学性质呈惰性，在高温焊接区内不与熔融金属发生化合，因而不存在合金元素烧损问题；同时惰性气体也不会通过气相，熔融金属的相接触面而向熔滴和熔池中溶解。焊接过程中仅金属发生熔化（当然也存在少量的汽化蒸发）→冷却→结晶过程，焊接冶金过程简单，焊缝金属的纯净度高，气孔、缺陷的几率极小。但要注意以下两个冶金问题：

1) 依据材料的热敏感程度，注意控制焊接热输入，过大的焊接热输入将导致焊缝及 HAZ (焊接热影响区) 的塑、韧性大大降低。

2) 细颗粒、射流或旋转射流过渡时，电弧热功率高，可能发生低熔点元素的大量蒸发，从而影响到焊缝的化学成分。

对于 MAG 焊 (Metal Active-Gas Arc Welding) 而言，由于通常在富 Ar (或富 He) 气氛中加入了一定比例的具有氧化性质的气体，尽管电弧形态、熔滴过渡、电弧电能特性等还基本与纯惰性气体相似，但焊接区高温阶段少量金属发生一定的氧化是不可避免的，因此在焊丝的选择时，焊丝的化学成分应给予一定的损失补偿量。

在 MIG 焊和 MAG 焊的焊丝选择时，应根据焊件的使用要求选择性能匹配或成分匹配（或二者均需匹配），最后在焊接材料产品目录中选择合适的焊丝。

三、CO_2 焊接的冶金特性

（一）合金元素的氧化

采用 CO_2 气体作为保护介质，虽然能够有效地防止空气侵入焊接区域，但在电弧高温作用下，CO_2 气体会分解成 CO、O_2 和 O，因此在电弧气氛中同时有 CO_2、CO、O_2 和原子态氧 O 存在。在焊接条件下，CO 气体不溶于金属，也不与之反应；而 CO_2 和 O 都具有强烈的氧化性，使 Fe 及其他合金元素氧化，即：

$$CO_2 + Me(金属) \rightarrow MeO + CO$$
$$Me + O \rightarrow MeO$$

上述氧化反应既发生在熔滴中，也发生在熔池中，以在电弧空间中过渡的熔滴和

靠近电弧的熔池中最为剧烈,这是由于这些区域温度较高的缘故。此外,氧化反应的程度还取决于合金元素在焊接区的浓度及它们和氧的亲和力。

在反应生成物(SiO_2、MnO、CO、FeO 等)中,SiO_2 和 MnO 以熔渣形式浮于熔池表面。生成的 CO 气体,因具有表面性质(这时 C 的氧化反应是在液体金属的表面进行的)而逸出到气相中去,一般不会引起焊缝气孔,只是使 C 受到烧损。FeO 则按分配律:一部分以熔渣形式浮出熔池表面;另一部分则溶入液态金属中,并会进一步与熔池及熔滴中的合金元素发生反应使其氧化。

(二) 脱氧措施及焊缝金属的合金化

由前述可知,金属处于液态阶段,氧化产物 FeO 进入熔滴会引起 C 烧损,也可能发生熔滴爆炸而产生飞溅;FeO 进入熔池也会引起 C 烧损和 CO 气孔。熔池结晶后,残留在焊缝金属中的 FeO 将使焊缝中的含氧量增加而降低其力学性能。如果能使 FeO 脱氧并同时对烧损掉的合金元素给予补充,则由于 CO_2 气体的氧化性带来的弊端便基本上可以克服。

通常采取的措施是在焊丝中(或药芯焊丝的药粉中)加入一定量的脱氧剂(和氧的亲和力比 Fe 大的合金元素),使 FeO 中的 Fe 还原。此外,还应有剩余的脱氧剂作为合金元素留在焊缝中,以弥补氧化烧损损失并保证焊缝的化学成分要求。

加入焊丝中的脱氧元素,其反应生成物不应是气体,以免造成气孔;生成物密度要小,熔点要低,并以熔渣形式浮出熔池表面,以免造成焊缝夹渣缺陷。

可作 CO_2 焊用的脱氧剂,主要有 Al、Ti、Si、Mn 等合金元素,它们单独使用时效果都不理想。实践表明,采用 Si、Mn 联合脱氧时能得到满意的结果,目前国内应用最广泛的 H08Mn2SiA 焊丝,就是采用 Si、Mn 联合脱氧的,其反应方程式如下:

$$2FeO + Si \rightleftharpoons 2Fe + SiO_2$$
$$FeO + Mn \rightleftharpoons Fe + MnO$$

SiO_2 和 MnO 能结合成复合化合物 $MnO \cdot SiO_2$(硅酸盐),其熔点只有 1543K,密度也较小($3.6g/cm^3$)且能凝聚成大块,易浮出熔池,凝固后成为渣壳覆盖在焊缝表面。

加入到焊丝中的 Si 和 Mn 数量和比例应适当。Si 含量过高会降低焊缝的抗热裂缝能力,Mn 含量过高会使焊缝金属的冲击韧度下降。通常 $w_{Si} = 1\%$ 左右, $w_{Mn} = 1\% \sim 2\%$。

在 CO_2 焊的冶金中,碳也是一个关键元素,它和氧的亲和力比 Fe 大。为了防止气孔和减少飞溅以及降低焊缝产生裂缝的倾向,焊丝中的 w_C 一般都限制在 0.15% 以下。

(三) 气孔问题

CO_2 焊时，熔池表面只有很少量熔渣覆盖，CO_2 气流又有冷却作用，因而熔池凝固较快，增大了产生气孔的可能性。常见气孔种类如下：

1. 一氧化碳气孔　多是由于焊丝的化学成分选择不当造成。当焊丝金属中含脱氧元素不足时，焊接过程中就会有较多的 FeO 溶于熔池金属中，并与 C 反应（$FeO + C \Longleftrightarrow Fe + CO \uparrow$）。

这个反应在熔池处于结晶温度时进行得比较剧烈。由于这时熔池已开始凝固，CO 气体不易逸出，于是在焊缝中形成气孔。CO 气孔常出现在焊缝根部与表面，且多呈针尖状。

如前所述，若焊丝中含有足够的脱氧元素 Si 和 Mn，以及限制焊丝中的含碳量，就可以抑制上述的反应过程，有效地防止 CO 气孔的产生。

2. 氮气孔　焊缝中的氮气孔主要是由于保护气层遭到破坏，大量空气侵入焊接区所致。

因此，避免产生氮气孔的主要措施是应增强气体的保护效果。另外，选用含有固氮元素（如 Ti 和 Al）的焊丝，也有助于防止产生氮气孔。

此外，电弧电压越高，空气侵入的可能越大。电弧电压高达一定值后，焊缝中就出现气孔。焊缝中含 N_2 量增加，即使不出现气孔，也将显著降低焊缝金属的塑性。

3. 氢气孔　电弧区的氢主要来自焊丝、工件表面的油污及铁锈，以及 CO_2 气体中所含的水分。油污为碳氢化合物，铁锈中含有结晶水，它们在电弧高温下都能分解出 H_2 气。减少熔池中氢的溶解量，不仅可防止氢气孔，而且可提高焊缝金属的塑性。所以焊前要适当清除工件和焊丝表面的油污及铁锈，并应尽可能使用含水分低的 CO_2 的气体。

当在焊接区有氧化性的 CO_2 气体存在时，增加了氧的分压，使自由状态的氢被氧化成不溶于金属的水蒸气与羟基，从而减弱了氢气的有害作用。所以 CO_2 电弧焊时对铁锈和水分没有埋弧焊和氩弧焊那样敏感。

钢板表面仅轻微锈蚀时可不除锈，但焊丝表面的油污，必须用汽油等溶剂清除掉。这不仅是为了防止气孔，也可避免油污在送丝软管内造成堵塞，以及减少焊接中的烟雾等。

氢是以离子形态溶于熔池的。直流反接时，熔池为负极，阴极区聚集的大量电子，使熔池表面的氢离子又复合为原子，因而减少了进入熔池的氢离子数量。所以直流反接时，焊缝中含氢量仅为正接时的 1/3～1/5，产生氢气孔的倾向也比正接时小。

四、CO_2 气体及焊丝

（一）CO_2 气体

1. CO_2 气体的性质　CO_2 气体是一种无色、无味的气体。在 0℃ 和 101.3kPa

气压时它的密度为 1.9768g/cm³，为空气的 1.5 倍。在常温下很稳定，但在高温下(5000K 左右)几乎能全部分解。

液态 CO_2 是无色液体，其密度随温度变化而变化。CO_2 由液态变为气态的沸点很低，为 -78℃，所以工业用 CO_2 都是使用液态的，常温下它自己就气化。1kg 液态 CO_2 可以气化成 509L 的气态 CO_2。CO_2 气瓶通常漆成黑色，并标有黄字 CO_2 字样。

2. CO_2 气体纯度对焊缝质量的影响　CO_2 气体的纯度对焊缝金属的致密性有较大的影响。对于焊接来说，CO_2 气体中的主要有害杂质是水分和氮气。氮气一般含量较小，危害大的还是水分。焊接用 CO_2 气体的纯度不应低于 99.5%，露点低于 -40℃。

3. CO_2 气体的提纯　液态 CO_2 中可溶解约占质量 0.05% 的水分，另外还有一部分自由状态水分沉于钢瓶的底部。试验表明，在焊接现场采取以下措施，对减少气体中的水分可得到显著效果。

表 4-1　二氧化碳电弧焊常用焊丝的化学成分和用途

焊丝牌号	合金元素(质量分数)(%)						S 不大于	P 不大于	用途
	C	Si	Mn	Cr	Ni	No			
H10MnSi	≤0.14	0.60~0.90	0.8~1.10	≤0.20	≤0.30	—	0.030	0.040	焊接低碳钢、低合金钢
H08MnSi	≤0.10	0.70~1.0	1.0~1.30	≤0.20	≤0.30	—	0.030	0.040	
H08MnSiA	≤0.10	0.60~0.85	1.40~1.70	≤0.02	≤0.25	—	0.030	0.035	
H08Mn2SiA	≤0.10	0.70~1.10	1.80~2.10	≤0.02	≤0.25	—	0.030	0.035	
H04Mn2SiAlTiA	≤0.04	0.70~1.10	1.80~2.20			钛 0.2~0.40	0.025	0.025	
H04MnSiAlTiA	≤0.04	0.40~0.80	1.40~1.80			钛 0.95~0.65 铝 0.20~0.40	0.025	0.025	焊接低合金高强钢
H10MnSiMo	≤0.14	0.70~1.10	0.90~1.20	≤0.02	≤0.30	0.15~0.25	0.030	0.040	
H08Cr3Mn2MoA	≤0.10	0.30~0.50	2.00~2.50	2.5~3.0	—	0.35~0.50	0.030	0.030	焊接贝氏体钢
H18CrMnSiA	0.15~0.22	0.90~1.10	0.80~1.10	0.80~1.10	<0.30	—	0.025	0.030	焊接高强度钢
H1Cr18Ni9	≤0.14	0.50~1.0	1.0~2.0	18~20	8.0~10.0	—	0.020	0.030	焊接1Cr18Ni9Ti薄板
H1Cr18Ni9Ti	≤0.10	0.30~0.70	1.0~2.0	18~20	8.0~10.0	0.50~0.80	0.020	0.030	

1) 将新灌气瓶倒立静置 1~2h，然后打开阀门，把沉积在下部的自由状态的排出。根据瓶中含水量的不同，可放水 2~3 次，每隔 30mm 左右放一次。

2) 经放水处理后的气瓶，在使用前先放气 2~3 次，放掉气瓶上面部分的气体。因为这部分气体通常含有较多的空气和水分，而这些空气和水分主要是装瓶时混入瓶内的。

3) 在气路系统中设置高压干燥器和低压干燥器（根据需要低压干燥器可增至 2~3 个），可进一步减少 CO_2 气体中的水分。用硅胶或脱水硫酸铜作干燥剂，用过的干燥剂经烘干后可反复使用。

4) 瓶中气压降到约 100kPa（10 个大气）时，不再使用。

（二）CO_2 焊焊丝

表 4-1 为 CO_2 焊常用实芯焊丝的化学成分及用途，其中 H08Mn2SiA 是目前 CO_2 焊中应用最广泛的一种焊丝。从近几年国内外焊丝发展情况看，很多新品种焊丝中进一步降低了含碳量（$w_C = 0.03\% ~ 0.06\%$），并添加了钛、铝、锆等合金元素。不仅可减少飞溅，还有利于提高抗气孔能力及焊缝力学性能。

第三节　惰性及混合气体保护焊

惰性及混合气体保护焊是熔化极气体保护焊大类中的一种重要方法。惰性气体保护焊（MIG）主要用于铝、镁及其合金，铜及其合金，钛及其合金等有色金属的焊接；活性混合气体保护焊（MAG）主要用于高强钢、高合金钢的焊接。

一、熔化极惰性气体保护焊

（一）熔化极惰性气体保护焊方法特点

熔化极惰性气体保护焊通常采用惰性气体 Ar、He 或它们的混合气体作为焊接区的保护气体。鉴于我国 He 气价格昂贵，生产上广泛采用的是 Ar 气保护，所以也称熔化极氩弧焊。

该方法主要特点如下：

1) 单原子惰性气体保护，电弧燃烧稳定，熔滴细小，熔滴过渡过程稳定，飞溅小，焊缝冶金纯净度高，力学性能好。

2) 焊丝作为熔化电极，电流密度高，母材熔深大，焊丝熔化速度和焊缝熔敷速度高，焊接生产率高，尤其适用于中等厚度和大厚度结构的焊接。

3) 铝及合金的 MIG 焊时，一般采用直流反极性，具有良好的阴极清理作用，用亚射流过渡时，电弧具有很强的固有自调节作用。

4) 几乎可焊所有金属，尤其适用于铝、镁及其合金、铜及其合金、钛、锆、镍及其合金，不锈钢等材料的焊接。

（二）熔化极惰性气体保护焊的质量控制

同其他焊接方法一样，MIG焊的焊接质量除取决于焊丝和设备的正确选用外，还取决于正确的工艺参数与工艺条件的选择。

1. 熔滴过渡类型选择　MIG焊常用的熔滴过渡形式主要有连续射流过渡（包括射流过渡、亚射流过渡和旋转射流过渡）、脉冲射流过渡和短路过渡。射流过渡主要用于中厚板和大厚板的水平对接及水平角接焊（平角焊）；脉冲射流过渡除可用于上述情况外，还可用于全位置焊接；短路过渡一般用于薄板及全位置焊接。

对于给定的焊接条件（焊丝、保护气体、极性等）下，当焊接电流增大到射流过渡临界电流值（见图4-2），且匹配合适的电弧电压时，便可实现稳定的射流过渡焊接。射流过渡时熔透能力强，生产率高，熔滴过渡稳定，但可能产生焊缝起皱和"指状"熔深问题。

2. 焊缝起皱现象　在焊接铝、镁、铜及其合金，焊接电流远大于对应焊丝直径的射流过渡临界电流时，若焊接区保护不良，将导致阴极导电区集聚在弧坑底部，受到强大电弧力作用的熔池金属，将被猛烈地"挖掘"而溅出，并产生严重的氧化和氮化，这些金属溅落在近缝区及表面，造成焊缝金属熔合不良和表面粗糙起皱，并覆盖有一层黑色粉末，即为焊缝起皱现象。研究表明，焊缝起皱现象并非完全由焊接区保护不良所致，只要焊接电流增大到某一值，引起阴极斑点

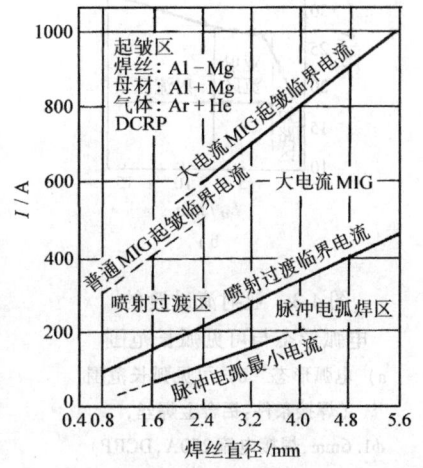

图4-2　铝及其合金MIG焊的电流范围

从固态金属表面游动到弧坑底部并稳定存在，则焊缝起皱现象就可能产生。导致该现象产生的电流称为起皱临界电流。

为防止焊缝起皱现象，可采取如下措施：

（1）加强焊接区的保护，如增大喷嘴孔径、保护气流量或采用双层气体保护等。

（2）正确选择焊接工艺参数，如降低焊接电流密度（如增加焊丝直径）、减小焊接速度和缩短可见弧长等。

（三）亚射流过渡惰性气体保护焊

在铝、镁及其合金采用等速送丝系统MIG焊时，采用亚射流过渡形式焊接可获得优良的焊缝成形与冶金质量。

1. 亚射流过渡的电弧形态　铝、镁及其合金MIG焊时，采用射流过渡电弧时，电弧呈钟罩形，并发出"咝咝"声。若降低电弧电压，可见弧长变短，电弧在焊丝端头逐渐向外扩展成碟状（见图4-3a），并发生轻轻的"啪啪"声。此时焊

丝端部的熔融锥体变钝，熔滴上挠，熔滴过渡频率减小、熔滴尺寸增大，这种熔滴过渡形式称为亚射流过渡。图 4-3b 表示在采用恒流特性电源进行 MIG 焊时，不同熔滴过渡方式与可见弧长(L_a)的关系。

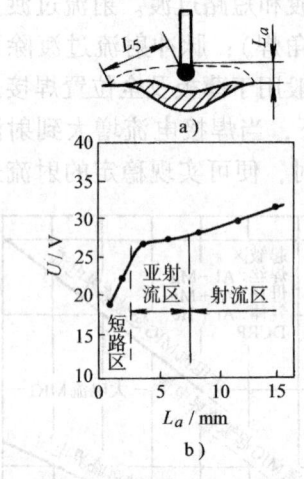

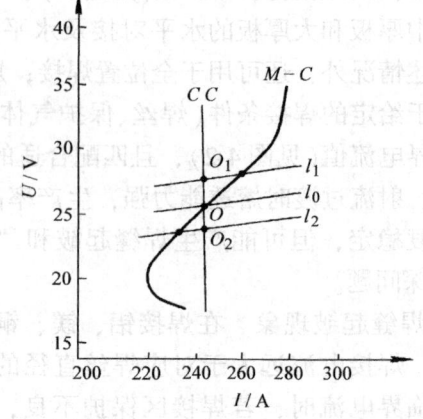

图 4-3 亚射流过渡的
电弧形态与可见弧长范围
a）电弧形态 b）可见弧长范围
（焊接条件：铝合金焊丝，
ϕ1.6mm，焊接电流 250A，DCRP）

图 4-4 亚射流过渡时电弧的固有自调节原理
（ϕ1.6mm 铝焊丝、v_w = 30cm/min，纯 Ar，平焊）

在亚射流过渡区中焊丝熔化系数随可见弧长的缩短而增大，这是铝焊丝亚射流过渡电弧的一个重要特性。

2. 亚射流过渡时电弧的固有自调节特性　亚射流过渡电弧特性被发现后，在熔化极气体保护焊方法中出现了第三种弧长控制方法，即等速送丝焊机匹配恒流外特性电源的弧长自调节系统。其调节原理用图 4-4 来加以说明。图中 CC 为电源外特性曲线，$M-C$ 为亚射流过渡区（可见弧长 $l_0 \sim l_2$ 为电弧静特性曲线）。O 点为电弧稳定工作点，其对应的弧长为 l_0。如果焊接过程中由于某种干扰引起弧长突然变短，电弧工作点将从 O 点移至 O_2 点，因为电源外特性为恒流，电弧电流不会改变，但电弧的可见弧长变短，将使电弧潜入到熔池中的深度增加，焊丝加热效率提高，焊丝熔化系数增大，焊丝熔化速度 v_m 加快，造成 $v_m > v_f$，导致电弧弧长逐渐拉长，并自动恢复到原来长度（即回到 O 点稳定燃烧）；反之，若弧长变长（如从 l_0 变到 l_1），同样通过自调节作用而恢复到原来长度。该种弧长自调节作用称为亚射流过渡的弧长固有自调节特性。该调节系统与等速送丝匹配平外特性射流过渡电弧的自调节作用相比，虽然两者都是以焊丝熔化速度为调节量来保证焊接过程中弧长恒定，但区别在于，前者在弧长波动时依靠焊丝熔化系数变化而使焊丝熔化速度变化，而后者在弧长波动时则靠焊接电流的改变使焊丝熔化速度变化。

3. 亚射流过渡时的焊接特性　铝、镁及其合金亚射流过渡时具有以下焊接特性：

1）与射流过渡形式相比，由于弧长变短，电弧呈碟形，所以阴极清理区大，铝、镁及合金焊接时的焊缝起皱及形成黑粉倾向降低。

2）由于采用了恒流电源，受外界干扰而发生了弧长或送丝速度波动时，与恒压电源相比，焊缝几何尺寸(熔深、熔池形状、熔宽)的波动要小。

3）"指状"熔深倾向减小，未熔合、未焊透缺陷几率降低。

4. 亚射流过渡的参数匹配　采用亚射流过渡时的弧长范围不宽(如 φ1.6mm 铝焊丝，在 Ar 气中弧长约 2~8mm)，对于给定的焊接电流，其对应的最佳送丝速度范围很窄(见图 4-5)。在给定电流条件下，v_f 过小，易引起焊丝回烧；v_f 过大，又会使焊丝粘着在焊件上。因此，采用普通等速送丝系统配恒流源很难顺利实现亚射流过渡，必须要求焊机带有焊接电流与送丝速度同步控制(或自动优化)功能，才可保证电弧在图 4-5 阴影部分的中心线上工作，而且这根中心线的斜率可以调节。目前商品化的亚射流过渡 MIG 焊机，都具有一元化规范调节功能，只要选定了焊接电流，v_f 就自动调整到对应于该电流值的最佳值。

二、熔化极混合气体保护焊

熔化极混合气体保护焊在方法原理、焊接系统构成、焊接区的保护原理方面与熔化极惰性气体保护焊没有区别，唯一不同的是采用的保护气体是多组元混合气体，而具有更大的优越性，主要有以下两点：

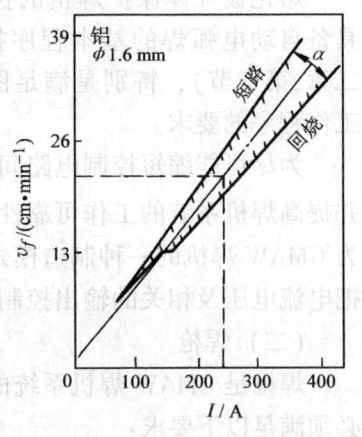

图 4-5　亚射流过渡参数匹配

1）克服了单组元气体对焊接过程稳定性或焊接质量的某些不利影响，使焊接过程和焊接质量更可靠。如碳钢、低合金钢和不锈钢等黑色金属 MIG 焊时，虽具有易于实现射流过渡、焊接冶金过程简单、焊缝纯净度高等优点，但也具有熔池的粘度大，浸润铺展性差，气孔、咬边倾向大，阴极斑点稳定性差，焊缝几何尺寸均匀性差，焊缝形状系数较小，"指状"熔深倾向大等缺点，在惰性气体组元里混合一定比例的氧化性气体便可克服纯 Ar 保护的上述不足，并同时保留了纯 Ar 保护的优点，这就是 Ar + CO_2、Ar + CO_2 + O_2、Ar + O_2 等混合气体，常用来焊接黑色金属的原因。

2）增大电弧的热功率，提高焊接生产率。热导率低，且为单原子的气体往往电弧的能量密度较低，电弧刚度较差，穿透能力和高速焊接能力较差。Ar +

CO_2 等混合气体都具有提高电弧热功率和能量密度的特性。氧化性气氛还具有改善熔滴过渡特性、熔深特性及电弧稳定性等优点。

三、熔化极气体保护焊设备

熔化极气体保护焊设备通常由焊枪、送丝机构、焊接电源、控制装置和供气等系统组成(见图4-6)。

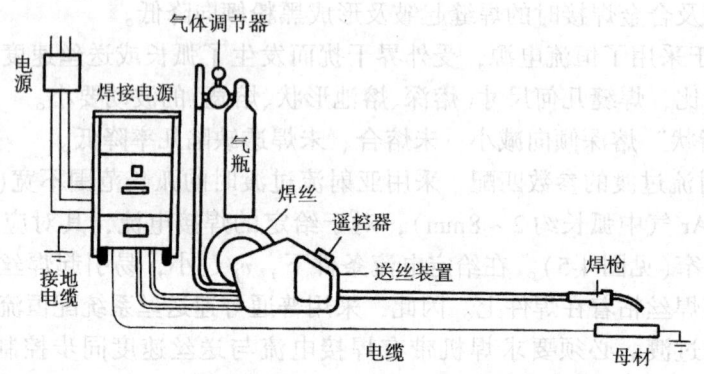

图 4-6 GMAW 设备组成

（一）控制装置

熔化极气体保护焊机的控制电路通常具备自动电弧焊的基本程序控制功能(第二章,第三节)，特别是满足图 4-7 所示的工作程序的要求。

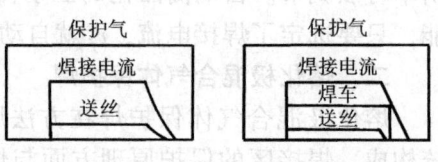

图 4-7 熔化极气体保护焊焊接程序

为尽可能缩短控制电路间的连线长度，并提高焊机系统的工作可靠性，把参数调节控制电路与控制对象集成一体，已成为 GMAW 焊机的一种制造模式，如：把送丝与送气控制电路集成于送丝机构中，把电流电压及相关的输出控制电路集成于焊接电源中。

（二）焊枪

焊枪是 GMAW 焊机系统的执行部件，按结构分为自动和半自动两类，通常必须满足以下要求：

1）把焊丝稳定、连续、准确地送达焊接区，且抗干扰能力强。

2）导电嘴导电性能优异，耐磨，熔点较高。我国常用铬锆铜、镍钛铜或导电嘴专用铜合金材料。

3）对焊接区保护可靠。

4）半自动 GMAW 焊枪要具有轻便、操作灵活自如、操作者易于观察焊接区等要求。

GMAW 焊枪气冷或水冷方式的选择，取决于保护气类别、电流大小、连续焊接时间等因素。MAG 焊或 CO_2 焊、负载持续率为 100%、焊接电流 ≥250A 时，一般需采用水冷焊枪；若负载持续率为 60%，气冷焊枪的上限焊接电流可达 300A 左右。自动 GMAW 一般均采用水冷焊枪。

（三）送丝机构

送丝机构的可靠性和稳定性将直接决定着电弧工作的稳定性和焊缝质量的均匀一致性。送丝不均匀，焊缝几何尺寸也不均匀，非正常停、熄弧及未熔合、未焊透等缺陷的几率增加。影响送丝系统稳定性的因素是多方面的，主要有：送丝电机的机械特性，拖动控制电路的控制精度和抗干扰能力、送丝软管及其相关约束结构（如导电嘴导丝孔径等）的摩擦阻力、送丝驱动轮结构及驱动方式等。对上述部件一般的通用要求如下：①送丝电动机的机械特性一般应尽可能硬一些。②拖动控制电路应具有较高的控制精度和抗干扰能力；③送丝软管在允许条件下尽量短一些，软管内径与焊丝直径应有适当的配合。软管材料的摩擦系数应越小越好；④导电嘴的导丝孔应加工精确，孔径和长度尺寸应合适。孔径过小，送丝阻力增大，焊丝略有变形便可能导致焊丝卡在导电嘴中送不出去；孔径过大易导致焊丝指向稳定性差和导电不稳定，甚至引起焊丝在孔径内壁间起弧而粘连。一般钢焊丝的导电嘴孔径应比焊丝直径大 0.1~0.4mm，长度为 20~30mm；铝焊丝要适当增加导电嘴孔径（比钢焊丝大 0.3~0.4mm）及长度，以减少送丝阻力和保证导电可靠。

第四节 CO_2 气体保护焊

CO_2 气体保护焊（Carbon-dioxide Shielded arc Welding），在电弧形态、熔滴过渡行为，焊缝的几何特性与表面特性，熔池的结晶速度等方面，有别于富氩加氧化性混合气体保护焊方法，其技术上的某些独特性能，决定着该方法在现代工业中具有重要的应用位置。

一、CO_2 焊接方法特点及其应用

与其他熔化极气体保护焊方法比较，在系统硬件上的主要区别仅在于：①由于 CO_2 焊接熔滴过渡控制的特殊性，需采用 CO_2 焊接专用电源；②CO_2 气体的液态气化过程是吸热过程，有可能使 CO_2 气瓶的出口通道结冰（CO_2 气体中含有少量水分）而堵塞，因此需要对 CO_2 气体进行脱水和对瓶阀体进行预热。

CO_2 气体的物理和化学性质决定了纯 CO_2 气氛保护下的 CO_2 焊接方法具有以下特点：

1）在焊接电弧高温作用下的 CO_2 气体会发生吸热分解反应（$CO_2 \rightleftharpoons CO + 1/2O_2 - Q$），对电弧具有较强热压缩作用，从而导致了该方法的电弧形态具有弧柱直径较小，弧根面积小且往往难于覆盖焊丝端部全部熔滴的特点，因此熔滴受到的过渡阻力(斑点力)较大而使熔滴粗化,过渡路径轴向性变差,飞溅率大。

2)对焊接区保护效果良好,因CO_2气体的密度是常用焊接保护气体中最大的,加上CO_2气体受热分解后,体积增大了0.5倍,因此,CO_2气体能有效地排除焊接区的空气,并把焊接区与空气氛围有效地隔离开来,从而起到良好地保护作用。

3)CO_2电弧的能量相对集中,熔透能力较大;焊丝许用电流密度大(可高达$250A/mm^2$),因而焊丝熔化系数大;再加上无需层间清渣,使得该方法的焊接生产率高(细丝时焊丝熔化速度可达十余 kg/h)。

4)焊接生产成本低,节约电能。由于CO_2气体价格低廉、焊接生产率高,其电能消耗仅为焊条电弧焊的40%~70%,其综合生产成本仅为埋弧焊和焊条电弧焊的40%~50%。

5)在工艺和技术方面还具有焊接区可见度好,便于观察、操作;焊接热影响区和焊接变形较小;熔池体积较小结晶速度较快,全位置焊接性能良好;对锈污敏感性低等优点。

与埋弧焊、焊条电弧焊和药芯焊丝电弧焊相比,CO_2焊接方法有焊缝外观成形欠美观;焊接飞溅较大(所有弧焊方法中最大的);抗风能力较差,室外作业需采用防风措施等缺点。

上述局限性正被新型焊接材料、新型波形控制电源与熔滴过渡控制技术所逐步加以克服,其高生产率、低成本、能源消耗低、全位置焊接性能好、保护效果优良、抗锈污能力强等优点,决定着该方法在黑色金属薄板及中厚板焊接领域有着广阔的应用空间。在一些发达国家中,CO_2焊接方法的应用已占整个焊接生产的60%左右。

目前CO_2焊接方法广泛用于汽车、机车及车辆、造船、集装箱、石油化工机械、农业机械、重型机械、起重设备、锅炉和焊管等领域,主要用于焊接低碳钢和低合金高强钢。可焊工件厚度范围较宽,可从0.5mm到150mm。此外,还可以进行CO_2气体保护电弧堆焊、电弧点焊和窄间隙焊接等。

二、CO_2焊接工艺技术

同所有其他GMAW方法一样,在正确的气体处理与焊丝选择以后,选择正确的工艺参数及合理的工艺条件,是保证CO_2焊接质量的重要前提。CO_2焊接的工艺技术主要包括熔滴过渡类型的选择、焊丝直径选择、极性选择、焊缝坡口尺寸、熔敷控制技术、焊件的焊前及焊后处理等内容。

(一)短路过渡工艺

短路过渡方式是CO_2焊接方法中应用最广泛的工艺形式。短路过渡形式的CO_2焊接条件,通常是在细焊丝、低电压、小电流条件下实现的。焊丝直径一般为0.6~1.6mm(ϕ0.8mm、ϕ1.0mm、ϕ1.2mm三种规格应用最多)。焊丝直径大于

1.6mm，若再采用短路过渡方式，飞溅会极其严重，所以很少应用。

短路过渡工艺的低电弧电压和小焊接电流，决定着电弧功率和工件上热输入功率较小，因而熔透能力和熔池体积较小，结晶速度快，再加上短路周期和燃弧周期交替进行（即熄弧与燃弧交替进行），熄弧周期内将使熔池得到冷却，因而短路过渡 CO_2 焊接非常适用于薄板及全位置焊接场合。短路过渡焊接还具有热辐射与光辐射低，烟尘较小的优点。

相同电弧功率条件下，焊丝直径越细，通常熔深越大，这主要是焊丝直径越小，电流密度及电弧能量密度越高的缘故。图 4-8 为短路过渡工艺时不同焊丝直径适用的焊接电流、焊接电压范围。

在通常条件下，电弧电压、焊接电流、焊接速度、气体流量、焊丝伸出长度、焊机主回路电感等参数的选择正确与否，都会影响到短路过渡焊接的工艺稳定性。

1. 电弧电压与电弧电流　电弧电压是该工艺的关键参数之一，在焊丝直径和电流确定条件下，电弧电压若过低，电弧引燃困难，焊接过程稳定性降低；电弧电压

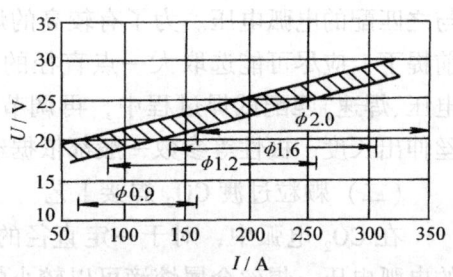

图 4-8　短路过渡焊适用的电流和电压范围

若过高，则会由短路过渡转变为长弧焊的大颗粒过渡，焊接过程很不稳定。焊丝直径一定时，只有电弧电压和电弧电流合理匹配时，才能获得飞溅较小、熔滴过渡频率较高，过渡周期均匀的稳定焊接过程。

2. 焊接主回路电感　传统技术认为，短路过渡焊接时，焊接主回路电感对焊接过程的稳定性、焊接飞溅率有十分重要的影响，其主要观点如下：焊接主回路电感值 L 决定着熔滴与熔池发生接触短路期间的焊接电流增长速度 di/dt。di/dt 过大，则产生大量小颗粒的金属飞溅；di/dt 过小，易产生大颗粒飞溅，甚至造成焊丝成大段爆断而使正常焊接中断。di/dt 的选值范围与焊丝直径有关，通常细焊丝需要较大的 di/dt，粗焊丝 di/dt 则相对较小。

3. 焊丝伸出长度　焊丝伸出长度过小，喷嘴易被飞溅堵塞，焊丝易向导电嘴内回烧，气保护效果变差，对焊接区观察不便；过大，则电弧稳定性下降，易产生大颗粒飞溅，熔深变小，气保护效果不好。表 4-2 给出了正常焊丝伸出长度与合理匹配的喷嘴内径的关系。

表 4-2　正常焊丝伸出长度与喷嘴内径的关系

过渡类型	焊丝伸出长度/mm	喷嘴内径/mm	过渡类型	焊丝伸出长度/mm	喷嘴内径/mm
颗粒过渡	15~25	19	短路过渡	10~15	16

4. 极性选择 在短路过渡 CO_2 焊接中，一般采用直流反极性。这是基于以下原因：①工件上较高的产热功率 有利于焊层焊道间以及与坡口间的熔合和根部焊道的熔透；②熔滴上的斑点力较小，这有利于熔滴的细化，对减小飞溅有利；③焊缝含氢量为正接时的 1/3~1/5，产生氢气孔的倾向也比正接时小。

5. 气体流量 气体流量直接影响着对焊接区的保护效果。一般依据焊枪高度、焊接电流来选择。通常是随着焊丝直径和焊接电流的增加而增加，一般为 5~25L/min，粗丝大电流可达 25~50L/min。

以上讨论了传统短路过渡 CO_2 焊接工艺参数的有关选择原则。实际应用中，一般先根据板厚、坡口形式、焊接位置等选定焊丝直径，然后选择焊接电流以及与之匹配的电弧电压。为了有较高的焊接生产率，在不产生烧穿和能良好成形的前提下，应尽可能选取大一点直径的焊丝和焊接电流。在上述能量参数（电流、电压、焊速）匹配试焊过程中，再调节主回路 L 值使飞溅最小。而气体流量、焊丝伸出长度、极性等参数一般都依据经验选取。

（二）颗粒过渡 CO_2 焊接工艺

在 CO_2 电弧中，对于一定直径的焊丝，当电流增大到一定数值并匹配适当的电弧电压，焊丝金属熔滴可以较小的颗粒自由过渡到熔池中去，称之为颗粒过渡。颗粒过渡时的电弧功率较大，穿透力较强，母材熔深大，适合于焊接中等厚度及大厚度工件。

颗粒过渡大都采用较粗的焊丝，选择较大的焊接电流和适当的电弧电压。焊丝直径目前以 $\phi1.6mm$ 和 $\phi2.0mm$ 用得最多。据试验，$\phi3mm$ 以上的粗丝焊接，其生产率可比埋弧焊高 0.5~1 倍。

表 4-3 中为几种常用直径的焊丝颗粒过渡时最低电流值及电弧电压范围。

表 4-3 不同直径焊丝颗粒过渡的电流下限值及电弧电压范围

焊丝直径/mm	电流下限值/A	电弧电压/V
1.2	300	
1.6	400	
2.0	500	34~35
3.0	600	
4.0	750	

与短路过渡 CO_2 焊接工艺比较，颗粒过渡工艺的主要区别就是，相同直径焊丝条件下，这里焊接电流至少要提高一倍以上，电弧的电压要提高 50% 以上，其他工艺参数和工艺因素的选择原则与短路过渡近似。

（三）潜弧射滴过渡

通常认为纯 CO_2 气氛下不会产生射流过渡。但在大电流较低电弧电压潜弧状态下，也会发生类似射流过渡的射滴过渡（区别是熔滴尺寸较大，过渡频率较低）。潜弧射滴过渡一般只适用于粗焊丝（$\phi1.6 \sim \phi5mm$），大电流低电压条件下才能出现该过渡形式。表4-4给出此过渡形式的焊丝直径与对应的焊接电流范围。

表4-4 粗丝 CO_2 射滴过渡的电流范围

焊丝直径/mm	3	4	5
焊接电流范围/A	550~750	600~850	700~1000

粗丝 CO_2 射滴过渡焊接时，大电流导致电弧对熔池产生较大的作用力，该电弧对熔池的"挖掘"（排斥电弧下方的液态金属）作用，导致了焊丝端部和电弧潜入熔池的底部。此过渡方式的熔滴一般小于焊丝直径。电弧电压匹配正常时，焊接过程平稳，飞溅较小，熔透能力大。但需注意焊丝和电弧潜入熔池的深度不要太大，以免过小的焊缝形状系数易产生裂纹（见图4-9）。潜弧射滴过渡 CO_2 焊接可用于厚板平焊位置的自动焊接场合。

三、CO_2 焊接的飞溅控制

在目前工业应用的所有 GMAW 方法中，CO_2 焊接的飞溅最为严重，但该方法无可比拟的优越性，促使人们千方百计地去克服其弊端，使其更趋完美。

（一）CO_2 焊接的飞溅机理

产生飞溅是熔化极弧焊方法的特有现象，由于高温、强弧光辐射、瞬间随机发生的高温熔体溅射等特殊环境，使得关于飞溅产生机理的微观性、本质性的研究非常困难。鉴于机理的揭示将对技术的创新会产生重要的指导和促进作用，人们采用了高速摄影、波形分析等方法，对 CO_2 焊接的飞溅机理、飞溅规律及其控制进行了不懈地研究，如焊接能量参数、气体性

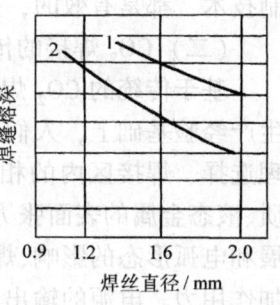

图4-9 粗丝 CO_2 潜弧深度对焊缝成形的影响
1—电弧电压较低时
2—电弧电压较高时

质、各种工艺因素、电源的输出特性、化学冶金过程、熔滴的空间状态等对飞溅规律的影响，取得了大量的研究成果，其中关于飞溅机理的认识，较广泛认可的主要观点如下：

1) CO_2 气体对电弧有较强的热压缩作用，使得弧根往往难以覆盖焊丝端部的全部熔滴，从而形成阳极（或阴极）斑点，并使熔滴受到一个与过渡方向相反的较大作用力（斑点力），并导致 CO_2 焊接时熔滴较粗大，轴向过渡困难，而形成飞溅。

2) 焊接二次回路的感抗 X_L 大小对短路过渡工艺的飞溅率影响极大。X_L 过小，当熔滴与熔池接触期间，短路电流增长速度 di/dt 太大，会使液态小桥被高

速增长的电流而急剧加热(焦耳-愣次热),进而导致该液态小桥急剧膨胀(即爆炸),并产生飞溅(见图4-10)。X_L过大,熔滴与焊丝之间的缩颈难以快速形成,甚至焊丝大段爆断而形成飞溅。

3) 焊丝 C 含量较高时,熔滴期间的[C]+[O]→CO↑反应激烈时会引起熔滴爆炸而产生小颗粒飞溅。

4) 新近发展的表面张力过渡技术(STT)对短路过渡工艺的飞溅机理做了进一步研究,认为飞溅的关键在于两个液态"小桥"存在期间的电流水平,即短路小桥形成时熔滴与熔池短路瞬间和缩颈小桥形成的瞬间,电流水平要低,以防止小桥的爆炸;而小桥一旦消失,便可用极大的电流增长速度和极高的电流水平来加速缩颈进程和确保熄弧后(熔滴短路过渡完成后)高速地再引燃电弧。

总之,关于CO_2焊接的飞溅原因有多种解释,尽管认识不尽一致,但依据相应的机理认识而发明的工程控制技术,都是有效的,只不过效果不同而已。

(二) CO_2焊接的传统飞溅控制技术

基于传统的CO_2焊接飞溅机理的认识和长期的焊接生产经验基础上,人们从焊接工艺参数及工艺因素的合理选择、焊接区内的相互作用物质及其性质(如气相性质、液态金属的表面张力、液态熔渣的性质及其对弧根扩展和电弧形态的影响、焊丝的含碳量等)、对过渡熔滴外加作用力、电源的输出特性等方面发明了诸多的飞溅控制技术,归纳如下。

图4-10 短路小桥爆炸的高速摄影照片

(1) 焊接参数(I_a、U_a、v_w)及其他工艺条件的匹配与控制 通常焊丝直径确定后,根据不同的熔滴过渡类型(即电流强度范围),避开高飞溅率区(见图4-11)。此外,如采用直流反极性;严格限制焊丝的碳含量,甚至采用超低碳焊丝;选择合适的焊丝伸出长度L_s(10~12倍焊丝直径);重要钢结构高可靠性要求的场合常常选用富 Ar 气氛 MAG 焊以及纯CO_2气氛下,采用药芯焊丝等都可不同程度地减少CO_2焊接的飞溅率。

(2) 传统波形控制法 一种基于降低飞溅率为主要目的输出特殊电流/电压波形

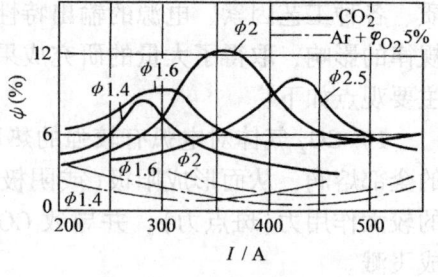

图4-11 电流及气体介质对飞溅率ψ的影响

的方法。图 4-12 为典型的波形控制焊接电流/电压波形,图中 a)、d) 波形在短路接触初期电流水平较低且其后以较小短路电流增长速度 di/dt 增加,这将有利于防止短路小桥的爆炸。a)、b)、d) 波形都在短路末期向燃弧阶段过渡时有高电弧电压输出,有利于短路熄弧后的再引燃电弧。c) 波形在短路末期和燃弧初期之间有一谷值电流输出,这应该有利于抑制缩颈小桥的爆炸而引起的飞溅,而 a)、b)、d) 波形则很难具有这个抑制作用。b)、c) 两种波形在短路接触初期存在一个极高的短路电流增长速度,这对防止短路小桥爆炸可能不利。

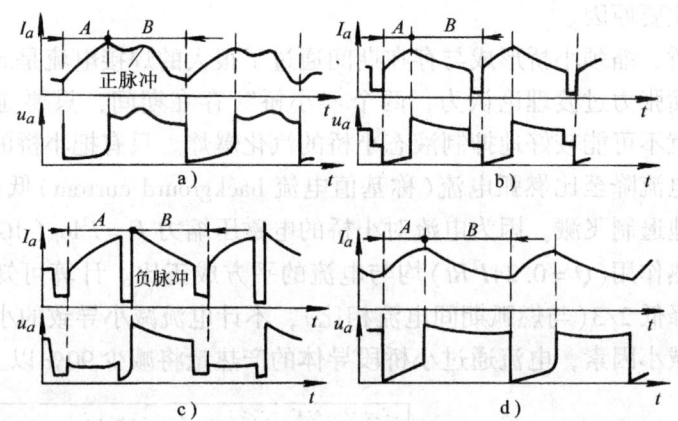

图 4-12 传统波形控制法的典型电流电压波形
A—短路期 B—燃弧期

在传统波形控制技术中,多数焊接电源生产厂家十分重视短路初期的输出的电流波形控制。如一种计算机辅助具有人工智能控制功能的 CO_2/MAG 焊机,对短路期间输出的电流波形从 A、B、C、D、E 五个水平上进行控制,其输出的波形参数可达 200 万种组合(见图 4-13),其目的在于最有效地遏制短路小桥爆炸所产生的飞溅。

(三) 表面张力过渡技术

表面张力过渡的英文全称为 Surface-Tension-Transfer,缩写为 STT。相应的工艺技术称为表面张力过渡工艺。它表达以熔滴过渡的主要推动力为分类依据的一个新的概念,可以理解为导致一个熔滴完成过渡全过程的主要作用力是表面张力。

短路过渡工艺中,每一个熔滴的过渡期间总要经历两个"液态小桥"阶段,即熔滴与熔池早期接触(incipient short)的短路小桥与熔滴脱离固态焊丝之前的缩颈小桥(图 4-14)。先于缩颈小桥的

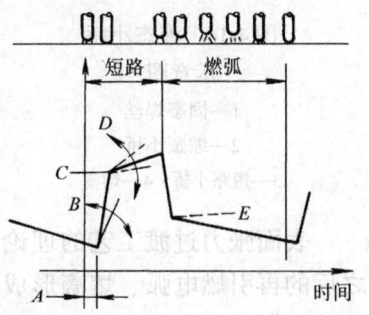

图 4-13 具有人工智能控制的短路期间电流波形

短路小桥一旦形成，电弧便被液态金属短路而熄灭，气体导电由液态金属导电所取代。由于同样长度段液态金属的电阻远远小于气体电弧的电阻，焊接二次回路阻抗的大幅度减小，导致焊接电流快速增长（即短路电流增长）。当较大的短路电流 I_d 通过很小的导电截面时，其电流密度比燃弧期间的电流密度要增大数百倍。极短时间内（微秒级）强大的短路电流流经微小导电截面会带来两个作用：一是更大的电磁压力阻碍了短路小桥向熔池的快速铺展；二是强大的焦耳—愣茨热作用极易导致液态小桥汽化爆炸，尤其是短路小桥的爆炸，是短路过渡工艺中飞溅大的最主要原因。

短路小桥、缩颈小桥形成与存在期间通过了很大的焊接电流是导致飞溅的本质原因。表面张力过渡理论认为，两个"小桥"存在期间，只要通过了较大的焊接电流，就不可能较好地抑制液态小桥的汽化爆炸。只有把小桥的形成与存在期间的焊接电流降至比燃弧电流（称基值电流 background current）低得多的水平，才能较理想地遏制飞溅。因为电流对小桥的电磁压缩力 $F = I^2 \log(dG/dD)$ 以及电流对小桥的热作用（$Q = 0.24I^2Rt$）均与电流的平方成正比。计算可知，当把小桥期间的电流降低 2/3（与燃弧期间电流相比），不计电流减小导致的小桥截面增大加快与电阻减小因素，电流通过小桥段导体的产热量将减少 90% 以上。

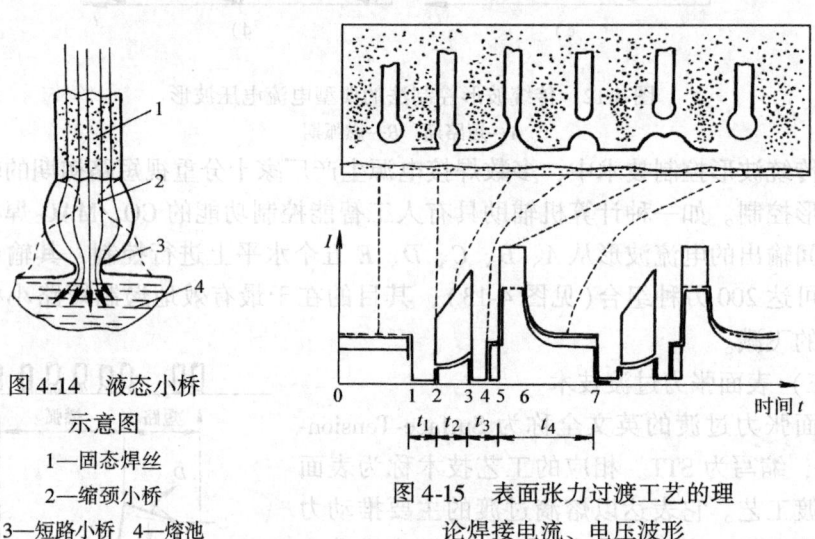

图 4-14 液态小桥示意图
1—固态焊丝
2—缩颈小桥
3—短路小桥　4—熔池

图 4-15 表面张力过渡工艺的理论焊接电流、电压波形

表面张力过渡工艺的理论电流电压波形见图 4-15，其中 t_4 是缩颈小桥断裂之后的再引燃电弧、熔滴形成与长大阶段，该阶段为燃弧期，其余（t_1, t_2, t_3）均为熄弧期。整个熄弧期间（自熔滴与熔池接触短路开始，至缩颈断裂并完成过渡的瞬间为止），熔滴上没有等离子流力、电弧推力、斑点力、金属蒸汽反作用力等力的作用，若不考虑重力与电磁力的作用，可以认为熔滴向熔池的铺展、缩颈与

断裂期间,全处于熔池与熔滴融合界面的表面张力作用下,这可能就是"表面张力过渡"这一新技术名词的来由。

在表面张力过渡工艺中,t_1、t_2、t_3阶段的波形控制与熔滴的空间状态必须严格且精确对应,这是关系到表面张力过渡能否真正实现的核心关键。由反映熔滴空间物理状态的高灵敏、高精度弧压传感器(又称小桥状态传感器)来提供控制信号。

STT工艺是一项焊接过程控制新技术,与传统技术下的短路过渡工艺相比较,具有以下技术优势:①飞溅率降低90%,熔滴呈轴向过渡;②焊接烟尘降低50%;③作业环境更舒适(低烟尘、低飞溅、低光辐射);④焊接热输入低;⑤具有良好的打底焊道全位置单面焊双面成形能力;⑥操作容易,效率高等。非常适用于薄板、中厚板全位置焊接、封底焊道的单面焊双面成形、焊接机器人等焊接生产领域。

第五节 药芯焊丝电弧焊

药芯焊丝电弧焊(Flux Cored Arc Welding)是在实芯焊丝CO_2焊接基础上发展的一种技术。由于FCAW具有显著的经济和技术优势,该方法目前正以较快的速度替代焊条电弧焊的应用,而且也会取代相当部分的实芯焊丝CO_2焊接的应用。

一、药芯焊丝的结构及分类

药芯焊丝按其生产工艺分为有缝和无缝两类。有缝药芯焊丝是由低碳冷轧薄钢带(一般需经光亮退火)经纵向折叠、加粉(即药芯)、拉拔而成。这是目前应用最广泛的一类,按其横截面上钢带与药芯的相对位置和形状,有缝药芯焊丝又分为O形、梅花形、T形、E形和中间填丝形等,如图4-16所示。

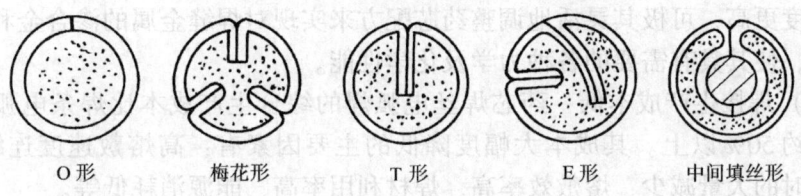

O形　　梅花形　　T形　　E形　　中间填丝形

图4-16 药芯焊丝的横截面形状

直径较小的焊丝(一般$d \leqslant 2.4$mm)由于制造较困难,大多采用O形截面。直径$d > 2.4$mm的焊丝,多采用O形除外的复杂断面。O形断面的焊丝,由于中部的药芯不导电,电弧易沿四周的钢皮旋转,电弧稳定性较差。复杂截面的焊丝由于芯部亦能导电,电弧燃烧相对稳定,药芯的"滞熔"(药芯滞后于钢皮熔化)程度减小,冶金反应更充分。

无缝药芯焊丝生产工艺相对复杂得多,一般用延展性优异性的钢管作为外周导电材料，多为 O 形截面结构。其一般制造工艺为：焊剂烧结→填入管内腔→粗拔减径→退火→精拔→镀铜等。无缝药芯焊丝由于横截面上无缝，可长期存储而不会吸潮；表面可镀铜以提高焊丝的导电可靠性和表面防锈能力。但制造成本比有缝药芯焊丝高，目前在药芯焊丝的总产量中所占比重很小。

按照焊接区保护的实现方式，可分为气保护药芯焊丝和自保护药芯焊丝。保护气体介质与外加方式与普通熔化极气体保护焊一样，常用 CO_2 气体。而自保护药芯焊丝对焊接区的保护主要依赖于药芯物质分解的气体和熔渣，不向焊接区外加保护气体。

按药芯渣系和应用钢种来分类，与焊条基本类似，焊条具有的渣系类型和适用的钢种，药芯焊丝一般都具有，而且还多了一种"金属型"（熔敷系数高，药芯以金属粉末为主，熔渣少）药芯焊丝。药芯焊丝常用的渣系仍是钛型、钛钙型和钙型。药芯焊丝可广泛用于几乎所有工程用钢的焊接及其堆焊。

二、药芯焊丝电弧焊的技术经济特性

药芯焊丝电弧焊与实芯焊丝 CO_2 焊接、焊条电弧焊方法相比，具有以下显著的技术和经济优势。

(1) 焊接生产率高 药芯焊丝电弧焊的熔敷速度通常比焊条电弧焊高一倍以上，在仰焊、立焊位置比实芯 CO_2 焊提高至少 60% 以上。主要原因在于 FCAW 时焊丝更小的导电截面导致更大的电流密度，飞溅损失小带来熔敷效率高，无需更换焊条可节省大量的辅助作业时间等。

(2) 飞溅率低 药芯焊丝电弧焊的飞溅率通常仅为实芯焊丝 CO_2 焊的 1/3 左右。关于 FCAW 时大幅度降低飞溅率的机理目前还不十分清楚，一种观点认为药芯物质的存在改变了电弧气氛的物理化学性质。

(3) 焊缝综合质量优良 主要表现在外观成形光滑，气渣联合保护带来冶金纯净度更高，可极其灵活地调整药芯配方来实现对焊缝金属的渗合金和冶金处理作用，使其具有需要的各种力学及化学性能。

(4) 焊接生产成本低 药芯焊丝电弧焊的综合生产成本比焊条电弧焊一般至少节约 50% 以上。其成本大幅度降低的主要因素有：高熔敷速度连续作业，带来工时的大量减少、熔敷效率高、焊材利用率高、能源消耗低等。

(5) 电弧扩散角增大 电弧横截面上能量梯度分布减小，这将带来焊缝形状系数增大，焊缝的抗热裂能力提高，"指状熔深"倾向减小，层道间未熔合缺陷的几率降低。因此，FCAW 方法也非常适用于采用多层多道熔敷方式的厚板对接焊。

药芯焊丝电弧焊是一种焊接质量优异、焊接生产率高、焊接生产成本低廉的熔化极气渣联合保护焊方法，其技术经济优势能否发挥出来关键在于药芯焊丝的质量。高质量的药芯焊丝应在配方科学合理的前提下，药芯粉剂中各组元物质的粒度适当（如大于 100 目）且混合均匀、沿焊丝长度方向上重量系数高度均等且致密、有缝焊丝的接缝沿长度方向上无旋转且接合密实、焊丝表面具有一定的抗锈能力,以及正常存储期内具有良好防潮能力等。药芯的均匀密实性和合适的刚度是决定焊接过程稳定性的重要指标。

三、药芯焊丝电弧焊的电弧形态与熔滴过渡

与实芯焊丝 CO_2 焊接比较,药芯焊丝 CO_2 焊接的飞溅率一般可减少 2/3,这与 CO_2 气氛下药芯焊丝电弧的形态及熔滴过渡行为密切相关。

与实芯焊丝 CO_2 电弧比较,药芯焊丝电弧焊时熔滴上的阳极导电区(DCRP 时)扩大(通常都大于熔滴直径),电弧扩散角较大,熔滴上的阳极斑点消失(见图 4-17),这将导致熔滴向熔池过渡的阻力大大减小,熔滴易于细化,偏轴向过渡倾向减小,这对降低飞溅率是十分有利的。

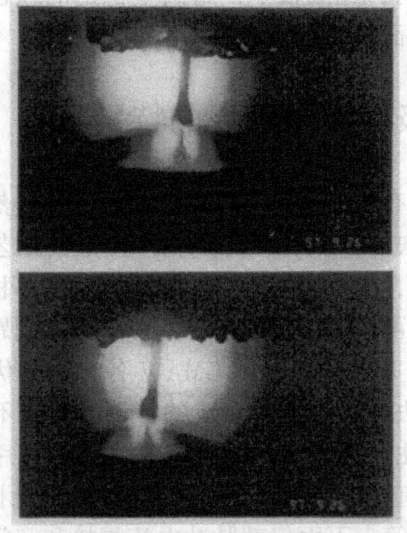

图 4-17 药芯焊丝 CO_2 焊的电弧形态
$\phi1.2mm$,240A/30V

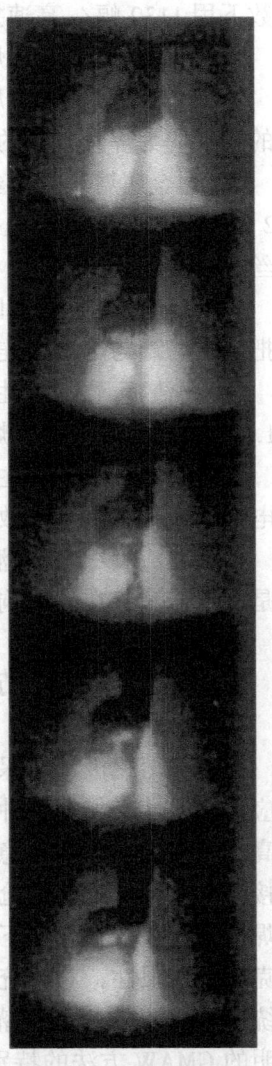

图 4-18 药芯焊丝电弧焊时熔渣/金属分离过渡照片
($\phi1.2mm$,300A/36V,1130 幅/s)

药芯焊丝电弧焊的熔滴过渡类型与实芯焊丝 CO_2 焊接大不相同。小热输入参数区通常是短路过渡,但短路频率相对降低;中等热输入参数区为稳定的颗粒过渡,过渡频率一般在 20~50 次/s($\phi1.2mm$ 无缝药芯焊丝),一般没有颗粒/短路混合过渡现象,飞溅率比短路过渡区低。

在 O 形截面焊丝某些渣系、中强热输入参数焊接时,存在一种奇特的液态熔渣与液态金属分离过渡现象。图 4-18 为 $\phi1.2mm$ 无缝药芯焊丝在 300A/36V 参

数下用1130幅/s高速摄影拍摄的照片,从照片中可清晰观察到以下现象:

1)焊丝端部金属熔滴(阳极导电区以上深黑色熔体)与渣滴分体共存。

2)渣滴存在于金属熔滴下方的弧柱区焊丝轴线附近,与金属熔滴相连部位的直径约为焊丝直径的50%。

3)金属熔滴在焊丝端部侧向聚集长大(有时伴有旋转),一般长至焊丝直径2倍左右时偏离轴线呈颗粒方式过渡至熔池,过渡频率40~50Hz,一般无实芯焊丝那样的缩颈过程。

4)渣滴位于弧柱区焊丝轴线上聚集并长大,形态为上细下粗的悬垂状,常把金属熔滴与熔池搭连起来(即搭桥于金属熔滴与熔池之间)。

5)渣滴无周期性过渡特征,当搭连于熔池表面部位的渣滴较大时(1~1.2mm)部分熔渣流入熔池,未过渡的渣滴变细但不断裂,"搭桥"依然存在。

渣滴/金属熔滴的主要影响因素是药芯焊丝的截面结构、药芯物质的熔点、电导率及药芯重量系数。

存在渣滴/金属熔滴分离过渡时,飞溅很小,熔滴呈稳定的颗粒过渡。可能是中部渣滴存在的影响,电弧横截面上的能量分布梯度减小。

第六节 熔化极气体保护焊的特别技术

各种熔化极气体保护焊方法具有其自己应用优势的同时,也必然存在各自的应用局限性,如在各种GMAW方法中若采用射流(或射滴)过渡工艺时,生产率高,焊接过程可靠、稳定、飞溅小,但难以用于全位置焊接;大厚板、超厚板焊接时,采用传统的焊枪和运弧技术可以解决可靠保持和侧壁熔合问题,但庞大的焊接工程量根本降不下来等。为最大限度地继承GMAW各方法的优越性,而又克服其局限性,对传统GMAW方法加以改进而形成的特别技术,不仅扩大了传统GMAW方法的应用范围,而且往往具有更多的技术和经济的应用优势。已发明的GMAW方法的特别技术主要有脉冲电流技术、窄间隙焊接技术、强迫成形技术、药芯焊丝熔嘴自动立焊技术等,下面仅就脉冲电流焊接和窄间隙焊接两种较广泛应用的特别技术加以介绍。

一、脉冲电流焊接

传统GMAW方法一般采用正弦交流和恒定直流两种电流(图4-19a、c),而在GMAW方法中更广泛应用的是直流电。脉冲电流仍属于直流(常用的脉冲电流波形没有极性变化,方波除外),与恒定直流的唯一区别是焊接电流的大小随时间在作给定的周期性的变化。脉冲电流技术在MIG焊、MAG焊、实芯焊丝CO_2焊、TIG焊等多种熔化极气体保护焊方法里都有应用。

(一)脉冲电流焊接特点

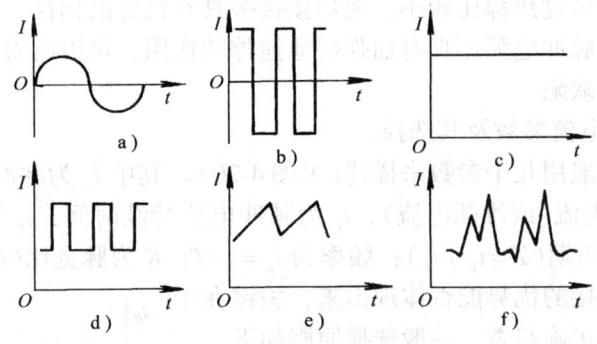

图 4-19 焊接电流种类

与恒定直流比较，脉冲直流通常具有以下特点：

（1）具有较宽的电流调节范围 采用脉冲电流后，可在平均电流小于临界电流值的条件下实现喷射过渡。因而脉冲喷射过渡氩弧焊的工作电流范围包括了从短路过渡到射流过渡所有的电流区域，可用于短路过渡和射流过渡所能焊接的一切场合。既能焊接厚板，又能焊接薄板。特别是可采用较粗焊丝来焊接薄板，不但送丝稳定，而且降低了焊丝成本。表 4-5 为脉冲喷射过渡氩弧焊的最小电流值。可见，该电流值远远小于同样条件下连续喷射过渡的临界电流值。

表 4-5 脉冲 MIG 焊时射流过渡的临界电流

焊丝材料	焊丝直径/mm			
	1.2	1.6	2.0	2.5
铝	20~25	25~30	40~45	60~70
铝镁合金 5A06（LF—6）	25~30	30~40	50~55	75~80
铜	40~50	50~70	75~85	90~100
不锈钢（1Cr18Ni9Ti）	60~70	80~90	100~110	120~130
钛	80~90	100~110	115~125	130~145
低合金钢（08Mn2Si）	90~110	110~120	120~135	145~160

（2）有利于实现全位置焊接 采用脉冲电流后，可用较小的平均电流进行焊接，因而母材热输入低，熔池体积小。加上熔滴过渡和熔池金属的加热是间歇的，所以熔池金属不易流淌。此外，由于熔滴的过渡力与电流的平方成正比，在脉冲电流作用下，电弧推力大。不论是仰焊或立焊都能迫使金属熔滴沿电弧轴线向熔池过渡，焊缝成形好，飞溅损失小。所以进行全位置焊接时，在控制焊缝成形方面脉冲氩弧焊比普通氩弧焊有利。

（3）可精确控制输入热量，改善接头性能 在焊接高强钢及某些铝合金时，由于这些材料热敏感性较大，因而对母材输入的热量有一定的限制。采用脉冲电流焊接，既可使母材得到较大的熔深，又可控制总的平均电流在较低的水平。焊缝金属及热影响区过热都比较小，使焊接接头具有良好的韧性，减小了产生裂纹的倾向。此外，脉冲电弧还具有加强熔池搅拌的作用，可以改善冶金性能以及有助于消除气孔等缺陷。

（二）脉冲电流参数及其选择

脉冲电流一般用几个参数来描述（见图 4-20）。其中 I_p 为脉冲电流（或峰值电流），I_b 为基值电流（或维弧电流），t_p 为脉冲电流持续时间，t_b 为基值电流持续时间。T 为脉冲周期（$T = t_p + t_b$）；频率为 $f_p = 1/T$；K 为脉宽比（$K = t_p/T$）。

脉冲电流焊接的优势能否体现出来，关键在于脉冲参数的选择正确与否，一般选择原则如下：

（1）基值电流 I_b　基值电流的作用主要是在脉冲电流停歇期间来维持焊丝与熔池之间的导电状态，保持电弧稳定复燃；同时有预热母材和焊丝的作用，使焊丝端部有较高的温度保持为脉冲电弧期间熔滴的形成和过渡做准备。基值电流也是调节平均焊接电流和调节工件焊接热输入的重要工艺参数。基值电流不宜取得过大，否则脉冲特点就不明显，甚至在脉冲停歇期间亦有熔滴过渡，使熔滴过渡失去可控性。基值电流过小，则电弧不稳定。

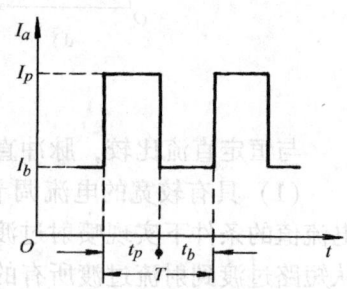

图 4-20　脉冲电流参数

（2）脉冲电流 I_p　脉冲电流是决定脉冲能量的重要工艺参数。为了获得脉冲电流持续期间产生射流过渡，其值应大于产生射流过渡的临界电流值。但该临界电流值不是固定的，它随着脉冲持续时间及基值电流的增加而减小。脉冲电流过大，会使焊接过程不稳定，并使焊缝表面成形变差。总之，在平均电流确定之后，应选择合适的脉冲电流与基值电流组合，保证实现稳定的可控射流过渡。在薄板或位置焊时，要求平均电流较小，基值电流可选低一些，脉冲电流与基值电流之差可以大些。对厚板焊接时，要求平均焊接电流较大，则脉冲电流与基值电流之差可以小些。

（3）脉冲频率 f_p 及脉宽比 K　脉冲频率的大小主要根据焊接电流来选择。较大的焊接电流（或送丝速度）应选择较高的脉冲频率；反之，则应选择低一些。熔化极脉冲焊采用的脉冲频率范围一般在几十到几百赫兹之间。

脉宽比 K 反映了脉冲焊接特点的强弱。脉宽比过大或过小，脉冲焊接特点都不显著；过小时，则无法实现脉冲持续期间产生射流过渡。脉宽比一般在 25%～50% 之间。

在实际应用中，选择脉冲参数一般是先根据被焊材料、厚度及空间位置，选用合适的焊丝直径和脉冲频率，然后根据焊丝直径确定脉冲电流和基值电流以及相应的持续时间，并通过反复试焊调节各参数，直至熔滴过渡稳定、熔透良好，电弧燃烧稳定、焊缝成形优良为止。

协同式(synergic)脉冲焊机可以克服上述需要试焊的缺点。它由响应速度较快、输出脉冲频率较宽的逆变式弧焊电源和带有检测送丝速度及电弧电压的微机数字式送丝系统组成。开始焊接前，操作者只需根据需要选择相应的焊丝材质、直径和送丝速度，计算机系统便会自动给出所需要的脉冲参数和电弧电压，并控制焊接电源有相应的输出。焊接过程中，微机系统不断监测电弧电压和送丝速度，自动调整脉冲频率以适应电弧的变化。

二、窄间隙焊接

随着现代工业及国防装备的日趋大型化、高参数化，厚板、超厚板(以下统称厚板)焊接金属结构的应用也越来越广泛。与传统焊接技术相比，窄间隙焊接具有以下诸多技术与经济的优越性：①焊缝横截面积大幅度减少，焊接材料与电能消耗大量减少，从而在大幅度提高焊接生产率的同时，也大幅度降低了焊接生产成本；②热压缩塑性变形量的大幅度缩小且沿板厚方向上更趋均匀化，从而使接头的焊接残余应力、残余变形减小；③深而窄的坡口侧壁有利于焊接区的冶金保护，焊缝金属的冶金纯净度更高；④较高的熔池冷却速度，相对较小的焊接热输入，使焊缝组织相对细小，且焊接热影响区的塑、韧性损伤也大大减小，缺口韧性相对提高。鉴于上述原因，窄间隙焊技术已成为现代工业生产中厚板结构焊接的首选技术。

(一) 窄间隙焊的技术特征及分类

窄间隙焊是焊接技术大家族的重要新成员，作为一种特别工业技术，具有以下技术特征：

①应用现有的弧焊方法来完成填充式的熔化焊连接；②焊缝横截面积比传统弧焊方法至少减少30%以上(多数在50%~80%)；③坡口形状多为具有极小坡口面角度(0.5°~7°)的V形、U形，或者I形；④一般采用单道多层和双道多层熔敷方式，且板厚方向上熔敷方式固定；⑤焊接热输入相对较小(双道多层方式时最为突出)；⑥在深窄坡口内的气、丝、电导入，侧壁熔合控制，气渣联合保护方式的脱渣等方面分别采用了特殊技术。

按焊接方法的不同，窄间隙焊接较广泛的应用形式有窄间隙埋弧焊、窄间隙TIG焊、窄间隙CO_2焊、窄间隙混合气体保护焊等。

(二) 窄间隙焊的应用状况

窄间隙焊接是一种高焊接质量、高焊接生产率、低生产成本的特别工业技术，尤其是较高的力学性能，较低的残余应力与残余变形。很高的焊接生产率与很低的生产成本，决定着该技术在钢结构焊接领域客观上存在着巨大的应用潜力。从技术角度上看，其诸多的技术优越性决定着该技术在薄板除外的所有板厚范围内均有极大的诱惑力。但从经济角度上看，窄间隙焊接技术的确存在着一个经济板厚范围问题，即享有其技术优越性的同时，能获得显著经济效益的板厚范围。一般来讲，板厚越大，其经济效益也越大。具有明显经济优越性的最小板厚，称为窄间隙焊的下限板厚。该下限板厚随着结构的钢种，结构的可靠性要求，结构尺寸及空间位置而别，一般为 20~30mm。上限板厚只取决于所开发的窄间隙技术的焊枪可达范围，理论上不存在上限板厚限制。已有的窄间隙焊，焊接 500~600mm 板厚已无任何技术障碍。

图 4-21 给出了窄间隙焊中焊接方法的应用情况。焊接方法的应用比例在不同的国家也不尽相同。如气体保护熔化极电弧焊方法在工业发达国家的应用比例很高(达 70% 左右)，主要原因是该方法容易采用中低热输入，可采用更小的根部间隙，易于采用多层多道熔敷且无需清渣等。其次是埋弧焊方法，该方法对焊丝在坡口中的作用位置不象 GMAW 方法那样敏感，适用工艺参数较宽，工艺可靠性优异，焊接作业环境更趋"绿色化"，但其焊接热输入大，接头的塑、韧性差，因而在重要结构上应用该技术时必须进行焊后热处理。我国应用窄间隙埋弧焊的比例最大，主要原因是其高可靠性焊接设备的商品化程度较高，而 GMAW 方法的则较差。

从行业上看，窄间隙焊适用于所有用到厚板结构的行业及领域。鉴于该技术与设备的商品化等因素，迄今应用最多的是锅炉、压力容器(含深潜器、核反应容器等)领域，其次是大型产业机械(如大型压力机、鼓风机、电动机的中空轴、机身和壳体等)领域，在电力行业的厚壁管道、压力管道、海洋结构、铁路建筑钢结构等领域都有一定应用。

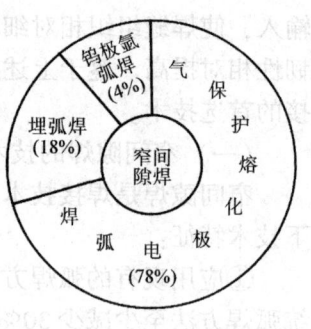

图 4-21 焊接方法在窄间隙焊中的应用比例

从焊接位置上看，窄间隙焊应用最广泛的是平焊，横焊、立焊和全位置窄间隙焊有少量的应用。主要原因与采用的焊接方法有关：埋弧焊只能进行平焊(或接近平焊)位置施焊；混合气体保护电弧焊时[广泛采用 Ar 加 CO_2 保护，$\varphi(CO_2) = 10\% ~ 20\%$]为最大限度地抑制飞溅，一般均采用射流过渡方式，该过渡方式较难应用到平焊以外的空间位置(采用复杂的特别技术除外)；脉冲 TIG 焊虽可进行全位置焊接，但由于其生产率太低，生产成本高，故应用甚少。

（三）窄间隙焊的技术关键

实现高质量、高可靠性的窄间隙焊并非易事，因为在深而狭窄的坡口内进行电弧焊接，传统坡口下的传统工艺技术难以保证焊接质量(尤其是冶金连续性方面)，主要技术难点表现在以下方面：

1) 由于传统技术(较大间隙和较大坡口面角)下的电弧轴线极易实现与坡口

面有较大夹角(有时甚至垂直),因而高熔透能力、高能量密度的电弧中心区域就容易作用到坡口面上,只要工艺参数与操作工艺得当,坡口面和焊道、焊层间发生未熔合的几率极小。在窄间隙焊接条件下,若用传统技术进行焊接,电弧轴线基本与坡口面(以下称侧壁)平行,一般情况下连能量密度很低的电弧周边也难以作用到坡口侧壁,更不用说能量密度最高的电弧中心了,这就导致了两侧壁均匀熔合可靠性差(低热输入焊接时极为突出),这是窄间隙焊接的最大困难。

2) 在深而狭窄的坡口内明弧焊时,焊接飞溅对工艺可靠性影响极大。当飞溅聚集到喷嘴端口和导电嘴出口处,会影响气体保护的效果和送丝的稳定性;飞溅若粘合或焊合在侧壁上,将直接导致扁平形焊枪在坡口内移行困难甚至短路。

3) 对工艺参数的稳定和电弧空间作用位置的控制要求极高。因为工艺参数的稳定精度和电弧作用位置的准确直接影响到层、道间以及与侧壁之间的熔合(中、低热输入时尤为突出);深窄坡口内的清渣极为困难;深窄坡口内保护气体的送达和层流状态的保持直接决定着对焊接区的冶金保护等。

近40年来,世界各国的焊接专家在攻克上述技术难关的历程中,发明了许多的技术方法,主要方法有:

(1) 解决侧壁熔合问题 ①采用麻花焊丝(图4-22e);②采用波浪焊丝(图4-22d);③采用双丝分别偏向两侧壁(图4-22a);④采用螺旋送进焊丝;⑤焊枪在坡口内偏摆(图4-22b);⑥焊丝端部弯曲并轴向旋转(图4-22c);⑦偏心旋转;⑧交流波形上叠加脉冲;⑨旋转射流等。

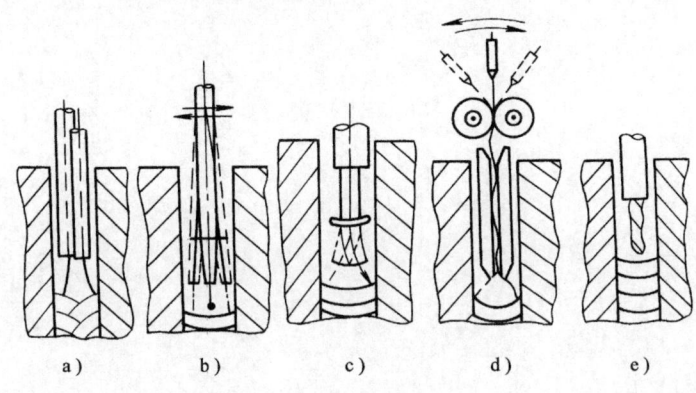

图4-22 部分电弧偏摆方法

(2) 解决飞溅问题 ①采用粗丝大热输入埋弧焊;②采用多丝(一般为两丝或三丝中等热输入)埋弧焊;③采用富氩气氛[Ar 加 CO_2,$\varphi(CO_2)$ = 10% ~ 20%]全射流过渡或射流/短路混合过渡(用脉冲电流);④采用药芯焊丝电弧焊;⑤采用侧填丝(冷丝或热丝)TIG焊;⑥表面张力过渡等特别技术。

(3) 解决工艺过程稳定控制问题 ①采用降特性电源或脉冲电源;②缩短送

丝长度，采用高稳定性、高送丝推力的送丝机构；③特殊箱形喷嘴、多重保护（内保护、外保护等）；④埋弧焊时采用每层两道或三道焊，或使用超薄渣壳易脱渣焊剂；⑤采用各种自动跟踪系统等。

窄间隙焊接，作为一种先进的焊接技术，有着十分广阔地工业应用前景。近年来，弧焊方法领域开发的许多新工艺、新装备、新装置、新器材，以及工业技术水平的不断提高，为窄间隙焊接的技术进步提供了新思路、新途径和新技术储备，更高效率、更高质量、更低成本、更可靠和更实用化的窄间隙焊接技术还会不断涌现出来。

第五章 钨极氩弧焊

本章将讨论钨极氩弧焊原理及特点;简述钨极氩弧焊机的结构和逆变式电源的基本原理;介绍钨极氩弧焊工艺参数、操作技术和新型氩弧焊方法。

第一节 钨极氩弧焊的原理与特点

钨极氩弧焊简称 GTAW(Gas Tungsten Arc Welding)或 TIG(Tungsten Inert Gas)焊。

一、钨极氩弧焊方法特征及应用

钨极氩弧焊是以难熔金属钨或其合金棒作为电源一极,采用惰性气体氩气作为保护气体,利用钨极与工件之间产生的电弧热作为热源,加热并熔化工件和填充金属的一种电弧焊方法(图5-1)。

由于氩气的电离电势较高,引燃电弧需要更多的能量,因而氩弧焊的引弧特性较差。但氩气的热导率较低,比热容小,电弧引燃后热散失较小,能很好地保持弧柱温度;加之电弧长度基本稳定,因此一旦电弧引燃,直流钨极氩弧焊可在较低的电弧电压下维持燃烧,具有良好的稳定性。

交流钨极氩弧焊由于电源极性频繁变换,存在着重复引燃和整流产生直流分量等问题,因而交流钨极氩弧焊除了引弧问题之外,还有稳弧和消除直流分量的问题。

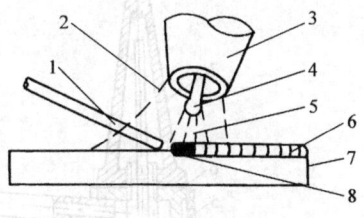

图 5-1 钨极氩弧焊示意图
1—焊丝 2—Ar
3—喷嘴 4—钨极 5—电弧
6—焊缝 7—母材 8—熔池

钨极氩弧焊有手工和自动焊两种,根据焊件厚度和设计要求,可以添加或不加填充金属焊丝。为了适应新材料以及新结构的要求,钨极氩弧焊也出现了一些新的形式,如钨极脉冲氩弧焊、热丝钨极氩弧焊、钨极氩弧点焊等。

钨极氩弧焊由于具有良好的电弧稳定性和良好的保护性能,是目前焊接有色金属及其合金、不锈钢、高温合金和难熔活性金属的理想方法,特别适合不开坡口、不加填充金属的薄板及全位置焊。由于钨电极载流能力有限,电弧穿透能力受到限制,所以钨极氩弧焊一般只适用于焊接厚度小于6mm的工件,或用于工件的打底焊,以保证单面焊背面成形。

二、钨极氩弧焊焊枪

钨极氩弧焊焊枪是实施焊接工艺的操作工具,其主要功用是可靠地传输焊接电流和保护气体，尤其是获得良好的气体保护效果。钨极氩弧焊焊枪应满足以下要求：

1) 钨极夹持可靠，导电性能良好；位置调节及更换方便。
2) 喷嘴流出的保护气体流态好，具有良好的保护效果。
3) 冷却效果好，大电流的焊枪应有水冷系统。
4) 操作性能好，能方便的对准和接近焊接位置。
5) 结构简单、轻巧，通用性好，维修方便。

目前国内使用的钨极氩弧焊焊枪分为两类：一类是空气自冷式，主要供小电流（<100A）焊接使用，其结构简单，使用轻巧灵活；另一类是水冷式焊枪，结构较复杂，主要供电流大于100A时使用，如图5-2所示。目前市场上可以选购到满足实际焊接要求的各种规格焊枪。

三、钨极氩弧焊的电极

钨极氩弧焊时钨棒作为电弧的一极，发射或接受电子，导通电流传输能量，

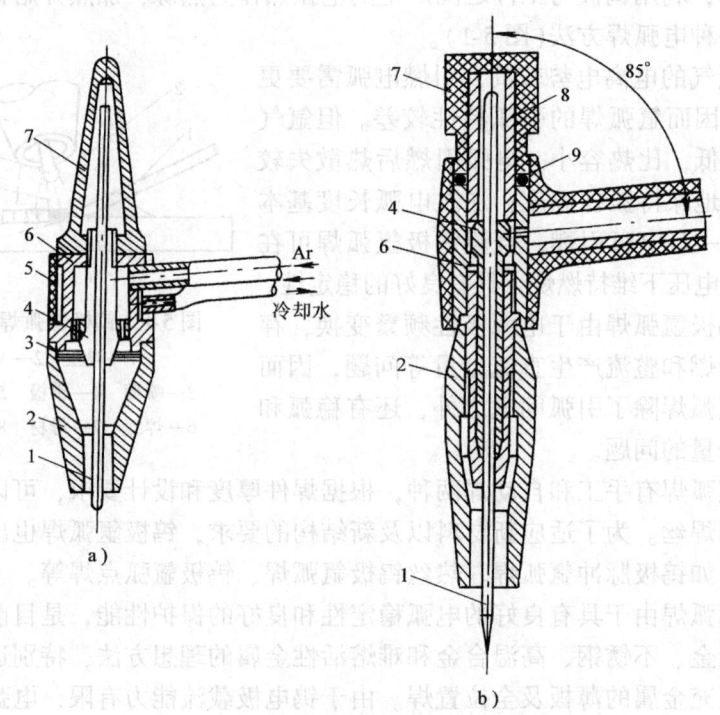

图5-2 钨极氩弧焊焊枪典型结构
a) 水冷式 b) 气冷式
1—钨极 2—喷嘴 3—铜丝网 4—钨极夹 5—冷却水套
6—焊枪主体 7—帽罩 8—帽罩螺钉 9—密封垫圈

而且要求在焊接过程中不熔化，以保持电弧稳定。

（一）钨极氩弧焊对电极材料的要求

对于电极的基本要求是，发射电子能力强，耐高温，不易烧损或熔化，有较大的电流承载能力等。生产中通常以钨棒在一定直径下容许通过的最大焊接电流（许用电流）、耐高温抗损耗能力（耐用性）、引弧和稳弧性能以及安全卫生性能作为评定和选择钨极材质的指标。

用上述指标来衡量，用纯钨作电极是不理想的。首先是其逸出功较高，要求焊机有较高的空载电压；其次，在长期使用大电流焊接时，纯钨的电流承载能力和抗损耗能力不够，烧损较明显。若在钨极中加入一些可以降低逸出功的元素如钍、铈、锆、镧或其氧化物，就能明显提高电极发射电子的能力，改善电极的使用性能。目前钨极氩弧焊广泛使用的是含有1%~3%氧化钍（ThO_2）的钍钨棒和2%左右氧化铈（CeO）的铈钨棒，常用钨棒的牌号和化学成分见表5-1。

表5-1 常用钨棒的化学成分

电极牌号	化学成分（质量分数）（%）						
	W	ThO_2	CeO	SiO_2	$Fe_2O_3 + Al_2O_3$	Mo	CaO
W1	>99.92	—		0.03	0.03	0.01	0.01
W2	>99.85			总含量不大于0.15			
WTh—10	余量	1.0~1.49		0.06	0.02	0.01	0.01
WTh—15	余量	1.5~2.0		0.06	0.02	0.01	0.01
WTh—30	余量	3.0~3.5		0.06	0.02	0.01	0.01
WCe—20	余量		2.0	0.06	0.02	0.01	0.01

在纯钨中加入1%~2%氧化钍（ThO_2），较之纯钨棒可降低电极的逸出功，增强电子发射能力，并可大大提高了载流能力，改善引弧、稳弧性能，而且还可减小阴极产热量和电极损耗，延长使用寿命。但钍是一种放射性元素，虽然钍含量甚微，在使用中仍发现有微量放射性，因此在焊接操作或磨光钨棒时若不注意防护，对操作者的健康是有害的。为了改善劳动条件，我国研制出一种新型电极材料——铈钨棒（WCe，见表5-1）。经使用试验，铈钨棒能满足钨极氩弧焊的要求，而且某些性能优于钍钨极。如在直流小电流焊接时，铈钨棒比钍钨棒更容易引燃电弧，稳定性更好。相同直径时，最大许用电流可增加5%~8%，能提高钨棒的电流容量，减小电极损耗，从而减小电极修磨次数，延长使用寿命。由于

铈钨棒具有上述优点，特别是放射剂量低，所以国内正在推广应用；国际标准化组织、焊接材料分委员会也将铈钨棒列为非熔化电极材料。

（二）钨极直径及端部形状

钨极直径和端部形状对许用电流大小、电弧形态和稳定性以及焊缝成形都有重要影响。表5-2列出了在不同极性条件下，不同成分与直径的钨极在纯氩中焊接时的许用电流范围。直流时钍钨极可选择表中许用电流上限，纯钨极宜用电流下限；铈钨极可参照表中相同直径的钍钨极提高许用电流5%~8%。表5-3给出了钨极氩弧焊钨棒推荐采用的末端形状尺寸及许用电流值。

表5-2 不同直径钨极许用电流范围 （A）

直径/mm	直流正接	直流反接	交流不平衡		交流平衡	
	钨和钍钨	钨和钍钨	钨	钍钨	钨	钍钨
0.508	5~20	—	5~15	5~20	10~20	5~20
1.016	15~80	—	10~60	15~80	20~30	20~60
1.59	70~150	10~20	50~100	70~150	30~80	60~120
2.40	150~250	15~30	100~160	140~235	60~130	100~180
3.26	250~400	25~40	150~210	225~325	100~180	160~250
4.00	400~500	40~5	200~275	300~400	160~240	200~320
4.80	500~700	55~80	250~350	400~500	190~300	209~390
6.35	750~1000	80~125	325~450	500~630	250~400	340~525

钨极直径的选取主要取决于焊接电流的大小、电流种类以及电源极性。电流大小、种类及极性则可由焊件的板厚及材质来确定。焊接薄壁构件或焊接电流较小时，应选用小直径钨棒并将其端部磨成尖锥角（θ约20°），以利于电弧引燃和稳定燃烧。焊接电流增大时，钨极直径增大，端部锥角θ也要随之增大，或采用带有平顶的锥角，以减小电极烧损，抑制电弧向上扩散，稳定电弧斑点（图5-3a、b）；同时还可使电弧对焊件加热集中，保证焊缝成形均匀。图5-3c、d是在不同焊接电流下夹角θ的变化对焊缝熔深及熔宽的影响。θ较小将引起电弧扩散，导致焊缝熔深浅而熔宽大；随着θ增大，弧柱扩散倾向减小，从而熔深增大，熔宽减小。焊接电流越大，上述变化越明显。

钨极脉冲氩弧焊时，由于采用脉冲电流，钨极在焊接过程中有冷却机会，故在相同的钨极直径条件下，可提高许用脉冲电流，表5-3是建议选用的钨极末端形状尺寸以及许用电流值。

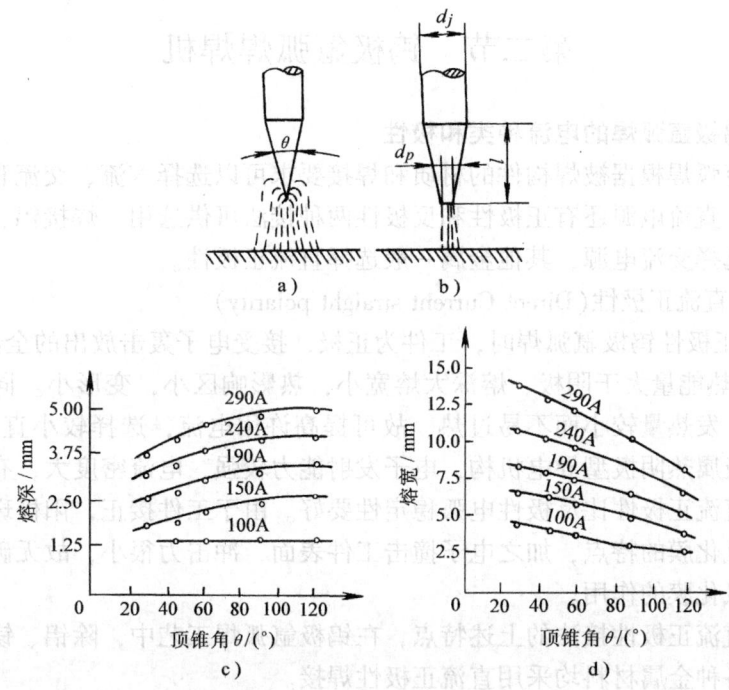

图 5-3 大电流 TIG 焊钨棒端部形状对弧态及焊缝成形的影响
a) 锥形 b) 平顶锥形 c) 锥角对熔深的影响 d) 锥角对熔宽的影响
试验条件：钍钨棒直径 2.4mm、弧长 3mm、
氩气流量 19L/min、焊速 75mm/min、钢板厚 12.7mm

表 5-3 钨极氩弧焊时建议采用的钨极末端形状及许用电流

钨极直径/mm	锥角/(°)	平顶直径/mm	恒定电流许用范围/A	脉冲电流许用范围/A
1.0	12	0.12	2~5	2~25
	20	0.25	5~30	5~60
1.6	25	0.50	8~50	8~100
	30	0.75	10~70	10~140
2.4	35	0.75	12~90	12~180
	45	1.10	15~150	15~250
3.6	60	1.10	20~200	20~300
	90	1.50	25~250	25~350

第二节　钨极氩弧焊焊机

一、钨极氩弧焊的电流种类和极性

钨极氩弧焊根据被焊构件的材质和焊接要求可以选择直流、交流和脉冲三种焊接电源。直流电源还有正极性和反极性两种接法可供选用。焊接铝、镁及其合金应优先选择交流电源，其他金属一般选择直流正极性。

（一）直流正极性（Direct Current straight polarity）

直流正极性钨极氩弧焊时，工件为正极，接受电子轰击放出的全部能量（逸出功），产热能量大于阴极，熔深大熔宽小，热影响区小，变形小。同时由于钨棒为阴极，发热量较小而不易过热，故可提高许用电流，选择较小直径。此外，钨棒为阴极属热阴极型导电机构，电子发射能力较强，电流密度大，有利于电弧稳定，故直流正极性比反极性电弧稳定性要好。由于工件接正，阳极斑点不具有自动寻找氧化膜的特点，加之电子撞击工件表面，冲击力很小，故无破碎、清理工件表面氧化膜的作用。

由于直流正极性接法的上述特点，在钨极氩弧焊工艺中，除铝、镁及其合金外，其他各种金属材料均采用直流正极性焊接。

（二）直流反极性（Direct Current Reversed Polarity）

直流反极性钨极氩弧焊时，钨棒为正极，工件接负极，属冷阴极型导电机构。工件表面温度较高的斑点处发射电子，并形成阴极斑点区，加之正离子轰击工件表面，使表面氧化膜破碎气化而除去（阴极清理作用 Clean Effect）。因此，焊接表面覆盖有难熔氧化膜的铝、镁及其合金时能获得表面光洁美观，成形良好的焊缝。但因钨极产热量大于工件产热，且散热条件差，容易过热熔化使电弧不稳，而不得不减小许用电流。另外，由于工件产热量较低，焊缝熔深浅而宽，生产率低，故直流反极性钨极氩弧焊只能用于焊接 3mm 以下的铝、镁及其合金的薄板构件。

（三）交流钨极氩弧

钨极氩弧焊焊接铝、镁及其合金时，一般采用交流电源。在负极性半波，工件为阴极，有阴极清理作用，可以除去其表面的氧化膜；在正极性区间，钨棒为阴极，产热较低，为了发射足够的电子，需要付出大量逸出功，实际上有冷却钨棒的作用。因而交流钨极氩弧焊兼有直流反极性时阴极清理作用和直流正极性时电弧稳定、熔深良好等优点。但由于工频交流电源每秒有 100 次改变方向和经过零点；钨棒和工件电、热物理性能的巨大差别，使交流正负两个半周导电特性出现差异，因此交流钨极氩弧焊时，必须采取有效措施解决引弧、稳弧以及直流分量这两个问题。

1. 引弧、稳弧措施 钨极氩弧焊通常采取非接触方式来引燃电弧,以防止焊缝夹钨和保持钨棒末端形状。由于钨弧引燃特性较差,冷态引弧困难;交流过零时电弧瞬时熄灭,当阴极转换到铝、镁及其合金焊件时,电弧再引燃困难。交流钨极氩弧焊通常采取以下引弧和稳弧措施。

(1) 高频振荡引弧 高频振荡器基本原理如图5-4a所示,由升压变压器 T_1、火花隙放电器 P、振荡电容 C_K、振荡电感 L_K 以及高频输出变压器等组成。T_1 的二次电压峰值最高可达2500~3000V,在其升压过程中对电容 C_K 充电,当电压达到能击穿P(间隙为0.1~1mm)时,便产生火花放电。P短路时 C_K、L_K 形成高频震荡,在 T_2 的二次侧产生高频高压。通常 C_K = 0.0020~0.0025μF,L_K ≈ 0.16H,震荡频率 f = 150~260kHz。

高频振荡输出衰减很快,大约只能维持2~6ms。如果电源没有切断,T_1 又向 C_K 充电而重复前述振荡过程,如图5-4b所示。

高频振荡器 T_2 的输出端可与焊接主电路串联或并联。串联如图5-5所示,其引弧效果好,应用较普遍。图中 C_f 为高频旁路电容,为的是防止高频进入弧焊电源损坏主变压器及其他电子器件,提高引弧稳定性。S为门开关,防止操作者触及2500~3000V工频高压造成人身伤害。高频振荡会产生电磁波,干扰无线电信号、数字集成电路以及微机控制系统,且有害于人身健康。应采取屏蔽高频、降低振荡频率或限制高频振荡强度等方法加以克服。

高频振荡主要用于引弧,实际应用中,一旦电弧引燃,即通过功能继电器切断其电源。因高频振荡相位与电流过零相位难于保持一致,用作稳弧时,其可靠性不够。

应该指出,火花隙P击穿放电时,T_1 的二次绕组短接。为保护 T_1,将其设计为高漏抗变压器。这种工频高漏抗升

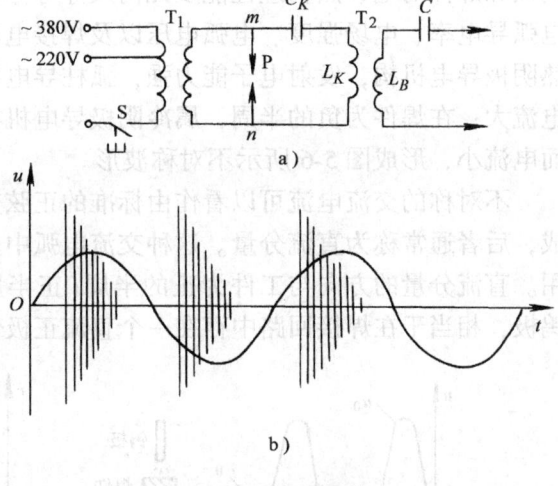

图5-4 高频振荡
a) 基本电路结构 b) 振荡输出波形

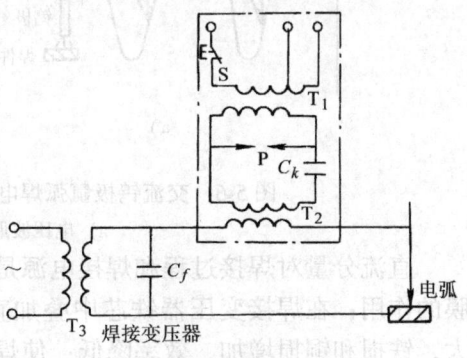

图5-5 高频振荡器的串联接法

压变压器体积大、效率低,铜、铁损耗大。近年来有不少新型高频振荡器的研究报道,主要有晶闸管中频振荡器、功率场效应管振荡器、逆变式振荡器等。这些新型振荡器都有效率高、性能好、引弧可靠等优点。具体电路读者可查阅相关参考文献。

(2) 脉冲叠加引弧、稳弧 针对高频振荡器的上述缺点,一些国产手工钨极氩弧焊机(如 NSA—400—1 型焊机),曾采用叠加高频脉冲引弧的方法来引燃钨极氩弧,并作为交流钨极氩弧焊的稳弧措施。这种方法在焊件为阴极且空载电压最高时,控制触发电路使串联在焊接主回路中的脉冲变压器发出高压脉冲引燃电弧;当焊件从阳极转为阴极过零时则发出稳弧高压脉冲。但在实际应用中,因其电路尚欠完善,稳弧效果受到一定的影响。

2. 直流分量的产生和消除 交流钨极氩弧焊焊接铝、镁及其合金时,由于钨极和焊件的电、热物理性能及几何尺寸等方面的差异,造成在交流两个半周中电弧导电率、电场强度、电弧电压以及焊接电流不对称。在钨极为负的半周,属热阴极导电机构,发射电子能力强,弧柱导电率高,电场强度小,电弧电压低而电流大;在焊件为负的半周,属冷阴极导电机构,导电情况恰恰相反,是电压高而电流小,形成图 5-6 所示不对称波形。

不对称的交流电流可以看作由标准的正弦交流和加在其上的直流两个部分合成,后者通常称为直流分量。这种交流电弧中产生直流分量的现象,称为整流作用。直流分量的方向与工件为正的半周(正半周)电流方向相同,即由焊件流向钨极,相当于在焊接回路中存在一个直流正极性电源。

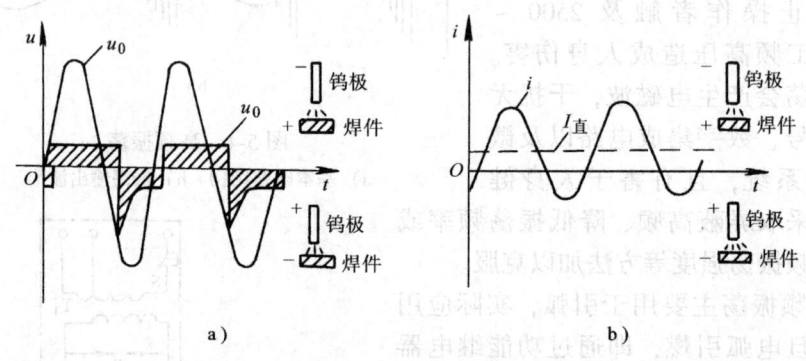

图 5-6 交流钨极氩弧焊电压电流波形及直流分量的形成
a) 电压波形 b) 电流波形

直流分量对焊接过程和焊接电源是十分有害的,它削弱了清除工件表面氧化膜的作用;在焊接变压器铁芯中叠加直流磁通,使其单向磁饱和,励磁电流增大,铁损和铜损增加,效率降低;使焊接电流严重畸变,功率因数降低,影响电弧燃烧和焊接过程的稳定性。

消除直流分量的方法有在焊接回路中串接反极性蓄电池组、串入电阻和二极管、串联隔直电容等。利用串联在焊接主回路中电容的隔直作用，可以消除任何电流下的直流分量，获得正负半周平衡的电流波形，使电弧稳定，工艺性能良好，焊缝均匀，成形美观，是目前常用的隔直方法。为了保证隔直效果，要求电容有足够的耐压值和容量，容量一般为 $500 \sim 1000 \mu F/A$。

方波交流钨极氩弧焊工艺能够较好地解决一般正弦交流钨极氩弧焊存在的引弧、稳弧问题，克服直流分量带来的危害，还可以通过调整正负半周的宽度和形状更好地发挥交流电源焊接铝、镁及其合金的优越性。由于方波电流波形很陡且有尖峰，过零极快，可显著提高电弧稳定性。例如焊接铝合金时，空载电压只需 $10 \sim 20V$ 即可使电弧再引燃；不采取任何稳弧措施，电流在较低值时也可稳定燃烧。还可让正半波持续时间长于负半波，在保证足够阴极清理作用的前提下，尽量减少钨极产热和烧损，增大焊件产热，提高熔敷率和焊接速度。

二、逆变式钨极氩弧焊设备简介

钨极氩弧焊设备按电源性质可分为直流、交流、方波交流和脉冲交流钨极氩弧焊机等几种；按操作方式又可分为手工、自动钨极氩弧焊机两类。自动钨极氩弧焊机是在手工钨极氩弧焊机的结构基础上，增加焊接小车或工件转动和填充丝送进机构及相应的控制电路而成的。

（一）钨极氩弧焊机的结构

一台完整的钨极氩弧焊设备应包括焊接电源、焊枪、供气、供水系统以及焊接控制系统等几个部分。无论是直流或交流钨极氩弧焊机，都应采用具有陡降外特性或垂直下降外特性即恒流焊接电源，以保证在弧长发生波动时，焊接电流稳定不变。控制系统主要由引弧器、稳弧器、行车（或转动）和填充丝送进速度控制器、程序控制器等构成。

（二）弧焊逆变电源简介

弧焊逆变电源是一种可控的能量转换器，它把传统电源从 50Hz 或 60Hz 提高到几千至几万赫兹进行电能的传递和变换，是 20 世纪 70 年代末发展起来的一种新型节能电子型弧焊电源，具有重量轻、体积小、动特性好和焊接性能优良等一系列优点，正得到越来越广泛的应用和推广。

1. 弧焊逆变电源的基本原理　弧焊逆变电源的基本流程可归纳为：工频交流→直流→中频交流→降压→交流或直流。原理框图如 5-7 所示。

图 5-7 中，单相或三相 50Hz（或 60Hz）的交流网路电压经输入整流器 VD_1 整流和滤波器 LC_1 滤波后，通过功率电子开关器件（晶闸管、晶体管、功率场效应管或 IGBT）构成的逆变器组 Q 的交替开关作用，变成几千至几万赫兹的中频电压，再经中频变压器降至适合于焊接的几十伏电压，并借助于电子控制电路和反馈电路及运算放大电路（M、G、N 等）以及焊接回路的阻抗，获得弧焊所需的输出特性

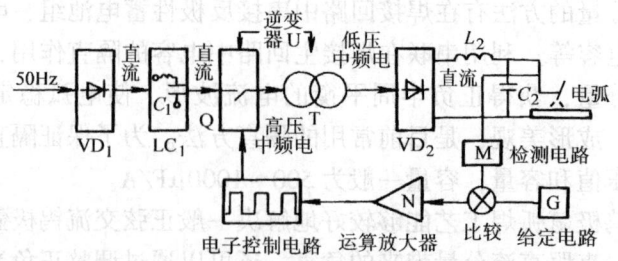

图 5-7 弧焊逆变电源基本原理框图

曲线。如果需要采用直流进行焊接，还需经输出整流器 VD_2 整流和经电抗器 L_2、电容 C_2 的滤波，把中频交流变为直流输出。

由电力电子器件和中频变压器组成的逆变器，其功率开关器件可为晶闸管、晶体管、功率场效应管或 IGBT。IGBT 兼有功率场效应管和开关晶体管的优点，是目前用于弧焊电源较为理想的器件。用于弧焊逆变电源的逆变主回路可以有多种形式，诸如单端正激、串联半桥、串联全桥和并联（推挽）等形式，如图 5-8 所示。

目前大中功率的弧焊逆变器多选用半桥或全桥逆变主回路，单端正激主回路可用于小功率弧焊逆变器。

2. 弧焊逆变电源的外特性 弧焊逆变电源的输出伏安特性（外特性）是由各种弧焊方法的电弧静特性和工艺要求所确定的。借助电子电路和电弧电压、电流反馈信号的配合，改变功率电子开关器件的开关时间或频率随输出电流变化的规律，就可以对弧焊逆变器外特性进行控制，常用的几种外特性曲线如图 5-9。

外特性的控制（包括焊接工艺参数调节）一般通过改变功率开关管的开关时间（脉冲宽度）和脉冲占空比来实现，控制方式主要为：

（1）定频率调脉宽（PWM）方式 脉冲电压和频率不变，通过改变逆变器开关管的开关时间（即脉冲宽度）来调节输出电压。由于频率恒定，滤波电路设计方便，脉冲变压器工作状态稳定，晶体管、场效应管和 IGBT 逆变器多采用这种控制和调节方式。

（2）定脉宽调频率（PFM）方式 脉冲电压、电流宽度不变，通过改变开关管工作频率来调节输出电压、电流。由于调频，滤波电路要求能适应较宽的频段，晶闸管式弧焊逆变电源多采用这种调制方式。此外也可采用上述二种方式混合调节。

（三）晶闸管逆变式钨极氩弧焊电源介绍

1. 结构及原理简介 图 5-10 为目前应用最广泛的 ZX7 系列晶闸管逆变弧焊电源的结构框图，图 5-11 为 ZX7—400Z 晶闸管逆变电路原理图。

由图 5-11 可见：U 为三相整流桥，R_1 为限流电阻，$C_2 \sim C_5$ 为滤波电容，

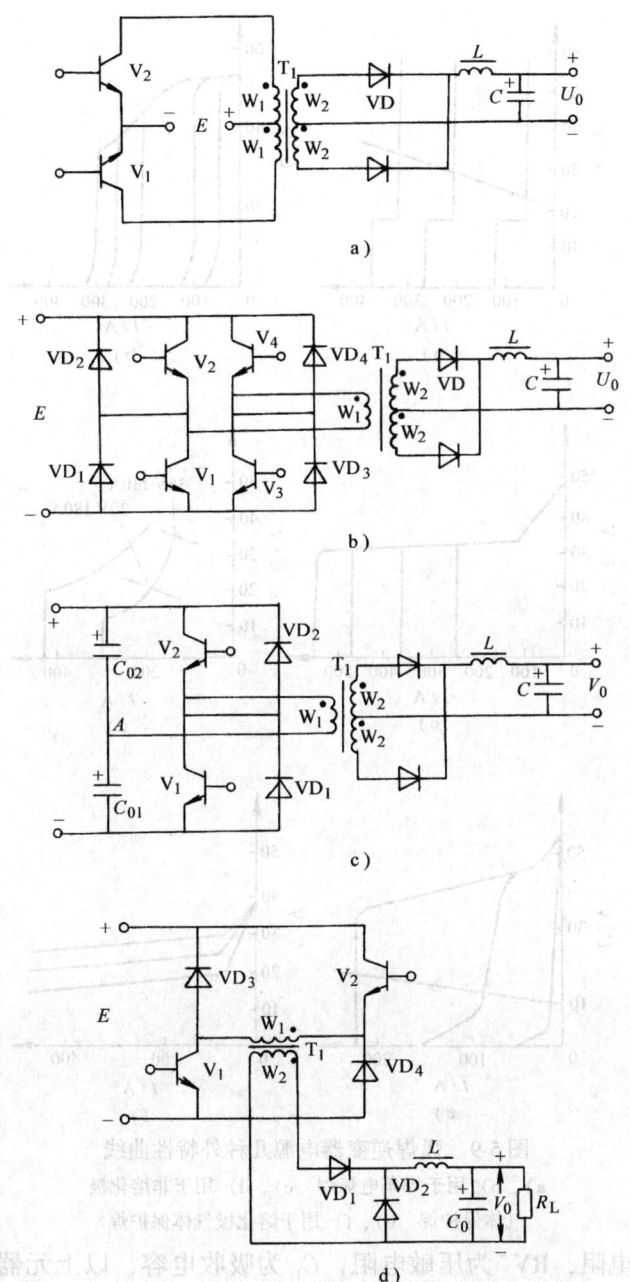

图 5-8 常用的逆变主回路

a) 推挽式 　b) 全桥式 　c) 半桥式 　d) 单端正激式

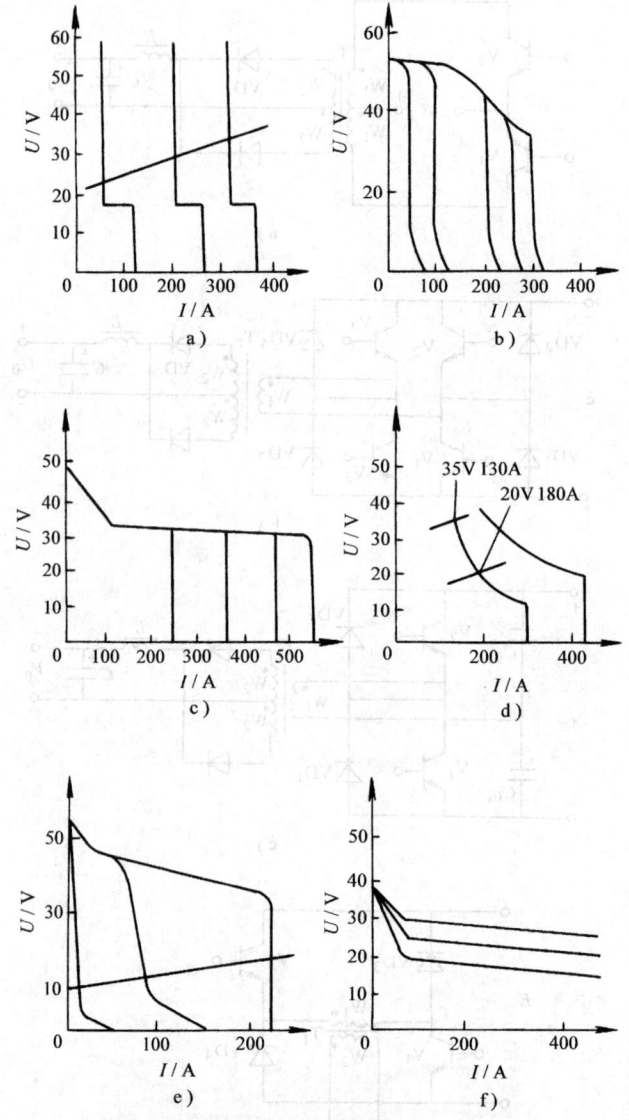

图 5-9 弧焊逆变器电源几种外特性曲线
a)、b) 用于焊条电弧焊　c)、d) 用于非熔化极
气体保护焊　e)、f) 用于熔化极气体保护焊

R_2、R_3 为均压电阻，RV^* 为压敏电阻，C_1 为吸收电容，以上元器件构成主电路的工频三相整流滤波电路。$C_6 \sim C_9$ 为换流电容，V_3、V_4 为快速硅晶闸管，L_1、L_2 为限流电感，C_{10}、C_{11} 为吸收电容，R_9、R_{10} 为吸收电阻，T_1 为中频变压器，以上元器件构成主电路的晶闸管半桥串联逆变器，将直流电逆变成中频交流电。VD_3、VD_4 为快恢复二极管，$C_{17} \sim C_{19}$，为滤波电容；L_3、L_4 为输出电抗器，

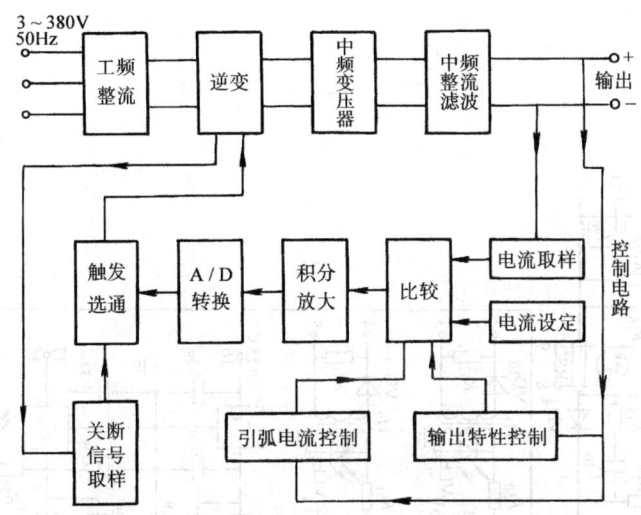

图 5-10　ZX7 系列晶闸管逆变弧焊电源结构框图

C_{12}、C_{15}、C_{16} 为吸收电容，$R_{13} \sim R_{16}$ 为吸收电阻，RS* 为分流器，以上元器件构成主电路的输出整流滤波电路，将中频交流电整流成输出的直流电。

电源的控制电路如图 5-11 中虚线框内所示。其中 $VD_5 \sim VD_{11}$、R_{18}、R_{19}，和 VLC_1，构成晶闸管截止反压信号采集与变换电路。N_{3-1}、$R_{20} \sim R_{22}$、C_{22} 构成焊接电弧电压信号采集与变换电路。N_{3-2}、N_{3-3}、$R_{24} \sim R_{33}$、$C_{23} \sim C_{26}$ 及 $RP_1^* \sim RP_3^*$ 构成焊接电流信号采集与变换电路。N_{3-4}、$R_{35} \sim R_{42}$、C_{27}、RP_4*、VD_{12}、VD_{13}，构成引弧及外拖特性电路。$R_{44} \sim R_{53}$、VS_3、VS_4、$C_{30} \sim C_{33}$、VT_4、VT_5、VD_{16}、VD_{17}、TI_1、TI_2 构成两路触发脉冲电路。R_{44} 和 C_{30} 形成负载运行延时，R_{45} 和 C_{31} 形成空载运行延时，R_{46} 和 C_{32} 形成晶闸管 V_3、V_4 反压信号延时，R_{47} 和 C_{33} 形成触发脉冲宽度延时。

专用中规模集成电路 JGD—1 的内部由电源空载与负载状态转换电路、互锁触发信号形成电路及四个延时电路等组成，实现焊接电源输出的变频控制。

2. 逆变主回路分析　为了便于分析逆变主回路，可把图 5-11 的主回路简化为图 5-12 所示电路，用 VD_1、VD_2、RV*（压敏电阻）组成的支路等效代替图 5-11 主回路中由 V_1、V_2、VD_1、VD_2、VS_1、VS_2、$R_4 \sim R_8$ 及压敏电阻 RV* 组成的过压保护系统。

在图 5-13a 中设定：(1) V_1、V_2 为理想开关；(2) 电容 $C_1 = C_2$；(3) 输出变压器为理想变压器用 L 代替，电路处于稳定状态。图 5-13a 的等效电路中任何时刻都存在下式所表达的关系。在晶闸管 V_1 导通过程中，有两个电流流过晶闸管 V_1，即有 $i_{v1} = i_{c1} + i_{c2}$。

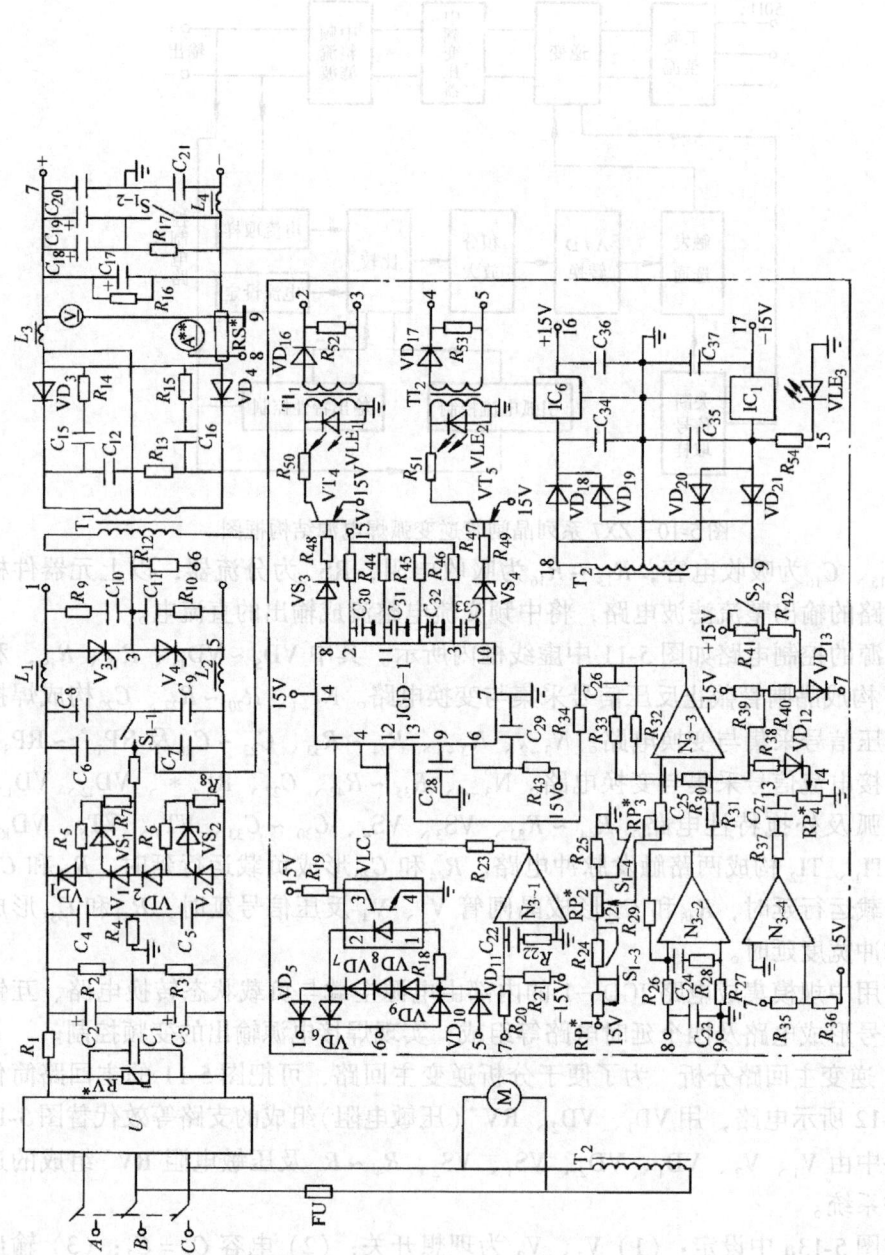

图 5-11 ZX7—400Z 晶闸管逆变电路原理图

式中 i_{c1} 为电容器 C_1 的放电电流，i_{c2} 为电容器 C_2 的充电电流，i_{c1} 及 i_{c2} 以相同的方向流过焊接变压器 L。由于半桥两臂对称以及两个电路的回路阻抗相等，所以有 $i_{c1} = i_{c2}$ $i_{v1} = 2 i_{c2} = 2 i_{c1}$

在图 5-13b 中，当 $t = t_1$ 时，由于晶闸管 V_1 的导通及电容器上的电压不能突变，所以 $U_L = E$，又由于电感中的电流不能突变，所以在 t_1 时刻 $i = 0$。

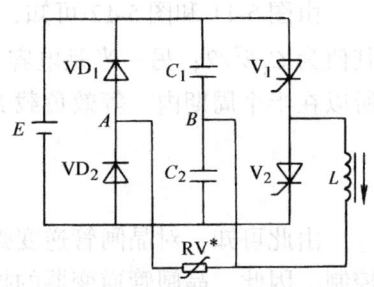

图 5-12 主电路原理简图

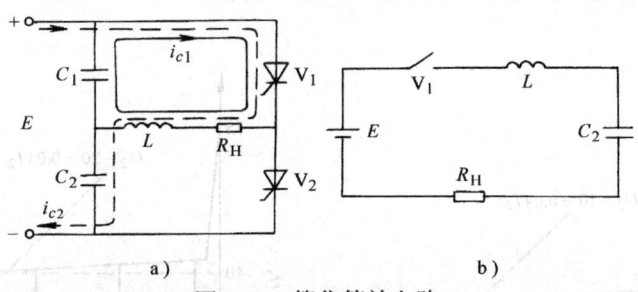

图 5-13 简化等效电路

在 t_1 到 t_2 期间，i 按正弦规律上升，由于随 i 的上升 di/dt 逐渐下降，所以 U_L 也逐渐降低，而 U_{c2} 在此期间按正弦规律上升。

当 $t = t_2$ 时，$di/dt = 0$，所以 $U_L = 0$。

因为 $U_L + U_{c2} = E$，所以此时 $U_{c2} = E$。在 $t_2 \sim t_3$ 期间，i 按正弦规律下降，由于 $di/dt < 0$，所以 U_L 按正弦规律下降。因为 $U_L + U_{c2} = E$，所以 U_{c2} 在此期间继续按正弦规律上升。

当 $t = t_3$ 时，U_{c2} 上升到 $E + 250V$，B 点电位比 A 点高 $250V$，此时压敏电阻 RV^* 被击穿而导通，RV^* 导通瞬间相当于 C_2 被旁路，使 U_{c2} 不再上升，由于 C_2 不起作用，电路时间常数比原来的 LCR 电路小得多，所以使 i 迅速下降到 0，从而使 V_1 关断。V_1 工作过程的波形见图 5-14。晶闸管 V_2 工作过程与 V_1 相类似，不再重述。

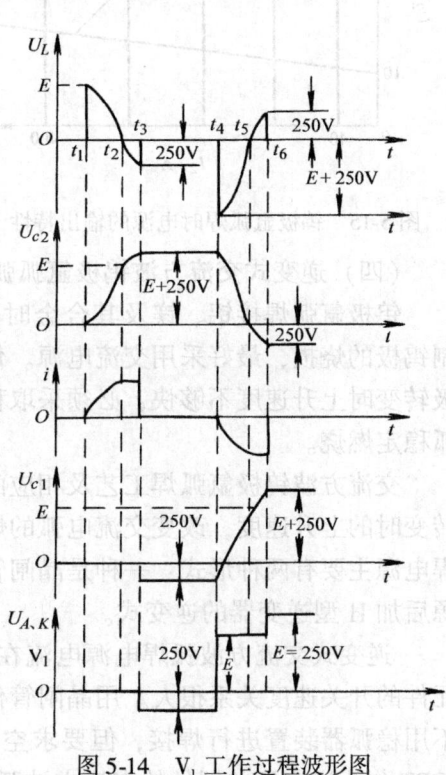

图 5-14 V_1 工作过程波形图

由图 5-11 和图 5-12 可知，变压器负载 L 的能量一半是电容 C_1 的放电电能，其值为 $C_1 E^2/2$；另一半是电容 C_2 的充电电能，其值为 $C_2 E^2/2$，由于 $C_1 = C_2$，所以在半个周期内，等效负载 L 上所得到的电能 W_L 和功率 P 分别为：

$$W_L = CE^2$$
$$P = 2C E^2 f$$

由此可知，对晶闸管逆变弧焊电源输出功率的调节，就是对逆变工作频率的控制。因此，晶闸管逆变器的控制电路主要包括触发晶闸管的 PFM（即"定脉宽调频率"）系统和输出特性的控制电路。输出特性如图 5-15 和图 5-16 所示。

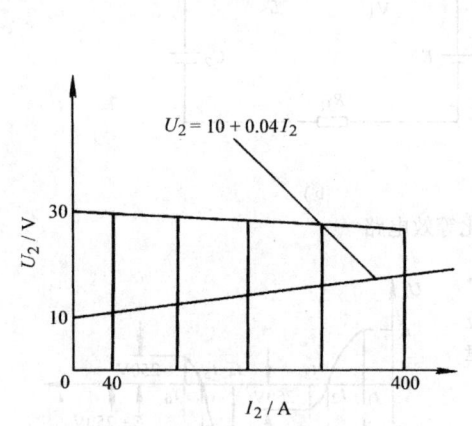
图 5-15 钨极氩弧焊时电源的输出特性

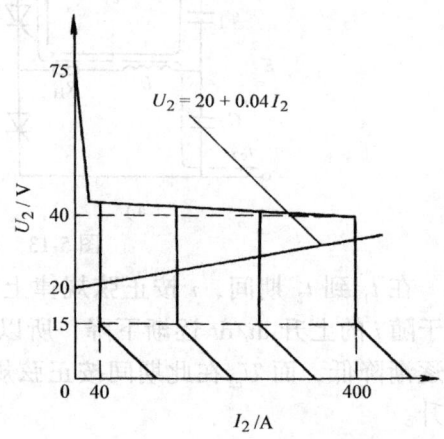
图 5-16 焊条电弧焊时电源的输出特性

（四）逆变式交流方波钨极氩弧弧焊电源简介

钨极氩弧焊接铝、镁及其合金时，由于同时要求阴极雾化（清理）作用和限制钨极的烧损，最好采用交流电源。传统的正弦波交流电源，由于输出电流在阴极转变时上升速度不够快，必须采取稳弧措施或采用较高的空载电压才能保证电弧稳定燃烧。

交流方波钨极氩弧焊工艺及相应的电源的研究与应用，对于提高交流在极性转变时的上升速度，改变交流电弧的燃烧稳定性具有重要意义。目前交流方波弧焊电源主要有两种形式：一种是晶闸管加直流电抗器式；另一种是在直流弧焊电源后加 H 型逆变器的逆变式。

逆变式交流方波弧焊电源电流在极性转变时的上升速度与逆变器所用开关元件的开关速度关系很大。用晶闸管作为开关元件的逆变式方波电源，能够实现不用稳弧器装置进行焊接，但要求空载电压在 70V 以上。采用功率场效应管或 IGBT 作为逆变开关器件的交流方波弧焊电源，方波电流在极性转变时的上升速度更高，能使电源在较低空载电压，较小焊接电流时不用稳弧装置进行铝、镁及其合金的钨极氩弧焊接。

图 5-17 为一种 IGBT 交流方波弧焊电源原理框图。其中直流弧焊电源必须具有恒流输出特性，它可以是普通的直流弧焊电源，也可以由晶闸管、晶体管、场效应管或 IGBT 作为开关器件构成的逆变式直流弧焊电源，这样便构成了双逆变交流方波弧焊电源，如 SCR-MOSFET，IGBT-IGBT 双逆变弧焊电源等。

图 5-17 中，四只 IGBT 及其控制电路构成的 H 型逆变器，将直流电转换为方波交流的原理是：当 V_1 和 V_4 触发导通，V_2 和 V_3 关断时，直流弧焊电源经 V_1 和 V_4 向电弧提供反(接)极性电流；当 V_2 和 V_3 触发导通，V_1 和 V_4 关断时，直流弧焊电源经 V_2 和 V_3 向电弧提供正(接)极性电流。控制 V_1 和 V_4 及 V_2 和 V_3 两组 IGBT 轮流导通时间及其相对比例就可以使电弧获得频率可变、极性电流

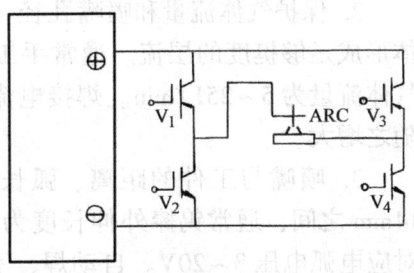

图 5-17 交流方波弧焊电源方框图

比例可调的交流方波电流。交流方波弧焊电源的空载电压和焊接电流的调节是通过改变直流弧焊电源的空载电压和焊接电流来实现的。

第三节 钨极氩弧焊工艺

生产实际中主要采用普遍交、直电流手工操作的常规钨极氩弧焊工艺，在一些特殊场合，特种类型的钨极氩弧焊也有一定的应用。

一、常规钨极氩弧焊工艺技术

(一) 接头及坡口形式

钨极氩焊有对接、搭接、角接、T 形接、端接五种基本接头形式。通常 4mm 以下板厚对接焊可用 I 形坡口，其装配间隙为零时可不加填充丝，否则需加填充丝或用卷边接头。4~6mm 对接焊缝可采用 I 形接头双面焊，6mm 以上一般需开 V、U 或 X 形坡口，钝边高度不超过 3mm，装配间隙也应在 3mm 以内。

(二) 工件和填充丝的焊前清理

清除填充焊丝及工件坡口和坡口两侧表面至少 20mm 范围内的油污、水分、灰尘和氧化膜等是保证焊接质量的重要工艺步骤。可用有机溶剂，如丙酮、汽油等也可用专门的工业清洗剂清除油、污和灰尘。可用机械清理和化学清洗除去氧化膜，如不锈钢用砂布打磨或钢丝刷清洗理；铝合金用刮刀清理；铝、镁焊丝及重要焊件用碱洗及酸液冲洗中和光化。

(三) 工艺参数的选择原则

手工钨极氩弧焊主要工艺参数有焊接电流种类、极性、电流大小、钨棒直径与端部形状、保护气体流量等，对于自动焊还包括焊接速度等。

1. 焊接电流和钨棒直径　焊接电流的大小是决定焊缝熔深的主要参数，它根据工件材质、厚度、接头形式、焊接位置等因素选择，钨棒直径则根据电流大小、电流种类选择(见表5-2)。钨棒端部形状是一个重要的工艺参数，尖端角度对电弧引燃和稳定以及对焊缝熔深和熔宽都有一定的影响(参见5-2、表5-3)。

2. 保护气体流量和喷嘴孔径　气体流量和喷嘴孔径应互相配合，使保护气体形成足够挺度的层流。通常手工钨极氩弧焊喷嘴孔径为5～20mm，对应保护气体流量为5～25L/min。焊接电流增大，所对应的喷嘴孔径和气体流量取值也随之增大。

3. 喷嘴与工件的距离、弧长和电弧电压　喷嘴端部与工件的距离在5～14mm之间，通常钨棒外伸长度为5～10mm；实用电弧长度范围为0.5～3mm，对应电弧电压8～20V。自动焊、不加填充丝、小电流或工件变形小时，喷嘴端部与工件的距离、电弧长度可取下限；反之则取上限。

4. 焊接速度　焊速是用来调节热输入和焊缝形状的重要参数之一，其选择应根据工件厚度并考虑与焊接电流等配合以获得所需的熔深和熔宽；在高速度自动焊时，还要考虑焊速对保护效果的影响。此外，焊接热敏材料时应尽量采用快速多道焊；立、横、仰焊位置时则宜采用较低焊速。

（四）操作技术要领

焊枪、焊丝和工件必须保持正确的相对位置，焊直缝时通常采用前倾焊，如图5-18所示。手工焊时常以左手断续送丝，自动焊时可连续送丝。

二、其他钨极氩弧焊工艺

（一）脉冲钨极氩弧焊

1. 工艺特点　脉冲钨极氩弧焊采用经过调制的直流或交流脉冲电流，电流幅值(或交流电流有效值)按一定频率周期变化，典型的焊接电流波形如图5-19所示。脉冲电流时形成熔池，基值电流时熔池凝固，焊缝由多个焊点互相重叠而成。

调节脉冲波形、脉冲电流幅值、基值电流大小、脉冲电流持续时间，可以控制焊接热输入，从而控制焊缝及热影响区的尺寸和质量，主要工艺特点有：

1) 可精确控制工件的热输入和熔池尺寸，提高焊缝抗烧穿和熔池的保持能力，并能获得均匀的熔深，特别适合薄板(薄至0.1mm)、全位置焊接和单面焊双面成形。

2) 焊接过程中，熔池金属冷凝快，高温停留时间短，结晶方向得以调整，焊缝金属组织致密。加之脉冲电流对熔池的搅拌作用，可减少热敏材料产生焊接裂纹的倾向，扩大可焊材料的范围。

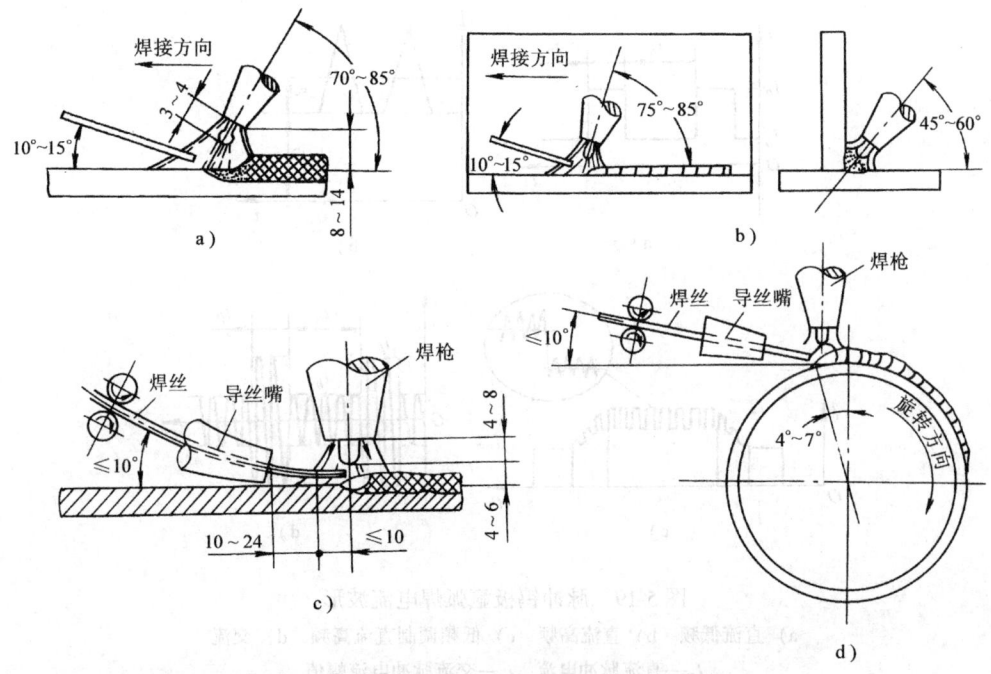

图 5-18 焊枪、焊丝和工件之间的相对位置
a) 对接手工焊 b) 角接手工焊 c) 平对接自动焊 d) 环缝自动焊

3) 由于脉冲电流的作用,可以用较低的热输入获得较大的熔深,使焊接热影响区和焊件变形减小,同时由于加热和冷却迅速,特别适于导热性能和厚度差别大的两种工件焊接。

2. 脉冲电流种类及工艺应用　如图 5-19 所示,脉冲钨极氩弧焊分为直流和交流两大类。直流脉冲钨极氩弧焊按照脉冲频率分为低频(0.1~15Hz)、中频(100~500Hz)和高频(10~20kHz),其中以低频脉冲钨极氩弧焊应用最为普遍。

矩形波低频脉冲 TIG 焊脉冲峰值电流和 I_p 持续时间 t_p 是决定焊缝熔深和熔宽的主要因素,增大 I_p 或 t_p 都会使熔深和熔宽增大;基值电流 I_b 则对焊缝表面成形有明显影响。通常,对于热裂纹倾向大的焊件应使 I_p/I_b 低一些,t_p/t_b 大一些;全位置焊时,平焊段取 I_p/I_b 较低,t_p/t_b 较高,空间位置焊 I_p/I_b 较高,t_p/t_b 较低,而仰焊位置则取最高的 I_p/I_b 和最低的 t_p/t_b。一般手工脉冲 TIG 焊常取 $f=0.5~2Hz$,自动脉冲 TIG 焊则取 $f=5~10Hz$,适于焊接不锈钢、耐热钢等合金钢材料。

直流高频脉冲钨极氩弧焊在 10kHz 频率以上时电弧挺度特别好,最适合薄板高速焊;若加入低频脉冲调制可构成低频脉冲调制式高频 TIG 焊(波形如图 5-19c),则适合于全位置焊接。

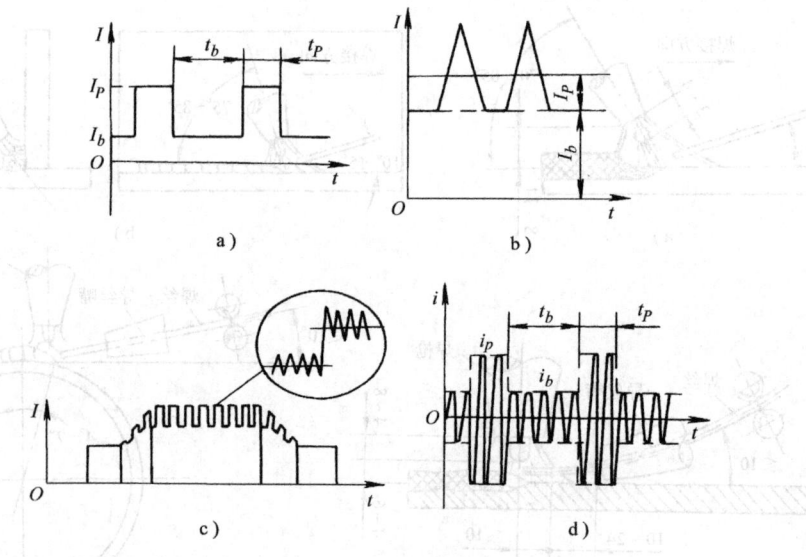

图 5-19　脉冲钨极氩弧焊电流波形

a) 直流低频　b) 直流高频　c) 低频调制直流高频　d) 交流

I_P—直流脉冲电流　　i_p—交流脉冲电流幅值

I_b—直流基值电流　　i_b—交流基极电流幅值

t_P—脉冲电流持续时间　　t_b—基值电流持续时间

低频和中频交流脉冲钨极氩弧焊，频率范围通常为 0.5~500Hz，通过对交流电流幅值进行调制（电流波形如图 5-19d 所示），可以达到直流脉冲 TIG 焊相同的控制效果，适合于铝、镁及其合金的薄板全位置焊。

交流方波钨极氩弧焊可以通过脉冲宽度调制来控制正负半波的极性比例，改善焊缝成形和减少钨棒烧损。在确保阴极清理的前提下，应尽量减少负半波的比例，以增加焊缝熔深、减少钨棒烧损。

（二）热丝钨极氩弧焊

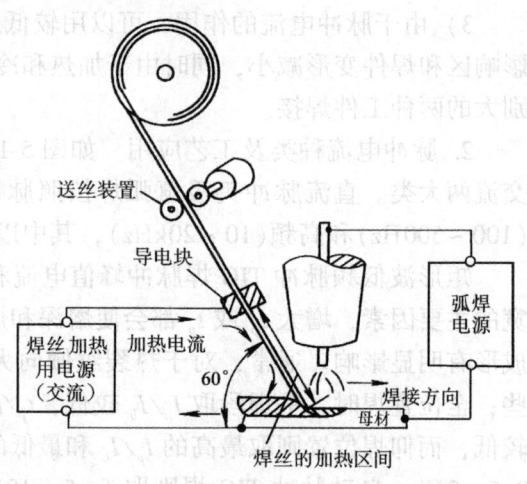

图 5-20　热丝 TIG 焊原理

热丝钨极氩弧焊原理如图 5-20 所示，填充焊丝在进入熔池前约 10mm 处，由热丝电源通过导电块对其通电，依靠电阻热将焊丝加热至预定温度，并与钨棒成 40°~60°夹角，从电弧后面送入熔池，其熔敷速度可比常用的冷丝提高 2 倍。

由于流过热丝电流所产生磁场的影响,电弧磁偏吹沿焊缝作纵向偏摆,会影响焊接过程的稳定性。因此应采用交流电源加热填充丝,同时加热电流不得超过焊接电流的60%,填充丝的直径也限制为1.2mm以下。热丝钨极TIG焊已经成功用于碳钢、低合金钢、不锈钢、镍和钛等材料的焊接。

(三) 钨极氩弧点焊

钨极氩弧点焊原理如图5-21所示,焊枪端部的喷嘴将被焊的两块工件压紧,保证连接面密合,电弧热使钨棒下方金属局部熔化而形成焊点。这种方法的特点是:只需一面点焊,比电阻点焊方便灵活;可点焊厚度相差悬殊的工件,且可多层板材点焊;设备费用低廉;耗电量少等。但焊速不如电阻点焊,焊接人工费、氩气消耗费用也较高。

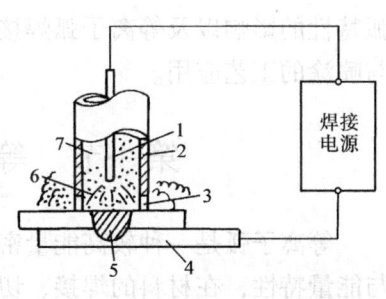

图5-21 钨极氩弧点焊示意图
1—钨极 2—喷嘴
3—出气孔 4—工件
5—焊点 6—电弧 7—氩气

此法通常采用直流正接法以获得较大的熔深,采用高频引弧的方式,配用焊接时间控制、电流自动衰减等特殊控制系统和特制点焊枪。点焊的焊前清理与准备和一般TIG焊要求一样;其主要工艺参数为焊接电流、焊接时间及电弧长度等。目前钨极氩弧点焊主要用于不锈钢、低合金钢的薄板结构以及薄板与厚板材料的连接。

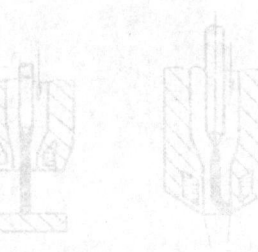

第六章 等离子弧焊

本章主要讨论等离子弧的形成条件、电弧特性、等离子弧发生器的结构对电弧特性的影响以及等离子弧焊接与切割的一般工艺技术，最后简介等离子弧堆焊与喷涂的工艺应用。

第一节 等离子弧特性及其发生器

等离子弧是一种较高能量密度的电弧热源，显著有别于普通电弧的电弧形态与能量特性，在材料的焊接、切割和表面工程等领域，具有特殊的应用范围。

一、等离子弧的形成

等离子弧是一种受到约束的非自由电弧，也称压缩电弧，是借助于以下三大压缩效应而形成的。

（1）机械压缩效应 利用等离子弧发生器的喷嘴孔道来约束电弧，使气体的导电通道被限制在喷嘴孔道之内，该约束作用称为机械压缩效应。

（2）热压缩效应 采用一定流量的冷却水冷却喷嘴，以降低喷嘴温度。当弧柱通过喷嘴孔道时，较低的喷嘴温度使喷嘴内壁形成一层冷气膜，迫使弧柱导电截面进一步减小，称为热压缩效应。

（3）磁压缩效应 电弧电流自身产生的磁场使弧柱向心收缩，从而使弧柱截面减小。电流密度越大，磁压（收）缩作用越强，这种由电流自身磁场产生的收缩称为磁压缩效应。

经上述三大压缩作用，温度、能量密度、等离子体流速得以显著增大的电弧称为等离子弧。

二、等离子弧的分类

等离子弧按电源供电方式不同，分为三种形式。

（1）非转移型等离子弧（图6-1a）
电极接电源负极，喷嘴接正极，而母材不参与导电。电弧是在电极和喷嘴之间产生，此时温度较低，能量密度较低，又称为等离子焰或间接电弧。

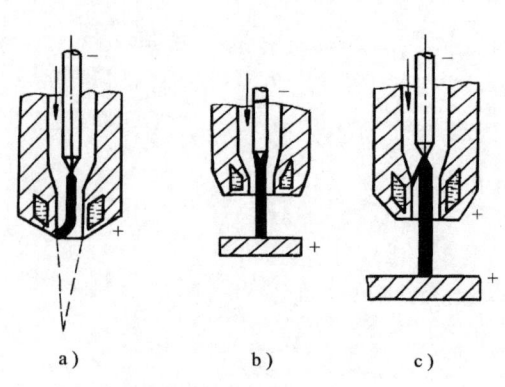

图 6-1 等离子弧的分类
a）非转移型 b）转移型 c）联合型

这种等离子弧主要用于喷涂以及焊接、切割较薄的金属或对非导电材料进行加热。

(2) 转移型等离子弧(图6-1b) 电极接电源负极，母材接正极，等离子弧在母材与电极之间产生，又称为直接电弧。它难以直接形成，必须先引燃非转移弧，然后使电弧从喷嘴转移到工件上。这种等离子弧温度和能量密度较高，常用于切割、焊接及堆焊。

(3) 联合型(又称混合型)等离子弧(图6-1c) 这种弧转移型弧和非转移型弧同时存在，需要两个电源独立供电。电极接两个电源的负极，喷嘴及母材分别接各电源的正极，它主要用于小电流、微束等离子弧焊接及粉末堆焊。

等离子弧一般均采用直流正极性(电极接负极)、下降或垂直下降特性电源。焊接铝及其合金等有色金属时，可采用方波交流电源。

三、等离子弧特性

（一）等离子弧电弧静特性

等离子弧的电弧静特性与普通电弧近似，仍呈"U"形，但显著区别有：弧柱电场强度增大，电弧电压显著增高；U曲线的平直区段较自由电弧明显缩小（见图6-2）。

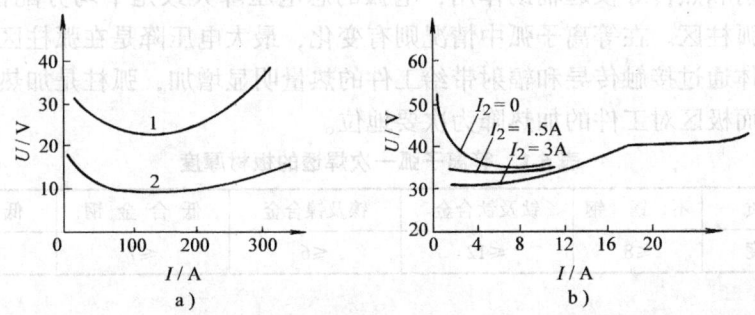

图6-2 等离子弧的静特性
a) 转移型弧 b) 联合型弧
1—等离子弧 2—钨极氩弧 I_2—非转移弧电流

（二）等离子弧的能量特性

1. 温度和能量密度 普通钨极氩弧的最高温度为10000～24000K，能量密度小于$10^4 W/cm^2$。等离子弧的温度高达24000～50000K，能量密度可达10^5～$10^6 W/cm^2$，其温度分布见图6-3a。

2. 等离子弧的挺度(图6-3b) 等离子弧温度和能量密度的显著提高，使等离子弧的稳定性和挺度得以改善，对母材的穿透力增大(见表6-1)。自由电弧的扩散角约为45°，等离子弧约为5°左右，这是因为压缩后从喷嘴孔喷射出的等离子弧带电质点运动的速度明显提高所致。其速度与喷嘴结构、离子气种类、流量

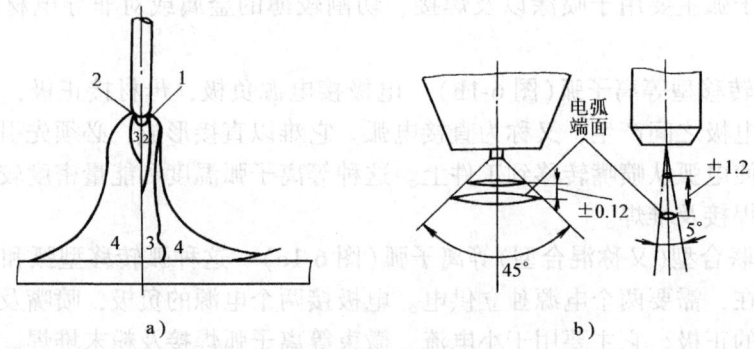

图 6-3 自由电弧和等离子弧的对比
a) 温度分布 b) 挺度
1—24000~50000K 2—18000~24000K 3—14000~18000K 4—10000~18000K
自由电弧(见图6-3a)：200A, 15V, 1140L/h； 等离子弧(见图6-3b)：
200A, 30V, 1140L/h, 喷嘴孔径 ϕ4.8mm

等有关，最高可达 300m/s。

3. **热源组成** 普通钨极氩弧中，加热焊件的热量主要来源于极区的产热，而弧柱辐射和热传导仅起辅助作用，电弧的总电压降大致是平均分配在阳极区、阴极区和弧柱区。在等离子弧中情况则有变化，最大电压降是在弧柱区，弧柱高速等离子体通过接触传导和辐射带给工件的热量明显增加，弧柱是加热工件的主要热源，而极区对工件的加热降为次要地位。

表 6-1 等离子弧一次焊透的板材厚度 （mm）

材 质	不锈钢	钛及钛合金	镍及镍合金	低合金钢	低碳钢
焊接厚度	≤8	≤12	≤6	≤7	≤8

四、等离子弧发生器

等离子弧发生器用来产生等离子弧。按其用途不同称为等离子弧焊枪、割枪和喷(涂)枪等，它们的具体结构虽有差别，但其基本结构却是相似的。等离子弧发生器的基本结构通常应满足以下要求：

1) 喷嘴与电极位置相对固定且可调节。
2) 对喷嘴和电极能进行有效冷却。
3) 喷嘴与电极之间要绝缘。
4) 能可靠导入离子气流(进入压缩孔道的气流)和保护气流。
5) 便于加工和装配，喷嘴易于更换。
6) 重量轻，体积小。
7) 堆焊枪和喷涂枪应将金属粉末或焊丝稳定可靠送达等离子弧弧柱的适当

位置。

图6-4为300A等离子弧焊枪结构。该枪对喷嘴和电极采用直接水冷方式，冷却水从下枪体5进入，经上枪体9流出。上、下枪体之间用绝缘体7和绝缘套8相互绝缘并连成整体。进、出水口同时也是水冷电缆（内部通水、外周导电）的接口。电极夹从上枪体插入，并由带绝缘套的压紧螺母12锁紧。

喷嘴、电极及其冷却结构是等离子发生器的关键零部件，其结构和尺寸对等离子弧的能量参数与工作稳定性有决定性的影响，应在设计中给予高度重视。

图6-5为圆柱型压缩孔道喷嘴的基本结构，其重要结构参数及其影响如下：

（1）喷嘴孔径 d 决定等离子弧的直径和能量密度，根据焊接电流及离子气的种类和数值来设计。d 越大，对电弧的压缩作用越小，超过一定值后，就不起压缩作用；d 过小，等离子弧稳定性变坏，易发生双弧，喷嘴寿命降低。表6-2列出 d 与电流的关系。

（2）喷嘴孔道长度 l 喷嘴孔径 d 确定后，l 越长，对等离子弧的压缩作用越大，但超过一定值后会使等离子弧的稳定性变差。通常以孔道比 l/d 来表征等离子弧的类型，其推荐值见表6-3。

（3）压缩角 α 对等离子弧压缩效果的影响不大，主要根据电极端部形状来确定，保证等离子弧在电极顶部引燃后通过喷嘴孔道。

（4）喷嘴孔道 喷嘴压缩孔道分单孔型和多孔型且多为圆柱状（图6-5）。多孔型除主孔外，周围有若干小孔，借助小孔喷出的离子气流将等离子弧产生的圆形热场变成椭圆形或进一步在喷嘴外压缩电弧，以提高弧柱的能量密度。

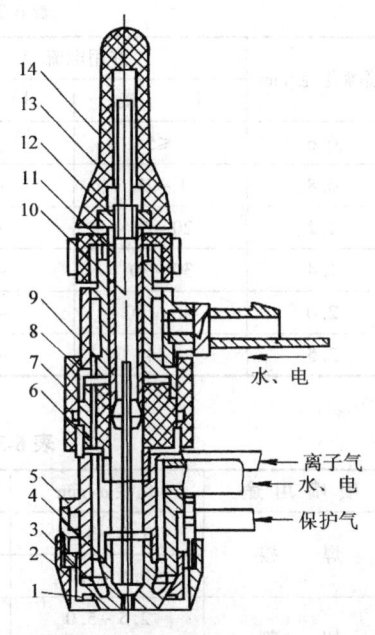

图6-4　等离子弧焊枪
1—喷嘴　2—保护套外环　3、4、6—密封圈　5—下枪体　7—绝缘体　8—绝缘套　9—上枪体　10—电极夹头　11—套管　12—螺母　13—胶木套　14—钨极

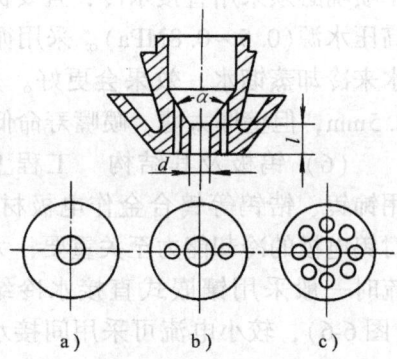

图6-5　圆柱型压缩孔喷嘴结构（堆焊）
a) 单孔式　b) 三孔式　c) 多孔式

表 6-2 喷嘴孔径与许用电流

喷嘴孔径/mm	许用电流/A		喷嘴孔径/mm	许用电流/A	
	焊 接	切 割		焊 接	切 割
0.6	≤5	—	2.8	~180	~240
0.8	1~25	~14	3.0	~210	~280
1.2	20~60	~80	3.5	~300	~380
1.4	30~70	~100	4.0	~400	>400
2.0	40~100	~140	4.5~5.0		>450
2.5	~140	~180	—	—	—

表 6-3 喷嘴的主要结构参数

喷嘴用途	孔径 d/mm	孔道比(l/d)	锥角 α	备 注
焊 接	1.6~3.5	1.0~1.2	60°~90°	转移型部
	0.6~1.2	2.0~6.0	25°~45°	联合型弧
切 割	2.5~5.0	1.5~1.8		转移型弧
	0.8~2.0	2.0~2.5		转移型弧
堆 焊		0.6~0.98	60°~75°	转移型弧
喷 涂		5~6	30°~60°	非转移型弧

(5) 喷嘴材料及冷却 喷嘴一般采用导热性能良好的纯铜材料制造。大功率喷嘴必须采用直接水冷，且要保证有足够的水流量和水压力，最好配备专用的高压水源(0.5~0.8MPa)。采用循环的高压蒸馏水直冷枪体，再经换热器用自来水来冷却蒸馏水，效果会更好。为提高冷却效果，喷嘴壁厚一般不宜大于 2~2.5mm，但壁厚太薄，喷嘴寿命低。

(6) 钨极及其结构 工程上常用铈钨、锆钨等钨合金作电极材料。对钨电极的冷却能力至关重要，大电流时一般采用镶嵌式直接水冷结构(图 6-6)，较小电流可采用间接水冷结构。

为增加引弧可靠性和电弧稳定

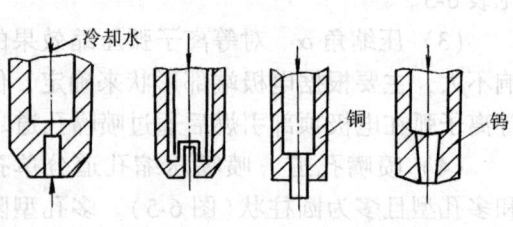

图 6-6 镶嵌式电极

性，钨极端部常加工成一定形状。通常电流较小、直径较细时，可磨成尖锥形且锥角可小一些；电流较大、直径较大时，可磨成圆台形、球形或锥球形，以减缓电极的烧损速度。

钨电极的内缩量以及电极与喷嘴孔道的同心度是重要的安装调节参数(见图6-7a)。钨电极的内缩量 l_g 对等离子弧的压缩程度有很大的影响。l_g 增大,对电弧的压缩作用增强;但 l_g 过大,则易引起"双弧"。通常焊枪中取 $l_g = l \pm 0.2$mm,割枪取 $l_g = l + (2 \sim 3)$mm。

钨电极与喷嘴孔的安装同心度直接影响到等离子弧的稳定性。电极偏心会导致等离子弧偏斜,可能引起焊缝单侧咬边或切口不平直,可能引起"双弧"。生产中简易测试电极同心度的常用方法是观察电极周向高频火花分布情况(图6-7b)。焊接时,一般要求高频火花布满圆周75%~80%以上,切割时可稍低一些。

五、双弧现象及其防止

正常的转移型等离子弧应稳定地在钨极与工件之间燃烧。由于某些原因,有时除了钨极与工件间存在等离弧(称主弧)外,在喷嘴与工件之间又出现一个与主弧并列的电弧,即两个电弧同时工作,这就是双弧现象(见图6-8)。这时将使主弧电流降低,使正常的焊接或切割过程遭到破坏;还会导致喷嘴过热,甚至烧毁、漏水,使等离子弧工作中断。

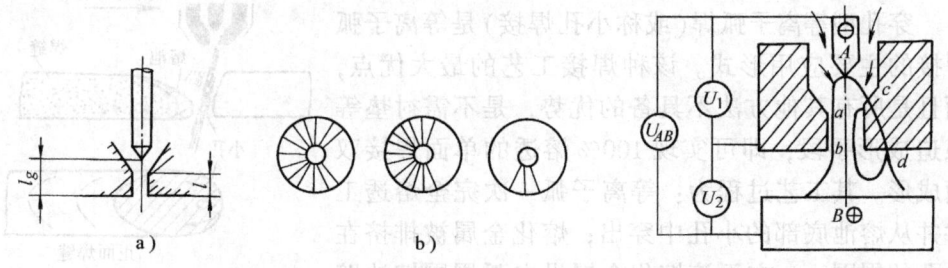

图6-7 钨电极的内缩量与同心度　　图6-8 双弧现象

关于双弧的形成机理,有不同的学术观点,但多数人认为,等离子弧稳定燃烧时,在弧柱与喷嘴孔壁之间存在着一层冷气膜(相当于一个绝缘气体套筒)。当该冷气膜的绝缘性能遭到破坏(即气膜击穿)时,双弧就可能形成。

形成双弧的主要影响因素及其工程防止措施如下:

(1) 合理选择喷嘴结构及其相关参数　喷嘴孔径减小、孔道长度增加、钨极内缩量增大,都会导致双弧倾向增大,应根据等离子弧的应用要求,合理选取。

(2) 保证钨极同心度　钨极偏心度增大,双弧倾向增大,应仔细对中。

(3) 改善喷嘴冷却能力　喷嘴冷却能力差,喷嘴表面有金属飞溅聚集,双弧倾向增大,应保证喷嘴的冷却效果和防止飞溅聚集。

(4) 正确选择电流和离子气流量　结构条件一定时,电流增大,冷气膜厚度会减薄,双弧倾向会增大,生产中应避免选择大于或等于喷嘴临界电流(相应喷嘴尺寸及冷却条件下出现双弧的最大许用电流）。离子气流量过小，会降低热压缩作用而使冷气膜变薄，增大了双弧产生的可能性。在离子气中添加增大热压缩作用的气体，对避免双弧有利，如在Ar气中加入少量氢，就比纯Ar更容易避免双弧产生。

（5）采用陡降外特性电源 有利于避免产生双弧。

（6）控制喷嘴距工件的距离 一般取5~12mm。

第二节 等离子弧焊接与切割

等离子弧的高温、高能量密度和高穿透能力等特性，赋予了该热源在材料焊接和切割领域具有某些特殊的应用优势，如穿孔型等离子弧焊接、微束等离子弧焊接、有色金属与不锈钢的切割等。目前焊接生产领域，等离子切割应用相当普遍，而等离子焊接，相对其他弧焊方法而言却应用较少，这可能与该方法的设备和工艺较复杂有关。

一、等离子弧焊接工艺及其参数选择

（一）穿孔型等离子弧焊接

穿孔型等离子弧焊（或称小孔焊接）是等离子弧焊接的主要应用形式。该种焊接工艺的最大优点，而且是所有其他方法不具备的优势，是不需衬垫等强迫成形手段，即可实现100%熔透的单面焊接双面成形。其工艺过程为：等离子弧一次完全熔透工件并从熔池底部的小孔中穿出；熔化金属被排挤在小孔的周围。一方面该熔化金属沿电弧周围熔池壁向熔池后方流动，并在表面张力、液固界面的粘滞力等力的作用下保持平衡，而不发生板厚方向的非正常流动；另一方面随着电弧的前移（贯穿型小孔也同步前移），熔池后部不断封填小孔而结晶为焊缝（见图6-9）。

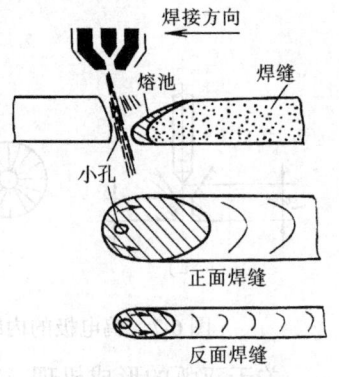

图6-9 穿孔型等离子弧焊接

穿孔型焊接只适用于单道焊接（或打底焊道），其随材料而别的最佳应用板厚范围见表6-4。

表6-4 小孔焊接的适用板厚 (mm)

焊件材料	钛及合金	镍及合金	不锈钢	低碳钢	低合金钢
稳定焊接板厚	2~10	3~6	3~8	4~7	2~7
极限焊接板厚	13~18	18	13~18	10~18	18

穿孔型等离子弧焊接和穿孔效应需要足够大的电弧能量才能形成。为保证焊

缝正反面均良好成形，小孔焊接工艺参数的正确选择和精确控制是关键，主要工艺参数选择原则如下：

1) 由材料和板厚选择焊接电流，再根据电流确定喷嘴孔径(表6-2)及喷嘴主要结构参数(表6-3)。焊接电流过小，小孔直径减小，甚至不能形成小孔，难以确保完全熔透；电流过大，小孔直径太大，熔池金属可能失去平衡而流失，将不能实现焊接而可能是切割，还可能产生双弧，电极寿命降低。喷嘴结构参数一定时，实现稳定小孔焊接存在一个适宜的电流范围，且要与离子气流量匹配(见图6-10a)。

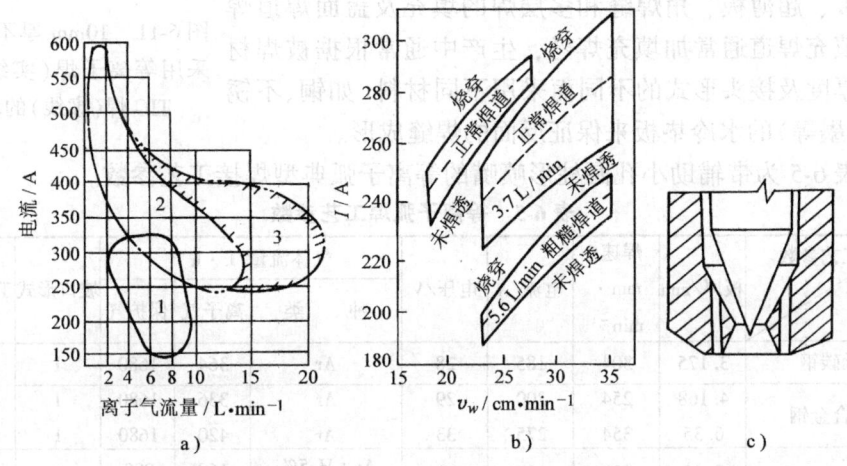

图 6-10 小孔焊接的参数匹配
a) 电流-离子气流量的匹配 b) 电流-焊速-离子气流量匹配 c) 收敛-扩散型喷嘴
1—圆柱型喷嘴($d=3$) 2—收敛-扩散型喷嘴 3—加填充丝可消除咬肉区域

2) 离子气流量对提高电弧的刚度和穿透能力有重要影响，在与电流匹配条件下应足够大。但太大可能造成切割状态，太小则形不成小孔效应。在 Ar 气中加入少量 H_2 或 He，可以增强电弧的穿透能力。

3) 焊接速度 v_w 应与焊接电流和等离子气流量相匹配(图6-10b)。通常焊接速度与焊接电流、等离子气流量呈正比关系。焊速过高，不仅会导致小孔消失，出现未焊透，而且可能引起焊缝两侧咬边和出现气孔。

4) 喷嘴高度过高，会降低穿透能力，过低易造成喷嘴上飞溅物聚集，一般常取 3~5mm。

5) 保护气流量除了影响保护作用外，还对等离子弧的稳定性有一定的影响，应与离子气流量有一个恰当的比例。

应用穿孔型等离子弧焊接时，在表6-4厚度范围内可不开坡口，不加填充金属，不用衬垫条件下实现单面焊双面成形。若厚度大于上述范围，可用大钝边 V 形坡口(见图6-11)。为保证小孔效应的稳定性，必须严格控制装配间隙、钝边高度及错边量等，填丝等离子弧焊接时，可适当降低装配精度。

（二）熔入型等离子弧焊接

熔入型等离子弧焊接与穿孔型等离子弧焊比较，具有焊接参数较"软"（电流和离子气流量较小、电弧穿透力较弱）、焊接参数波动对焊缝成形的影响较小、焊接过程的稳定性较高、焊缝形状系数较大（主要由于熔宽增加）、热影响区较宽、焊接变形较大等特点。一般用于薄板、超薄板、角焊缝和多层焊的填充及盖面焊道焊接。填充焊道通常加填充焊丝，生产中通常根据被焊材料、厚度及接头形式的不同而采用不同材料（如铜、不锈钢、石墨等）的水冷垫板来保证反面的焊缝成形。

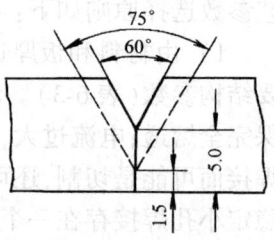

图 6-11 10mm 厚不锈钢采用等离子焊（实线）与 TIG 焊（虚线）的坡口

表 6-5 为带辅助小孔圆柱形喷嘴的等离子弧典型焊接工艺参数。

表 6-5 等离子弧焊工艺参数

工艺参数 焊件材料	板厚/mm	焊速/mm·min⁻¹	电流/A	电压/V	气体流量/L·h⁻¹ 种类	离子气	保护气	坡口形式	工艺特点
低碳钢	3.175	304	185	28	Ar	364	1680	I	
低合金钢	4.168	254	200	29	Ar	336	1680	I	穿孔
	6.35	354	275	33	Ar	420	1680	I	
不锈钢	2.46	608	115	30	Ar+H₂5%	168	980	I	
	3.175	712	145	32	Ar+H₂5%	280	980	I	
	4.218	358	165	36	Ar+H₂5%	364	1260	I	穿孔
	6.35	354	240	38	Ar+H₂5%	504	1400	I	
	12.7	270	320	26	Ar			I	
钛合金	3.175	608	185	21	Al	224	1680	I	
	4.218	329	175	25	Ar	504	1680	I	
	10.0	254	225	38	He75%+Ar	896	1680	I	穿孔
	12.7	254	270	36	He50%+Ar	756	1680	I	
	14.2	178	250	30	He50%+Ar	810	1680	V	
纯铜	2.46	254	180	28	Ar	280	1680	I	穿孔
	3.175	254	300	38	He	224	1680	I	熔入
	6.35	508	670	48	He	140	1680	I	熔入
黄铜	2.0	508	140	25	Ar	224	1680	I	
	3.175	358	200	27	Ar	280	1680	I	穿孔
镍	3.175		200	30	Ar+H₂5%	280	1200	I	
	6.35		250	30	Ar+H₂5%	280	1200	I	

注：表中百分数均指体积分数。

(三) 微束等离子弧焊接

通常把电流 15～30A 以下的熔入型等离子弧焊接称为微束等离子弧焊接。由于喷嘴(孔径≤1mm)的拘束作用和采用联合型等离子弧,使小电流的细等离子弧(弧柱直径<1mm),燃烧十分稳定,弧长可以达 30mm 以上,已成为焊接金属箔、细丝的首选方法。为了保证焊接质量,应采用精密的工装夹具,保证装配质量和防止焊接变形;要特别重视工件表面的清理;还应设计合理的焊接接头形式(图 6-12 及表 6-6);也可采用光学放大观察系统。

表 6-6 熔入型微束等离子弧焊接的典型工艺参数

接头形式	间隙 Δ(最大值)	错边 Δ_1(最大值)	压板间距 Y_j		垫板槽宽 B_c	
			最小值	最大值	最小值	最大值
平头对接	0.2δ	0.4δ	10δ	20δ	4δ	16δ
弯边对接	0.2δ	δ	15δ	30δ	4δ	16δ

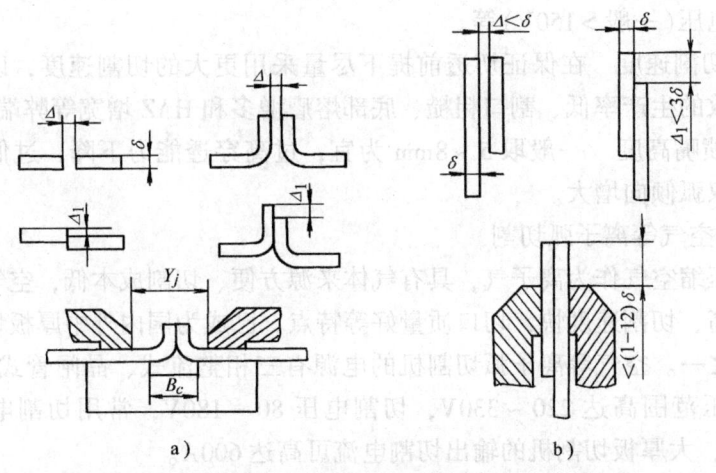

图 6-12 板厚小于 0.8mm 的焊接接头及装配要求
a) 对接接头 b) 端接接头

二、等离子弧切割(PAC)

(一) 等离子弧切割原理及参数选择

与氧-燃气(乙炔、丙烷等)切割原理有本质的不同,等离子弧切割的原理是利用其高温、高速的等离子体焰流,把金属局部熔化和蒸发,并随即吹出而形成切口。等离子弧切割发明于 20 世纪 50 年代中期,80 年代之前主要用于不锈钢、有色金属、铸铁等难以用氧-燃气切割的材料。随着空气等离子弧切割的出现,现已扩展到广泛用于普通碳钢、低合金钢以及非金属材料的切割。表 6-7 为 PAC 的一般适用厚度范围。PAC 的主要工艺参数选择原则如下:

表 6-7　等离子弧切割的最大厚度　　　　　　　（mm）

被切割材料	纯铜	不锈钢	铝	铸铁	碳钢及低合金钢
切割厚度	≤150	≤200	≤150	≤170	≤120

(1) 离子气　离子气流量足够大是保证切口质量的重要参数，但流量过大，会因冷气流带走大量热量，反而降低切割速度以及导致切割过程不稳定。离子气种类有 Ar、Ar+H_2、N_2、N_2+H_2 和空气，一般根据厚度和切口质量要求来选择。板厚 40mm 以下金属材料常用空气 PAC；Ar+H_2 一般用于高切口质量要求、大厚板和高速切割场合；N_2+H_2 也可切厚板，切割成本低，但切口质量较差。

(2) 电流和电压　提高电流、电压可提高等离子弧功率，进而可提高切割速度和厚度。但电流过大会带来切口加宽、双弧倾向增大、作业区域的臭氧浓度增大、喷嘴及钨极寿命降低等弊端。所以工程上常用提高电压方法来实现提高功率的目的。如采用增强热压缩作用的混合气体、高电压与中等电流匹配、切割电源高空载电压（一般 >150V）等。

(3) 切割速度　在保证切透前提下尽量采用更大的切割速度，以克服低速切割而导致的生产率低、割口粗糙、底部熔瘤增多和 HAZ 增宽等弊端。

(4) 喷嘴高度　一般取 5~8mm 为宜，过高穿透能力下降，过低易导致喷嘴过热、双弧倾向增大。

(二) 空气等离子弧切割

利用压缩空气作为离子气，具有气体来源方便、切割成本低，空气等离子弧的热焓值高、切割速度快，切口质量好等特点，已成为国内外中厚板切割的广泛应用方法之一。空气等离子弧切割机的电源有三相整流式、晶闸管式和逆变式，其空载电压范围高达 220~330V，切割电压 80~180V，常用切割电流一般在 200A 以下，大厚板切割机的输出切割电流可高达 600A。

空气等离子弧割枪中的电极不能采用钨合金类材料，这是因为空气中的 O_2、CO_2、H_2O 等气体会严重氧化烧损钨极。目前国内、外广泛应用铪或锆材料制成的镶嵌式（见图 6-6）水冷或间接冷却铜电极。铪、锆电极在空气电弧中工作时，表面将形成一层铪或锆的氧化物和氮化物，两者均易发射电子，且熔点高，电极寿命较长。为有利于阴极斑点的稳定，镶嵌式阴极端面直径一般应为铪（或锆）材料直径的 2~5 倍，而且铪（或锆）材料直径要小于喷嘴孔径，其长度可为其直径的 0.8~4 倍。空气等离子弧割枪的喷嘴一般不采用直接水冷结构。表 6-8 为典型的空气等离子弧切割的工艺参数。

接触式空气等离子切割中，应注意随时清理割枪上的飞溅物，以保持喷嘴端面的平滑和压缩孔道的畅通。工程上还有一些等离子弧切割的特殊应用形式，如水介质(或水压缩)等离子弧切割、水下等离子弧切割、氧介质等离子弧切割,微束及脉冲等离子弧切割等,可参见有关文献。

表6-8 空气等离子弧切割工艺参数

切割材料	板厚/mm	空载电压/V	切割电压/V	切割电流/A	空气压力/MPa	气体流量/L·min⁻¹	切割速度/m·min⁻¹
铜	5	230	120	60	0.4~0.6	7800	15
铝	10	230	120	60	0.4~0.6	7800	24
	20	230	120	60	0.4~0.6	7800	7.8
碳钢	10	230	120	60	0.4~0.6	7800	48
	20	230	120	60	0.4~0.6	7800	15
	25	230	120	60	0.4~0.6	7800	9
不锈钢	10	230	120	60	0.4~0.6	7800	36
	20	230	120	60	0.4~0.6	7800	8
	25	230	120	60	0.4~0.6	7800	6
	30	240~260	120~140	100	0.4~0.6	9000	12
	40	240~260	120~140	160	0.4~0.6	12000	15
	40	240~260	120~140	200	0.4~0.6	12000	24
	60	240~260	120~140	200	0.4~0.6	12000	15
	65	240~260	120~140	200	0.4~0.6	12000	7.5

第三节 等离子弧堆焊和喷涂

产业机械、工程结构中的某些工作面,常常需要其具备耐磨、耐蚀、耐氧化等特殊性能。用整件材料来满足上述要求,通常要大大提高其成本,不符合经济原则,而且往往也没有必要。在廉价的基体材料上,通过堆焊或喷涂(也称热喷涂)方法,制备一层一定厚度,且具有特殊性能的功能性复层,是目前广泛应用的一种经济高效的工业技术。大多数弧焊方法都可以用于堆焊,火焰、电弧及爆炸等方法可用于喷涂,然而由于等离子弧的特殊物理特性,使得等离子弧堆焊和喷涂在该技术领域具有重要的应用地位。

一、等离子弧堆焊

等离子弧堆焊方法具有熔敷速度高、易于自动作业,稀释率低、焊层平整光滑、堆焊材料的钢种适应性极好(尤其是粉末等离子弧堆焊),与基体金属为冶金结合,焊层冶金连续且致密等特点。目前广泛用于轴承、轴颈、阀门、挖掘机和推土机等产业机械零部件的制造与修复场合,尤其适用于焊层材料难以制成丝材但易于制成粉末的硬质耐磨合金。

按焊层材料的供货状态，等离子弧堆焊有丝材(多用热丝)和粉末两种应用方式，粉末等离子弧堆焊应用最为广泛。

(一) 粉末等离子弧堆焊

粉末等离子弧堆焊可采用转移弧或联合弧(联合弧应用居多)。因堆焊层根本不需大熔深，故喷嘴孔道比一般均小于1。为了送进粉末，喷嘴的送粉系统中要引入一股送粉气流，常用氩气。送粉口放在喷嘴孔道底部，可用一个或二个以上。这里需要注意：

1) 喷嘴孔道易吸附粉末，受热的粉末若形成熔滴常常是引起双弧的直接诱因，应十分注意喷嘴结构及送粉位置。送粉孔入射角都在45°以下。

2) 送粉量多少及其均匀性是影响粉末堆焊质量的二个重要因素。常用的送粉装置有雾化式、射吸式及刮板式三种，目前以刮板式送粉器应用为最广泛。

3) 粉末粒度对堆焊质量也有一定影响，常用粒度为0.450~0.125mm(40~120目)。除了内喷粉式外，也可在喷嘴口外送粉或把粉末喷洒在堆焊部位，然后用等离子弧沿粉层加热。此法简易，但堆焊质量及效率均不及内送粉式。

为了提高等离子弧堆焊层宽度，可采用机械或磁控方式摆动。

表6-9中给出了典型零件的等离子弧堆焊工艺参数。

表6-9 排气阀门(4Cr14Ni14W2Mo)堆焊工艺参数

堆焊合金成分	粒度(目)	非转移弧		转移弧		氩气流量/L·h^{-1}			送粉量/g·min^{-1}	喷嘴高度/mm	焊前预热/℃	焊后保温/℃	硬度HRC
		电压/V	电流/A	电压/V	电流/A	离子气	保护气	送粉气					
钴铬钨	80~120	20~30	80~90	40~48	100~120	300~350	400~450	400~450	17~30	7	300~350	400~500	40~45
铁铬硼硅	80~120	20~30	80~90	40~48	100~120	300~350	400~450	400~450	17~30	7	300~350	400~500	45~50
镍铬硼硅	80~120	20~30	80~90	40~48	100~120	300~350	400~450	400~450	17~30	7	300~350	400~500	45~55

(二) 热丝等离子弧堆焊

这种方法的特点是，除了依靠等离子弧加热熔化母材和填充焊丝并形成熔池外，填充焊丝还通电流以便提高熔敷速度和降低堆焊层稀释率(图6-13)。在两根填充焊丝中通交流电(可节省用电成本，又可避免磁场影响)，利用焊丝伸出长度段的电阻热来增加焊丝的熔化速度。此法适用于不锈钢、镍基合金、铜合金焊丝的堆焊。

二、等离子弧喷涂

等离子弧喷涂是目前工业上常用的热喷涂方法之一。热喷涂是将喷涂材料加热到熔融状态，通过高速气流使其雾化(或粒化)，并喷射到工件表面形成涂层，以赋予工件表面更高的耐磨等特殊性能。与火焰喷涂、电弧喷涂相比，由于等离子弧焰流的温度高达10000℃以上，可喷涂几乎所有的固态工程材料(如金属、非金属、陶瓷、塑料、复合粉末等)；等离子焰流速度高达1000m/s以上，熔融粉粒的飞行速

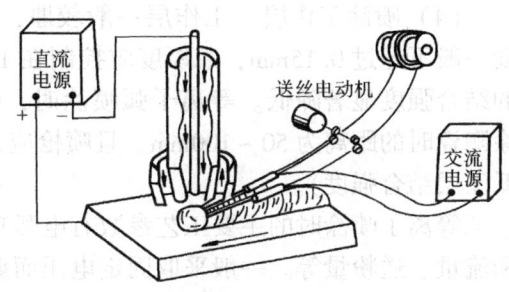

图6-13 热丝等离子弧堆焊示意图

度可达180~600m/s，因而得到的涂层通常更致密，与基体的结合强度更高。

与其他喷涂方法相似，等离子弧涂层与基体、以及涂层粒子间的结合机理仍属于机械结合，但在喷涂钼、铌、钽、镍包铝、镍包钛等材料时，由于冶金反应的放热，可观察到有部分的冶金结合。

要获得高质量的等离子弧喷涂层，除了正确选择设备及有关结构参数外，在工艺技术上应重点注意以下问题：

(1) 喷涂材料的选择 在粉末等离子弧堆焊时，精心选择粉末材料是获得高质量涂层的关键，应根据涂层性能、基材及其尺寸、成本控制目标等要求，选择合适的粉末材料。需要较高的与基材结合强度时可选择所谓放热型自粘结复合粉末作为打底层用粉末(如镍包铝、铝包铬等)；工作层粉末可选择抗磨、抗腐蚀、抗冲刷、抗高温氧化综合性能优良的镍基或钴基自熔硬质合金粉末；铁基粉末在抗蚀和抗高温性能上不如镍基和钴基，但抗磨性能优异，价格便宜。粉末的粒度号一般为0.100~0.045mm(150~320目)，为了得到更致密的均质涂层，可以采用更微细的粉末。

(2) 工件表面预处理 工件表面预处理一般包含表面清洗、表面预加工和表面粗化工序。表面清洗的主要目的是去除氧化皮和油污，直至露出金属光泽。可用金属洗净剂、氢氧化钠等热碱液以及汽油、丙酮等有机溶剂进行清洗。表面预加工的目的是去除表面各种损伤(如疲劳层与腐蚀层等)和表面硬化层，修正不均匀的磨损表面和预留涂层厚度，常用的预加工方法主要有车削和磨削。表面粗化的目的是增大涂层的结合面积，在某些情况下(如喷砂)还可为工件表面提供压应力，有助于增强涂层的机械结合。最常用的粗化方法是喷砂(工件硬度50HRC左右时用多角冷硬铸铁砂；40HRC左右用刚玉砂；30HRC左右用石英砂SiO_2)，也可用车螺纹、磨削和滚花等机加工方法。粗化处理后的表面应加以保护，并尽快喷涂，以防止再度污染或氧化。

(3) 预热 喷涂前对工件进行预热可清除工件表面吸附的水分，并使工件产生膨胀，以降低冷却时涂层产生的拉应力。预热温度以80~120℃为宜。

(4) 喷涂工作层　工作层一般较厚，要采取逐层加厚的办法进行，每层厚度一般不超过 0.15mm，总厚度应控制在 1.0~1.5mm 以下，否则可能会使涂层的结合强度显著降低。等离子弧喷涂时，喷涂金属时的距离为 70~130mm，喷涂陶瓷时的距离为 50~100mm，且喷枪应力求与待喷涂表面垂直(小角度时会降低涂层结合强度)。

等离子喷涂时的主要工艺参数有电弧功率、离子气种类和流量、送粉气种类和流量、送粉量等。一般采取固定电压而调节电流方式来控制电弧功率，该功率的大小依据粉末的熔点、送粉量和粉末粒度来选择。送粉气一般为离子气流量的 1/3~1/5，送粉量要根据电弧功率、喷嘴结构和粉末的物理性能(粒度、熔点等)决定，一般为 80~140g/min，表 6-10 为典型的等离子弧喷涂工艺参数。

表 6-10　等离子弧喷涂典型工艺参数

粉末材料		电弧		氩气流量/L·h^{-1}			喷嘴高度/mm
成　分	粒度/(mm)	电压/V	电流/A	离子气Ⅰ	离子气Ⅱ	送粉气	
钴　铬　钨	0.10~0.056	25~50	250~300	400~600	1500~1800	450~600	85~130
铁铬硼硅铁粉	0.10~0.056	25~50	250~300	400~600	1500~1800	450~600	80~150
铁粉镍包铝	0.10~0.056	25~50	250~300	400~600	1500~1800	450~600	80~150
氧　化　铝	0.10~0.056	25~50	250~300	400~600	1500~1800	450~600	60~80

第七章 电 阻 焊

本章主要讲述电阻焊的基本原理、主要特征及成形过程，讨论主要电阻焊方法的应用范围及不同焊接材料的焊接性能，介绍电阻焊设备的技术要求、质量的过程控制方法。

第一节 电阻焊的基本原理

电阻焊（Resistance Welding）是压力焊中应用最广的一大类的焊接方法，包括点焊、缝焊、凸焊、电阻对焊及闪光对焊。其应用范围大至宇宙飞行器，小至精细的半导体器件和各种厚、薄膜集成电路；可焊接的材料种类也很多，如各种结构钢、钛合金、铜合金、铝合金、镁合金、难熔合金和烧结铝之类的烧结材料；且易于实现机械化和自动化并有各种工业电阻焊机器人、机械手工作在流水线和自动线上。据统计，大约有1/4左右的焊接工作量是由电阻焊方法完成的。

一、电阻焊过程及特点

电阻焊利用电流流经工件接触面及邻近区域产生的电阻热将其加热到熔化或塑性状态，同时对焊接处加压完成焊接的一种方法。

（一）电阻焊的分类

电阻焊按工艺方法可分为多种形式，其方法如图7-1所示。

1. 点焊 将被焊工件装配成搭接接头，并压紧在两电极之间，利用电流通过焊件时产生的电阻热熔化母材金属，冷却后形成焊点，这种电阻焊方法称为点焊。点焊时由于使用一定直径的电极加压，工件产生一定的变形，电流流经的通道主要局限于两电极间的部分区域，从而使工件局部电流密度高，达到局部熔化而形成焊点。

2. 缝焊 是点焊的一种演变，用圆形焊轮取代点焊电极，焊轮压紧工件并连续或断流滚动，同时通以连续或断续电流脉冲，形成由一系列焊点组成焊缝，这种电阻焊方法称为缝焊。当点距较大时，形成的不连续焊缝称为滚点焊；当点距较小，使熔核相互重叠时，则可得到具有一定气密度性的焊缝。

3. 凸焊 是点焊的一种特殊形式，它是利用零件原有型面倒角、底面或预制的凸点作为上下两工件的接触面，施加压力并通以电流，达到在凸点处焊合的一种电阻焊方法。

4. 电阻对焊 将被焊工件装配成对接接头，使其端面紧密接触后通电，利用电阻热加热至塑性状态，然后施加顶锻力使之发生塑性连接的焊接方法。

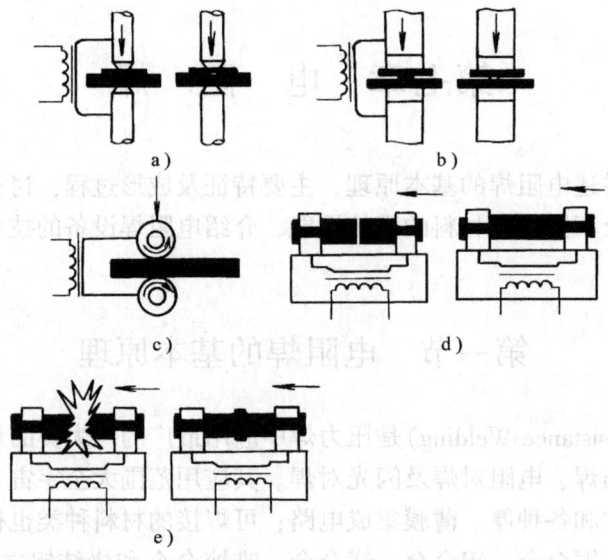

图 7-1　电阻焊方法示意图
a) 点焊　b) 凸焊　c) 缝焊　d) 电阻对焊　e) 闪光对焊

5. 闪光对焊　将被焊工件装配成对接接头，接通电源后使其端面逐渐移近达到局部接触，利用电阻热加热这些接触点（产生闪光），使端面金属熔化，直到端部在一定深度范围内达到预定温度分布时，迅速施加顶锻力使之发生塑性连接的焊接方法。

需强调的是以上各种方法都有一个共同的特点：内部电阻热加热，压力下焊合。它们之间也有不同之处：点焊、缝焊、凸焊一般是搭接接头形式，可称搭接电阻焊，以液相连接；而电阻对焊和闪光对焊一般是对接接头形式，可称为对接电阻焊，以固相连接居多。

电阻焊可加热到熔化状态（如点焊、缝焊、闪光对焊），也可仅加热到高温塑性状态（如电阻对焊）。熔化金属可组成焊缝的主要部分（如点焊、缝焊的熔核），也可为了组成焊缝而被挤出，呈毛刺（如闪光对焊）。因此电阻焊焊缝可以具有铸状组织，也可仅为锻状组织。

（二）电阻焊的主要优缺点

电阻焊方法的主要特点是接头可靠，机械化和自动化水平高，焊接过程的生产率高，生产成本低。具体表现为：①热量集中，加热时间短，焊接变形小；②冶金过程单一，不需填充材料，不需保护气体；③工艺操作简单，焊工技能要求不高，易于机械化，自动化；④适应同种及异种金属焊接；⑤生产率高，成本低，劳动环境好。但电阻焊存在设备复杂，维修难，一次性投资大；电容量大，对电网冲击严重；缺少有效的在线检测手段等缺点。

二、电阻焊热源及热过程

（一）接触电阻

电阻焊的热源是内部电阻热，由电极与焊件间的接触电阻 R_{ew}，工件本身电阻 R_w，两工件间接触面上的接触电阻 R_c，三类电阻共同析热组成热源，见图7-2。总电阻 R 可用下式表达：

$$R = 2R_{ew} + 2R_w + R_c$$

式中　$2R_{ew}$——电极与工件间的接触电阻(Ω)；

　　　$2R_w$——工件中导电部分的电阻(Ω)；

　　　R_c——两工件间的接触电阻(Ω)。

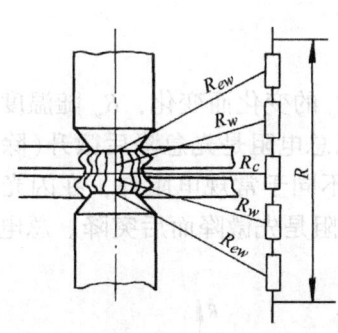

图7-2　点焊时的电阻分布

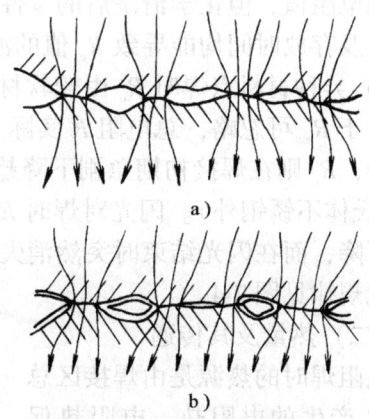

图7-3　接触电阻形成机理
a) 表面不平引起的电流线弯曲
b) 表面氧化膜而引起的电流线弯曲

R_{ew} 由于电极采用铜及其合金材料，其导电率高，接触可靠，接触电阻 R_{ew} 较小。R_{ew} 析热只有很少一部分传给工件，且它离结合面较远，故 R_{ew} 常忽略不计。

R_w 取决于它的电阻率 ρ，与材料的物理性质有很大关系：

1）电阻率是被焊材料的重要性能，电阻率高的金属(R_w 大)，其导电性、导热性差(如不锈钢)，相反，电阻率低的金属(R_w 小)导电性、导热性好(如铝合金)。因此点焊不锈钢时产热多而散热慢，点焊铝合金时产热少而散热快。点焊时，前者可以用较小电流(几千安培)，后者就必须用很大电流(几万安培)。

2）电阻率与金属的热处理状态和加工方式有关。通常金属中含合金元素越多，电阻率就越高；淬火状态的又比退火状态的高。

3）各种金属的电阻率与温度有关，随着温度的升高电阻率增加，并且金属熔化时的电阻率比熔化前高1~2倍。

R_c 因被焊工件间的接触面上存在微观不平或阻碍导电的杂质，所以电流在流过接触面时，会存在局部接触点导电，这样电流线会产生扭曲，使实际导电面积缩小而引起的附加电阻称为接触电阻，见图7-3。接触电阻尚有下述特性：

1)电极压力增大,对压平接触表面的凸凹不平和破坏不良导体膜均有利,接触电阻下降。因此,有时使用焊前加预顶锻压力,可以使 R_c 值在焊接初期保持相对恒定而不致变化过大。

2)若温度升高,金属的压溃强度降低,使工件与工件间接触面增大,某些微观不平发生塑性变形而消失,工件电阻 R_c 减小。因此,在厚板点焊时,采用预热电流脉冲工艺,可获得与采用马鞍形压力相同的功效,并且可不必增大电极压力而降低设备造价。

3)焊件表面状态对 R_c 值的波动影响甚大,机械清理可比化学清洗得到更低的接触电阻值,但化学清洗后的零件接触电阻更为均匀、稳定,因此加工和清理方法以及存放时间均能导致 R_c 值的波动。

4)异种材料点焊时 R_c 由较软材料决定。

由于 R_{ew} 可忽略,总电阻 R 实际上随 R_w 与 R_c 的变化而变化,R_w 随温度上升而上升,R_c 则在焊接初期急剧下降趋于零,所以总电阻是先急降后微升(除铝合金、奥氏体不锈钢外)。闪光对焊时 R_c 变化规律不同于常规电阻焊,在闪光过程中略下降,而在闪光结束时突然消失,所以总电阻是先微降而后突降。总电阻 R 的变化规律见图7-4。

(二)热量及其传递

电阻焊时的热源是由焊接区总电阻 R 产生的电阻热,电阻热促使接触表面熔化或达到塑性状态,形成熔核或固相连接,其值可按焦耳定律计算产生的总热量:

$$Q = I^2 R t$$

式中 Q——总热量(J);
I——电流的有效值(A);
R——总电阻的平均值(Ω);
t——通电时间(s)。

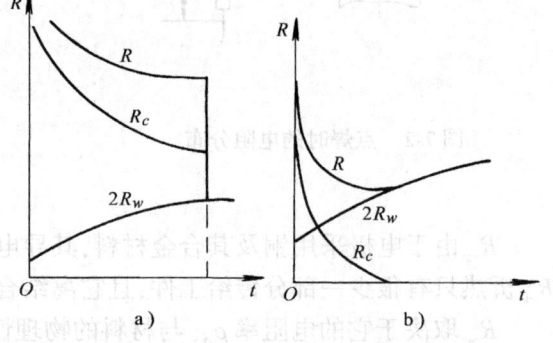

图7-4 电阻焊总电阻的变化规律
a)闪光对焊 b)电阻对焊、点焊、缝焊

加热熔化金属的热量由两部分组成:第一部分由电流 I 通过 R_c 析出的热量(可视为面热源),直接加热焊接区;第二部分由电流 I 通过 R_w 析出的热量(可视为体热源),经热传导后加热焊接区。

电阻焊时产生的热量 Q 只有较少部分用于加热焊接区,较大部分将向邻近物质的传导和辐射而损失掉。有效热量($\approx 10\% \sim 30\% Q$)取决于金属的热物理性质及熔化金属量,而与所用的焊接条件无关,电阻率低、导热性好的金属(铝、铜合金等)取低限;电阻率高、导热性差的金属(不锈钢、高温合金)取高限。散失的热量 Q_2 主要包括通过电极传导的热量($\approx 30\% \sim 50\% Q$)和通过工件传导的热量

($\approx 20\% Q$),以及辐射到大气中的热量($\approx 5\% Q$)。

(三) 电流场及温度场分布

焊接电流是产生内部电阻热的外部条件,它通过二个途径对加热过程施加影响。其一,调节焊接电流有效值的大小会使内部热源的析热量发生变化,影响加热过程;其二,焊接电流在内部电阻 $2R_w$ 上所形成的电流场分布特征,将使焊接区各处加热强度不均匀,从而影响加热过程。下面以点焊为例来研究电阻焊的电流场及温度场。

1. 点焊加热时的电流分布　用最普遍采用的圆锥形电极点焊等厚度钢板时,可忽略接触电阻,在通电开始时的电场和电流密度,如图 7-5 所示。图 7-5a 中与电流线垂直的曲面代表电场等位面,以下电极为基准值 $\varphi = 0\%$,上电极为全部电压降 $\varphi = 100\%$ 表示。图 7-5b 则表示三个不同截面上电流密度分布状况,由图可见在接触面边缘处的电流密度最高。

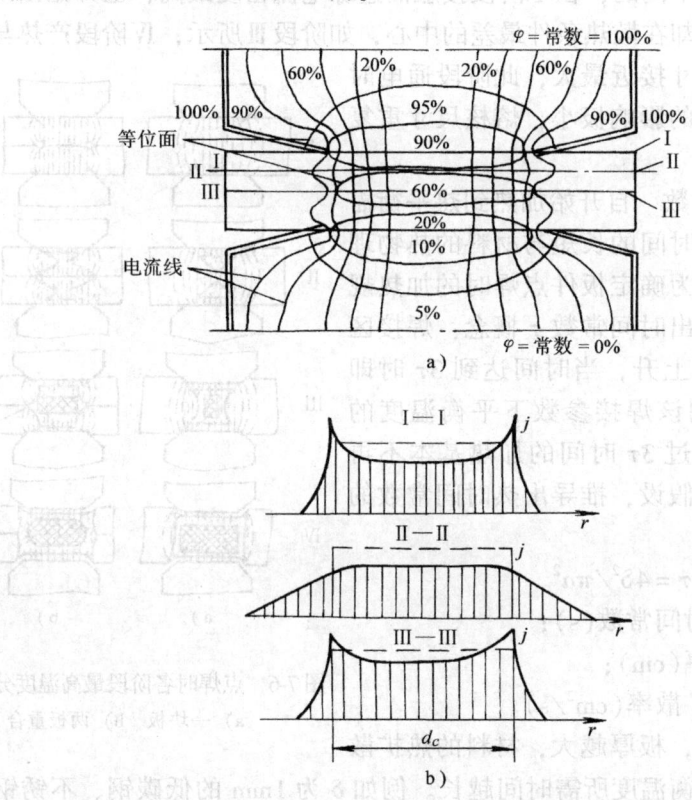

图 7-5　点焊时的电场与电流密度
a) 点焊时的电场　b) 各典型截面的电流密度

焊接过程中电流分布是动态的、不均匀的;由于边缘效应而引起电流的宏观收缩,加上因表面接触不均而引起电流的微观收缩,导致前面所述的电流密度分布状况；随着加热进行，电流密度高处温度升高更快，但由于绕流现象会导致该处电流密度降低，电流密度将重新分布；绕流现象不断改变电流密度分布，只有在点焊温度场进入准稳态后，电流场才呈现暂时的稳定状态。

2. 点焊加热时的温度分布　根据热传导原理，各点的温度取决于该点输入热量、输出热量及该点产出热量的代数和。输入、输出热量是由其与相邻点的温差引起，各点的发热量与该点的电流密度、电阻率有关。加热开始时，焊件各点温度相同，无热传导，所以各点的温升与各点的发热量成正比，电流密度高处温度最高；进一步通电加热，各点温升将取决于各点的发热和热传导的综合，热量总是由高温区向低温区传递，且温差越大热量传导越快；最后当发热量与散热量达到平衡时，温度不再上升。

用计算机计算出的各阶段的温度分布见图7-6。由图7-6可见在升温的各阶段最高温度区是不同的，在Ⅰ阶段接触面边缘电流密度最高，已开始出现环状熔核；而真正熔化却在散热条件最差的中心，如阶段Ⅲ所示；Ⅳ阶段产热与散热接近平衡，熔核尺寸接近最大，此阶段通电时间的波动对熔核的影响极小，熔核尺寸重复性好。

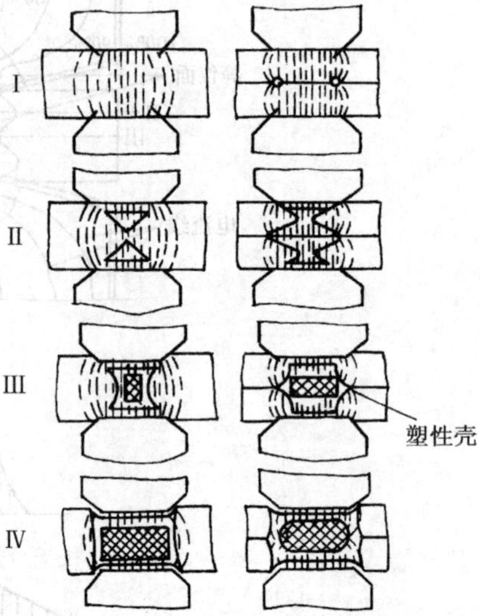

3. 热时间常数　自开始加热到热平衡需一定时间，这段时间的长短与材料的热物理性和厚度有关。为确定板件点焊时的加热规律，日本学者提出时间常数 τ 概念：焊接区温度呈指数曲线上升，当时间达到 3τ 时即认为温度已达到该焊接参数下平衡温度的95%，并认为超过 3τ 时间的加热基本不再升温。根据上述假设，推导出热时间常数的公式为：

$$\tau = 4\delta^2/\pi a^2$$

式中　τ——热时间常数(s)；
　　　δ——板厚(cm)；
　　　a——热扩散率(cm^2/s)。

图7-6　点焊时各阶段最高温度分布情况
a) 一块板　b) 两板重合

由上式可知，板厚越大，材料的热扩散率越差，达到平衡温度所需时间越长。例如 δ 为1mm 的低碳钢、不锈钢及铝合金，τ 分别为0.029s，0.107s 及0.008s；当 δ 为0.2mm 时，则 τ 分别为0.001s，0.004s 及0.0003s。

根据这一概念，输入功率或电流大小是决定热平衡时最高温度的参数，而达到热平衡所需时间则由材料的热时间常数决定。因此在焊接时可以有几种不同的形成熔核条件：

1) 输入功率很大，平衡时最高温度远大于材料熔点（$T_{max} \gg T_m$），此时焊接时间分别为 $t \ll 3\tau$、$t < 3\tau$，$t \approx 3\tau$ 的各个加热阶段，分别形成截面形态不同的熔核，见图 7-7a。

2) 输入功率适中，使最高温度略高于材料熔点即（$T_{max} > T_m$），此时当焊接时间 $t < 3\tau$，则只能获得较小的熔核。当焊接时间 $t \approx 3\tau$ 时，则可获得正常的熔核，见图 7-7b。

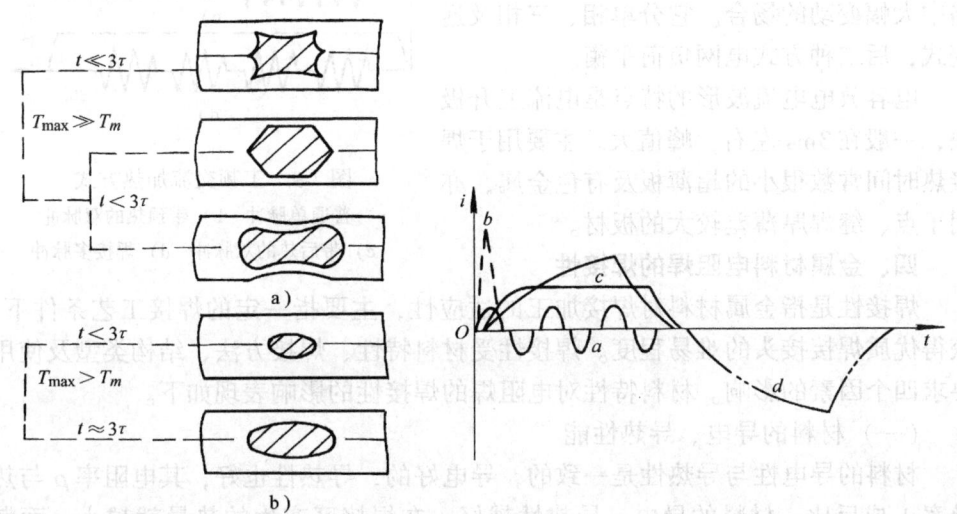

图 7-7 加热条件与熔核形态的关系

T_{max}—最高温度　T_m—熔点温度
τ—热时间常数　t—加热时间

图 7-8 电阻焊各类电源的波形图

a—工频交流　b—电容放电　c—二次整流　d—三相低频

三、焊接电流的种类及运用范围

电阻焊采用的电源是多样的，主要有单相交流、三相低频、二次整流及电容放电等，其电流波形如图 7-8 所示。

单相交流将电能通过单相变压器降压后输给工件。其电流的调节可以是调节焊接变压器的变压比来进行有级调节，也可以通过改变晶闸管导通角进行无级调节，其时间调节是控制通电的周波数。这种通电方式能满足常用厚度的低碳钢、合金结构钢、不锈钢、高温合金及镀层钢板的焊接。工频交流又可分为：普通单脉冲，常用于低碳钢，不锈钢等热敏感性能差的材料的电阻焊，见图 7-9a；带预热的双脉冲，用于对热敏感性能强的材料的焊接，见图 7-9b；带后热的双脉冲，用于降低熔核及其周围组织的冷却速度，避免结晶裂纹或淬硬脆性组织的形成以及使已淬硬的组织获得回火处理，见图 7-9c；焊接多脉冲通常使用在热时间常数足够大的场合，见图 7-9d。

三相低频电流波形可以满足在工艺上需要缓慢上升，电流峰值大的场合，例如铝合金板点焊、缝焊，厚钢板点焊、缝焊，横截面积大的棒材对焊等。

二次整流因其直流通电方式，二次回路的感抗几乎为零，一般用于需要大电流和电感变化较大，例如厚板、长臂和铁磁体在回路中大幅变动的场合。它分单相、三相及逆变式，后二种方式电网负荷平衡。

电容放电电流波形的特点是电流上升极快，一般在3ms左右，峰值大。主要用于焊接热时间常数很小的超薄板及有色金属，亦用于点、缝焊厚薄差较大的板材。

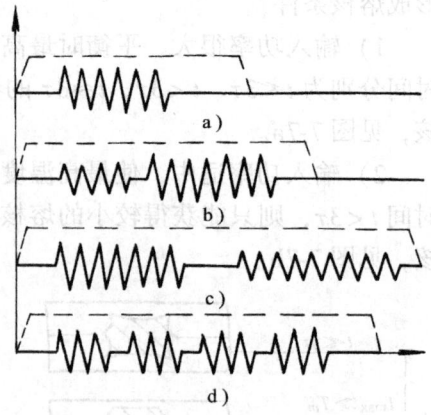

图 7-9 工频交流加热方式
a) 普通单脉冲　b) 带预热的双脉冲
c) 带后热的双脉冲　d) 焊接多脉冲

四、金属材料电阻焊的焊接性

焊接性是指金属材料对焊接加工的适应性，主要指一定的焊接工艺条件下，获得优质焊接接头的难易程度。焊接性受材料特性、焊接方法、结构类型及使用要求四个因素的影响。材料特性对电阻焊的焊接性的影响表现如下。

（一）材料的导电、导热性能

材料的导电性与导热性是一致的，导电好的，导热性也好，其电阻率 ρ 与热导率 λ 成反比。材料的导电、导热性越好，在焊接区产生的热量就越小，而散失的热量却越多，焊接加热越困难，这在前面关于电阻率的讨论中已叙述过。可见材料导电、导热性能越好，焊接性越差，这就要求用大容量的电源（如三相低频电源、低频半波电源），采用大电流短时间的硬规范和导电性好的电极材料。如纯铜属导电、导热极好的材料之一，故纯铜难点焊，不能缝焊。

（二）材料的高温、常温强度

材料的高温、常温强度越高，焊接区的变形抗力越大，焊接中产生必要塑性变形所需的电极压强越高。因此必须增大焊机机械能力和机架刚度，而且要求电极材料应具有较高的高温强度；如果材料的高温、常温强度大，压力不足以产生有效的塑性环包围熔化的液态熔核，飞溅倾向增大；同时对这样的材料焊接时应用硬度高的铜合金做电极，因电极导电、导热性差而易过热，电极耗损大，修磨频繁。如奥氏体钢、高温合金等高温、常温强度高，为了提高焊接区金属塑性变形程度，可采用小电流、长时间的软规范。另外，可塑性区间温度范围小的材料其塑性变形区间小，对参数波动敏感，易出现裂纹（如某些铝合金），其焊接性也差，必要时需采用精确控制加热和冷却的特殊电源（低频半波）。

（三）材料的线膨胀系数

焊接区金属在加热与冷却结晶过程中，材料的线膨胀系数越大，体积的变化越大。当焊机加压机构不能实时地适应金属体积的变化时，在加热熔化阶段则可能因焊接区金属膨胀而使熔核上的电极力增大，甚至挤破塑性环而产生飞溅；在冷却结晶阶段，熔核体积收缩时，使电极力减小，结果熔核内部产生裂纹、缩孔等缺陷。因此线膨胀系数较大的材料焊接时，要求焊机加压机构有较小的摩擦力与惯性力，同时采用提高锻压力的焊接循环，可以减小熔核结晶缺陷。例如厚板铝合金点焊时应采用加顶锻力的变压加压工艺。

(四) 材料与电极粘损倾向

如果电极(一般为铜合金)与工件中某些元素(Al、Zn、Sn、Pb)等在焊接工作温度下形成固溶体或金属间化合物，电极表面的电阻率将大幅度升高，导致电极发热量增加，温度上升，而温度上升将加快固溶体或金属间化合物的形成和扩散，因此电极粘损严重；同时，铜元素进入板表面还会破坏工件表面质量。所以，对铝及其合金、镀层钢板的焊接时必须加强电极水冷，有时甚至需采用外部水冷的方法防止电极粘损，以提高电极寿命，且电极要经常修磨。

(五) 材料的热敏感性

材料在快速加热和冷却过程中产生不稳定组织，甚至发生裂纹的情况在各种焊接方法中均存在，凡是易淬火或经变形强化及调质处理的材料，其热敏感性都比较大。点焊的特点是板厚薄，拘束度小，产生裂纹的机会小，但淬硬和软化现象在合金钢电阻焊中普遍存在。这类钢的焊接最好采用多脉冲电流焊接工艺或带缓冷、回火的双脉冲的焊接工艺。

影响焊接性的因素还有很多，如材料熔点、硬度、表面氧化膜的特征等，因此应综合评估。总的来说，材料电阻焊的焊接性一般都比熔化焊好。材料凸焊的焊接性比点焊的焊接性好，点焊焊接性又比缝焊的焊接性好；闪光对焊除少数热脆性合金外，其焊接性比电阻对焊要好。表 7-1 是几类常用金属材料点焊时焊接性的综合评估，缝焊、凸焊、电阻对焊的焊接参数要求与点焊大致相同，可作参照。

表 7-1 常用金属材料点焊焊接性的综合评估

材 料(牌号)	焊接电流	焊接时间	电极压力	预热电流	缓冷电流	加大顶锻压力	焊后热处理	电极粘损
低碳钢(10)	中	中	小	不需	不需	不需	不需	小
合金结构钢(30GrMnSiA)	中	中长	中	希望	需	需	需	小
奥氏体钢(1Cr18Ni9Ti)	小	中	大	不需	不需	不需	不需	小
高温合金 GH3039(GH39)	小	长	大	希望	希望	希望	不需	小
铝合金(5A06，旧牌号 LF6)	大	短	大	不需	不需	希望	不需	中
钛合金(TA7)	小	中	小	不需	不需	不需	不需	小
镁合金(MB8)	大	短	小	不需	不需	需	不需	大
铜合金(H62)	中	短	中	不需	不需	不需	不需	大
纯(紫)铜(Cu1)	大	短	中	不需	不需	不需	不需	小

第二节　点焊、缝焊、凸焊

一、点焊

点焊是一种快速、经济的连接方法。它适用于可以采用搭接，接头不需气密，厚度小于3mm以下的冲压、轧制的薄板构件的焊接。

（一）点焊方法

点焊通常分为双面点焊和单面点焊两大类。双面点焊是电极由工件的两侧向焊接处供电，适用于小型零件和大型零件周边各焊点的焊接。单面点焊是电极由工件的同一侧向焊接处供电，适用于当电极可达性很差或零件较大，二次回路过长时各焊点的焊接。从零件单侧供电，需考虑另一侧加铜垫以减小分流，且作为反作用力支点。当零件上焊点数较多，常采用单面多点焊，这时可采用一个变压器供电，各双电极轮流压住工件的形式，也可采用各对电极均由单独的变压器供电，全部电极同时压住工件的形式。后一形式具有较多优点，应用也较广泛。

（二）点焊循环

点焊过程由预压、焊接、维持、休止四个基本程序组成焊接循环，必要时可增加附加程序，其基本参数为电流和电极力随时间变化的规律。图7-10为点焊时序图。

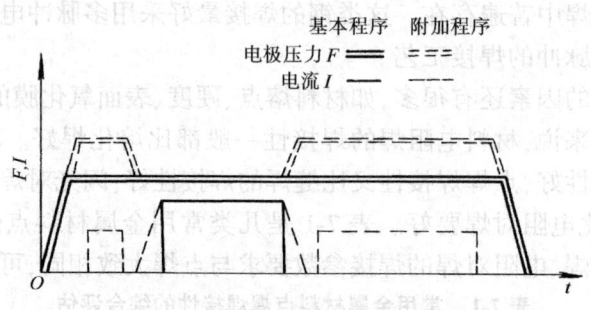

图7-10　点焊时序图

1. 预压（$F>0, I=0$）　预压的目的是克服构件刚性，获得低而均匀的接触电阻，以保证焊接过程获得重复性好的电流密度。对厚板或刚度大的冲压零件，可在此期间先加大预压力，而后再回复到焊接时的电极压力，使接触电阻恒定而又不太小，以提高热效率。或者添加辅助程序，即通以预热电流，达到上述目的。

2. 焊接（$F=F_w, I=I_w$）　这个阶段是焊件加热熔化形成熔核的阶段，焊接电流可基本不变，亦可逐渐上升或阶跃上升，在此期间焊接区的温度分布经历复杂的变化后趋向稳定，当最后输入热量与散失热量平衡时（即$t \geq 3\tau$），熔核达到稳定尺寸。在焊接区中心位置存在熔化液态的熔核，在熔核的四周，即温度低于材料熔点而高于材料力学熔点(500~600℃)的区域,形成高温塑性状态的连接区,即塑性环(亦称塑性壳)。塑性环是固相连接;塑性环使液态熔核与大气隔绝,不被氧化;塑性环随熔核的长大而长大,且始终包围着液态熔核;塑性环一旦被破坏,如焊接前期失压或焊接后期过压,将引起飞溅。此阶段是焊接循环中的关键,足够大的熔核尺寸是焊接质量的保证,焊点的强度决定于熔核的尺寸(直径 d_n 及熔核高 h_n),如图7-11。

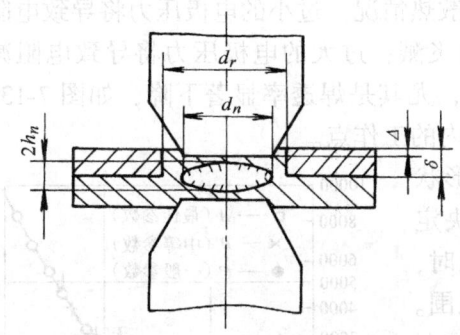

图7-11 熔核尺寸及塑性环
d_n—熔核直径 d_r—塑性环外径
h_n—熔核高度 Δ—压痕深度

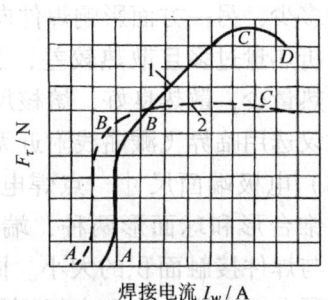

图7-12 电流与
剪切力(F_τ)的关系
1—1.6mm 厚以上的板
2—1.6mm 厚以下的板

3. 维持($F>0,I=0$) 此阶段不再输入热量,熔核快速,冷却结晶。由于熔核体积小,且夹持在水冷电极间,冷却速度极高,一般在几周波时间内凝固结束,如果无外力维持,冷却收缩时将产生三向拉应力,极易产生缩孔、裂纹等缺陷。

对厚板、铝合金、高温合金等零件希望增加顶锻力来防止缩孔、裂纹。这时必须精确控制加顶锻力的时刻,过早将使液态金属因压强突然升高使塑性环被冲破,产生飞溅;过晚则因凝固缺陷已形成而无效。此外加后热缓冷电流,可降低凝固速度,亦可防止缩孔和裂纹的产生。对焊接易淬硬的材料时,应加回火电流以改善金相组织。

4. 休止($F=0,I=0$) 此阶段为恢复到起始状态所必须的工艺时间。

(三)点焊焊接参数

(1)焊接电流 I_w 析出热量与电流的平方成正比,所以焊接电流对焊点性能影响最敏感。在其他参数不变时,当电流小于某值时,熔核不能形成;超过某值后,随电流增加熔核快速增大,焊点强度上升,而后因散热量的增大而熔核增长速度减缓,焊点强度增加缓慢。如进一步提高电流则导致产生飞溅,焊点强度反而下降(图7-12),所以一般选用对熔核直径变化不敏感的适中电流(BC 段)来焊接。

(2) 焊接时间 t_w 通常是指电流接通到停止的周波数,通电时间的长短直接影响输入热量的大小。如第一节所分析,在其他参数固定的情况下,只有通电时间超过某最小值时才开始出现熔核;而后随通电时间的增长,熔核快速增大;再进一步增加通电时间熔核增长变慢,渐趋恒定,应停止供电;如果加热时间过长,组织变差,会使接头塑性指标下降。

(3) 电极压力 F 电极压力的大小一方面影响电阻 R_c 的数值,从而影响析热量的多少,另一方面影响焊件向电极的散热情况。过小的电极压力将导致电阻增大,析热量过多且散热较差,引起前期飞溅;过大的电极压力将导致电阻减小,析热量少,散热良好,熔核尺寸缩小,尤其是焊透率显著下降,如图 7-13。目前建议选用临界飞溅曲线附近无飞溅区内的工作点。

(4) 电极端面尺寸 点焊电极端面形状主要有锥台形和球面形两种,端面尺寸决定了电极与焊件接触面积的大小。同等电流时,它决定了电流密度大小和电极压强分布范围。一般应选用比期望获得的熔核直径大 20% 左右的工作面直径确定所需的端部尺寸。其次由于电极是内部水冷的,电极上散失的热量往往高达总热量的 50%,因此端部工作面的波动或水冷孔端到电极表面的距离变化均将严重影响散热量的多少,从而引起熔核尺寸的波动。因此要求锥台形电极工作面直径在工作期间每增大 15% 左右必须修复,而水冷孔端至表面距离在耗损至仅存 3~4mm 时即应更换新电极。

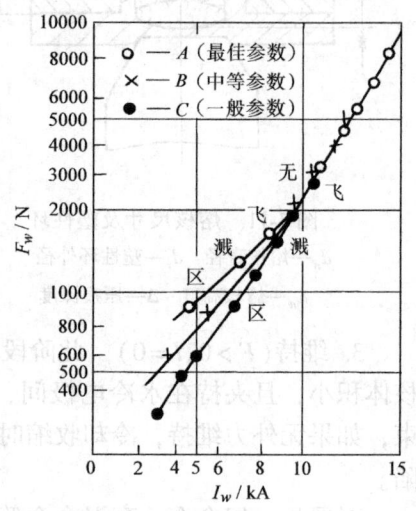

图 7-13 RWMA 推荐的电流与电极压力关系的临界飞溅曲线

点焊时各参数是相互影响的,对大多数场合均可选取多种参数的组合。通常把大电流、短通电时间的组合称硬规范;把小电流、长通电时间的组合称软规范。软规范的特点:加热平稳,焊接质量对规范参数波动的敏感性低,焊点强度稳定;温度场分布平缓,塑性区宽,在压力作用下易变形,可减少熔核内喷溅、缩孔和裂纹倾向;对有淬硬倾向的材料可减少接头冷裂纹,所用设备装机容量小、控制精度不高,因而较便宜。但是,软规范易造成焊点压痕深、接头变形大、表面质量差;电极磨损快、生产效率低、能量损耗较大。软规范一般配以较低的电极压力。硬规范的特点与软规范相反。

二、缝焊

缝焊是用一对滚盘电极代替点焊的圆柱形电极,与工件作相对运动,从而产生一系列熔核,组成焊缝。它适用于制造可以采用搭接且有气密性要求的薄板焊件。

(一) 缝焊方法

根据焊轮旋转方式与通电方式的配合，可将缝焊分为三种基本类型，如图 7-14 所示。

(1) 连续缝焊　焊件在两焊轮间连续移动（即焊轮连续旋转），焊接电流也连续通过，每半周形成一个焊点，图 7-14a。连续缝焊所用设备简单，生产率高，焊接速度达 10~20m/min。但是焊轮易于发热而磨损，且熔核附近及工件表面易过热甚至烧伤，焊缝易下凹。故这种方法的实际可用性很有限。

(2) 断续缝焊　工件连续移动，而焊接电流断续接通，每"通—断"一次，形成一个焊点，见图 7-14b。这时焊轮有冷却机会，可克服连续缝焊的缺点，故应用最为广泛。但在熔核冷却过程中，焊轮已一定程度地离开，因而没有充分的锻压过程，在焊接某些金属时易生成缩孔甚至裂缝。

(3) 步进缝焊　工件断续移动（即焊轮间歇式旋转），焊接电流在工件静止时接通，见图 7-14c。这时由于熔核在整个结晶过程中有锻压力存在，所以焊缝比较致密。缺点是必须有使焊轮间歇旋转的比较复杂的机械装置。

缝焊有多种形式，并采用专门的术语，除通用的双面缝焊外，还有单面缝焊、小直径圆周缝焊、垫箔带对接缝焊、挤压缝焊和垫丝对接缝焊等。

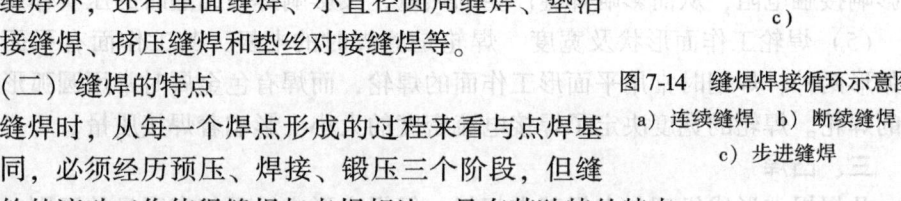

图 7-14　缝焊焊接循环示意图
a) 连续缝焊　b) 断续缝焊
c) 步进缝焊

(二) 缝焊的特点

缝焊时，从每一个焊点形成的过程来看与点焊基本相同，必须经历预压、焊接、锻压三个阶段，但缝焊焊轮的滚动工作使得缝焊与点焊相比，具有其独特的特点：

(1) 交替性　点焊时，预压、焊接、锻压三个阶段依次作用在同一焊点上，而缝焊时，不同的焊接部位同时进行着三个不同的阶段：刚移出去的已形核的区域处于锻压阶段时，在焊轮下的区域正处于焊接阶段，而将进入焊轮的区域已处于预压、预热阶段。因此缝焊中相邻的焊点的各个阶段具有同时性和交替性。由于预压力与锻压力明显不足，故缝焊时产生飞溅，焊后产生收缩缺陷的倾向增大。

(2) 分流现象　缝焊时，由于点距小且有重叠，分流现象不可避免，这削弱了对焊接区的加热，严重时会导致熔化不足，甚至不熔化，产生虚焊，大大削弱了接头的承载强度。因此，缝焊时电流有效值比点焊电流应增大 40%～50%，以抵消分流的影响。

(3) 预热及后热作用　由于缝焊点距小，相邻焊点间的互相热作用明显：已焊点对待焊点有预热作用，焊接点对已焊点有后热作用。预热作用有助于焊接区的前期加热，防止飞溅；后热作用有助于焊核的缓冷，防止裂纹和收缩缺陷的产生。

(4) 表面过热现象　由于焊轮连续工作，焊轮在焊件上各点的停留时间极短，焊件表面散热条件差，故表面易过热，变形较大。

由缝焊特点可见，保证焊缝接头质量一般都比点焊时困难，但采用步进式缝焊时，焊缝上每一个焊点的形成过程都是在焊轮固定不动的条件下完成，这时焊接过程和质量与点焊相当。

(三) 缝焊焊接参数

(1) 焊接电流　当焊件厚度相同时，缝焊的焊接电流较点焊大 40%～50%，故缝焊规范较硬。在给定的脉冲时间 t_{on}、休止时间 t_{of} 及焊接速度 v 下，焊接电流的大小决定焊缝在母材中的熔深和熔核重叠率。

(2) 脉冲时间 t_{on} 和休止时间 t_{of}　通常通过脉冲时间 t_{on} 控制熔核尺寸，用休止时间 t_{of} 和焊接速度 v 控制熔核重叠率。为保持相同的重叠率，随焊接速度的增加，t_{on}/t_{of} 增加，一般为 1.25∶1～3∶1 之间。

(3) 焊接速度 v 和点距 a　选择焊接速度时，应保证熔核点距或重叠率符合密封性的要求，断续缝焊和步进缝焊时，可按下式计算：$v = 0.06a/(t_{on} + t_{of})$。

(4) 电极压力　在缝焊中，电极压力始终保持不变。与点焊电极压力一样，既影响接触电阻，从而影响焊缝产生的热量，又影响焊核结晶时的压实作用。

(5) 焊轮工作面形状及宽度　焊轮是缝焊时的电极，其工作面有平面形和圆弧形两种，焊钢时常用平面形工作面的焊轮，而焊有色金属时常用圆弧形工作面的焊轮。焊轮的宽度决定了焊接电流密度的大小，影响着焊接质量。

三、凸焊

凸焊焊点形成机理与点焊基本相似，但焊点形成过程却有明显的区别。凸焊时，凸点的存在限制了电流流经焊件的面积，减少了分流的影响，提高了焊接区的电流密度，使焊接区集中加热，有利于实现接头的连接；焊件的连接，按凸点所限定的接触面进行；焊点的形状与位置由凸点本身的几何尺寸、分布状况和规范参数来决定。凸焊接头形式多样，随动性好，适用于各种接头形式、各种复杂结构的低碳钢、低合金钢冲压件的焊接装配。凸焊接头的形成过程可划分为预压、凸点压溃与成形三个阶段，如图 7-15 所示。第一阶段，预压时凸点在电极压力作用下开始变形，其高度 h 降低，与下板相接触的面积增大；当电极压力达到预定值时，凸点有一定程度的压溃 S_1，下板面也形成不深的压坑。第二阶段，通电后电流集中流过凸点接触面，加热集中，在极短时间内凸点所余高度全部被压溃，压溃量为 S_2，两板基本贴合。第三阶段，自凸点被压溃、两板贴合开始，形成较大的加热区，个别接触点的熔化逐步扩大成足够尺寸的熔核和塑性区。由图 7-15 还能看到，成核过程中因焊接处金属体积膨胀，电极会再次向上位移 S_3，但焊机加压系统的摩擦力与焊头自重的作用，使焊接区不能自由膨胀，因而电极实际上的位移量小于 S_3，转为电极压力增高量 h'。凸焊过程应注意以下几个问题：

1）一个焊件上通常预制多个凸点，在焊接时这些凸点同时焊接起来，为了保证各个凸点的焊透相同，必须使焊接电流和电极压力均匀分配在各个凸点上。为此，焊件表面必须仔细清理，焊件本身及其凸点的冲压必须十分精确。

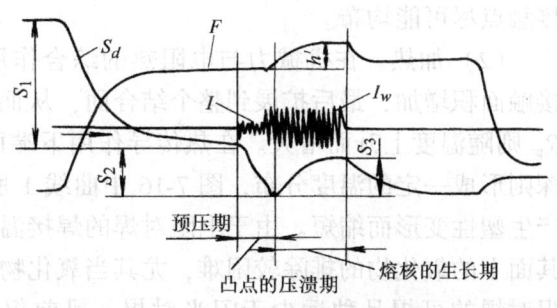

图 7-15 凸焊过程中电极压力、电极位移及焊接电流随时间的变化

F—电极压力 I_w—焊接电流 I—预热电流 h'—电极压力增高量 S_d—电极的位移 S_1—加压时凸点的压溃量 S_2—通电初期凸点的压溃量 S_3—熔核生成时的膨胀量

2）如果凸点很多或者以零件底面为接触面时，由于接触面较大，电流密度较小，焊接部位以固相焊接取代熔化焊接，接头强度有所下降。

3）凸焊前准备除了表面清理等工序外，主要是凸点或凸环的选择和制备。凸点形状以半球形及圆锥形应用最为广泛。半球形凸点制备简单；圆锥形可以提高凸点的刚度，预防凸点过早压溃，还可以减小因焊接电流线过于密集而发生喷溅；带溢出环形槽的凸点可防止压塌的凸点金属挤在加热不良的周围间隙内引起电流密度的降低。

第三节 对 焊

电阻对焊接头为相同截面的对接，若为变截面焊接时，需将连接部位加工成相同截面。截面面积从 $0.04mm^2$ 的细丝到 $10000mm^2$ 的大截面，整个截面一次同时焊成，因此一般要求对焊机的容量较大，个别可高达 1000kVA 以上。对焊分为电阻对焊与闪光对焊两大类。

一、电阻对焊

（一）特点与应用

按焊接过程中的加压方式，电阻对焊可分为等压式与变压式两种。电阻对焊常用于对接碳素钢、纯铜、纯铝和黄铜等塑性较好的材料；用于各种线材的接长；面积小于 250mm² 的丝、棒、窄带钢的对接等。电阻对焊的过程分为预压、加热、顶锻、维持和休止四个阶段，等压式电阻对焊时，顶锻与维持合一，较难区分。

（二）电阻对焊参数

（1）预压　预压的目的与点焊方法一样。为获得良好且分布均匀的物理接触点，工件表面应清理干净，其连接面平行度的误差应尽可能小些，以保证初始接触点尽可能均布。

（2）加热　在机械力与电阻热的综合作用下，接触点迅速加热变形，导致接触面积增加，最后扩展到整个结合面，从而接触电阻 R_c 趋向于零；焊件电阻 R_W 则随温度上升而增大。在热传导作用下端面温度渐趋均匀，而沿焊件端部纵深则形成一定的温度分布，图 7-16 中曲线 1 所示，同时在压力作用下焊件渐渐产生塑性变形而缩短。由于电阻对焊的焊接温度低于熔点，塑性变形阻力大，对其面上的氧化物的排除较困难，尤其当氧化物为固态时更难将其挤出接口，故电阻对焊的可焊品种远少于闪光对焊，目前仅适用于碳钢、纯（紫）铜、黄铜、纯铝及少数低合金钢等材料。同时，由于纵深的温度分布特点，其热影响区较宽，晶粒长大较快，接头的冲击韧度低。

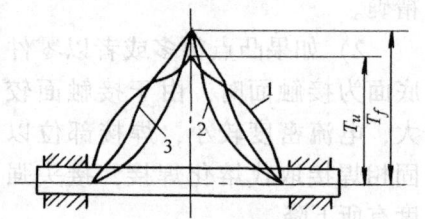

图 7-16　对焊时温度分布曲线
1—电阻对焊　2—连续闪光对焊
3—预热闪光对焊

（3）顶锻　当焊件端面温度达到均匀，且沿焊件纵深温度分布合适时，塑性变形速度会明显地加快，此时应切断电流，进入顶锻阶段。顶锻时端面发生足够大的塑性变形，促使金属向外翻出，形成毛刺。金属的向外翻出，使得端面的氧化物等杂质彻底排除，后续纯净金属在获得一定的塑性变形下导致金属界面消失，组成共同晶粒，从而形成接头。

（4）维持和休止　维持的目的是使焊件在加压下冷却，避免收缩应力产生缺陷。休止用于设备的复位。

二、闪光对焊

闪光对焊先将焊件置于钳口中夹紧，先通电，再使焊件缓慢靠拢接触，使端面局部接触形成火花，加热达到一定程度后，突然加速送进焊件，并进行顶锻。闪光对焊除少数热脆性合金外，几乎所有可锻压的金属均可焊接，除同种材质外，尚可焊接多种异种金属。

（一）闪光对焊的过程分析

闪光对焊过程分为预热、闪光（亦称烧化）和顶锻三个阶段，连续闪光对焊时无预热阶段。

1. 预热　预热闪光对焊时，在闪光阶段之前先以断续的电流脉冲加热焊件，利用短接时的快速加热和间歇时的匀热过程使焊件端面较均匀地加热到预定温度。预热的目的有两个：一是提高焊件的端面温度，以便在较高的起始速度或较低的设备功率下顺利地开始闪光，并减少闪光烧化的留量，节约材料；二是使纵深温度分布趋缓，如图7-16中曲线3所示，有利于加热区增宽，焊件冷却速度减慢，有利于顶锻时产生塑性变形并使液态金属及其面上的氧化物排除，同时可减弱焊件的淬硬倾向。

2. 闪光　局部接触部位的电流过大而熔化，熔化金属在焊件的间隙中形成液态金属的过梁，过梁的形成和快速爆破的交替，引起大量的飞溅和短暂的电弧现象，称为闪光。闪光的作用有两个：一是通过闪光阶段的发热和传热，不但使焊件端面温度均匀上升，并使焊件沿纵深加热到合适且稳定的温度分布状态；二是通过闪光过程中的过梁爆破，将焊件端面上的夹杂物随液态金属一起抛出，利用爆破时所产生的金属蒸气和其他气氛（如碳钢中碳元素烧损而形成的CO气体）排挤大气，减少端面氧化，并于闪光末期在端面形成一薄层液态金属保护层。

3. 顶锻　顶锻是一个快速的锻击过程。它的前期将焊件端面的间隙封闭，防止再氧化，这段时间愈快愈好，然后把液态金属挤出；它的后期对高温金属进行锻压，使其获得必要的塑性变形，从而使金属界面消失，形成共同晶粒。为达到上述目的，常在顶锻的初期继续进行通电，称为有电顶锻，以补充热量。

（二）闪光对焊的焊接参数

1. 伸出长度　伸出长度是指焊件伸出夹钳电极端面的长度，一般用 l_0 表示。伸出长度主要用于调节温度分布，伸出长度越大，温度分布越平缓。伸出长度应等于闪光对焊各阶段留量之和加钳口最终开距。不同材料对接时，一般用两边不等的伸出长度来调整温度分布，其原则为：导热性能有差异的两种材料对接时，导热差的焊件伸出长度短些；熔点有差异的两种材料对接时，熔点低的焊件伸出长度大些。

2. 预热参数　预热参数有预热留量、预热总时间、预热次数及每次短接时间等，一般认为预热次数多些，每次短接时间短些有利于材料的匀温。预热闪光焊用于截面较大或淬硬倾向大的材料，不用于展开截面及过热敏感的材料。

3. 闪光参数　闪光留量：是闪光阶段烧化掉的焊件长度，随截面积的增大而增加。平均闪光速度：是指焊件在闪光阶段相互接近的速度。在闪光开始阶段，端面温度低，闪光速度低；随着闪光的进行，端面温度升高，闪光速度高；一般在闪光初期采用等速，待闪光稳定后作加速。闪光模式：即位移随时间变化的曲线形态；一般用 $s = at^n$ 表示，其中 s 为位移，t 为时间，a 与 n 为系数，$n=1$ 为等速闪光，$n=2$ 为等加速闪光。二次空载电压：即加在过梁上的电压。

二次空载电压越低，过梁存在的时间长，则向焊件纵深加热的时间越长，热效率高。电压过高，由于电磁收缩过大而发生过早爆破，加热不足；但电压过小也会发生过梁变粗而"顶死"，闪光失败。一般建议采用能正常闪光的最低空载电压。

4. 顶锻参数　顶锻留量：由四部分组成——封闭间隙所需的距离，排除端面液体金属层所需的距离，补偿凹坑不平所需的距离和保证材料获得必要的塑性变形所需的距离。顶锻留量应与加热时的温度分布状态相互配合选取。过小的顶锻留量将导致最后一部分不足而引起局部不能形成共同晶粒，使力学性能下降；过大的顶锻留量将导致轧制纤维的严重扭曲而影响力学性能，严重时可产生裂纹。顶锻力：是为了达到预定的塑性变形量而施加的力，其值随材料的热强性能和加热温度分布而异。有电顶锻留量：为了降低顶锻力，常在顶锻开始后延时一段时间再断电，这样可降低冷却速度，便于在较小顶锻力下完成顶锻。延时的时间称有电顶锻时间，位移值称为有电顶锻留量。顶锻速度：氧化物必须在接头冷却到某一温度之前被挤出，因此顶锻速度应大于最低顶锻速度。

第四节　电阻焊设备及控制

一、电阻焊机的分类和主要技术要求

（一）电阻焊机的分类

电阻焊机，是用于完成电阻焊的焊机。主要包括点焊机、凸焊机、缝焊机及对焊机四大类型，其结构示意图如图7-17，其控制装置可以包含在相应的焊机中，也可以单独分类。各类电阻焊机通常由以下三个主要部分组成。

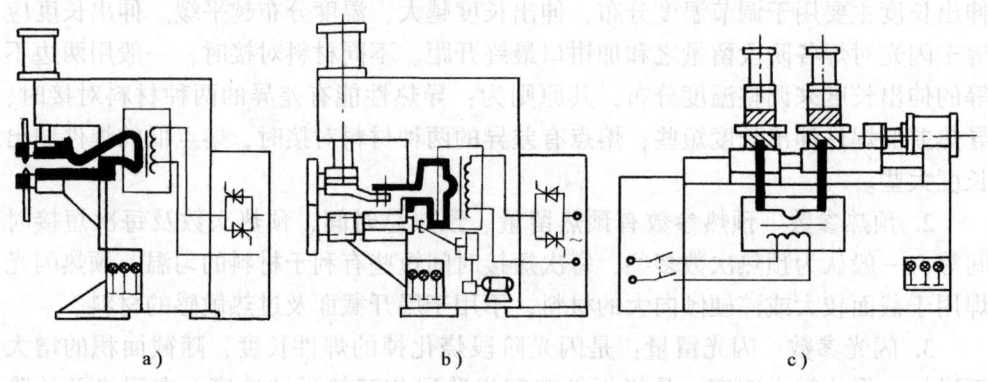

图7-17　电阻焊机组成示意图
a) 点焊机　b) 缝焊机　c) 对焊焊机

（1）焊接电源　包括阻焊变压器、功率调节机构和二次回路等。

（2）控制装置　能同步控制通电和加压，使焊接过程自动进行，有些还有质

量监控功能。

(3) 机械装置　包括机身、加压(夹紧)、送进(对焊机)、传动(缝焊机)等机构。

国产电阻焊机的型号按 GB10249—1988 标准编制，读者可查阅相关手册。

(二) 电阻焊机的电气性能指标和焊接回路电参数

电阻焊机焊接回路的电参数包括回路阻抗 Z(即 R、X_L)、功率因数 $\cos\varphi$、效率 η、负载持续率 $X\%$ 等。它们决定着焊机输出功率的大小，具体表现如下：

(1) 焊接回路有效电阻 R　由组成回路各构件的内部电阻和构件间接触电阻所组成，正常使用下电阻焊机焊接回路直流电阻不超过 $80\sim100\mu\Omega$，直流脉冲焊机回路不超过 $65\mu\Omega$；焊接回路的感抗 X_L，在工频焊机中由焊接回路所包围的面积、构件形状、尺寸、漏磁等所决定。为了获得低电压、大电流，要求回路各构件导电性能好，阻抗小。

(2) 功率因数 $\cos\varphi$　由于电阻焊机回路有效电阻(包括构件和焊机)很小，故焊机功率因数一般都比较低。为了获得大功率，必须使用功率因数较高的焊机。要提高焊机功率因数应降低回路感抗 X_L，应尽量降低阻焊变压器的漏磁，应使机臂所包围的焊接回路面积大小合理，并取消焊机回路内的任何铁磁物构件。

(3) 焊机效率 η　是输出功率与输入功率之比。焊机效率与焊机的损失功率有关，损失功率包括焊机的铁磁导体的铁损和铜导体的铜损。为获得大功率，必须提高焊机的效率。

(4) 电阻焊机的负载持续率 $X\%$　是真正通电焊接时间 t_w 与焊接循环总时间 T(包括焊接和休止时间)之比。负载持续率的大小取决于焊机的温升要求，焊机回路导体和变压器过热，将提高回路阻抗，从而降低焊机效率，而且还可能导致破坏变压器和其他元件的绝缘。所以负载持续率高时，应选用小电流密度进行焊接。

电阻焊机的选用应满足焊接时所需的功率要求，即焊机的电气性能指标宜大不宜小，其基本的性能指标概括如下：

(1) 视在功率　焊机通过一次绕组输入的功率，$P = U_1 I_1$。具体又分为：当一次置于最高档而二次开路时，叫空载视在功率；当一次置于最高档而二次短路时，叫最大短路功率；而负载持续率为 100% 的最大短路功率值，叫连续功率；负载持续率为 50% 的最大短路功率值，叫标称功率。

(2) 焊接功率　二次绕组输出的功率，$P_W = U_2 \cdot I_2$。它与焊机效率 η 及功率因数角 φ 有关，$P_W = P \cdot \eta \cdot \cos\varphi$，通常估算 $P_W \approx P \cdot 80\%$。

(3) 焊接电流　即二次绕组输出的电流。包括有：当一次置于最高档而二次短路时的电流，叫最大短路电流；当焊机连续工作时的输出最大电流，叫连续电流；负载持续率为50%下的最大电流，叫额定电流。

（4）一次电流 即一次绕组输入的电流。具体又分为：当一次置于最高档而二次短路时的初级电流，叫最大一次短路电流；当一次置于最高档而二次开路时的初级电流，叫空载电流，此时二次电压叫空载电压。

（三）电阻焊机的外特性

点焊机、缝焊机、凸焊机和电阻对焊机均使用陡降外特性。这是因为点焊、缝焊、凸焊和电阻对焊过程中要求保证电流稳定，从而保证电阻热量足够加热工件。闪光对焊机则使用缓降外特性，因为缓降外特性可使闪光过程稳定和具有较强的自调节能力。闪光过程中由于某种因素造成闪光间隙减小、过梁变粗，使接触电阻 R_c 下降，则由于缓降的外特性会使电流发生很大变化，即此时 ΔI_2 很大，会促使过梁急剧被加热爆破，从而使闪光间隙增大恢复到正常值，保证了闪光过程的稳定。否则，过梁变粗后，ΔI_2 增加不大，则过梁爆破不了，间隙会进一步减小，出现短路而使闪光停止。

二、电阻焊机的主电源

（一）单相工频交流焊机

1. 工作原理 所有电阻焊机中，单相工频交流焊机是应用最为广泛的一种焊机。它一般由单相交流380V电网供电，流经主电力开关及功率调节器输入到焊接变压器的一次绕组，再经过焊接变压器降压从其二次绕组输出大电流（低电压），用于焊接工件。单相工频交流电阻焊机的电气框图及焊接电流波形如图7-18所示。

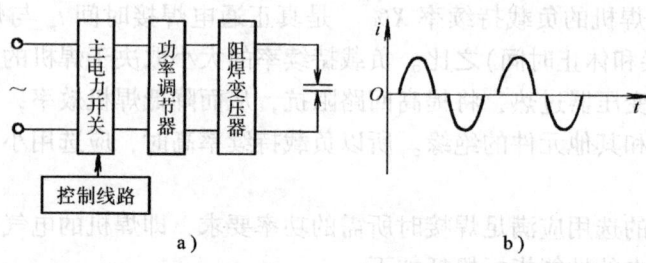

图7-18 单相工频交流电阻焊
a）电气框图 b）焊接电流波形

阻焊变压器是电阻焊电源的核心，其工作原理与普通电力变压器基本相同，但其结构和性能指标与电力变压器不同：一是阻焊变压器的输出电流相当大（通常为1~100kA），所以其二次绕组导线截面相当大，而且大多数采用强迫水冷；二是阻焊变压器的输出电压相当低，固定式交流电阻焊机变压器的空载电压通常在12V以内，移动式焊机因焊接回路长，范围宽，空载电压可达24V左右；三是由于变压器输出电压低，而要求输出电流大，故要求变压器漏抗小，且变压器二次绕组匝数很少，通常只有一匝。

2. 特点　单相工频交流电阻焊机通用性强，设备投资及维修费用较低，而且控制较简单，容易调整。但这种电源有两个主要缺点：一是由于使用单相380V，对电网的冲击很大；二是由于工频交流焊接回路的电抗较大，焊机的功率因数低（通常约为0.4~0.5）。

（二）二次整流焊机

1. 工作原理　二次整流电阻焊机，就是在阻焊变压器的二次绕组输出端加入大功率整流管，将阻焊变压器输出的交流电整流成直流电用于焊接，其电气框图及焊接电流波形如图7-19所示。

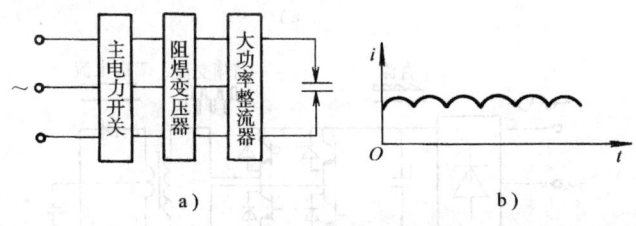

图7-19　二次整流电阻焊机
a）电气框图　b）焊接电流波形（感性负载）

二次整流电阻焊机主电路有三种基本形式：单相全波整流、三相半波整流和三相全波整流。二次整流电阻焊机一般不采用桥式整流，因为电阻焊机的二次电压本身很低，用桥式整流会增加一组整流管的损耗。

2. 特点　由于二次输出为直流，回路感抗几乎为零，且电流不过零，表现出许多优点：输入功率低，功率因数高，达到0.8~0.9；三相负载均衡（对于三相半波或全波二次整流焊机而言），在相当于交流焊机1/3~1/5的线电流的情况下，就能得到相同的焊接效果，对供电电网的利用率高，冲击小；焊接电流大小不受焊机臂包围面积增大及二次回路内伸入磁性物质的影响；焊接电流不过零，焊接区温度上升快，因此能用于工频交流焊机难于焊接的导热性好的轻合金材料的焊接；直流缝焊不受交流频率的影响，能大大提高焊接速度。二次整流电阻焊机通用性很强，可用于点焊、凸焊、缝焊和对焊，并可用于焊接各类金属材料，它能获得比工频交流焊机更好的焊接效果，而且能够满足一些特殊的焊接工艺要求。但二次整流焊机需用大功率整流管，整流管价格高、体积大，且整流器的正向压降也损耗相当一部分功率，焊接变压器的利用系数低、尺寸较大，设备的一次投资费用将是交流焊机的一倍左右。

（三）逆变式焊机

1. 工作原理　从电网输入的三相交流电经桥式整流和滤波后得到较平稳的直流电，经逆变器逆变产生中频交流电（$f = 600~1000Hz$），再向阻焊变压器供电，阻焊变压器二次输出的低电压交流电经单相全波整流后产生脉动很小的直流电用于焊接。逆变式电阻焊机通常是用脉宽调制（PWM）方法调节焊接电流的，逆变式焊机的电气框图及原理图如图7-20所示。

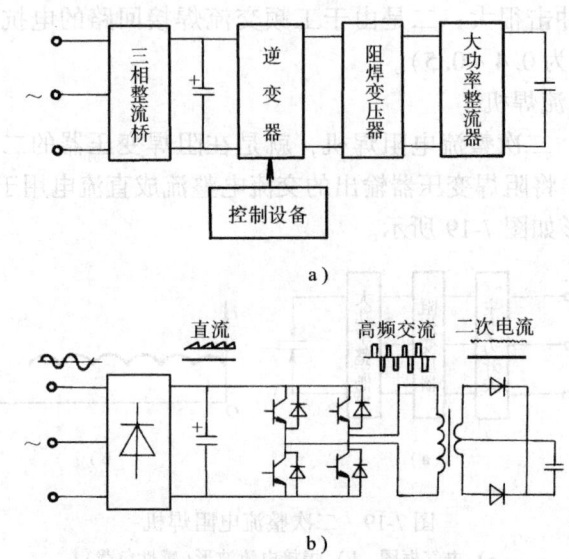

图 7-20 逆变式电阻焊机
a）电气框图 b）主电路原理图

2. 特点　逆变式电阻焊机使用三相交流电网，保证三相负荷均衡；因采用二次整流，功率因数高；由于阻焊变压器一次侧输入频率较高的交流电，变压器的体积和重量可大大减小，响应速度快，容易实现稳定的恒流控制；焊接电流为直流，热效率高，节能效果好。逆变式电阻焊机的阻焊变压器重量显著减小，特别适用于内装变压器式点焊钳，用于点焊机器人系统中有更大的优越性。

（四）三相低频焊机

1. 工作原理　三相低频焊机，即采用三相电网供电，而焊接电流的频率低于工频50Hz（一般为15~20Hz或更低）。此类焊机的电气原理图和焊接电流波形如图7-21a所示。

三相低频电阻焊机的工作过程是：当焊机不工作时，VT_1~VT_6六只晶闸管全部关断；焊接时，先轮流触发晶闸管VT_1、VT_3、VT_5，使它们顺次导通，在一次绕组a、b、c中顺次通以正向电流，变压器二次绕组也获得相应的正向焊接电流。三相低频焊机与工频交流及二次整流焊机不同，它不一定是在每一周波中轮流触发正反向晶闸管，而是可以连续多个周波依次循环触发正向的晶闸管，得到多个周波的连续正向焊接电流，电流大小随时间而渐增，其波形如图7-21b所示。随着焊接电流的增加，铁心磁通也随之增加，在铁心磁通达到饱和之前必须

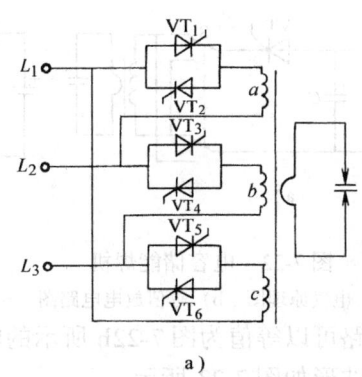

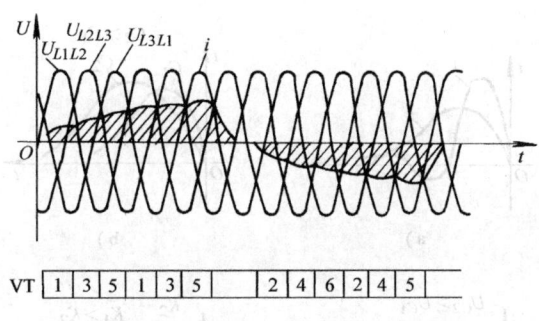

图 7-21 三相低频焊机
a) 主电路电气原理图 b) 焊接电流波形

切断正向电流,由此可见,连续通以单方向电流的时间受到铁心截面的限制,一般不超过 0.2s。如果某些焊接工艺要求较长时间通电,应对电流进行换向,即连续依次触发反向晶闸管 VT_2、VT_4、VT_6,产生反向的焊接电流。

2. 特点　三相低频电阻焊机由于采用三相电网供电,使电网负荷均匀;由于二次回路通过低频电流,回路感抗减小,既可将焊机的功率因数提高至 0.85 以上,又可降低焊接过程中的功率损耗;三相低频焊机输出缓升缓降波形的焊接电流,此种波形电流的焊接工艺性好,易于调节。但此种焊机存在如下的缺点:其一是由于频率低,且单方向通电时间较长,铁心容易饱和,故所需的阻焊变压器的尺寸比工频交流焊机的大得多;其二是由于低频焊接,焊接生产率较低。故在许多场合三相低频焊机已被二次整流焊机所替代。

(五) 电容储能焊机

1. 工作原理　电容储能焊的原理是利用从电网缓慢地储积于电容器中的能量,在很短的时间内,通过阻焊变压器向被焊工件放电,其电气原理如图 7-22a 所示。

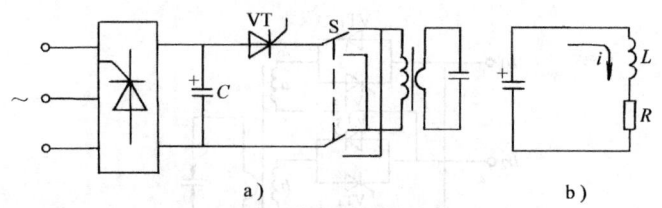

图 7-22 电容储能焊机
a) 电气原理图　b) 等值放电电路图

电容储能焊机的放电回路可以等值为图 7-22b 所示的电容器 C 对电阻 R 及电感 L 的放电电路，输出电流波形如图 7-23 所示：

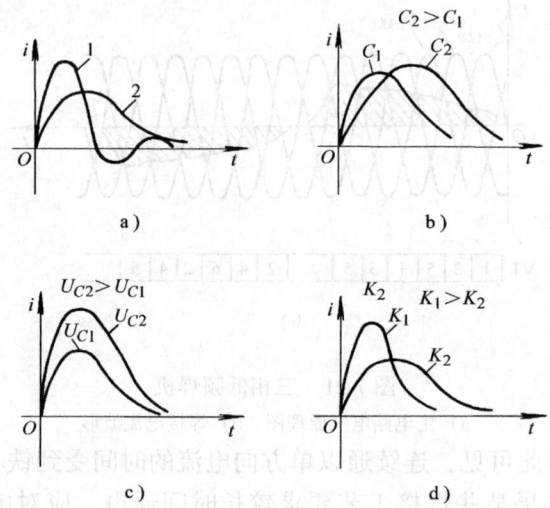

图 7-23 电容储能焊接电流波形和调节
a) 焊接电流波形　b)、c)、d) 电流波形调节
1—减振荡波形　2—非振荡波形

2. 特点　电容储能电阻焊机从电网取用的瞬时功率低，功率因数高，且由于输出功率较大的焊机都采用三相供电，使电网负荷均匀。同时，由于通电时间短、电流大、加热集中，接头外形好、变形小。其缺点是电容器体积大、价格贵、寿命短，焊机成本及维修费高。所以，目前用得较多的是小功率储能焊机，而中、大功率的储能焊机已逐渐被二次整流等焊机所替代。主要用于同种或异种金属薄件的精密焊接。

三、电阻焊质量控制

电阻焊的自动控制有过程控制和质量控制两种。在过程控制方面，由于电阻焊操作简单、阶段划分清晰、功能明确的特点，在所有焊接方法中最早实现了焊接过程自动控制，是目前应用最广的自动焊方法。在控制中，搭接电阻焊(点焊、缝焊、凸焊)是以时间为控制量来控制过程各阶段;对接电阻焊(电阻对焊、闪光对焊)是以位移量为控制量来控制过程各阶段的。与过程控制相比,电阻焊在质量控制方面,其实时控制的方法却不多,其主要原因有两个方面:一是电阻焊是由内部热源在板内形成接头,在线检测的手段少;二是电阻焊过程时间短,焊接参数可调整余地小。在实际生产中,常采用抽样破坏试验方法来检验焊接接头的质量,但抽样破坏试验方法带有一定的随机性且浪费人力财力。因此,为了保证电阻焊接头的质量可靠性,迫切需要进行电阻焊实时质量监控。

这里以点焊为例介绍电阻焊的实时质量监控方法。根据被监控对象的性质来分,实时质量监控可分为焊接参数监控方法和有关熔核形成物理量监控方法两大类。

(一) 恒流控制

恒流控制方法的监控原理:在点焊过程中,当通电时间与电极压力一定时,焊点的熔核大小与焊接电流有效值成较好的对应关系,即在一定的范围内,焊点的熔核大小随着焊接电流有效值的增加而增大。因此,对一定板厚的某种材料点焊时,如果通电时间和电极压力一定,可以确定一个形成良好熔核的最佳焊接电流。在焊接过程中,当电网电压、焊机二次回路感抗等变化时,要使焊接电流值保持基本不变,这就需要采用恒流控制方法进行实时质量监控。所谓恒流监控,就是当外界某些因素引起焊接电流有效值发生变化时,通过对电流有效值的测量并反馈控制,使输出焊接电流有效值基本保持恒定,从而保证所需的焊接质量。

恒流控制器主要是用微机系统解决恒流控制中的关键问题:随时获取焊接电流有效值和根据电流的偏差值求得晶闸管控制角的补偿量。其恒流控制过程一般是:①焊接开始第一周,选用一固定控制角 α_0(通常选 $\alpha_0 = 90°$),从晶闸管导通开始计时直至其关断,从而测得对应于 α_0 的导通角 θ_0 以及电流峰值 I_m;②将 α_0、θ_0 代入控制器控制数表 F_1 中查寻,$\varphi = F_1(\alpha,\theta)$,求得当前焊接情况下回路的功率因数角 φ;③同时,将电波峰 I_m 与 θ_0 代入控制数表 F_2 中查寻,$I = F_2(\theta) \cdot I_m$,求得目前焊接电流有效值大小 I;④将当前电流 I 及目标电流 I_0 比较求其偏差,代入控制数表 F_3 查得 $\Delta\alpha = F_3(\Delta I, I, \varphi)$,可求得晶闸管控制角的补偿量 $\Delta\alpha$;⑤下一周波开始以修正的控制角 $\alpha = \alpha_0 + \Delta\alpha$ 触发晶闸管。通过这样循环检测焊接电流有效值并不断修正,直到焊接结束,从而实现恒流控制。控制数表的制作可查照有关资料。

恒流控制方法是目前用得最多的电阻焊实时质量监控方法,此方法可用于点焊、凸焊和缝焊中,它具有操作方便,仪器成本低,控制效果好等优点。恒流控制方法能补偿由电网电压、二次回路感抗、焊件厚度等表面质量、电极压力等因素引起的电流变化,但不能补偿由于分流或电极磨损引起的焊点质量变化。

(二) 动态电阻监控

动态电阻法的监控原理:在点焊、缝焊和凸焊过程中,焊接区的电阻按一定的规律变化如图 7-24 所示，称为动态电阻曲线。低碳钢、低合金钢、镀锌钢板、钛合金等金属点焊时的动态电阻曲线都具有最大值特征，如图 7-24a 所示。此类动态电阻曲线达到最大值的时刻开始形成熔核，且随着熔核尺寸的增大动态电阻值逐渐减小。因此，这类动态电阻曲线能较真实地反映熔核的形成过程，可以作为实时质量监控的依据。而另一类如铝、奥氏体型不锈钢等点焊时的动态电阻曲线如图 7-24b，通常没有最大值特征，其变化规律反映不出熔核的大小，故这类材料一般不适宜用动态电阻方法监控。此外，该法也不适用于硬规范点焊。

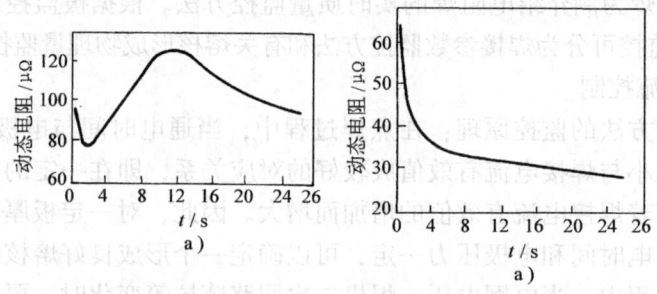

图 7-24 金属点焊时的动态电阻曲线
a) 低碳钢 b) 铝

动态电阻监控方法，通常是通过测量焊接过程中每一时刻的瞬时焊接电流和加在焊点上的瞬时电压，按下式求得动态电阻的：

$$r = u/i$$

式中 r——焊点的瞬时电阻，即动态电阻($\mu\Omega$)；

u——焊点的瞬时电压(V)；

i——瞬时焊接电流(A)。

1. 跟踪电阻曲线法 此种监控方式是预先把试验测得的标准的动态电阻曲线存入微机内存，在焊接过程中每半个周波测出一个动态电阻瞬时值，并与标准动态电阻曲线上的值比较，当出现偏差时，在下半周内调节焊接电流，使该焊点的电阻始终跟踪标准的动态电阻曲线。

2. 电阻差值法或电阻变化率法 此方法是以动态电阻曲线的最大值 R_m 为基准，在测得的电阻自最大值以后下降到一定值 ΔR 或达到一定变化率 $\Delta R/R_m$，认为焊点熔核尺寸已达到了理想值，于是切断电流，得到较好质量的焊点。

动态电阻监控方法是一种较理想的质量监控方法，它综合考虑了电流、电压两方面因素，但并不适合于具有第二类动态电阻特性的被焊材料。

（三）热膨胀法

热膨胀法的控制原理：金属在点焊和缝焊时，由于电流通过焊件使焊件加热，特别是焊点处金属熔化时，产生体积膨胀，膨胀力可克服电极力使电极产生一定的位移，因此，在整个通电焊接过程中，电极的位移变化曲线反映了金属的熔化程度。在适当的焊接参数下，长时间加热点焊时的电极位移曲线如图 7-25 所示。此电极位移曲线可以分成 $t_1 \sim t_4$ 四个阶段：

t_1——未熔化加热阶段，此阶段中电极的位移速度主要取决于被焊材料固态时的膨胀系数，由小逐渐增大。

t_2——熔核形成阶段，此阶段中的电极位移速度主要取决于被焊材料液态时的膨胀系数，由于金属熔化时体积突然增大，使位移速度迅速加快，位移量几乎成直线上升，对应的熔核直径也近似于线性增大。

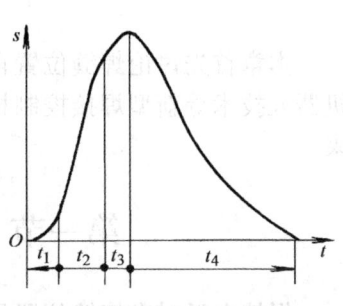

图 7-25 典型的电极位移曲线

t_3——熔核趋于稳定阶段，此阶段中，加热进入准稳态状况，由于热影响区金属的塑性变形等原因，位移速度减小，位移量趋于极大值。

t_4——从此阶段开始，电极位移量已达到最大值，熔核直径也已接近极限值。如继续加热，熔核直径不会再有明显的增加，反而由于热影响区金属进一步软化，电极迅速压入，使被焊材料表面产生较大的压痕，电极位移量迅速减小，直至为零或负值。

从以上的分析可知：在电极位移曲线上，对焊点熔核尺寸及强度有直接关系的是电极位移速度和最大位移量两个参数，它们受到焊接电流、通电时间、电极压力等参数的影响。经试验表明：随着焊接电流的增加，电极位移速度和最大位移量均会提高；在一定时间范围内，随着通电时间的增加，电极最大位移量增加而位移速度基本不变；在焊接电流和通电时间一定时，随着电极压力的增加，电极位移速度和最大位移量都呈线性关系减小。

1. 跟踪位移曲线法　此方法是在焊接过程中不断地测量电极的位移量，调节焊接电流，使焊点的位移跟踪合格焊点的位移曲线，直到达到合格焊点的最大位移量为止。

2. 预定位移量法　对于一定材料、一定板厚的焊件点焊有一个最佳位移量，以此值作为预定的位移量。在焊接过程中，不断测量电极位移量，并与预定位移量比较，当位移量达到预置值时，即认为焊点熔核尺寸已达到要求，立即切断电流。

热膨胀测位移监控方法对焊接参数、分流、电极磨损、回路感抗、网压等因素的变化都很敏感，因此，在这类参数变化时，都能获得较好的质量监控效果。但是，由于热膨胀位移量通常很小，要求测量仪器具有相当高的灵敏度和精确度。此外，测出的位移量还可能受电极力及大电流所产生的电磁力等因素的干扰，而且热膨胀法与动态电阻法一样也不适用于硬规范点焊。

第八章 新型焊接自动控制技术

本章首先讨论焊缝位置自动跟踪控制技术、焊接过程计算机控制技术和焊接机器人技术等新型焊接控制技术，最后介绍先进制造技术的发展与焊接技术的未来。

第一节 焊缝位置自动跟踪控制

焊接电弧对准接缝位置是保证焊接接头成形和质量的前提。焊缝位置自动跟踪控制的目的就是通过传感器检测电弧偏离焊缝的信息，通过自动控制系统和伺服装置调节电弧与焊缝的相对位置，使偏离减小，直至消失。所使用的传感器就称为焊缝位置自动跟踪传感器。

一、焊缝位置自动跟踪传感器

（一）传感器分类

按传感器与电弧的关系，焊缝位置自动跟踪传感器可分为直接式和间接式两类。直接利用电弧本身特征作为信号的传感器称直接式焊缝位置自动跟踪传感器，不利用电弧本身信号，而利用电弧以外的特征信号的传感器称间接式焊缝位置自动跟踪传感器。间接式焊缝位置自动跟踪传感器按信号的转换原理又可分为机械传感器、电磁感应式传感器、电容式传感器、气动式传感器、光学（包括激光，红外线）式传感器、超声式传感器、电弧（摆动）式传感器等类型。

（二）焊接位置自动跟踪传感器简介

目前已提出且较成熟应用的焊缝位置自动跟踪传感器有机械传感器、电磁感应式传感器、光学传感器、超声传感器、电弧传感器等。实际应用过程中，应根据具体的焊接方法及施工条件，合理选择检测传感器形式。下面对上述传感器进行简要介绍。

1. 机械传感器　机械传感器是一种接触式传感器。它以导杆或导轮在焊缝前方探测焊缝位置，见图 8-1。它可分为机械式和电子式两种，前者是靠焊缝形状对导杆（轮）的强制力来导向；后者是当焊枪与焊缝中心发生偏离时，导杆经电子装置发出信号（它能表示偏离的大小和方向）再控制驱动装置使焊枪及传感器恢复正确位置，此时传感器输出信号为零，实现自动跟踪。

机械传感器结构简单，抗电弧的磁、光、烟尘和飞溅等干扰性能好，工作可靠，价格便宜，维护方便，已应用于生产实际。但若坡口或缝隙的加工装配不均匀，机械传感器的导杆或导轮与工件的接触时，容易失去跟踪点。为避免此类情况，焊接速度不能太快，此外导杆或导轮的磨损也影响传感器的精度。所以在现代焊接技术中，已逐渐被非接触式传感器替代。

2. 电磁传感器 电磁感应式传感器是一种非接触式传感器，可分为普通频率式（简称电磁传感器）和高频式（简称涡流传感器）两种。电磁传感器的频率低于10kHz，涡流传感器的频率则为30～160kHz。电磁传感的原理如图8-2所示，一次线圈中流过高频励磁电流后在二次线圈上产生感应电动势U_{21}、U_{22}。偏差δ_x的存在将使左右两个二次线圈的磁路出现不对称。利用U_{21}、U_{22}之差可以反映偏差δ_x的大小和方向，为了抑制错边、点固点引起的干扰信号，现已研制出漏磁抑制式、电势抑制式和扫描式电磁传感器。

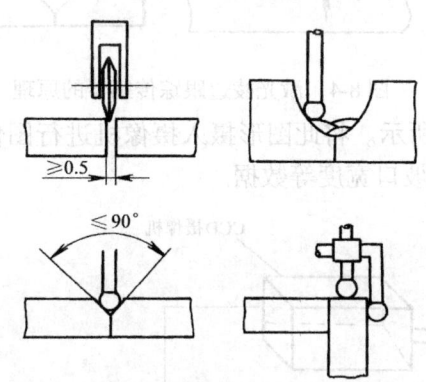

图8-1 接触式传感器的各种接触形式

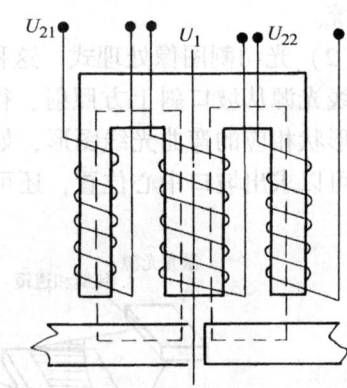

图8-2 互感式电磁传感的原理

涡流传感器的频率较高，能克服电磁式传感器易受强大焊接电流干扰，且体积较大的缺陷。其结构图如图8-3所示。

图中，二次线圈2、3反向串联，当一次线圈1加高频电流时产生高频主磁通，在工件表面产生涡流，涡流产生的磁力线要削弱主磁通，使二次线圈2、3的感应电动势减小。由于涡流不能穿过工件边界的缝隙，从工件两边涡流的强弱即线圈2、3的感应电动势的大小可以判断电弧的对中状态。

电磁式传感适用于对接、搭接和角焊缝，其体积较大，使用灵活性差，且对磁场干扰和工件装配条件比较敏感。一般应用于对精度要求不甚严格的场合。涡流传感器体积小，所有金属材料焊接时都能采用，焊接非铁磁材料时灵敏度降低。

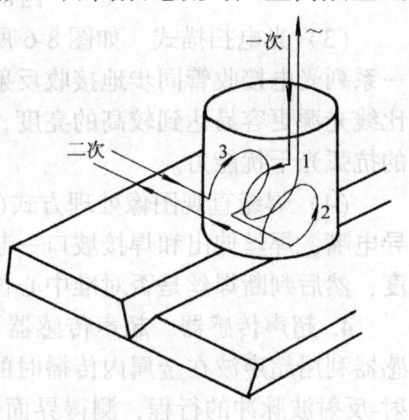

图8-3 涡流传感器结构示意图
1——次线圈 2、3—二次线圈

3. 光学传感器 光学传感器是目前研究

最多的也最有前途一类焊缝跟踪传感器,光学传感器精度高、再现性好,不仅可以用于焊缝跟踪,而且可以用于检测坡口形状、宽度和截面,为焊接参数的自适应控制提供依据。因此,光学传感器是焊接跟踪系统中比较理想的传感器。考虑检测原理、对象、光源种类等因素,光学传感器大致可以分为以下几种:

(1) 单点光电式 单点光电式传感器利用简单的光电元件 G 检测坡口棱边或人工白色标志带。图 8-4 是以激光为光源的棱边跟踪传感器示意图。此外还有以红外线、可见光、弧光为光源的传感系统。

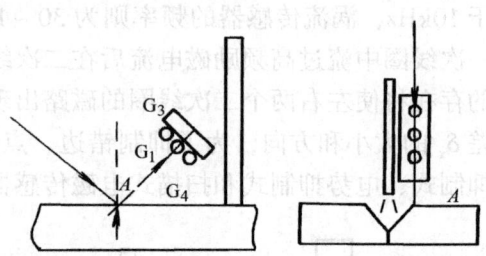

图 8-4 激光棱边跟踪传感器的原理

(2) 光切割图像处理式 这种传感器用线光源从坡口斜上方照射,得到与坡口形状相应的弯曲光线图形,如图 8-5 所示。将此图形摄入摄像机进行图像处理,可以求出坡口中心位置,还可以求出坡口宽度等数据。

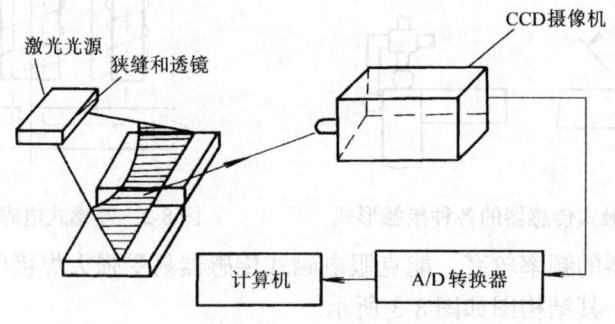

图 8-5 光切割摄像原理

(3) 光电扫描式 如图 8-6 所示,利用一束激光扫描坡口和工件表面,并用一系列光电接收管同步地接收反射光,从中检测坡口的位置和形状。由于点光源比线光源更容易达到较高的亮度,光电扫描比光切割法具有更高的信噪比,更强的抗弧光干扰能力。

(4) 焊缝直观图像处理方式(CCD 跟踪传感器) 用工业电视把电弧、熔池、导电嘴、焊丝伸出和焊接坡口一起摄成图像,并根据电弧附近的图像求得坡口宽度,然后判断焊丝是否对准中心位置及焊丝伸出长度是否合适。

4. 超声传感器 超声传感器可分为接触式和非接触式两种。接触式超声传感器利用超声波在金属内传播时的界面反射现象,由探头接受反射波脉冲;由入射-反射波脉冲的行程,测得界面位置。当探头离钢板接缝边缘的位置发生左右变化时,接受到的反射波脉冲的时间就要发生变化,当焊枪偏离平衡位置时,其获得的声程与平衡位置时的标准声程之差为左右跟踪的信号。一般采用横波探头作焊缝跟踪传感器,见图8-7。

非接触式超声传感器通过气体介质传播超声波,采用纵波形式。由于超声在气体介质中传播损耗大,所以必须加入匹配层进行声、电匹配,利用聚焦声透镜技术提高空气超声传感器的灵敏度。目前,空气超声传感器已应用于二氧化碳气体保护焊和埋弧焊。

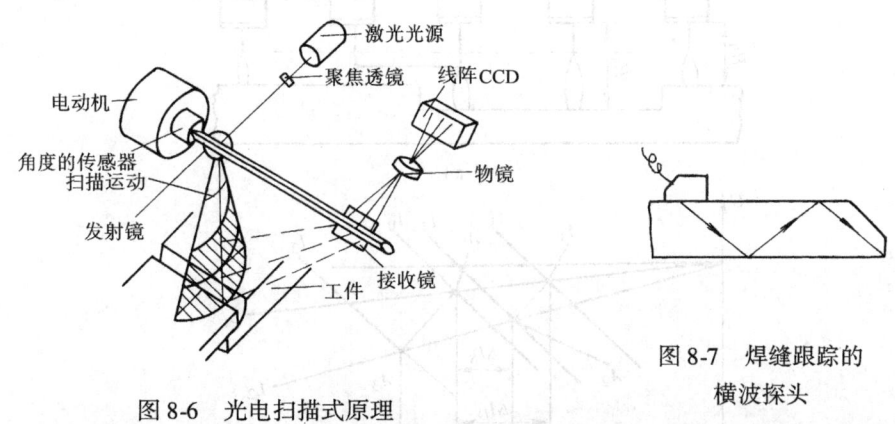

图8-6 光电扫描式原理

图8-7 焊缝跟踪的横波探头

5. 电弧传感器 电弧传感器是利用焊接电弧现象本身(电弧电压、电弧电流、弧光辐射、电弧声等)提供有关电弧轴线是否偏离焊接对缝的信息,实时控制焊接电弧始终跟踪焊缝。为了能从与电弧现象有关的参数变化中,得到电弧轴线与焊接对缝相对位置的信息-必须创造两个条件:一是使电弧相对焊接对缝产生周期性的横穿运动,亦即使电弧相对焊接对缝产生一定频率的横向摆动时,与电弧现象有关的参数可以产生足够大的变化,方可能用来判断电弧轴线与焊接对缝相对位置的偏差,得到电弧轴线与焊接对缝偏离的信息;二是控制执行机构调节电弧与焊接对缝的相对位置,使偏离减少,直至消失。

电弧传感器焊缝跟踪在非熔化极气体保护电弧焊中虽然也曾被采用过,但是,由于必须使电弧产生横向摆动,结构较复杂、成本较高,与其他焊缝位置跟踪方法相比,没有优势,故没有得到发展(但仍然有用作焊枪高度控制的)。对于熔化极气体保护电弧焊,虽然也有横向摆动机构的麻烦,但由于这种方法在技术可靠性及经济性等方面与其他方法相比,有较大的优势,所以在实际中被广泛应用。

电弧传感器的基本原理是利用焊枪与工件距离变化而引起的焊接电流变化来探测距离高度和左右偏差。图8-8a说明焊枪导电嘴端部与工件表面距离H_0变化引起焊接参数变化的过程。以图8-8b所示缓降外特性电源为例(恒流特性电源分析类此),在稳定焊接状态时,电弧工作点为A_0,弧长l_0,干伸长L_1,电流I_0,当焊枪与工件表面距离H_0发生跃变化增大到H_1时,弧长突然被拉长为l_1,此

时干伸长 L_1 还来不及变化，电弧随即在新的工作点 A_1 处燃烧，电流突变为 I_1。但经过一定时间的电弧自调节，弧长渐渐变短，干伸长增大，由于焊丝变化导致焊接回路电阻发生变化，最后电弧只能稳定在一个新的工作点 A_2，弧长 l_2，干伸长 L_2，电流 I_2。结果是干伸长和弧长都比原来增加。

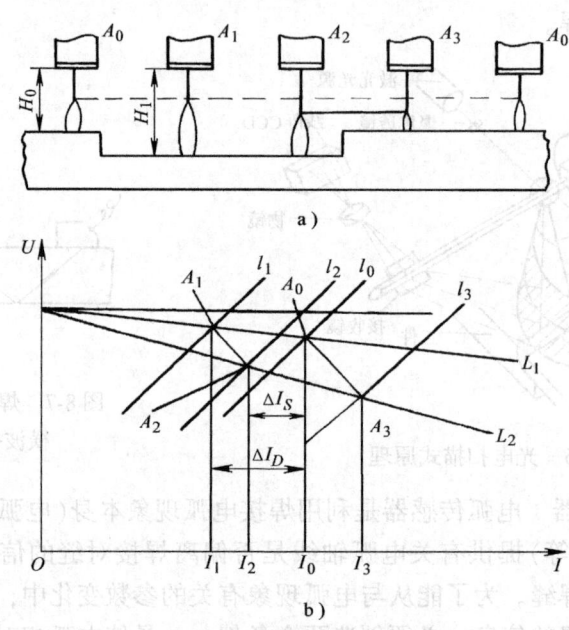

图 8-8 电弧传感器工作原理

同样的，如果 H_1 发生阶跃变化，减少到 H_0 时，电弧工作点将由 A_2 跳到 A_3，（此时干伸长 L_2 还来不及变化），弧长 l_2，电流 I_3。经过一定时间时，弧长自动调节后，电弧工作点又由 A_3 回到 A_0。由以上所述，当焊枪与工件表面距离发生变化时，电弧工作点和焊接电流均将发生变化。但存在两种状态；即动态和静态变化。例如焊枪高度由 H_0 增为 H_1 时，动态电流变化为 ΔI_D，而静态电流变化为 ΔI_S。在控制系统中，都是利用它的静态变化，对其动态变化不仅没有利用，而且对其规律没有进行过深入的研究。实验数据证明，若焊丝直径为 $\phi1.2mm$，焊接电流为 215～280A，焊接电压为 26～30V，则导电嘴与工件距离变化1mm，ΔI_S 的变化为5A；换言之，每毫米的变化可导致焊接电流 1.4%～2.4% 的变化，因而利用静态变化作为信号进行自动跟踪的控制也是完全可能的。

焊缝跟踪一般都是上下和左右二维跟踪。上下跟踪可以直接利用导电嘴与工件间距离的变化而引起的电流变化信号，调节机头高低位置达到目的。左右跟踪则须采取一定的措施探测焊缝中心的位置，图 8-9 所示为二个实例，一个是采用并列的双丝焊；另一个是采用机头横向摆动。

由图可看出，在双丝焊时若焊嘴中心线不在坡口的中心线时，其左右两丝具有不同的干伸长度，因而造成不相等的电流，根据两电流的差值即可判断电弧位置并自动进行跟踪。同样在摆动的方案中，若焊嘴中心线不在坡口中心线上时，电弧摆动到左边和右边，就具有不同的干伸长度，因而造成不同电弧电流。测定此两点电流值加以比较，即可判断电弧位置，进行自动跟踪。焊接电流在摆动过程中随着

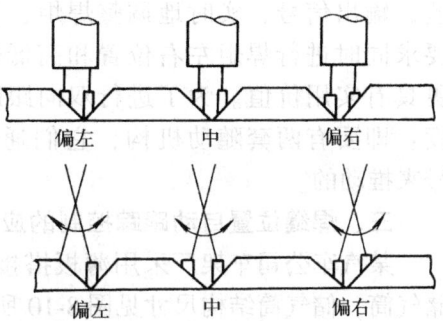

图 8-9　横向跟踪方案

坡口的形状变化而变化，第一方案从工艺成形和控制电路两方面来说比较简单，但要求导电嘴通过双丝而又能互相绝缘，而且双丝的送丝速度必须完全同步。后一方案避免了上述两个缺点，但要求一个摆动机构，摆动与成形有一定关系。但如配合恰当，可作为一个有利因素。以上两方案已成功用于生产。

另外，利用外加磁场摆动电弧，也能获取横向跟踪偏差讯号，利用电弧沿焊缝进行圆周运动或旋转扫描，也可以对焊缝位置进行跟踪。

二、焊缝位置自动跟踪控制系统

焊缝位置自动跟踪控制系统由传感器、信号处理器和伺服装置三部分组成。传感器获取所需的物理量并将其转化为相应的电信号，然后传送给信号处理器。信号处理器对传送来的电信号进行处理，包括去除噪声干扰，将调制信号解调、放大及运算，最后经功率放大部分输出驱动信号给伺服装置，由伺服装置对焊枪进行适时调整，实现焊接过程的自动跟踪。

信号处理器根据传感器的种类、所能提供的信息量的大小及所需要的处理速度分别采用模拟电路、数字控制电路直至微型计算机进行信号处理。例如单光点式光学传感器系统由于所需处理信息量少，则只使用模拟电路控制，而对使用CCD摄像机的光学传感器系统，由于每幅图像需处理的信息量大，而焊缝自动跟踪的实时自动控制又需要很高的运算速度，因此配以微型计算机进行运算处理。一般来说，需要处理的信息量越大，信号处理器的构成越复杂、成本也越高。但同时跟踪的精度越高，应用的范围也越广。

伺服装置是一个小型的电动伺服控制系统。它可以采用普通的直流伺服电动机、步进电机，中、低惯量的力矩电机以及印刷电机等，其驱动控制可采用模拟控制或数字控制。

从传感器系统的结构来看，焊缝位置自动跟踪控制系统是以电弧（焊枪）相对于焊缝（坡口）中心位置的偏差作为被调量，以焊枪位移作为操作量的闭环控制系统。当电弧相对于焊缝中心位置发生偏差时，传感器能自动检测出这一偏

差,输出信号,实时地调整焊炬,使之准确地与焊缝对中。实际生产中经常要求同时进行焊炬左右位置和高低位置的自动跟踪,这种双向焊缝跟踪系统更具有实用价值。为了进行双向跟踪,焊炬必须相对于焊接小车有两个自由度:即要有两套随动机构,它们通常是由一个传感器发出两个方向的跟踪信号来推动的。

三、焊缝位置自动跟踪控制的应用

某汽车公司车架厂采用薄板搭接形式的 CO_2 气体保护自动焊工艺生产汽车储气筒,储气筒结构尺寸见图 8-10 所示。

工件材料为 $20^#$ 冷轧板,板厚 2~2.5mm,焊缝自身曲线变化 $\delta = 6 \sim 8mm$,筒体不圆度 ≤ 10mm,筒体错边尺寸 ≤ 3mm,端盖装配后与筒体上下间隙 ≤ 2mm。

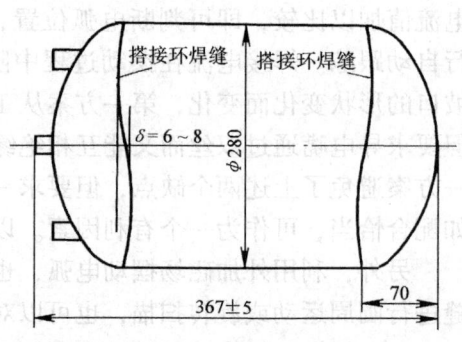

在制造过程中,焊枪固定不动,转胎使工件转动,进行环缝焊接。焊接工艺参数为:焊丝 $\phi 1.6mm$;焊接电流:180~250A;电弧电压:20~25V。要求焊缝成形美观,尤其是焊缝宽度不小于

图 8-10 焊接零件结构尺寸

5mm,无咬肉现象,焊后 100% 密封检查(0.8MPa)。由于气筒的加工和装配过程中,不可避免地会产生一些误差,另外转胎转动时也常引起焊缝的轴向移动,因此,在这种焊接工艺过程中,必须采用焊缝跟踪系统,使焊接电弧始终对准焊缝中心。焊缝跟踪控制系统如图 8-11 所示。

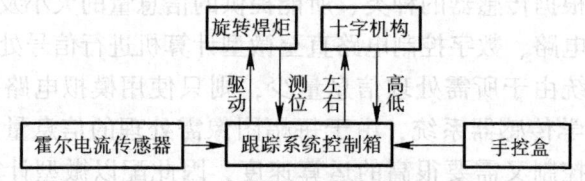

图 8-11 实际系统组成图

该系统选用电弧传感器,系统由电流信号检测、采样,跟踪执行机构,手动控制盒和跟踪控制系统等部分组成。系统的控制核心为 Intel 公司 8089 单片机,采用 STD 总线模板式结构。由霍尔传感器检取电流信号并与焊接回路进行绝缘隔离,8089 内部 A/D 转换器进行转换,经单片机处理后输出控制信号,驱动焊炬的旋转和十字机构的上下移动,构成闭环调节系统。实践表明,该系统跟踪效果良好。

第二节 焊接过程计算机控制

电子计算机具有快速运算能力和准确的逻辑功能,焊接自动控制系统中常用它来进行轨迹控制、程序控制、对工艺参数适时调节,对焊接生产进行管理等。这里主要介绍计算机在焊缝轨迹控制和焊接工艺参数实时调节中的应用。

一、轨迹控制

在自动化的焊接生产过程中,焊缝轨迹是多种多样的,有直缝、环缝和曲线焊缝等形式。根据具体要求可选择焊枪固定、工件运动或工件固定、焊枪运动等方式。通常,不便于旋转的大型构件和复杂的轨迹均采用工件固定、焊枪运动的形式。在这种形式下,焊缝轨迹控制的同时要求对焊枪的高度、焊枪偏离接缝位置和焊枪摆角进行控制,即要求自动化的焊接系统有轨迹控制和自动跟踪功能。此时,用计算机构成轨迹控制系统显示出巨大的优越性。下面通过实例介绍焊接过程计算机轨迹控制。

在石油化工行业的容器制造中,常遇到人孔与筒体或加强板与筒体的焊接。这些焊缝为空间两个圆柱面的相贯线,呈空间马鞍形。焊接方法为埋弧自动焊,要求焊接机头工作时可绕工件连续多圈自动旋转,能够沿 x 轴、y 轴微调和自动行走,实现对马鞍形焊缝的自动跟踪焊接。

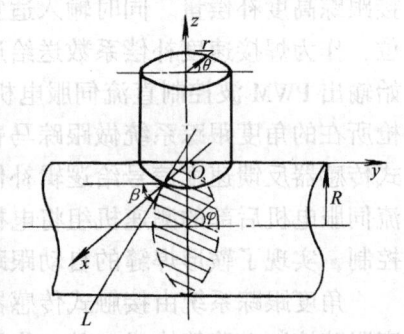

图 8-12 鞍形曲线示意图

图 8-12 为两个正交的圆柱面,半径为 r 的小圆柱面 N(相当于容器接管)与半径为 R 的大圆柱面 M(相当于容器筒体)之相贯线即是正交马鞍形曲线。

设一直角坐标系 $Oxyz$(图 8-13),并引入两个角参变量 θ(横梁转过的角度)和 ϕ(滚轮架转过的角度),β 为焊枪偏转角,各参量之间的关系为:

$$x = r\sin\theta \qquad (8-1)$$
$$y = r\cos\theta \qquad (8-2)$$
$$z = R - \sqrt{R^2 - r^2\sin^2\theta} \qquad (8-3)$$
$$\sin\beta = 1/\sqrt{R^2/r^2\csc^4\theta - \operatorname{ctg}^2\theta} \qquad (8-4)$$

根据正交马鞍形曲线 c 的数学模型,设计了一种采用 8098 单片机作为主控微机的空间三维马鞍形焊缝跟踪系统。该跟踪系统由高度跟踪,横向跟踪、角度跟踪三部分构成。其中横、纵向跟踪系统对马鞍形曲线轨迹进行跟踪,同时对焊接速度跟踪控制,角度跟踪系统对焊枪的摆角进行跟踪控制。系统工作原理图如

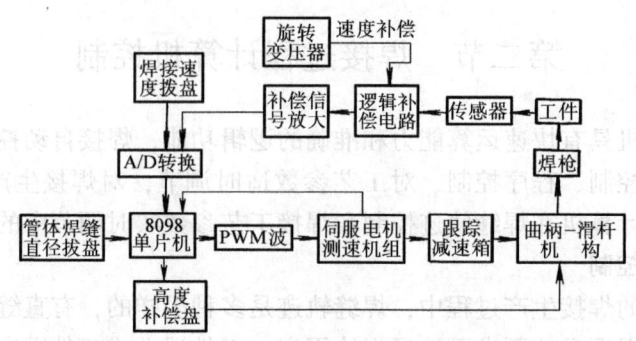

图 8-13 跟踪马鞍形轨迹的工作原理框图

图 8-13 所示。

接通主控箱电源后,首先预置筒体直径和环焊缝直径给主控微机,计算出焊接跟踪高度补偿量。同时输入适宜的焊速作为粗调量,并预置旋转变压器的初相位,作为焊接速度补偿系数送给逻辑补偿电路。当按下回转按钮时,主控微机开始输出 PWM 波控制直流伺服电机旋转,自动跟踪减速箱经十字滑板机构带动焊枪所在的角度跟踪系统做跟踪马鞍形曲线运动;同时,焊枪前端的双自由度接触式传感器反馈速度信号给逻辑补偿电路,输出速度补偿信号给主控微机,此时直流伺服电机后部的测速机组将电机转速反馈给主控微机,形成了焊速跟踪双闭环控制,实现了鞍形焊缝的自动跟踪。

角度跟踪系统由接触式传感器、旋转变压器、步进电动机及其驱动电路、角度跟踪控制电路等构成。其工作原理如图 8-14 所示。

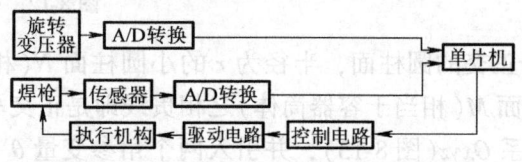

图 8-14 角度跟踪系统工作原理框图

旋转变压器是一种输出电压随转角变化的位置检测元件,单片机可实时从旋转变压器中对主轴转角 θ 采样,采样信号经计算处理,确定焊枪应处的理论偏转角 β。与此同时,焊枪弧形架上的接触式电位计传感器也将焊枪当前所处的实际位置角度 β' 信号传递给单片机,则单片机比较两个角度,得出偏角 $\Delta\beta = \beta - \beta'$,然后输出脉冲信号,驱动角度跟踪步进电动机偏转 $\Delta\beta$ 角,从而使焊枪始终对准马鞍形焊缝的中心线,即在两柱面相贯所夹角的角分线上。本焊缝跟踪系统软件工作流程图如图 8-15 所示。

首先单片机复位,对其各接口芯片初始化,即规定其工作方式,写入时间常数等，然后通过拨盘以 A/D 转换形式将所需的焊接速度、焊接电流、筒体直径及焊缝直径输入，单片机判断筒径比是否在 $d/D < 0.8$ 范围内，若是则计算并显示高度补偿量，微机就序后，按回转按钮，主控微机发出 PWM 波，给直流伺服电机—测速机组，焊机即开始进行对马鞍形焊缝的三维跟踪。

生产应用表明，该马鞍形焊缝跟踪系统结构合理、操作简便，能够满足对质量要求较高的马鞍形焊缝焊接过程中的自动跟踪。

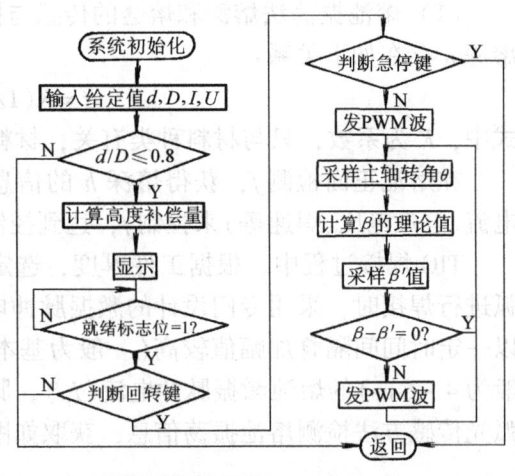

图 8-15　焊缝跟踪系统软件工作流程图

二、自适应控制

焊接过程参数可分为能量参数和质量参数。能量参数指影响焊缝能量输入的参数，如焊接电流、电弧电压和焊接速度等，在坡口尺寸、间隙、板厚、网路电压、焊枪对中等边界条件稳定的前提下对某一能量参数进行恒值控制，可以获得稳定的电弧和焊缝成形质量。但实际生产中上述边界条件会有各种变化，此时过程参数的恒值控制并不理想。

质量参数指反映焊缝质量的熔深、熔宽、余高等参数。检测这些参数，通过与质量指标比较，得出偏差量，利用特殊设计的控制器，借助一定的模型或规则进行运算与处理，获得控制量，然后通过执行机构对焊接过程的能量参数进行调整，从而使输出的质量信息与质量指标接近，达到适时控制焊接质量的目的，这就是焊接质量的自适应控制。也可以认为焊接质量自适应控制是一种具有适应焊接过程条件变化能力的焊接质量反馈控制，它与控制理论中定义的"自适应控制"有所不同。

在电弧焊中，焊缝宽度一般不需要进行特别的控制，只要能满足熔深（熔透）的要求，就能满足焊缝宽度的要求。只有在特殊的情况下，如焊缝两侧存在不允许受热超过某一温度的物体时，则需要严格控制焊缝宽度。焊缝余高与焊接接头的强度密切相关，对一些重要的产品，为了保证较高的焊接质量，也要求进行焊缝余高的控制。焊缝的熔深与熔透则是关系焊接产品强度及有关性能的最重要的因素，几乎所有的焊接工件都对熔深和熔透有较严格的控制要求。焊缝熔深和熔透以及焊缝余高的传感与控制，是现代弧焊过程中质量传感与控制的热点和难点。

下面介绍以计算机为基础构成的焊缝熔深和熔透自适应控制系统。

(1) 熔池振荡法熔深和熔透的传感与控制　熔池表面自然振荡频率 f 与熔池熔深 h 存在如下关系：

$$f = K(1/h) \tag{8-5}$$

式中，K 为系数，只与材料种类有关，材料种类一定，K 一定。

在熔池正面检测 f，获得熔深 h 的信息，通过控制焊接熔池的热输入（焊接电流、电弧电压、焊速等）来控制 f，达到控制熔深的目的。

TIG 焊接过程中，根据工件厚度，选定合适的基本直流焊接电流（I）引燃电弧进行焊接时，采用专门设计的激振脉冲电流发生电路，在基本焊接电流之上，以一定时间间隔叠加幅值较高（一般为基本焊接电流的 2～5 倍）而脉宽较窄（一般为 4～6ms）的熔池激振脉冲电流（I_p），脉冲时间间隔一般可取 0.2～1s。采用弧光传感方法检测熔池振荡信息，获取如图 8-16 所示的熔池振荡信号。

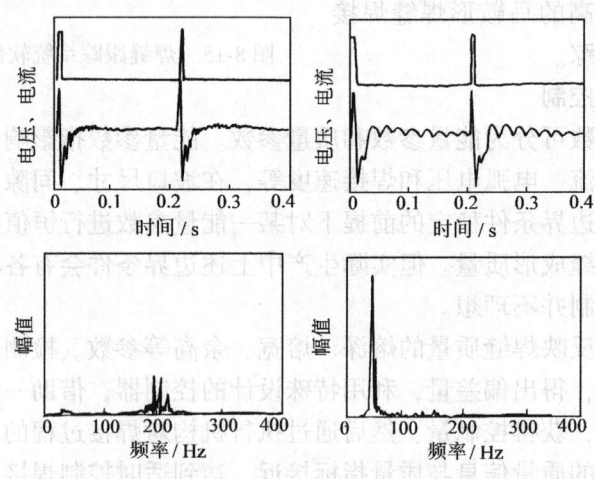

图 8-16　激振脉冲电流方法获得的各种熔池振荡信息

熔池振荡信号通过计算机进行快速富立叶变化(FFT)处理后，可以得到实时熔池振荡频谱分布状况。将熔池振荡频谱分布提供的熔池振荡频率代入表达熔池振荡频率与熔池尺寸关系的数学模型中，可得到实际的熔透或熔深情况，然后与希望得到的熔透或熔深比较，将比较的差别转变为某焊接参数的控制量送至控制器，控制有关焊接参数（基本焊接电流、焊接速度等），使熔池体积变化，熔池振荡频率变化，直到实际熔透或熔深与希望的熔透或熔深之间的差别消失，而达到实时闭环控制熔透或熔深的目的。

(2) 熔池红外热像图法熔透与熔深的传感与控制　从横穿熔池中心扫描线上的温度分布曲线提取反映熔深的参量。在红外摄像装置所取得的熔池热像图中，从横贯熔池中心扫描线上可以得到一个温度分布曲线，曲线下面的面积与熔深有比例的定量关系。这个面积事实上就是该扫描线上红外辐射强度的积分。它可以利用特别设计的计算机程序实时地得到。

通过对熔池热像图的实时计算机处理,得到有关熔深的定量信息,通过控制器可对熔深进行实时控制。熔池红外热像图法熔深(熔透)传感与控制系统如图 8-17 所示。

红外摄像装置可以在每秒时间内扫描得到 30 帧熔池红外热像图供计算机进行数据处理,计算机可以在每秒时间内处理 20 帧红外热像图。因此整个系统可以很好地满足焊接过程中实时控制熔深(熔透)的要求。

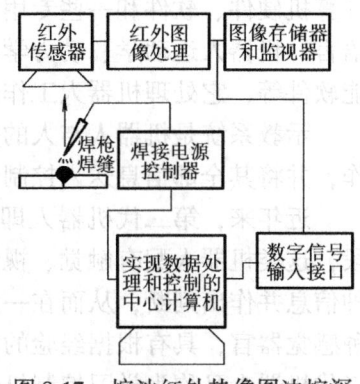

图 8-17 熔池红外热像图法熔深(熔透)传感与控制系统示意图

第三节 焊接机器人

一、工业机器人的工作原理

工业机器人自 60 年代初问世以来,经过了 30 多年的发展,已广泛应用于各个工业领域,成为制造业生产自动化中主要的机电一体化设备。工业机器人可以理解为:拟人手臂、手腕和手功能的机械电子装置;它可把任一物件或工具按空间位置、姿态的时变要求进行移动,从而完成某一工业生产的作业要求。如夹持焊钳或焊枪进行点焊或弧焊;进行激光切割、喷涂;搬运零件或构件;装配机械零、部件等。按用途分类,工业机器人可分为搬运机器人、喷涂机器人、装配机器人、焊接机器人和专门用途的机器人。

第一代工业机器人。它的基本工作原理是示教再现,系统一般由三个相互关连的部分组成,即机械手总成、控制器总成和示教系统,如图 8-18 所示。

机械手总成是机器人的执行机构,它由驱动器、传动机构,机器人臂、关节、末端操作器和内部传感器等组成。它的任务是精确地保证末端操作器所要求的位置,姿态和实现其运动。驱动器大多由伺服电机、电源、功率放大、伺服控制、测角器、测速器和制动器组成,用于控制各关节的运动,一般一个关节一个驱动器。

控制器是机器人的神经中枢,它由

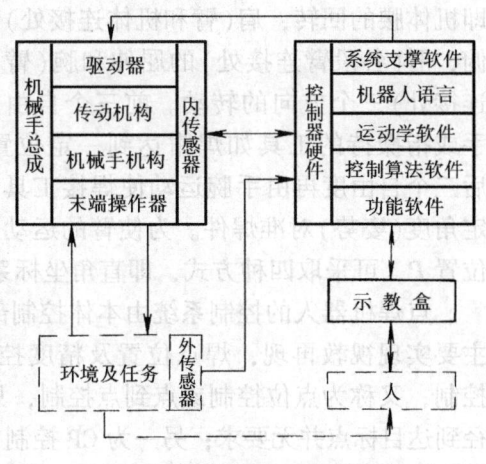

图 8-18 工业机器人的基本结构

计算机硬件、软件和一些专用电路构成。软件包括控制器系统软件，机器人专用语言、机器人运动学、动力学软件，机器人控制软件，机器人自诊断、自保护功能软件等，它处理机器人工作过程中的全部信息和控制其全部动作。

示教系统是机器人与人的交互接口，在示教过程中它将控制机器人的全部动作，并将其全部信息送入控制器存储器中。它实质上是一个专用的智能终端。

近年来，第二代机器人即感觉控制机器人和适应控制机器人已进入实用阶段，这类机器人配有触觉、视觉等传感元件，能够取得工作对象和周围环境的各种信息并作出判断，从而在一定程度上进行控制。第三代机器人具有类似人的各种感觉器官，具有根据经验的积累改造自己行动的功能，称为学习功能。因而第三代机器人又称为学习控制机器人，但目前仍处于研制阶段。

二、焊接机器人

目前，国内外已有大量的焊接机器人系统应用于各类自动化生产线上，据1996年底的不完全统计，中国已有500台左右的焊接机器人分布于大陆各大中城市的汽车、摩托车、工程机械等制造业，其中45%左右为点焊机器人，55%左右为弧焊机器人，已建成的机器人焊接柔性生产线5条，机器人焊接工作站300个。这些焊接机器人系统从整体上看基本都属于第一代的任务示教再现型。下面分别对点焊机器人和弧焊机器人进行介绍。

（一）点焊机器人

1. 点焊机器人的基本组成　点焊机器人虽然有多种结构和形式，但大体上都可分为三大组成部分，即机器人本体、控制系统及点焊焊接系统，见图8-19。

点焊机器人本体主要指其机械部分。机械部分通常由机体、臂，手，有时还有手指所组成。通用点焊机器人具有六个自由度，即机体腰的回转，肩（臂和机体连接处）的仰俯，肘（各段臂连接处）的屈伸和腕（臂与手连接处）三个方向的转动。前三个自由度使手或指操持的工具如焊钳达到一定位置P，后三个自由度再由手腕运动使焊接工具以一定角度（姿势）对准焊件。为使臂的运动达到位置P，可采取四种方式，即直角坐标系、圆柱坐标系、极坐标系、多关节系。

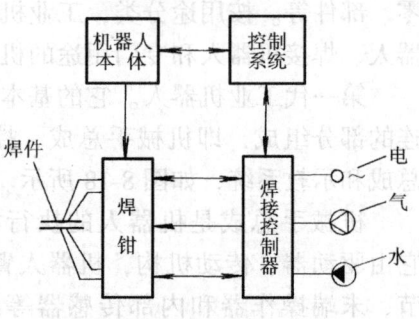

图8-19　点焊机器人系统组成

点焊机器人的控制系统由本体控制部分及焊接控制部分组成。本体控制部分主要实现视教再现，焊点位置及精度控制。位置控制有两种方式：一种为PTP控制，又称为点位控制或点到点控制，只注意原始点和目标点的位置，经由何途径到达目标点并无要求；另一为CP控制，即连续路径控制或轮廓控制。这时不仅要求目标点的位置，而且所经由的轨迹也要符合要求。显然，PTP控制简单，点焊时只要求焊点位置准确，对电极所经轨迹并无要求（除非中间有障碍物），故一般都采用 PTP 控制。重复精度为 ±1mm。

焊接控制部分除了控制电极加压、通电焊接、维持等各程序段的时间及程序转换以外，还通过改变主电路晶闸管的导通角而实现焊接电流的控制。焊接系统主要由焊接控制器、焊钳（含阻焊变压器）及水、电、气等辅助部分组成，系统原理图见图 8-20。

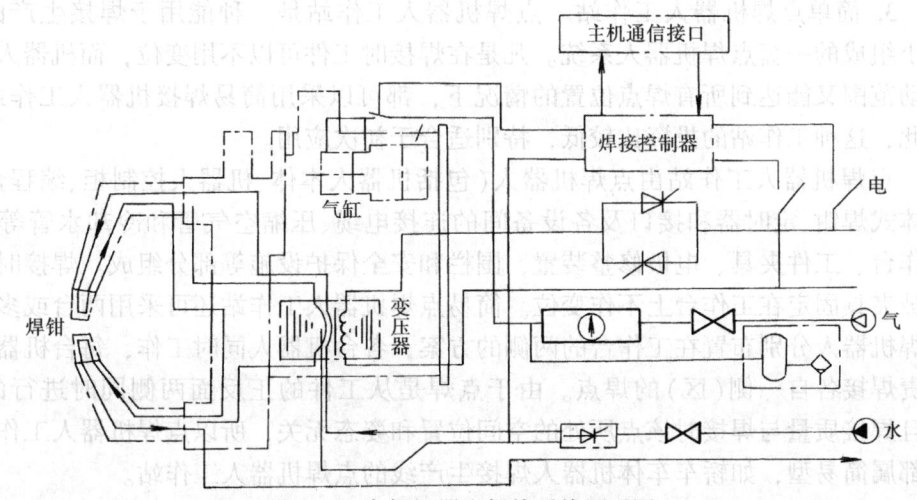

图 8-20 点焊机器人焊接系统原理图

焊接变压器的放置是点焊机器人的一个特殊问题。变压器置于机体上，臂的重量减轻但二次侧回路太长，电气性能差。变压器和焊钳制成一体，电气性能改善，但臂的动作速度和所能达到的位置精度都要下降。最近出现的逆变式电阻焊电源，可使焊接变压器体积缩小，有助于克服一体化带来的问题。

2. 点焊机器人的选择

（1）正确选用功能合适的机器人　机器人的负重能力、定位精度、自由度、作业空域、控制方式和运动速度等技术指标均应根据将要赋与的焊接任务加以详细研究。一般点焊钳重量为 10~20kg，点焊作业一般可采用点位控制，定位精度为 ±0.2~0.4mm。除了选用具有 5~6 个自由度，采用极坐标或圆柱坐标系的通用型机器人以外，在一些作业类型相对固定的场合可选用自由度较少（3~4 个自由度）或采用直角坐标系的简易机器人。在大量使用机器人的工厂可考虑采用组合式模块机器人，其价格比通用型机器人更为便宜。

（2）适当组成机器人焊接系统（或称机器人工作站）　除机器人本身外，焊机、焊接工具、焊接夹具、焊接附件、焊接工位布置等都要适合使用机器人带来的变化，并在作业时要与机器人协调。

（3）提高被焊零件的精度　以使机器人有良好的工作重复性。

（4）焊钳防撞措施　点焊机器人由于焊钳较重不能安装象弧焊机器人那样的防撞传感器，因此要求点焊机器人的控制柜必须具有在机器人或焊钳与周边设备或工件发生碰撞，即在负载超过限定值时，能立即停止机器人运动的功能。目前，有的机器人不但在发生碰撞时能马上停止运动，还能自动后退少许，避免焊钳与工件顶紧而损坏工件或焊钳。

此外，引入机器人作业的企业要有操作、调整和维修机器人的技术力量。

3. 简单点焊机器人工作站　点焊机器人工作站是一种能用于焊接生产的、最小组成的一套点焊机器人系统。凡是在焊接时工件可以不用变位，而机器人的活动范围又能达到所有焊点位置的情况下，都可以采用简易焊接机器人工作站。因此，这种工作站的投资比较低，特别适合于初次应用。

点焊机器人工作站由点焊机器人（包括机器人本体、机器人控制柜、编程盒、一体式焊钳、定时器和接口及各设备间的连接电缆、压缩空气管和冷却水管等）、工作台、工件夹具、电极修整装置，围栏和安全保护设施等部分组成。焊接时工件被夹具固定在工作台上不作变位。简易点焊机器人工作站还可采用两台或多台点焊机器人分别布置在工作台的两侧的方案，各台机器人同时工作，每台机器人负责焊接各自一侧（区）的焊点。由于点焊是从工件的正反面两侧同时进行的，而且焊接质量与焊接时该点所处的空间位置和姿态无关，所以点焊机器人工作站多都属简易型，如轿车车体机器人焊接生产线的点焊机器人工作站。

（二）弧焊机器人

弧焊机器人可以被应用在所有电弧焊，切割技术范围及类似的工艺方法中。常用的有钢的熔化极活性气体保护焊（CO_2 气体保护焊、MAG 焊），铝及特殊合金熔化极惰性气体保护焊（MIG），钨极惰性气体保护焊（TIG）以及埋弧焊。除气割、等离子弧切割及等离子弧喷涂外，还实现了在激光切割上的应用。

1. 弧焊机器人的基本组成　图 8-21 是一套完整的弧焊机器人系统，它包括机械手和控制系统，焊接装置、焊件夹持装置。夹持装置上有二组可以轮番进入机器人工作范围的旋转工作台。

机械手又称操作机，是弧焊机器人的操作部分，由它直接带动焊枪实现各种运动和操作。其机构形式主要有机床式、全关节式和平面关节等形式。

控制系统主要实现示教再现、位置及精度控制。位置控制主要是

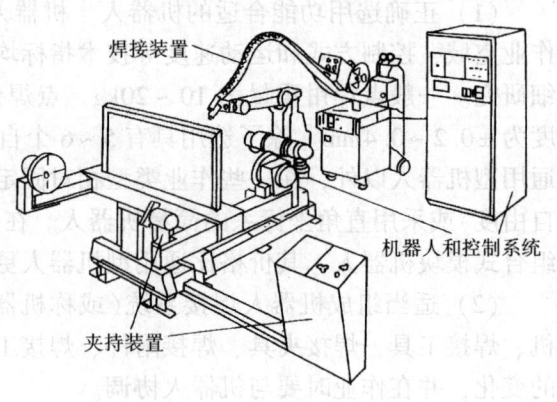

图 8-21　弧焊机器人系统

通过直线插补和圆弧插补实现连续轨迹控制,而且在运动轨迹的每一点都必须实现预定的姿态。另外,控制系统还必需能与焊接电源通信,设定焊接参数,对起弧、熄弧、通气、断气及焊丝用尽等状态进行检测,对焊缝进行跟踪,并不断填充金属形成焊缝。精度一般可控制在±0.2~0.5mm。复杂的机器人系统还有引弧失败可以重复引弧、断弧再引弧、解除粘丝、搭接缝搜索、多层焊接、摆动焊接以及焊缝的电弧跟踪或视觉跟踪功能。

2. 弧焊机器人的选择

(1) 正确选用功能合适的机器人 一般弧焊机器人的负载能力为3~16kg,连续轨迹控制,定位精度为±0.1~0.05mm。可选用具有5~6个自由度,采用极坐标或圆柱坐标系的通用型机器人。

(2) 正确选择焊接电源的种类 焊接电源和电源容量的选择应根据工件对象、焊接材料和焊接工艺选择合适的焊接方法,确定焊接电源的类型和容量。

(3) 焊枪(焊炬)和送丝机构的选择 无论是熔化极或非熔化极气体保护焊都需要选择合适的焊枪,保证焊枪有较好的可达性。对熔化极气体保护焊必需配备送丝机和送丝软管。送丝机根据需要可选择两种安装方式:一种是将送丝机安装在机器人的上臂的后部上面与机器人组成一体;另一种是将送丝机与机器人分开安装的方式。前者送丝稳定性较高,后者适合于焊接过程中需要更换焊枪(变换焊丝直径或种类)的机器人。送丝软管必须保证送丝的顺畅。

(4) 选择合适的工件和机器人的位移及变换装置。

(5) 防撞措施 对于弧焊机器人除了要选好焊枪以外,还必须在机器人的焊枪把持架上配备防撞传感器。防撞传感器的作用是当机器人在运动时,万一焊枪碰到障碍物,能立即使机器人停止运动(相当于急停开关),避免损坏焊枪或机器人。如果没有安装防撞传感器或传感器不够灵敏,一旦焊枪和工件发生轻度碰撞,焊枪可能被碰歪,如操作者又没有及时发现,由于TCP的变化,随后焊接的路径将会发生较大的变化,而焊出废品。因此,TIG焊炬和MIG/MAG焊枪的把持架上都必须装有防撞传感器。

3. 弧焊机器人工作站 简易弧焊机器人工作站一般由弧焊机器人(包括机器人本体、机器人控制柜、示教盒、弧焊电源和接口、送丝机、焊丝盘支架、送丝软管、焊枪、防撞传感器、操作控制盘及各设备间相连接的电缆、气管和冷却水管等)、机器人底座、工作台工件夹具、围栏、安全保护设施和排烟罩等部分组成,必要时可再加一套焊枪喷嘴清理及剪丝装置。简易弧焊接机器人工作站的一个特点是焊接时工件只是被夹紧固定而不作变位。可见,除夹具须根据工件情况单独设计外,其他的都是标准的通用设备或简单的结构件。简易弧焊接机器人工作站由于结构简单,因此可由工厂自行成套,只需购进一套焊接机器人,其他可自己设计制造和成套。但必须指出,这仅仅就简易机器人工作站而言,对较为复杂的机器人系统最好还是由机器人工程应用开发单位提供成套交钥匙服务。简易弧焊机器人工作站典型应用的例子，如焊接圆罐与碟形顶盖的水平封闭圆形角焊缝。

第四节 先进制造技术概述

先进制造技术（AMT——Advanced Manufacturing Technology）是在 20 世纪 80 年代末期，美国根据本国制造业面临的挑战和机遇，为了增强其制造业竞争力和促进国民经济增长而首先提出来的。先进制造技术专有名词的提出充分显示了制造技术在国民经济发展中的重要地位与作用，也意味着制造技术的发展达到一个新的历史阶段。因而，"先进制造技术"一经提出，立即获得欧洲各国、日本及亚洲新兴工业化国家如韩国等的积极响应，并纷纷制订了多种发展计划，以支持与发展先进制造技术。

焊接技术是先进制造技术中一个重要构成部分，未来的焊接技术也必将在先进制造技术的推动下获得变革性的发展，并在国民经济中起着更加重要的作用。

一、先进制造技术的内涵、构成及其发展

（一）先进制造技术的内涵及特点

先进制造技术作为一个专有名词提出后，至今没有一个明确的、一致公认的定义，我国近年来通过对其内涵、特征的分析研究，目前共同的认识是：先进制造技术是制造业不断吸收机械、电子信息、材料、能源及现代管理等方面的成果，并将其综合应用于产品设计、制造、检测、管理、销售、使用、服务的制造全过程，以实现优质、高效、低耗、清洁、灵活生产，并取得理想技术经济效果的制造技术的总称。

从以上对先进制造技术内涵的表述，不难看出先进制造技术与传统制造技术相比，有如下特点：

1）传统制造技术的学科专业单一、界限分明，先进制造技术则不是任何单一技术的发展与延伸，而是不断吸收机械、电子、信息、材料、能源及现代管理等方面的成果，经各专业、学科之间交叉、融合而形成的一门交叉学科和系统综合技术。

2）传统制造技术是指各种将原材料变成成品的加工工艺，而先进制造技术则将其综合应用制造的全过程，覆盖了产品设计、生产准备、加工制造、销售使用、维修服务甚至回收再生的整个过程。

3）传统制造技术一般只能驾驭生产过程中的物质流和能量流，随着计算机技术、信息技术的引入，使先进制造技术成为能驾驭生产过程中的物质流、能量流和信息流的系统过程。

4）先进制造技术的核心和基础是优质、高效、低耗、少无污染工艺，它是从传统的制造工艺发展起来的，并与新技术实现了局部或系统集成，其重要特征是实现优质、高效、低耗、清洁和灵活生产。

5) 先进制造技术比传统制造技术更加重视制造过程组织和管理体制的简化及合理化，从而产生了一系列技术与管理相结合的生产方式，其最终目标是取得理想的技术经济效果。

(二) 先进制造技术的构成

1994年初，美国联邦科学、工程和技术协调委员会(FCC,SET)下属的工业和技术委员会先进制造技术工作组提出了有关制造技术的分类目录，建议先进制造技术主要包括以下三个技术群。

(1) 主体技术群 这是制造技术的核心。它包括面向制造的设计技术群、用于生产准备(制造准备)的工具群和技术群和制造工艺技术群。

(2) 支撑技术群 是支持主体技术群取得进步的基础性的核心技术，也是用于保证和改善主体技术的协调和运行所需的技术。主要包括信息技术、标准与框架、机床和工具技术、传感器和控制技术等。

(3) 制造基础设施(制造技术环境) 指使制造技术适应具体企业应用环境，充分发挥其功能、取得最佳效益的一系列措施。主要包括质量管理、用户/供应商交互作用、工作人员培训和教育、全面监督和基准评测、技术获取和利用等。

上述三部分相互联系、相互促进，组成一个完整的体系，每一部分均不可缺少，否则就很难发挥预期的整体功能效益。先进制造技术的系统结构如图8-22所示。

先进制造技术在不同的国家、不同的阶段有不同的内涵与组成，我国目前属于先进制造技术范畴的技术是一个多层次的技术群，大致可以划分为三个层次。

第一层是优质、高效、低耗、少无污染基础制造技术。铸造、锻压、焊接、热处理、表面保护、机械加工等基础工艺至今仍是生产中大量采用且经济适用的技术，这些基础工艺经过优化而形成的优质、高效、低耗、少无污染基础制造技术是先进制造技术的核心及重要组成部分。

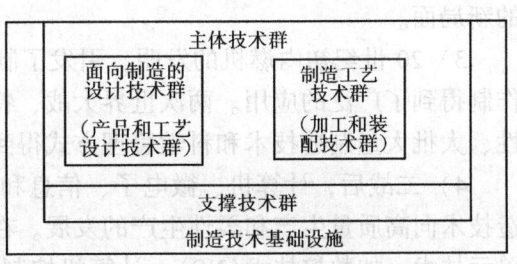

图8-22 先进制造技术的体系结构

第二个层次是新型的先进制造单元技术。这是在市场需求及新兴产业的带动下，第一个层次的基础制造技术与电子、信息、新材料、新能源、环境科学、系统工程和现代管理等高新技术相结合而形成的崭新的制造技术，如：制造业自动化单元技术、极限加工技术、质量与可靠性技术、系统管理技术等。

第三个层次是先进制造系统集成技术。这是应用信息、计算机和系统管理技术对上述两层次的技术进行局部或系统集成而形成的先进制造技术的高级阶段。如：柔性制造系统(FMS, Flexible Manufacturing System)、计算机集成制造系统(CIMS, Computer Integrate Manufacturing System)、智能制造系统(IMS, Intelligent Manufacturing System)等。先进制造技术的范畴和层次如图 8-23 所示。

（三）先进制造技术的演进与发展

1. 制造技术的演进 制造技术的发展是由社会、政治、经济等多方面因素而决定的。但纵观其发展历程，影响其发展最主要的因素则是技术的推动以及市场的牵引。

1）18 世纪后半叶以蒸汽机和工具机的发明为特征的产业革命，揭开了近代工业的历史，促成了制造企业的雏形——工厂式生产的出现。标志着制造业已完成从手工业作坊式生产到以机械加工和分工原则为中心的工厂生产的艰难转变。

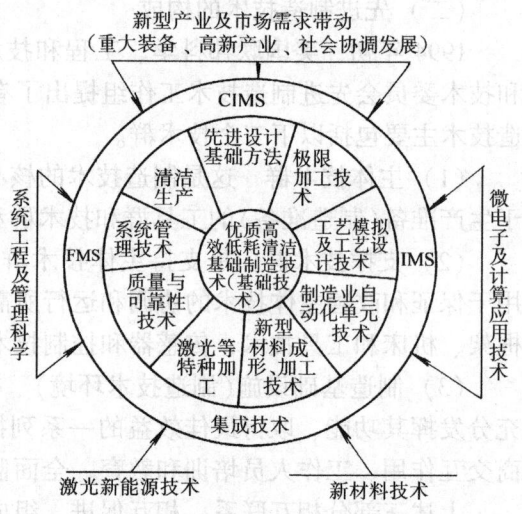

图 8-23　先进制造技术的范畴和层次

2）19 世纪电气技术的发展则开拓了机电制造业的新时代，实现了批量生产的新局面。

3）20 世纪初内燃机的发明，引发了制造业的革命，流水生产线和泰勒式工作制得到了广泛的应用。两次世界大战，特别是二战期间以降低成本为中心的刚性、大批大量制造技术和科学管理方式得到了很大的发展。

4）二战后，计算机、微电子、信息和自动化技术有了迅速发展，推动了制造技术向高质量生产和柔性生产的发展。在此期间，形成了一批新型的先进制造单元技术，如数控技术(NC)、计算机控制(CNC)、柔性制造单元(FMC)、计算机辅助设计/制造(CAD/CAM)等。同时有效地应用系统科学、运筹学、系统工程等原理和方法的生产管理方式，如准时生产制(JIT, Just in Time)、精益生产原则(LP)、全面质量管理(TQM)开始应用于生产以实现现代化管理，提高企业整体效益。

5）自 80 年代以来，受市场需求多元化的牵引以及随着商业竞争的加剧，开拓了制造技术以面向市场生产发展的新阶段。各种计算机辅助工具，如 MRP—1——材料需求规划、MRP—2——制造资源规划、TQC—全面质量控制、CAD/CAM、CAPP——计算机辅助工艺规划、CAE——计算机辅助工程、CAI——计算机辅助检测等以及各种高效柔性生产设备，如 DNC——直接数控、CNC、FMC、FMS、机器人、AMV——自动材料运输系统、FAS——柔性装配系统等发展得非常快。一些新的制造技术如激光等特种加工技术、现代设计技术、工艺模拟技术获得广泛应用，快速造型制造技术(PRM)应运而生。在此期间，体现新的制造理论的精益生产(LP—Lean Production)以及计算机集成制造系统(CIMS)开始得到了应用与推广。以计算机为中心的新一代信息技术已经从根本上改变了制造工程中信息技术的面貌和水平，并引发了其组织结构和运行模式的革命性飞跃。

6) 本世纪末的最后10年，是以信息和知识为主要特征的10年，计算机技术、信息技术、电子技术、人工智能技术的发展提供了高效能的技术手段，也为未来面向顾客为特征的生产提供了技术保证。在此期间，各种先进的集成化、智能化加工技术及装备如精密成形技术与装备、快速原型技术及系统、少无切削技术与装备、激光加工技术与装备进入一个空前发展的阶段。作为综合加速企业内新产品开发和生产过程的系统信息集成技术——并行工程(CE—Concurrent Engineering)迅速得到研究与推广。制造知识的获取、表示、存储和推理，随着人工智能(专家系统)、人工神经网络、模糊逻辑等计算机智能的应用成为可能。智能制造技术和智能制造系统(IMT&IMS)的研究与开发在世界范围内蓬勃兴起，它的发展将把集成制造推向高效阶段，即智能集成的阶段。

两百多年来的历程，充分显示了技术推动与市场牵引两个原则(因素)对于制造技术发展的作用，也显示了先进制造技术对于制造业的革命以及对于国民经济所起的作用。

2. 先进制造技术的发展趋势　制造技术广泛吸收高新技术的优秀成果并且相互渗透、融合和衍生，不断用于改造制造业，使所制造的产品达到功能(Function)、交货期(Time to Market)、质量(Quality)、价格(Cost)、服务(Service)均为优良，即FTQCS五个要素统一。当前先进制造技术的发展趋势大致有以下几个方面。

(1) 设计技术不断现代化　产品设计是制造业的灵魂　发展现代设计的最终目标是：加速产品开发周期、保证质量、降低产品成本、自主设计、开发出在市场上有竞争力的产品，增加产品的综合竞争能力。

(2) 常规制造工艺的不断优化　当今常规工艺发展的主要趋势是以高效化、精密化、强韧化、清洁化为方向，在保持原有工艺原理的情况下，通过改善工艺条件，优化工艺参数，以形成优质、高效、低耗、少无污染的制造技术。

(3) 新型加工方法以及复合工艺不断发展　高新技术、新型材料的不断发展与应用以及各种特殊环境对产品性能要求的不断提高，常规工艺在某些方面已不能满足要求，同时新能源、新材料的产生和引入又促进了新型加工方法以及复合加工方法的形成与发展。

激光、电子束、离子束、分子束、等离子体、微波、超声波、电液、电磁、高压水束流等新能源或能源载体的引入，形成了多种崭新的特种加工及高密度能切割、焊接、熔炼、锻压、热处理和表面保护等加工工艺，其中以多种形式的激光加工发展最为迅速。

(4) 专业、学科间的界限逐渐淡化、消失　先进制造技术的不断发展，在制造技术内部，冷热加工之间，加工、检测、物流、装配过程之间，设计、材料应用、加工制造之间，其界限均逐渐淡化，逐步走向一体化。如 CAD、CAPP、CAM 的出现，使设计、制造成为一体；精密成形技术的发展，使热加工可能直接提供接近最终形状、尺寸的零件，它与磨削加工相结合，有可能覆盖大部分零件的加工，淡化了冷热加工的界限；快速原型/零件制造（RPM，Rapid Prototyping/Parts Manufacturing）技术的产生，是近 20 年制造领域的一个重大突破，它可以自动而迅速地将设计思想物化为具有一定结构和功能的原型或直接制造零件，淡化了设计、制造的界限；机器人加工工作站及 FMS 的出现，使加工过程、检测过程、物流过程融为一体；现代制造技术系统使得自动化技术与传统工艺密不可分；很多新型材料的材料配制与成形是同时完成的，很难划清材料应用与制造技术的界限。这种趋势表现在生产上是专业车间的概念逐渐淡化，将多种不同专业的技术集成在一台设备、一条生产线、一个工段或车间里的生产方式逐渐增多。

(5) 工艺由技艺发展为工程科学　先进制造技术的一个重要发展趋势是工艺设计由经验判断走向定量分析，加工工艺由技艺发展为工程科学。热加工过程的数值模拟与物理模拟是一个重要发展方向，是使热加工工艺由技艺走向科学的重要标志。应用数值模拟于铸造、锻压、焊接、热处理等工艺设计中并与物理模拟和专家系统结合，来确定工艺参数、优化工艺方案，预测加工过程中可能产生的缺陷及防止措施，控制和保证加工件的质量。这不仅可以节省大量人力和物力，而且还可以通过数值模拟来解决一些目前尚无法在实验室进行直接研究的复杂问题。如焊接时金属加热和冷却过程，焊接接头的凝固过程，焊接接头中氢的扩散过程和焊接应力应变的动态过程等。

(6) 虚拟现实技术在制造业中获得越来越多的应用　虚拟现实技术（Virtual Reality Technology）是 80 年代才提出的新概念，它是一种新的人机界面形式。所谓虚拟现实，就是用计算机和其他交互设备产生一个虚拟环境，使得参与者能与虚拟环境进行自然的交流，能用人类自然的技术与感知能力与虚拟世界中的对象进行交互作用。这种虚拟环境可以是真实世界的模拟体现，也可以是构想中的世界。虚拟现实技术已开始在制造业中得到应用，主要包括虚拟制造技术和虚拟企业两个部分。

(7) 信息技术、管理技术与工艺技术紧密结合，先进制造生产模式获得不断发展　微电子、计算机、自动化技术与传统工艺及设备相结合，形成多项制造自动化单元技术，经局部或系统集成后，形成了从单元技术到复合技术、从刚性到柔性、从简单到复杂等不同档次的自动化制造技术系统，使传统工艺产生显著、本质的变化，极大地提高了生产效率及产品质量。

管理技术与制造工艺进一步结合，要求在采用先进工艺方法的同时，不断调整组织结构和管理模式，探索新型生产模式，以提高先进工艺方法的使用效果，提高企业的竞争力。先进制造技术要真正发挥作用有赖于先进制造生产模式的发展与应用。

二、焊接技术的未来

焊接技术是先进制造技术的一个重要组成部分。焊接技术在本世纪获得了革命性的进展，在制造业中也起着越来越重要的作用。21世纪全世界钢产量的50%要通过焊接成形制成产品，焊接技术仍将在制造业中起着极为重要的作用。

先进制造技术的发展趋势影响着焊接技术的发展，焊接将不断吸收高新技术的成果，如信息、电子、材料、能源及现代管理等方面的成果，在高新技术的推动下向前发展；同时焊接也将在21世纪市场不断提出需求的牵引下，向着人类活动的各个领域进军，以满足人类各方面的需要。优质、高效、低耗、清洁、灵活生产仍是努力的方向，取得理想的技术经济效果仍是最终追求的目标。

根据先进制造技术的发展趋势，结合焊接技术本身的特点，未来焊接技术的发展趋势是：焊接成形精确化，焊接生产自动化和过程控制智能化，优质、高效焊接工艺不断涌现，特殊材料及特种环境下焊接技术、焊接过程模拟技术得到不断发展与应用；同时，焊接技术也不断向材料科学和工程新兴领域渗透。

（一）焊接成形不断精确化

近净形成形技术是先进制造技术的重要方面，未来制造业的大部分加工可通过近净形成形加磨削来代替，成形精确化是焊接未来发展一个重要方向，它可以是现有焊接方法的进一步发展，也可以是新型焊接方法的产生。主要应用的方法有高能量密度（激光、电子束、离子束等）焊接方法、近净形焊熔技术等。

近净形焊熔技术是一种新发展的快速零件（原型）制造技术。其实质是采用成型熔化制成全部由焊缝组成的零件。通常可采用已经成熟的焊接技术，按照零件的需求连续逐层堆焊，直至达到零件的最终尺寸。这种方法的优越性在于，新制构件的尺寸、形状几乎不受限制，目前已制成最大外径达5.8m、重500t的部件，其金属材料利用率高，由于接近最终形状，只需少量加工即可，焊接材料利用率达80%以上，且化学成分均匀，冲击韧度和断裂韧度均显著改善。由于可直接制成近净形零件，不需铸造、锻压、不需制模，大大缩短了制造周期。目前这种方法已开始获得应用，德国某公司在制造冲击水轮机的斗轮时已经采用了这种方法。这种新型焊接成形技术适用于对材料有特殊要求或对形状有一定要求的场合，特别适用于零件原型的开发，在未来的制造业中有一定的位置。

（二）焊接过程的智能化控制

电子技术、计算机技术、自动控制技术以及信息和软件技术迅速地引入焊接领域，不断提高焊接生产自动化程度，实现焊接过程的智能化控制。

焊接生产自动化是未来焊接技术发展的方向。焊接自动化的主要标志是焊接过程控制系统的智能化，焊接生产系统的柔性化以及焊接生产系统集成化。

（1）焊接过程控制系统的智能化 是焊接生产自动化的核心问题之一，这方面最引起人们重视的是焊接过程模糊控制、神经网络控制以及焊接专家系统的发展。

（2）焊接生产系统柔性化 发展方向是以弧焊机器人为主体配合多自由度工件转胎架的 FMS，用微机对机器人和转胎进行综合控制以满足工件空间曲线柔性焊接的要求。发展能识别环境并随时精确跟踪轨迹及调整焊接参数的智能机器人并研究其传感技术及控制技术。

（3）焊接生产系综合集成化 加强系统中底层设备智能化的研究以简化计算机控制和管理系统；注重系统中信息流和物质流的结合，以大大降低信息量和降低实时控制的要求；注重发挥人在系统中的作用，使人与自动系统和谐统一起来，以发挥人在识别和情况发生变化时的响应和判断能力；最终将焊接生产系统集成到全厂的生产系统中，成为整个企业集成制造系统的一个有机部分。

（三）优质、高效焊接工艺不断发展

与先进制造技术不断追求优质、高产、低耗、清洁的目标一样，焊接技术也在追求相同的目标，不断发展各种新工艺。这些新工艺往往是在已普遍应用的焊接工艺方法上发展起来的，如气体保护焊中有 TIME—工艺（Transferred Ionised Molten Energy—process）、高速旋转电弧焊、气电立焊、热丝 MAG 焊、高速电弧焊和双丝焊……。埋弧焊有串联多丝埋弧焊、双丝并联焊、填加金属粉末埋弧焊、热丝埋弧焊和窄间隙埋弧焊……。等离子弧焊有变极性等离子弧焊；摩擦焊中相位摩擦焊、线性摩擦焊、径向摩擦焊、摩擦堆焊等。

（四）特种焊接技术加快发展以适应新型材料的发展

21世纪各种新型材料将越来越多地得到应用，焊接材料从传统的以钢铁为主，逐渐转向新型金属材料、高强度有机合成材料、工程陶瓷材料以及复合材料。这些特种材料的焊接问题是未来焊接技术发展的一个重要方向，与此相适应的一些新的连接方法不断涌现。如：扩散焊、微波焊，材料的超塑成型扩散技术等。

（五）焊接过程模拟技术的发展

采用科学的模拟技术和少量的实验验证以代替以往大量重复性实验以缩短生产周期，节省人力物力，是未来焊接技术发展一个重要方向，是使焊接技术由"技艺"走向"科学"的一个重要标志。其主要的方向是，开展成形过程的宏观动态模拟、微观组织演化的动态模拟、质量预测以及虚拟制造成形等。主要内容有：焊接热过程的数值模拟；焊缝金属凝固和焊接接头相变过程的数值模拟；焊接应力和应变发展过程的数值模拟；焊接溶池形状尺寸的数值模拟；焊接过程的物理模拟。

（六）学科领域互相渗透

作为先进制造技术发展一个重要趋势，学科与专业之间的交叉、融合与渗透，电子技术、计算机技术、自动控制技术以及信息和软件正迅速地引入焊接领域。反之焊接技术也正在新的技术领域发挥作用。从当前新材料及其工程来看，焊接可在特种冶金、表面工程以及复合材料三个领域发挥其特殊作用。

（1）发展特种冶金　采用电渣重熔来实现钢和合金的精炼，采用电渣熔铸和电渣补缩等新工艺来节省大量金属，通过控制气氛和真空的等离子重熔及电子束重熔等方法来实现合金化、复杂的合金以及有色金属等精炼和提纯。

（2）发展材料表面工程　各种表面处理和表面涂层新工艺中不少是由焊接工艺中派生出来的。例如等离子喷涂、电弧喷涂、气相沉积、激光表面处理和表面合金化等。

（3）发展复合材料　最早的复合材料是复合钢板，当时就采用过堆焊和爆炸复合技术。当前发展的纤维增强的金属基复合材料，在复合中的一些关键问题与焊接时是相同的。例如，强化纤维与金属基之间的膨胀系数不同及界面反应等对结合强度的影响问题。解决的途径也都是采取中间过渡层的办法。目前有一种复合工艺就是采取扩散焊接把纤维与基体金属结合在一起，制造成复合材料。

先进制造技术已引起各方面的重视，并正在获得飞速发展。其发展趋势是：设计现代化，常规工艺不断优化，新型及复合工艺不断发展，专业学科界限逐渐淡化消失，工艺由技艺向工程科学发展，信息、管理与工艺紧密结合。

焊接技术作为先进制造技术的重要组成部分，也必将在先进制造技术的发展中获得变革性的进展。未来焊接技术的发展趋势，焊接成形精确化，焊接生产自动化和焊接过程控制智能化、优质、高效焊接工艺不断涌现，物理材料及特种环境焊接技术以及焊接过程模拟技术得到不断发展与应用；同时，焊接技术也不断向材料科学和工程的新兴领域渗透。

第二篇 金属材料焊接

本篇讨论合金结构钢、铸铁、耐热钢、不锈钢及铜、铝、钛等常用工程材料的焊接。

第九章 金属焊接性基础

本章主要介绍金属焊接性的基本概念及其试验评价方法。

第一节 金属焊接性概念

金属材料能否进行焊接，焊接之后能否保持材料的原有性能（如强度、塑韧性、耐蚀性等），即金属焊接性问题。

一、金属焊接性的定义

金属焊接性是指金属材料对焊接加工的适应性。主要指在一定的焊接工艺条件下，获得优质焊接接头的难易程度。它包括两方面的内容：其一是结合性能，即在一定焊接工艺条件下，被焊金属形成焊接缺陷（裂纹、夹渣、气孔等）的敏感性；其二是使用性能，即在一定焊接工艺条件下，被焊金属的焊接接头对使用性能要求的适应性。简而言之，焊接性就是指金属材料"好焊不好焊"以及焊成的接头"好用不好用"。

焊接性这两方面的内容有时又称为工艺焊接性和使用焊接性。工艺焊接性是指在一定的工艺条件（包括焊接方法、焊接材料、焊接工艺参数和结构形式等）下焊接时，产生焊接缺陷的倾向性和严重性，在各种焊接工艺缺陷中，以裂纹的危害性最大，产生的原因多而复杂，所以通常将工艺焊接性重点放在分析材料的抗裂性能上；使用焊接性是指焊接接头或整体结构是否满足技术条件所规定的各种使用性能的要求，如常规力学性能、低温韧性、高温蠕变、持久强度、疲劳性能以及耐蚀性和耐磨性能等。

二、金属焊接性的影响因素

焊接性是金属材料的一种工艺性能，它既和材料本身的性质有关，又和工艺条件、结构因素和使用条件密切相关。

（一）材料因素

材料本身的化学成分、组织状态和力学性能等对其焊接性起着决定性的作用。比如：铝和钛的化学性质很活泼，容易氧化和烧损，所以它们的焊接比铁要困难得多。两种不同金属材料的焊接，则与它们各自的性能有关，一般说来，理化性能、晶体结构接近的金属材料比较容易实现焊接。

焊接加工后，材料的组织性能变化对其焊接性也有着重大影响。例如：低碳钢焊接时，它的热影响区（HAZ）组织对焊接热输入量不敏感，焊接工艺简单，焊接性好；而中碳调质钢的 HAZ 组织对焊接热输入量很敏感，过小的热输入量可能造成 HAZ 的淬硬脆化和冷裂纹，过大的热输入量又可能造成 HAZ 的过热脆化和软化，所以中碳调质钢焊接时不仅要控制焊接热输入量，而且要采用预热、缓冷等措施，工艺复杂，焊接性差。

应当指出，焊接材料对母材的焊接性也有很大的影响。通过调整焊接材料的成分和变化熔合比，可以在一定程度上改善母材的焊接性。例如：硬铝 LY12 使用同质焊丝难以焊接，但使用含 $w_{Si}=5\%$ 的 SAlSi—1 铝合金焊丝则可有效地防止结晶裂纹。

（二）工艺因素

工艺因素包括所采用的焊接方法和焊接工艺规程，如焊接线能量、预热、后热、焊接顺序和焊后热处理等，它们都会影响材料的焊接性。

焊接方法对焊接性的影响主要体现在如下两个方面：即能量密度和保护条件。采用功率密度较大的焊接工艺方法，例如激光焊、电子束焊、等离子弧焊等，可以大大减小 HAZ 的宽度，从而大大减少各种 HAZ 的焊接缺陷，改善金属的焊接性；采用良好的保护方法，更是实现正常焊接过程的必要手段。在氩弧焊发明之前，Al、Ti 等活泼金属的焊接很困难，可是采用保护良好的氩弧焊后，使它们的高质量焊接成为可能。

（三）结构因素

焊接接头的结构设计直接影响到它的刚度、拘束应力的大小和方向，而这些又影响到焊接接头的各种裂纹倾向。尽量减小焊接接头的刚度，减少交叉焊缝，减少各种造成应力集中的因素是改善焊接性的重要措施之一。

（四）使用条件

焊接接头所承受载荷的性质和工作温度的高低、工作介质的腐蚀性等均属于使用条件，使用条件的苛刻程度也必然影响到金属材料的焊接性。

焊接接头在高温下工作，必须考虑到某些合金元素的扩散和整个结构的蠕变问题；在低温下工作或承受冲击的焊接接头要考虑脆性断裂的可能性；在腐蚀介质中工作的焊接接头要考虑耐各种腐蚀破坏的可能性。总之，使用条件越苛刻，对焊接接头的质量要求越高，焊接性也就越难保证。

综上所述，金属焊接性与材料、工艺、结构和使用条件等因素都有密切的关系，是一个相对的概念，所以不应脱离这些因素而单纯从材料本身的性能来评价焊接性。很难找到一项技术指标就可以概括金属材料的焊接性，只能通过多方面的研究对其进行综合评定。

三、金属焊接性评定方法

影响金属焊接性因素是多方面的，因此新材料、结构或工艺方法在正式使用之前，均要进行焊接性评定，估计在焊接过程中可能存在的问题，由此制订出最佳的焊接工艺，以获得优质焊接接头。评定焊接性方法很多，从内容来看，都是从工艺焊接性和使用焊接性两方面进行评价。

（一）工艺焊接性评定

主要是评定形成焊接缺陷的敏感性，特别是裂纹倾向，可分为直接法和间接性两大类。

1. 直接模拟试验　它是按照实际焊接条件，通过焊接过程观察是否发生某种焊接缺陷或发生缺陷的程度，来直观地评价焊接性的优劣。主要有：焊接冷裂纹试验、热裂纹试验、再热裂纹试验，层状撕裂试验、应力腐蚀试验、脆性断裂试验等。

2. 间接推算法　这类评定方法一般不需要焊出焊缝，而是根据材料的化学成分、金相组织、力学性能之间关系，联系焊接热循环过程评定焊接性优劣。主要有：各类抗裂性判据、焊接 SHCCT 图、焊接热—应力模拟等。

（二）使用焊接性评定

这类焊接性评定方法最为直观，它是将实际焊接的接头甚至产品在使用条件下进行各方面的性能试验，以试验结果评定其焊接性。主要方法有：常规力学性能试验、高温力学性能试验、低温脆性试验、耐腐蚀及耐磨性试验、疲劳试验等；直接用产品作的试验有水压试验、爆破试验等。

第二节　钢焊接性判据

钢焊接性判据是在大量试验工作基础上所建立某些钢种的抗裂性经验公式，可用它们间接估算某类钢种焊接性好坏，其最大优点是简单方便、经济。在这些判据中，应用最多的是冷裂纹敏感性判据，其次还有热裂纹和再热裂纹判据。本节主要介绍冷裂纹敏感性分析方法。

一、碳当量法

碳当量法是一种粗略估计低合金钢焊接冷裂敏感性的方法。焊接部位的淬硬倾向与化学成分有关，在各种元素中，碳对淬硬及冷裂影响最显著。设系数为"1"，将其他各种元素的作用按照相当于若干含碳量作用折合并迭加起来，即为"碳当量"。显然，钢材碳当量越大，淬硬冷裂倾向越大，焊接性越差。下面给出较为常用的碳当量公式及其适用条件。

1. 国际焊接学会(IIW)推荐的公式为：

$$C_{eq} = w_C + \frac{1}{6}w_{Mn} + \frac{1}{15}w_{(Ni+Cu)} + \frac{1}{5}w_{(Cr+Mo+V)}(\%) \qquad (9-1)$$

此式适用于中、高强度的低合金非调质钢。计算的 $C_{eq} < 0.4\%$ 时，钢材的淬硬性不大，焊接性良好；当 $C_{eq} = 0.4\% \sim 0.6\%$ 时，钢材易于淬硬，焊接时需要预热才能防止冷裂纹；当 $C_{eq} > 0.6\%$ 时，钢材的淬硬倾向大，焊接性差。

2. 日本工业标准(JES)和日本溶接学会(WES)推荐的公式为：

$$C_{eq} = w_C + \frac{1}{6}w_{Mn} + \frac{1}{40}w_{Ni} + \frac{1}{5}w_{Cr} + \frac{1}{24}w_{Si} + \frac{1}{4}w_{Mo} + \frac{1}{14}w_V(\%) \qquad (9-2)$$

此式适用于低合金调质钢，其化学成分范围：$w_C \leq 0.2\%$；$w_{Si} \leq 0.55\%$；$w_{Mn} \leq 1.5\%$；$w_{Cu} \leq 0.5\%$；$w_{Ni} \leq 2.5\%$；$w_{Cr} \leq 1.25\%$；$w_{Mo} \leq 0.7\%$；$w_V \leq 0.1\%$；$w_B \leq 0.006\%$。

C_{eq} 值作为评定冷裂敏感性指标，只涉及钢材本身，并未考虑其他一些因素，如接头拘束度、扩散氢等的影响，因此，不能准确反映实际构件的冷裂纹倾向。

二、冷裂纹敏感指数(Pc)

单纯以淬硬性估计冷裂倾向是比较片面的，冷裂纹敏感指数(Pc)公式综合考虑了产生冷裂纹三要素(淬硬倾向、拘束度和扩散氢含量)的影响，使计算结果更准确，Pc 公式如下：

$$Pc = Pcm + [H]/60 + \delta/600(\%) \qquad (9-3)$$

$$Pcm = w_C + \frac{1}{30}w_{Si} + \frac{1}{20}w_{(Mn+Cu)} + \frac{1}{60}w_{Ni} + \frac{1}{15}w_{Mo} + \frac{1}{10}w_V + \frac{1}{5}w_B \qquad (9-4)$$

式中　Pcm——化学成分的冷裂敏感指数；

　　　δ——板厚(mm)；

　　　[H]——焊缝中扩散氢含量(mL/100g)。

此式适用条件：w_C 0.07% ~ 0.12%；$w_{Si} \leq 0.60\%$；w_{Mn} 0.4% ~ 1.40%；$w_{Cu} \leq 0.5\%$；$w_{Ni} \leq 1.20\%$；$w_{Cr} \leq 1.20\%$；$w_{Mo} \leq 0.70\%$；$w_V \leq 0.12\%$；$w_{Nb} \leq 0.04\%$；$w_{Ti} \leq 0.05\%$；$w_B \leq 0.005\%$；$\delta = 19 \sim 50$mm；$H = 1.0 \sim 5.0$mL/100g (GB/T3965—1995 测氢法)。

求得 Pc 后，利用下式即可求出斜 Y 坡口对接裂纹试验条件下，防止冷裂所需要的最低预热温度 t_0(℃)。即

$$t_0 = 1440Pc - 392(\text{℃}) \qquad (9-5)$$

影响焊接性的因素是非常复杂的，计算公式难以考虑到物理模型的所有变量，这是判据与实际测量结果有一定差距的原因。工程上，上述公式只能作为分析时的一种估算，最终防止裂纹的条件，必须通过直接裂纹试验或模拟试验来确定。

第三节　常用焊接裂纹试验方法

焊接裂纹敏感性试验是工艺焊接性中的直接模拟试验，它具有接近实际工况、直观、可靠性好的优点。下面介绍几种常用焊接裂纹敏感性试验方法。

一、斜 Y 形坡口焊接裂纹试验（GB/T4675.1—1984）

该法亦称"小铁研"试验。主要用来检验母材金属热影响区的冷裂纹倾向。试件的形式和尺寸如图 9-1 所示。拘束焊缝是双面焊接，焊满坡口，不得有角变形和未焊透。试验焊缝用焊条电弧焊或用焊条自动送进装置进行焊接，只焊一道。焊条电弧焊时，弧头与弧坑按图 9-2a 处理；自动送进时按图 9-2b 处理。

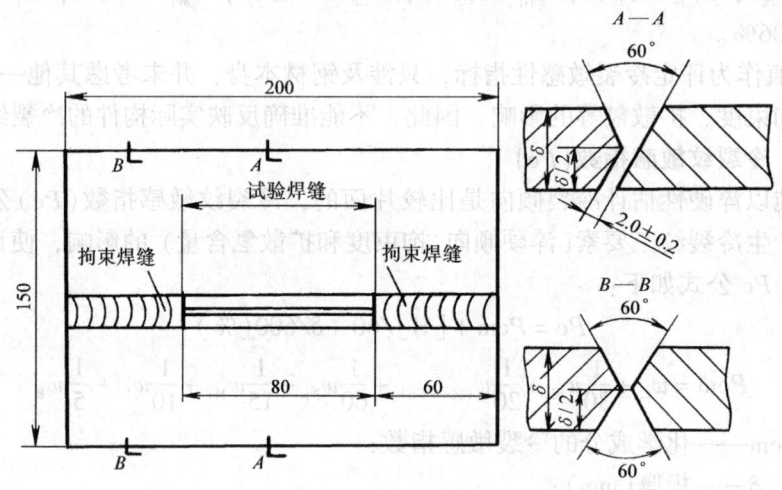

图 9-1　试件的形状及尺寸

拘束焊缝应采用低氢焊条焊接，焊条直径为 4mm 或 5mm。对于试验焊缝，一般焊条直径为 4mm，焊接电流 160～180A，电弧电压 22～26V，焊接速度 150mm/min。根据试验要求，可在不同温度下施焊，焊完后 48h 以后进行检测和解剖。自动送条时，引弧及收弧弧坑处的裂纹（热裂纹除外）应计入。

裂纹率的计算公式如下：

(1) 表面裂纹率 C_f：

$$C_f = (\Sigma l_f)/L \times 100\% \tag{9-6}$$

(2) 根部裂纹率 C_r：

$$C_r = (\Sigma l_r)/L \times 100\% \tag{9-7}$$

(3) 断面裂纹率 C_s：

$$C_s = H_s/H \times 100\% \tag{9-8}$$

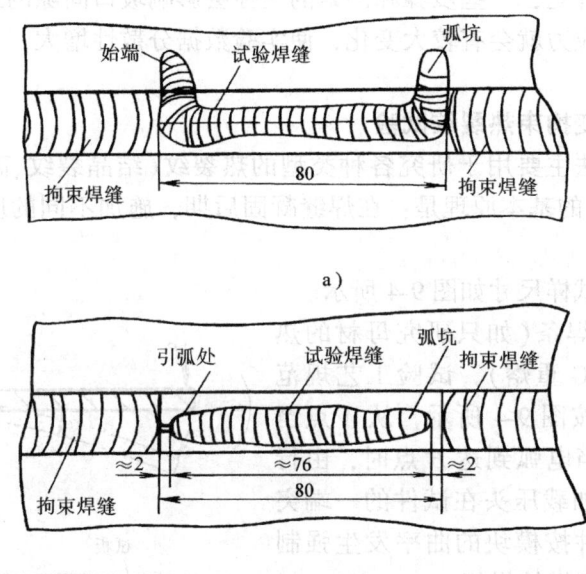

图 9-2 试验焊缝的引弧与收弧
a) 焊条电弧焊 b) 自动送进焊条

Σl_f、Σl_r、H_s 分别为表面裂纹总长、根部裂纹总长、断面裂纹高度(见图 9-3)。L 为试验焊缝长度,H 为试验焊缝最小厚度。断面裂纹率是解剖 5 个断面后分别求每一断面的裂纹率然后求出平均值。

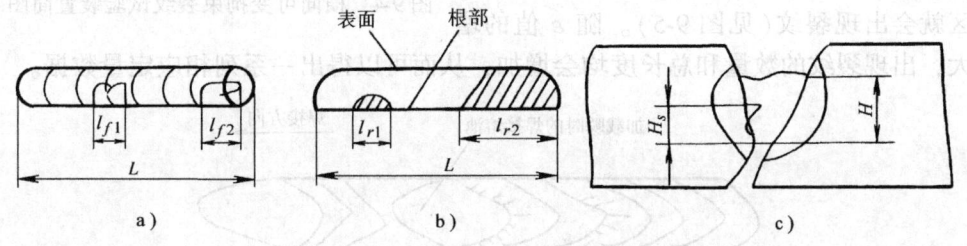

图 9-3 试样裂纹长度计算
a) 表面裂纹 b) 根部裂纹 c) 断面裂纹

  由于斜 Y 坡口对接裂纹试验的接头拘束很大,根部尖角又有应力集中,所以试验条件比较苛刻。一般认为在这种试验中若裂纹率不超过 20%,那么在实际结构焊接时,就不会产生裂纹。

  小铁研试验时,如果保持焊接规范不变,而采用不同预热温度进行试验,则可获得防止冷裂纹的预热温度值,可作为实际生产中预热温度参考数据。

  小铁研试验结果准确度的关键在于坡口间隙的准确性,从拘束焊缝焊前装配到拘束焊缝全部焊完,一些步骤和因素的失控会影响坡口间隙的最终尺寸。间隙稍有差异,拘束应力就会有较大变化,使实验数据分散性增大,一般间隙控制在 (2 ± 0.2) mm。

二、横向可变拘束热裂纹试验

这种试验方法主要用于研究各种类型的热裂纹(结晶裂纹、高温失塑裂纹和液化裂纹等)。它的基本原理是:在焊缝凝固后期,施加不同的应变值,研究产生裂纹的规律。

试验装置及试样尺寸如图 9-4 所示。

使用选好的焊条(如只研究母材的热裂倾向可采用 TIG 重熔),试验工艺规范同小铁研试验。按图 9-4 所示,从 A 点至 C 点进行焊接,当电弧到达 B 点时,由行程开关控制,使加载压头在试件的一端突然加力 F,使试件按模块的曲率发生强制变形,这时电弧仍继续燃烧。

计算应变 ε: $\varepsilon = \delta/2R \times 100\%$ (9-9)

式中 δ——试板厚度(mm);

R——模块的曲率半径(mm)。

通过变换不同曲率半径的模块,就可以造成焊缝金属发生不同的应变量(ε),当 ε 值达到某一临界值时,在焊缝热影响区就会出现裂纹(见图 9-5)。随 ε 值的增大,出现裂纹的数量和总长度均会增加,从而可以得出一系列相应定量数据。

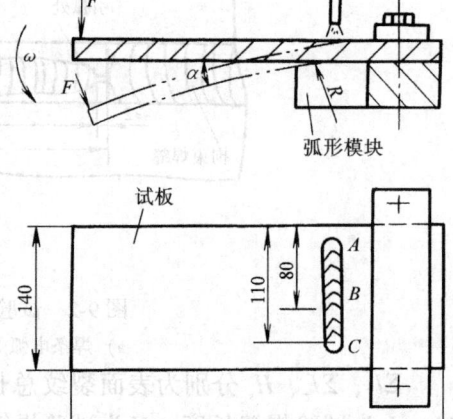

图 9-4 横向可变拘束裂纹试验装置简图

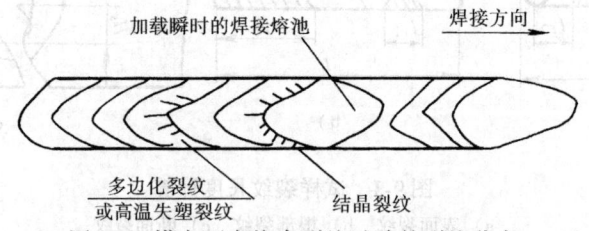

图 9-5 横向可变拘束裂纹试验的裂纹分布

裂纹敏感性的评价指标有:临界应变量(ε_{cr});一定应变下,最大裂纹长度(L_{max})、裂纹数目(N_t)和裂纹总长(L_t)等。

三、层状撕裂试验

层状撕裂是一种严重的内部开裂,其特点是平行于钢板轧制方向出现梯形裂纹,产生的原因是轧制钢材内部存在不同程度的分层夹杂物(特别是硫化物、氧化物夹杂），焊接后的残余应力垂直于钢板表面，致使焊接热影响区附近或稍远部位产生呈"台阶"形的层状开裂。

层状撕裂的试验方法很多，工程上广泛应用的是Z向拉伸试验方法。

Z向拉伸试验是利用钢板厚度方向的断面收缩率来评定钢材的层状撕裂敏感性，试件制取和尺寸如图9-6所示。

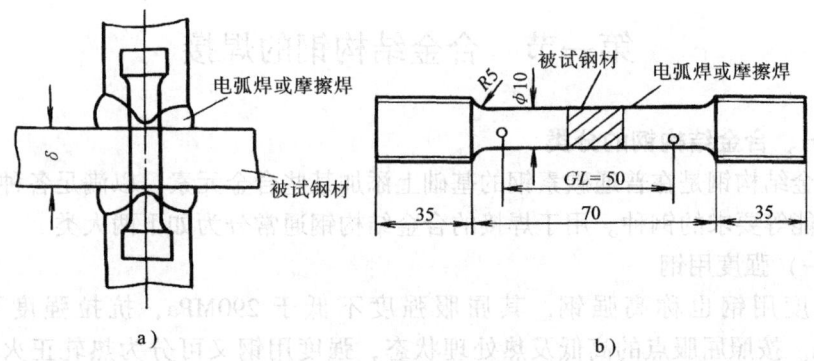

图9-6 Z向拉伸试验
a) 取样部位 b) 试棒

试棒拉伸破坏后，以Z向断面收缩率ψ_z(%)为层状撕裂敏感性的判据。当$\psi_z=5\%\sim8\%$时，层状撕裂敏感性就很严重；当$\psi_z=15\%\sim25\%$时，才能较好地抵抗层状撕裂。

目前，国内外采用的裂纹试验方法还有许多，但每种方法都是对一定尺寸和结构形状的试件，在一定焊接工艺条件进行试验的。因而在实用上有一定的局限性，只能在一定范围内适用，而且只是近似地反映实际焊接生产中可能产生裂纹的倾向，精确的判定还是要根据产品的实际制造情况进行模拟试验。

第十章 合金结构钢及铸铁的焊接

本章主要介绍合金结构钢和铸铁的种类、性能、焊接性及其焊接工艺特点。

第一节 合金结构钢的焊接

一、合金结构钢的分类

合金结构钢是在普通碳素钢的基础上添加某些合金元素,以满足各种工作条件和性能等要求的钢种。用于焊接的合金结构钢通常分为如下两大类。

(一) 强度用钢

强度用钢也称高强钢,其屈服强度不低于 290MPa,抗拉强度不低于 440MPa。按照屈服点的高低及热处理状态,强度用钢又可分为热轧正火钢、低碳调质钢和中碳调质钢三种。热轧正火钢属于非热处理强化钢,一般在热轧或正火状态下供货,主要靠固溶强化、增加珠光体的相对量、细化晶粒及沉淀强化来保证强度。低碳调质钢是依靠淬火、高温回火热处理工艺(调质处理)来强化的优质合金结构钢,其含碳量一般 $w_C \leq 0.25\%$,有强度高、塑韧性好,可直接在调质状态下进行焊接等特点。中碳调质钢的含碳量高 $w_C > 0.3\%$,屈服强度可达 880MPa 以上,也是热处理强化钢。调质处理后具有很高的强度和硬度,而韧性低,因此焊接性较差。

(二) 特殊用钢

按使用的环境条件或使用性能的要求可分为珠光体耐热钢、低合金耐蚀钢和低温钢三种。珠光体耐热钢的 $w_C \leq 0.25\%$,以铬和钼为基的亚共析钢。它具有良好的热强性和热稳定性。其特殊点是在高达 500~600℃ 的温度下仍具有一定的强度和抗氧化性能。主要用于制造热动力设备和石油化工设备中的高温构件。低合金耐蚀钢包括用于石油化工设备的含铝耐蚀钢和用于耐海水或大气腐蚀的含磷、铜耐蚀钢。这类钢除了满足综合力学性能外,还要有在相应介质中的耐蚀性。它一般在热轧或正火状态下使用,属于非热处理强化钢。低温钢主要用于在 -40~-196℃ 低温工作的设备及结构件,主要要求低温韧性,对强度的要求不高。它通常分为无镍钢和含镍钢两类,一般在正火或正火回火状态下使用,属于非热处理强化钢。

二、合金结构钢的焊接性

(一) 钢的成分、组织和性能

1. 热轧、正火钢　热轧钢($\sigma_s = 294 \sim 343$MPa)含 $w_C < 0.2\%$ 以下,含合金元

素总的质量分数不超过 3%，基本上属于 C-Mn 系和 Mn-Si 系，含 $w_{Mn} \leqslant 1.8\%$，含 $w_{Si} < 0.6\%$。加入 Si、Mn 不仅可固溶强化铁素体，还可使铁-碳相图的共析点向低碳方向移动，从而增加珠光体的相对量，以提高钢的强度。由于冶炼时加入铝作为镇静剂，生成的 AlN 可以细化晶粒。因此在室温下可得到细晶粒铁素体加珠光体组织。此类钢一般在热轧状状态下使用。

应用最广的热轧钢是 Q345(16Mn)，它具有良好的综合性能。在 Q345(16Mn) 钢基础上加入少量的 V($w_V = 0.04\% \sim 0.12\%$) 和 Nb($w_{Nb} = 0.015\% \sim 0.05\%$)，能与钢中的碳和氮形成碳化物，使钢的晶粒进一步细化，并具有沉淀强化作用，进一步改善钢的综合性能，如 Q345(14MnNb)、Q390(15MnV)、Q390(16MnNb) 等。

当钢的强度要进一步提高时($\sigma_s > 390MPa$)，除固溶强化外，必须通过沉淀强度进一步提高钢的强度。因此在热轧钢的基础上再加入某些沉淀强化的合金元素，如 V、Nb、Ti、Mo 等。如 Q390(15MnTi)、Q420(15MnVN)、14MnMoV、18MnMoNb 均属此类钢。这类钢一般都要在正火状态下使用。因为在热轧状态下，碳化物和氮化物不能充分析出，分布也不均匀，只有在正火状态下才能充分发挥沉淀强化的效果，因而统称正火钢。

对含 Mo 钢，正火后还须进行回火才能具有良好的塑性和韧性。这是因为：含 Mo 钢在正火状态下的组织为上贝氏体和少量铁素体，因此必须回火后才能保证获得良好的综合性能。典型热轧钢和正火钢的化学成分及力学性能见表 10-1。

微合金控轧钢是以微合金化(加微量的 Nb、V、Ti)和控制轧制等新技术获得细晶等轴铁素体基体及高度弥散的碳化物的钢种。这类钢在轧制状态下就具有较高的强度，塑韧性和良好的焊接性，主要用于制造石油和天然气的输油管线，如 X60、X65 和 X70。

2. 低碳调质钢　当钢的强度要求进一步提高时，单靠固熔强化、沉淀强化已达到不到强度水平，而且强度越大，钢材的塑性和韧性严重降低。因此，屈服强度 $\sigma_s = 490 \sim 980MPa$ 的高强钢必须通过淬火、高温回火的调质处理进行强化并获得良好综合性能。

低碳调质钢一般 $w_C \leqslant 0.22\%$，添加一些提高钢的淬透性和马氏体回火稳定性的元素如 Mn、Cr、Ni、Si、V、Mo、Ti、Nb、B 等，可推迟珠光体和贝氏体的转变，使产生马氏体转变的临界冷却速率降低，从而提高淬透性和抗回火性。由于含碳量低，淬火后得到低碳马氏体，并且会发生自回火现象，脆性倾向小，因而焊接性很好。焊前母材即使是调质状态，焊后也可以不经热处理直接使用。

国外研制的低碳调质钢一般都加入 Ni 和 Cr 为主要合金元素。强度级别越高，含 Ni 量也越高。元素 Cr 的上限为 $w_{Cr} = 1.6\%$。如用于工程结构、压力容器的 T-1 钢，用于舰艇外壳的 HY-80，以及宇航业的 HY-130、HP9-4-20 等。

表 10-1 典型热轧钢及正火钢的化学成分和力学性能

钢号	化学成分(质量分数)(%)							
	C	Mn	Si	V	Mo	Nb	Ti	N
09MnV	≤0.12	0.8~1.2	0.2~0.6	0.04~0.12				
09MnNb	≤0.12	0.8~1.2	0.2~0.6			0.015~0.050		
14MnNb	0.12~0.18	0.8~1.2	0.2~0.6			0.015~0.050		
16Mn	0.12~0.20	1.2~1.6	0.2~0.6					
15MnV	0.12~0.18	1.0~1.6	0.2~0.6	0.04~0.12				
15MnTi	0.12~0.18	1.2~1.6	0.2~0.6				0.12~0.20	
15MnVN	0.12~0.20	1.2~1.7	0.2~0.5	0.16~0.25				0.014~0.022
14MnMoV	0.10~0.18	1.2~1.6	0.2~0.5	0.05~0.15	0.4~0.65			
18MnMoNb	0.17~0.23	1.35~1.65	0.17~0.37		0.45~0.65			
14MnMoVBRe	0.10~0.16	1.1~1.7	0.17~0.37	0.04~0.10	0.30~0.60	稀土 0.15~0.20		B 0.0015~0.006
18Mn2CrMoBA	0.16~0.21	1.6~1.9	≤0.30	Cr 1.00~1.30	0.45~0.60			B 0.001~0.004

钢号	热处理状态	力学性能			
		σ_s /MPa	σ_b /MPa	δ (%)	a_k/J·cm^{-2}
09MnV	热轧	≥294	≥431	≥22	≥59
09MnNb	热轧	≥294	≥412	≥22	≥59
14MnNb	热轧	≥343	≥490	≥20	≥59
16Mn	热轧	≥343	≥490	≥21	≥59
15MnV	热轧	≥392	≥529	≥18	≥59
15MnTi	正火	≥392	≥529	≥19	≥69
15MnVN	正火	≥441	≥588	≥17	≥59
14MnMoV	正火+回火	≥490	≥637	≥16	≥69
18MnMoNb	正火+回火	≥490	≥637	≥16	≥69
14MnMoVBRe	正火+回火	≥490	≥637	≥16	≥59
18Mn2CrMoBA	正火+回火	≥833	≥1078	≥10	≥69

3. 中碳调质钢　当屈服强度要求高于880MPa时,必须增加w_C达0.25%~0.45%,并进行淬火加回火处理。淬火后得到马氏体组织,经高温回火或低温回火分别可得到回火索氏体或回火马氏体。

焊接用的中碳调质钢的合金系统主要有Cr-Mo系、Cr-Ni-Mo系和Cr-Mn-Si系、合金元素总的质量分数约3%~7%。

中碳调质钢,由于碳和其他合金元素含量比低碳调质钢高,铁素体的固熔强化和合金渗碳体的弥散强化效果较显著,因此同为回火索氏体组织,强度可达更高水平。30CrMnSiA是典型的Cr-Mn-Si系中碳调质钢,应用较广。其w_C = 0.28%~0.35%,属亚共析钢,通过淬火加高温回火可得到回火索氏体组织,σ_s不低于833MPa,抗拉强高不低于1078MPa,冲击韧度不低于49 J/cm²,因此广泛用于飞机的重要构件和高压鼓风机叶片、阀门等。该钢具有回火脆性倾向,因此选择回火温度时必须避免第一类回火脆性的温度范围(300~400℃),通常选择200~260℃回火。为避免第二类回火脆性,高温回火时必须快冷(水冷、油冷)。

35CrMoA和35CrMoVA是Cr-Mo系中碳调质钢,它具有一定热强性,可用于汽轮机的叶轮、主轴和转子等。

40CrNiMoA钢和国外的4340钢均属Cr-Ni-Mo系。由于加入Ni和Mo,提高了钢的淬透性和回火能力,因此具有良好的综合性能,主要用于飞机起落架、火箭发动机壳体、燃轮机轴等。典型低碳调质钢的化学成分和性能以及典型的中碳调质钢的成分及性能,读者可参阅有关金属材料手册。

(二) 高强钢的焊接性分析

高强钢焊接性的主要问题有:结晶裂纹、液化裂纹、冷裂纹、再热裂纹及热影响区的性能变化等。

1. 结晶裂纹　焊缝中的结晶裂纹是在焊接凝固后期,由于低熔点共晶在晶界形成液态薄膜,在抗伸应力作用下沿晶界开裂而形成的。它的产生与焊缝中的杂质(如硫、磷、碳等)含量有关。这些杂质均为促使结晶裂纹产生的元素,应严格加以控制。锰具有脱硫作用,从而可提高焊缝的抗结晶裂纹性。为了防止硫引起的结晶裂纹,随含碳量的增加,Mn/S的比值也随之增加。w_C≤0.1%　Mn/S≥22;w_C = 0.11%~0.125%时,Mn/S≥30;w_C = 0.126%~0.155%时,Mn/S≥59。

热轧正火钢的含碳量较低,而且钢中的Mn/S比值一般都能满足抗裂要求。因此,在母材成分符合标准,焊接材料及工艺参数选择恰当的情况下,一般不会出现结晶裂纹。但如母材的含碳量偏高,焊缝的硫、磷含量控制不严,也可能会引起结晶裂纹。在这种情况下,必须从工艺上来采取措施,例如通过选择含碳、硫、磷低的焊接材料,并减小熔合比。

低碳调质钢含碳量较低,并严格控制了硫、磷等杂质,所以这类钢的结晶裂纹的敏感性较小。

中碳调质钢的含碳量及合金元素的较高，结晶区较宽，会引起较大的偏析，因此，这类钢具有较大的结晶裂纹倾向，尤其在焊接弧坑及焊缝凹陷部位更易形成结晶裂纹。为了提高焊缝的抗裂性，应尽量选择含碳低，硫、磷杂质少的焊接材料，工艺上要注意填满弧坑和保证焊缝具有良好的成形。

2. 液化裂纹 焊接热影响区液化裂纹是在多层焊情况下，由于焊接热循环作用，近缝区金属晶界的低熔共晶发生局部熔化，在拉伸应力下而产生的。

在一般的低合金高强钢中，液化裂纹的敏感性主要取决于 Mn/S 比和含碳量。此外，在高镍低锰的高强钢中，液化裂纹倾向不容忽视。如 10CrNi 4MoV、HY—80 钢等。但钢中含碳、硫很低，且有很高的 Mn/S 比，因此，它对液化裂纹并不敏感。

除了从成分上控制 C、S 的含量，保证有足够的 Mn/S 比，此外，还必须注意工艺因素的影响。实践证明，液化裂纹倾向随焊接热输入的增加而增大。一般液化裂纹常出现在高焊条焊接时（如埋弧焊）。焊条电弧焊时，只有对液化裂纹敏感性很大的母材中才会出现。此外，熔池的形状对液化裂纹的敏感性也有关，如焊缝呈蘑菇形，则在凹进部位过热更为严重，很容易出液化裂纹。

3. 冷裂纹 高强钢焊接时，冷裂纹是最常见的缺陷，随着钢种强度级别的提高，产生冷裂纹的倾向越大。产生冷裂纹的主要因素是：焊缝中的扩散氢含量、接头的拘束程度以及金属的淬硬组织。

在低合金高强钢中，热轧钢的淬硬倾向最小。只有在快冷条件下才可能出现冷裂纹随着强度级别的提高，淬硬倾向逐渐增大。如强度较高的热轧钢，Q390(15MnVA) 钢，焊接时一般要求预热，才能防止冷裂纹。

正火钢中合金元素含量较多，强度级别也较高，冷裂纹倾向不尽相同。例如，强度级别较低的 Q390(15MnTi) 与 Q390(15MnV) 热轧钢性能相近，冷裂纹倾向不大。但强度级别高的正火钢，如 18MnMoNb，由于含碳量稍高，合金元素也较多，焊接热影响区较易产生硬脆的贝氏体和马氏体组织，冷裂纹敏感性增大。因此，正火钢应根据钢种的成分及焊件的拘束条件，采取相应的工艺措施预防冷裂纹的产生。

低碳调质钢是一种热处理强化钢，由于钢中加入了多种合金元素，因此淬透性较大，焊接时热影响区较易得到马氏体或贝氏体组织。但由于钢中的含碳量低，所以得到的是低碳马氏体组织。而低碳马氏体的开始转变温度 Ms 点较高（约 390℃），若在 Ms 点附近冷速较慢，可以使生成的 Ms 来得及进行一次"自回火"过程，形成韧性较好的回火马氏体，即可避免产生冷裂纹。但是若在 Ms 点附近的冷却速度很快，来不及"自回火"，则冷裂纹倾向就会增大。因此，低碳调质钢虽焊接冷裂纹敏感性较大，但只要配合合理的工艺，冷裂纹是可以避免的。

中碳调质钢的含碳量较高，合金元素较多，故具有明显的淬硬倾向，因而冷裂纹敏感性较大。而中碳调质钢的马氏体转变温度较低，难以产生"自回火"效应，同时由于马氏体中含碳量较高，碳的过饱和程度大，点阵畸变也更严重，硬度和脆性更大，对冷裂纹就更为敏感。因此，为防止中碳调质钢的焊接冷裂纹，焊接时必须预热，并在焊后要及时进行回火处理。

4. 再热裂纹　不少低合金高强钢的构件要求在焊后进行消除应力处理，以减小脆性破坏倾向，降低焊接应力。但在消除应力处理过程中，含有沉淀强化相元素如：Cr、Mo、V、Nb等钢就有可能在热影响区的粗晶区产生再热裂纹。因此，在焊接含有沉淀化元素的钢时，必须采取措施以防再热裂纹，如提高预热温度、选择合适的焊接规范、减少焊接残余应力等。

5. 层状撕裂　层状撕裂常发生于厚板结构中正向拘束应力大的角接接头、T形、十字形接头中。层状撕裂产生主要是由于母材中冶炼及轧制过程中，在板层状厚方向上形成非金属夹杂物，这些层状非金属夹杂物在焊接的正向拘束应力作用下发生开裂而形成的。因此对于厚板结构钢($\delta \geqslant 20mm$)要检测母材成分中含硫量及进行Z向拉伸试验的断面收缩率测定，判断正向的塑性。并从结构设计和工艺方面采取措施，如改变接头形式、预堆软质焊道、采用低氢型焊条等。

6. 热影响区脆化　焊接热影响区可分为熔合区、过热区、重结晶区和不完全重结晶区。在这四个区，除重结晶区由于晶粒细小，具有较好的综合力学性能外，不重结晶区、过热区及熔合区的脆化严重。不同种类的钢，引起热影响区的脆化原因也不同。

(1) 热轧钢　热轧钢过热区的脆化原因与含碳量有关。当含碳量偏低时，如采用大热输入焊接，由于过热区的奥氏体晶粒粗大，冷却时会形成粗大的魏氏组织而发生脆化。而采用小热输入时，可避免减小晶粒粗化现象，并且由于含碳量偏低，即使快冷形成的马氏体也是韧性好的低碳马氏体，可避免热影响区脆化。当含碳量偏高时（$w_C \geqslant 0.2\%$），大的热输入会形成魏氏组织脆化，小的热输入会形成淬硬马氏体而发生脆化。

(2) 正火钢　正火钢的强化方式是固溶强化加沉淀强化。在焊接热循环作用下，近缝区加热温度高，母材中沉淀相如：TiC、VC、VN等将溶入奥化体中，沉淀相的钉扎晶界作用消失，奥氏体晶粒显著粗化。在冷却过程中，由于Ti、V扩散能力很低，来不及充分析出，而固溶在铁素体中导致铁素体硬度升高，韧性下降。如图10-1母材中Ti量越高，脆化越严重。并且，当含Ti量一定时，随热输入的增大，高温停留时间越长，Ti的溶解越充分，铁素体脆化越严重，如图10-2所示。

(3) 低碳调质钢　低碳调质钢的$w_C \leqslant 0.18\%$，合金化原理是通过提高淬透性来保证获得高强度和高韧性的低碳马氏体和下贝氏体，所以强度高、韧性好。但当冷却速度不当时，热影响区也会发生脆化，如图10-3所示，当冷却时间$t_{8/5}$

增加时，韧性降低，脆性增大，其原因除奥氏体晶粒粗化引起脆化外，主要是由于形成上贝氏体M-A组元而引起的。

（4）中碳调质钢　中碳调质钢由于含碳量较高（$w_C = 0.25\%$ ~ 0.45%）合金元素较多，有相当大的淬硬性，因而过热区很容易形成脆硬高碳马氏体，冷速越大，生成的高碳马氏体越多，脆化严重。因此，为了减小脆化，应尽量减慢冷速，但如果采用高热输入来降低冷速时，不但不能避免马氏体的产生，而且由于热输入增大，近缝区晶粒粗化，形成粗大的马氏体使过热区脆化更为严重。为此，一般采用预热、缓冷及合适的热输入来降低过热区脆化程度。

7. 热影响区的软化　焊接调质钢时，在 Ac_1 温度以下，热影响区中加热的峰值温度超过母材调质处理时的回火温度就会出现软化现象，软化程度大小与焊前母材的回头温度有关。母材调质时，回头温度越低，软化区就越宽，软化越严

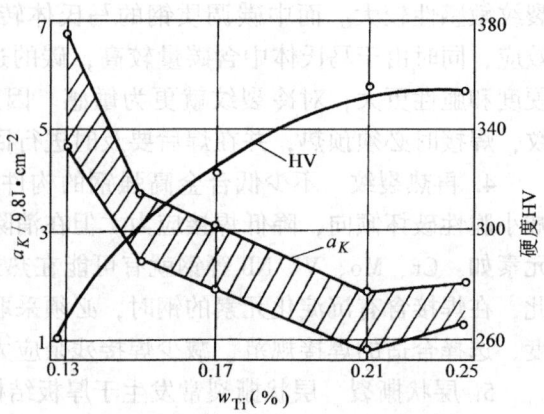

图 10-1　15MnTi 钢过热区 -40℃ 冲击韧度、铁素体显微硬度与含 Ti 量的关系

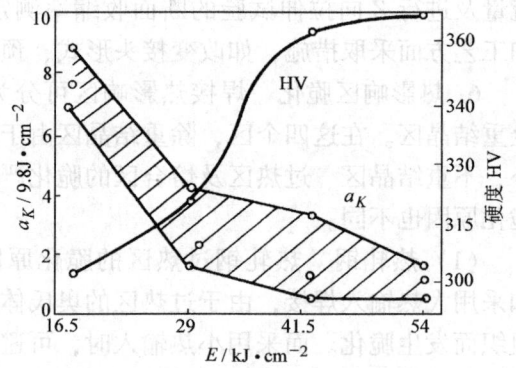

图 10-2　15MnTi 钢过热区冲击韧度、铁素体显微硬度与焊接热输入的关系

重。如焊前母材为退火状态，就不存在软化问题。热影响区软化程度还与焊接热输入和预热温度有关，热输入越大，预热温度越高，其软化程度越大。对低碳调质钢，采用小热输入既可减轻软化程度又有利于防止脆化。但对中碳调质钢，采用小热输入可减小过热区脆化，但同时要注意过热区的脆化和冷裂纹问题。

（三）高强钢的焊接工艺

焊接工艺包括焊接方法和焊接材料的选择、焊接规范的确定、热处理工艺的制定及焊接装配、焊接顺序的制定。合理的焊接工艺对保证产品质量，提高生产效率，降低成本有重要意义。

1. 热轧及正火钢的焊接工艺　热轧正火钢有良好的焊接性，只有在焊接工艺不当时才会出现接头性能问题。

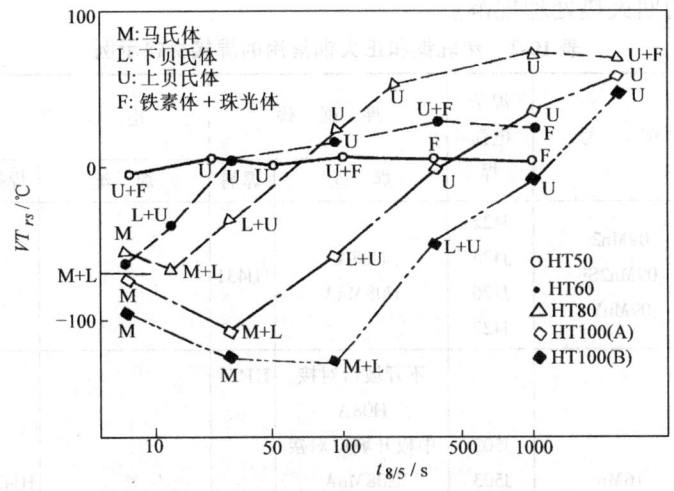

图 10-3 几种高强钢的模拟热影响区脆性
转变温度与 $t_{8/5}$ 之间的关系

(1) 焊接方法及工艺参数 热轧、正火钢适合于各种焊接方法，主要根据材料的厚度、产品结构、焊缝位置和具体施工条件而定。通常可采用焊条电弧焊、埋弧焊、二氧化碳气体保护焊和电渣焊等方法进行焊接。为避免过热区脆化，宜选用小热输入。在焊接厚大工件、母材合金元素较多的钢种时，可采用偏小热输入及预热措施，控制层间温度以防止产生裂纹。

(2) 焊接材料的选择 选择焊接材料的目的有两个；一是避免焊缝出现各种缺陷，二是和母材匹配的力学性能。由于焊缝结晶的特殊性，其化学成分通常与母材不完全相同。

采用焊条电弧焊时，可以选择强度级别和母材相对应的焊条，也就是根据母材的 σ_b 对应来选择。焊接强度较低，裂纹倾向不大的热轧钢可以选工艺性能好的钛钙型焊条，也可选低氢型焊条。对强度级别高的钢，一般应选择低氢型焊条。

采用埋弧焊时，对强度级别不大，接头厚度不大的热轧、正火钢，可选择高硅高锰焊剂，如 HJ431 配合相应焊丝（不含或含少量锰、硅焊丝）。对钢的强度级别较高，或接头厚度较大的接头，应选择中硅焊剂如 HJ350、HJ250。并配合含 Mn 合金焊丝，以保证足够的强度。热轧、正火钢常用的焊接方法及焊接材料如表 10-2。

(3) 焊接接头热处理 热轧钢焊接接头可以在焊态下使用，不必进行焊后热处理，正火钢的焊接接头焊接后应及时进行消除应力处理，以防止裂纹。电渣焊接头的焊缝和热影响区存在严重魏氏组织，通常均需要经过正火、回火处理，以细化组织。对含 Mo、V 的焊接接头进行消除应力处理时，要防止再热裂纹的形成，要确定合适的回火热处理规范。

表10-2 热轧钢和正火钢常用的焊接材料示例

强度等级/MPa		钢号	焊条电弧焊	埋弧焊		电渣焊		CO_2保护焊
σ_s	σ_b			焊丝	焊剂	焊丝	焊剂	焊丝
294	412	09Mn2 09Mn2Si 09MnV	J422 J423 J426 J427	H08A H08MnA	HJ431			H10MnSi H08Mn2Si
343	490	16Mn 14MnNb	J502 J503 J506 J507	不开坡口对接 H08A 中板开坡口对接 H08MnA H10Mn2 H10MnSi 厚板深坡口 H10Mn2	HJ431 HJ350	H08MnMoA	HJ431 HJ360	H08Mn2Si
393	529	15MnV 15MnTi 16MnNb	J502 J503 J506 J507 J556 J557	不开坡口对接 H08MnA 中板开坡口 H10Mn2 H10MnSi H08Mn2Si 厚板深坡口 H08MnMoA	HJ431 HJ350 HJ250	H08Mn2MoVA	HJ431 HJ360	H08Mn2Si
442	588	15MnVA 15MnVTiRe	J556 J557 J606 J607	H08MnMoA H04MnVTiA	HJ431 HJ350	H10Mn2MoVA	HJ431 HJ360	
491	637	14MnMoV 18MnMoNb	J606 J607 J707 J707铌	H08Mn2MoA H08Mn2MoVA	HJ250 HJ350	H10Mn2MoA H10Mn2MoVA	HJ431 HJ360 HJ350 HJ250	

2. 低碳调质钢的焊接工艺 低碳调质钢焊接性主要问题是冷裂纹、热影响区组织脆化及软化。

(1) 焊接方法及工艺参数的选择 低碳调质钢在调质状态下焊接时,选择焊接方法和参数的原则是一方面尽可能降低热影响的脆化、软化及液化裂纹的产生；另一方面需在防止冷裂纹的产生。因此，为了减小热影响区的脆化、软化及液化裂纹产生，应选择能量密度高，热源集中的焊接方法，如钨极和熔化极气体保护焊。如选择焊条电弧焊和埋弧焊方式，其焊接热输入应偏小些。为防止冷裂纹产生，尤其延迟裂纹，还需控制接头中原含氢量和采取预热、控制多层焊缝层间温度等措施。

(2) 焊接材料的选择　由于低碳调质钢焊后一般不再进行热处理，因此选择焊接材料时，必须使焊缝的性能接近于母材。焊条电弧焊时选用低氢型焊条，埋弧焊时应选择中硅焊剂。

(3) 焊后热处理　正常情况下，低碳调质钢焊后不必再进行热处理。对于电渣焊接头或热输入较大的埋弧焊接头，为消除应力、改善组织和性能，焊后应进行调质处理。

3. 中碳调质钢的焊接工艺　中碳调质钢含碳量较高，合金元素较多，淬硬倾向严重。焊接这类钢的主要问题是焊缝的热裂纹，过热区的冷裂纹及热影响区的脆化。此类钢一般在退火状态下进行焊接，焊后整体进行调质处理。此种情况下，一般常用的焊接方法均能适用。在选择焊接材料时，要保证焊缝和母材调质处理后具有相同的性能，并严格控制焊缝中的杂质及有害元素（如 C、Si、S、P 等）。

为防止冷裂纹，热输入不能太大，提高预热温度、层间温度，焊后及时进行调质处理。如不能及时调质处理，可及时进行一次中间退火或回火。

必须在调质状态下焊接时，焊接主要问题是防止冷裂纹和避免接头软化。首先，必须正确选择预热温度及焊后及时回火处理，以消除过热区碎硬组织，预热和层间温度及焊后回火温度均应比母材的回火温度低 50℃ 以下。其次，为减少热影响区的软化，应采用热源集中，能量密度大的焊接热源，而且以小热输入量为宜。最好采用氩弧焊。

(四) 特殊用钢的焊接性

1. 珠光体耐热钢的焊接　珠光体耐热钢是以 Cr-Mo 为基的低中合金钢，其合金总量 $w_{总} \leqslant 5\%$，属亚共析钢，在 600℃ 以下具有很好的抗氧化性和热强性，并具有一定抗硫腐蚀性能和抗氢腐蚀性能。

珠光体耐热钢一般在正火回火或碎火回火状态下焊接，在热影响区中会出现硬化和软化现象。此外，还有冷裂纹和再热裂纹倾向。

目前珠光体耐热钢常采用的方法有：焊条电弧焊、埋弧焊、电渣焊等方法，有时还用 CO_2 气体保护焊。采用焊条电弧焊时，一般用钼和铬钼耐热钢焊条，这样可保证焊缝的合金系统和性能与母材保持一致。埋弧焊焊丝的选择原则与焊条电弧焊时相同，常用低锰中硅 HJ250 或中锰中硅 HJ350 配 H08CrMoA、H10CrMo、H08CrMoVA 等焊丝。

为了减少软化区，改善热强性，并同时考虑到冷裂倾向，尽可能选择小热输入和预热的方法。

2. 低温钢的焊接　低温钢主要用于工作温度在 -40 ~ -196℃时用钢。其重要的力学性能是满足低温工作下的缺口韧性。影响低温韧性的因素有化学成分、显微组织、晶粒度和热处理状态。碳、硫、磷等元素是增大钢的脆性有害元素，因此低温钢中 $w_C \leq 0.2\%$，并需严格控制硫、磷含量。元素锰、镍有利于提高金属的低温韧性。此外，凡是能细化晶粒的合金元素都可改善低温韧性。

低温钢分为无镍钢和含镍钢两大类。无镍钢的碳当量和杂质含量均较低，焊接接头一般不会产生裂纹和硬化现象。焊接主要问题是焊缝和近缝区的晶粒粗化而使韧性降低。

焊接材料的选择原则是保持焊缝中有足够的锰和铜，同时还渗入 Mo、W、Nb、V、Ti 等元素，使晶粒细化。对 $w_{Ni}=2.5\% \sim 3.5\%$ 的低温用钢，焊接材料的成分应与母材相同，另添加 Ti 元素来细化晶粒，并降低含碳量。加入 Mo 可控制回火脆性。对 $w_{Ni}=9\%$ 的钢属低碳马氏体钢，可采用高 Ni 合金焊丝或 Cr16-Ni13 型的奥氏体钢焊丝，但要注意防止结晶裂纹。

焊接低温钢时希望选择小热输入和快速多道焊工艺，以细化晶粒，提高韧性。

3. 耐蚀钢的焊接　分为含铝低合金耐蚀钢和含磷低合金耐蚀钢。

（1）含铝低合金耐蚀钢的焊接　这类钢主要用于石油化工工业，按含铝量和耐蚀性的不同，含铝耐蚀钢可分为三大类：第一类 $w_{Al} \leq 0.5\%$，具有抗石油腐蚀性能。第二类 $w_{Al} \approx 1\%$，抗蚀性更好；第三类 $w_{Al}=2\% \sim 3\%$，同时加入 Cr、Mo、W、Nb 等元素，在高温高压下具有良好的耐蚀性。第一类含铝钢具有良好的焊接性，第二类、三类钢焊接时主要问题是铝的过渡和近缝区铁素体带脆化问题，因此，对含铝低的耐蚀钢，常选用不含铝的 E5015（J507）、E5515G（J557）钼钒焊条，对含铝较高的耐蚀钢选 Cr-Ni 系焊条和 Mn-Al 系焊条。为防止铁素体带，可采用调整成分的措施。但对含铝较多的钢，调整成分仍无法避免铁素体带，只能采取小热输入和多层多道焊，避免接头过热，减少铁素体带倾向。

（2）含磷低合金耐蚀钢的焊接　在钢中加入 Cu、P 可提高钢耐大气及海水腐蚀性能。如我国常用 09MnCuPTi、09CuPCrNi 等。由于这类钢的碳当量很低，焊接冷裂纹敏感性小。但铜、磷在焊接接头的半熔化区晶界偏析可能增加脆化和液化裂纹倾向，所以宜选用热输入较小焊接参数。

第二节　铸铁的焊接

本节主要介绍铸铁的种类、性能及焊接性。

一、铸铁的种类及性能

铸铁是 $w_C > 2\%$ 的铁碳合金。按碳在铸铁中的存在状态及形式可分为白口铸铁、灰铸铁、可锻铸铁、球墨铸铁及蠕墨铸铁五类。白口铸铁中的碳大部分是以渗碳体(Fe_3C)状态存在，断口呈白亮色，其硬高为800HB左右，无法机加工，故在机械制造上应用较少。灰铸铁、可锻铸铁、球墨铸铁及蠕墨铸铁中的碳基本以石墨状态存在，只是石墨的存在形式不同；灰铸铁中石墨以片状存在；可锻铸铁中石墨以团絮状存在；球墨铸铁中的碳以圆球状形式存在；蠕墨铸铁中的碳以蠕虫状形式存在。由于石墨的存在形式不同，故力学性能有较大差异。在基体组织相同的情况下，其中以球墨铸铁的力学性能为最高，蠕墨铸铁次之，灰铸铁较差。目前以灰铸铁应用最广，球墨铸铁次之，可锻铸铁、蠕墨铸铁应用较少。

常用的灰铸铁的化学成分为：$w_C = 2.7\% \sim 3.5\%$、$w_{Si} = 1.0\% \sim 2.7\%$、$w_{Mn} = 0.5\% \sim 1.2\%$、$w_P = <0.3\%$、$w_S = <0.15\%$，其力学性能见表10-3。

表10-3 灰铸铁的力学性能

牌 号	σ_b/MPa	硬度HBS	牌 号	σ_b/MPa	硬度HBS
HT100	100	143~229	HT250	250	170~241
HT50	150	163~229	HT300	300	170~241
HT200	200	170~241	HT350	350	197~269

灰铸铁的抗拉强度及硬度变化取决于基体组织和石墨大小。当基体为纯珠光体时强度最低，硬度也最低。而基体为珠光体与铁素体的相对量，可得到不同的抗拉强度及硬度的灰铸铁。灰铸铁中碳的存在状态及基体组织取决于铸件的冷却速度及化学成分，其规律如图10-4，随壁厚增大，冷速减慢，随冷却速度的变慢，基体组织将由珠光体向铁素体转变。

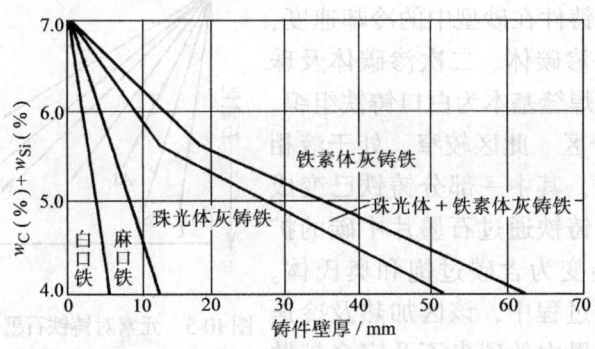

图10-4 铸铁壁厚(冷速)和化学成分对铸铁组织的影响

化学成分对石墨化过程有重要影响，其影响规律如图10-5。碳和硅是促进生成较多的石墨自发晶核，并能增加碳原子的结合能力。而硅能降低碳在液相及固相中的溶解度，因而促进石墨化过程的进行。

球墨铸铁的力学性能及硬度见表10-4。常用的球墨铸铁的化学成分为：w_C

$=3\% \sim 4\%$,$w_{Si}=2\% \sim 3\%$,$w_{Mn}=0.4\% \sim 1.0\%$,$w_P<0.1\%$,$w_S \leq 0.04\%$。

表10-4 球墨铸铁的力学性能及硬度

牌 号	σ_b/MPa	σ_s/MPa	δ_5 (%)	HBS
	不 小 于			
QT400—18	400	250	18	<180
QT450—10	450	310	10	<217
QT500—7	500	320	7	170~230
QT600—3	600	370	3	190~270
QT700—2	700	420	2	225~305
QT800—2	800	480	2	245~335

二、铸铁焊接性分析

（一）灰铸铁焊接性分析

灰铸铁由于含碳量高，含硫、磷杂质高，并且强度低，基本无塑性，因而决定了灰铸铁的焊接性不良。其主要问题有：

1. 焊接接头白口及淬硬组织 现以$w_C=3\%$、$w_{Si}=2.5\%$的灰铸铁为例，分析焊接接头上组织变化规律。图10-6把整个焊接接头分为六个区。

（1）焊缝区 当焊缝成分与灰铸铁成分相同时，在一般电弧焊情况下，由于焊缝冷却度远大于铸件在砂型中的冷却速度，焊缝主要为共晶渗碳体、二次渗碳体及珠光体所组成，即焊缝基本为白口铸铁组织。

（2）半熔合区 此区较窄，处于液相线及固相线之间，其中一部分铸铁已变成液体，另一部分铸铁通过石墨片中碳的扩散作用，也已转变为含碳过饱和奥氏体。由于一般电弧焊过程中，该区加热及冷速非常快，因此石墨中的碳来不及完全扩散而形成细小片状石墨。而液态铸铁由于冷速快而形成莱氏体，即共晶渗碳体加奥氏体，继续冷却。奥氏体析出二次渗碳体，冷却到共析温度区间，奥氏体转变为珠光体，即形成白口组织。如冷却速度很快，奥氏体还会转变成马氏体加残余奥氏体。

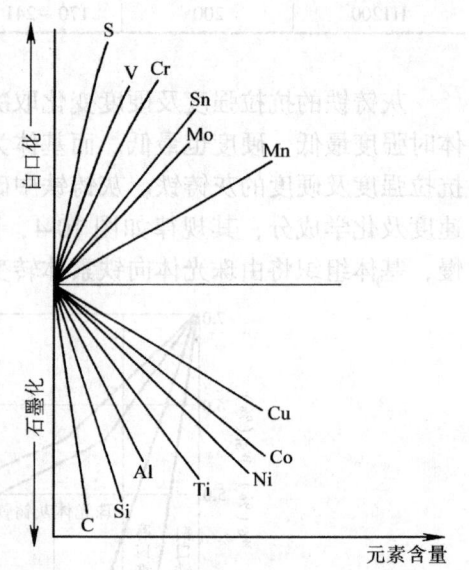

图10-5 元素对铸铁石墨化及白口化的影响

（3）奥氏体区 该区处于固相线与共析温度之间，此区属奥氏体化区，但碳

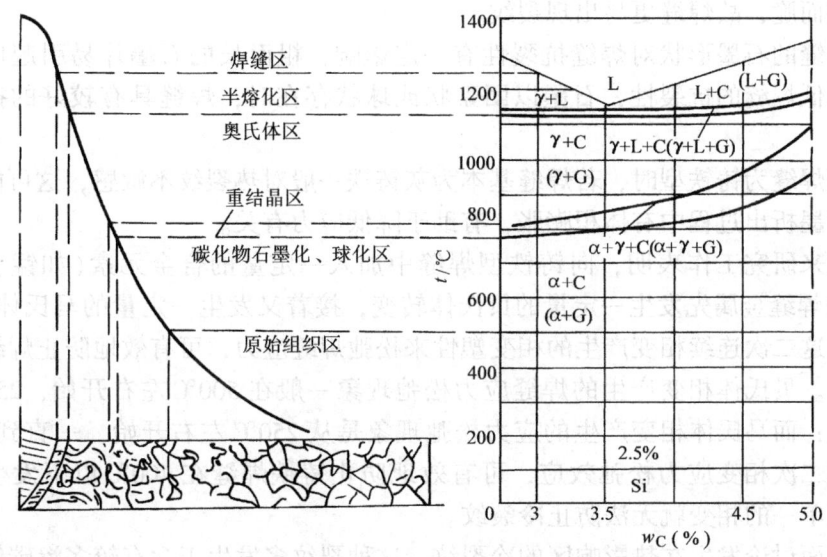

图 10-6 灰口铸铁焊接接头组织变化图

在奥氏体中的浓度是不一样的,加热温度高的由于石墨中碳的扩散较多,故奥氏体中含碳量高,加热温度低的由于石墨中碳的扩散较少,故奥氏体中含碳量较低。随后冷却,奥氏体转变成珠光体加二次渗碳体组织,如冷却速度很快,会产生马氏体加残余奥氏体。如采用缓冷,可使奥氏体直接析出石墨,可避免二次渗碳体和马氏体的形成。

(4) 重结晶区 该区很窄,加热温度范围处于两相区。但是,该区加热速度很快,母材中只有部分原始组织可转变成奥氏体。在随后冷却时,奥氏体转变成珠光体组织,冷却快时也可能出现马氏体。

其他加热温度更低的区域,焊后组织变化不明显或无变化,故不加以讨论。

2. 焊接裂纹 铸铁焊接时,裂纹是易出现的一种缺陷。出现的裂纹可分为冷裂纹和热裂纹两类。

(1) 冷裂纹 铸铁焊接时,冷裂纹可发生在焊缝及热影响区上。

首先讨论焊缝出现冷裂纹的情况。当焊缝为铸铁时,较易出现这种裂纹,该裂纹常发生在400℃以下。其主要原因是当焊缝为灰铸铁时,由于石墨片存在,不仅减少焊缝有效承载面积,而且石墨如刻槽一样,在其中两端呈严重的应力集中状态,而铸铁强度低,在400℃以下基本无塑性存在,当应力超过此时铸铁的强度极限时,即产生焊缝裂纹。如焊缝采用异质焊接材料时,使焊缝成为奥氏体、铁素体或铜基焊缝时,焊缝具有较好的塑性,配合合理的冷焊工艺,焊缝不易出现冷裂纹。

当焊缝存在白口组织时,由于白口铸铁的收缩率比灰铸铁收缩率大,加之渗碳体硬而脆,故焊缝更易出现裂纹。

焊缝的石墨形状对焊缝抗裂性有一定影响,粗而长的石墨片易引起应力集中,降低焊缝的抗裂性,石墨以团絮状或球状存在时,焊缝具有较好的抗裂性能。

当焊缝为铸铁型时,若焊缝基本为灰铸铁一般对热裂纹不敏感,这可能与高温时石墨析出过程中有体积膨胀,有助于降低应力有关。

近来研究工作表明,向铸铁型焊缝中加入一定量的合金元素(如锰、镍、铜等);使焊缝金属先发生一定量的贝氏体转变,接着又发生一定量的马氏体相变,则利用这二次连续相变产生的相变塑性来松弛焊缝应力,可有效地防止焊缝出现冷裂纹。贝氏体相变产生的焊缝应力松弛现象一般在500℃左右开始,250℃左右结束;而马氏体相变产生的应力松弛现象是从250℃左右开始,一直到室温。故利用二次相变应力松弛效应,可有效地防止铸铁焊缝在400℃以下发生冷裂纹,而单一的相变就无法防止冷裂纹。

下面讨论发生在热影响区的冷裂纹,这种裂纹多发生于含有较多渗碳体及马氏体的热影响区。

前面已分析过,在电弧冷焊情况下,在中熔化区及奥氏体区会产生渗碳体及马氏体等脆硬组织,而白口铸铁的抗拉强度为107~167MPa,马氏体铸铁的抗拉强度也不超过147MPa,当焊接拉应力超过某区的强度时,就会产生裂纹。此外,由于半熔化区上白口铸铁的收缩率(1.6%~2.3%)比其相邻的奥氏体的收缩率(0.9%~1.3%)大得多,故在该二区间会产生一定的切应力,也有助于促使冷裂纹的发生。对薄壁铸铁件的焊接(5~10mm),冷裂纹也可能发生在离熔合线稍远的热影响区,其主要原因是当铸件为薄壁时,其导热程度比厚件差得多,在其他条件相同情况下,加宽了超过600℃以上热影响区域,这就加剧了焊接接头拉应力。另外,当铸件较薄时,其中微量缺陷(气孔、夹渣等)就更加大对有效工作截面的影响。这样,裂纹就可能发生在远离熔合线稍远的热影响区。

(2)热裂纹 前面已介绍过,当焊缝为铸铁型时,焊缝对热裂纹不敏感。但如采用低碳钢焊条与镍基铸铁焊条冷焊时,则焊缝易出现结晶裂纹。

对铸铁如采用低碳钢焊条焊接时,即使采用小电流,第一层焊缝中的熔合比也在1/3~1/4,焊缝w_C=0.7%~1.0%,并且由于母材中的含硫、磷量高,焊缝平均含硫、磷量也高。而且由于母材与焊条金属化学成分相差悬殊,熔池存在时间短,焊缝的含碳量与含硫、磷量的分布不均匀。而碳、硫、磷是促进结晶裂纹的有害元素,故用低碳钢焊条焊接铸铁时,第一层容易产生结晶裂纹。

采用镍基铸铁焊条焊铸铁时,由于铸铁中含有较多的S、P,故焊缝中的镍易与硫、磷形成低熔共晶,如Ni-Ni_3S_2的共晶温度为644℃,Ni-Ni_3P的共晶温度为880℃,故利用镍基铸铁焊条焊接铸铁时,其焊缝对热裂纹有较大的敏感性。

解决镍基焊缝热裂纹问题，可从以下两方面着手。在冶金处理方面，可通过调整焊缝化学成分，缩小其脆性温度区，加入稀土，增强脱硫、磷反应，降低硫、磷含量，以及细化晶粒等途径，来提高焊缝抗热裂纹性能。

研究证明，当焊缝含有适量的碳及稀土时，可显著提高镍基焊缝抗热裂纹性能。现以镍铸铁焊条为例来分析，碳对其焊缝金属热裂纹性能的影响，如图10-7所示。

图中 V_{b1} 值表示出现热裂纹的临界变形速率。V_{b1} 越大，表示抗热裂纹性能越好。由图中可以看出，随焊缝中含碳量的增加，V_{b1} 出现最大值，抗热裂纹性能最佳，含碳量继续增加时，抗热裂纹性能又逐渐下降。如采用含镍为55%的镍铁焊条焊接铸铁时，由于母材的稀释作用，第一层焊缝金属的含镍量 w_{Ni} =36%，余为铁，对照 Fe-C-Ni 三元相图可知，在此情况下当含碳量 w_C =2.38%时，合金正处于共晶成分。此时脆性温度区最窄，焊缝金属晶粒较细，经电子探针分析，晶间上 S、P 偏析较少，这有利于提高焊缝抗热裂纹性能。但当焊缝中 w_C <或>2.3%时，由于偏离共晶成分，凝固区间越大，晶粒粗大，晶间 S、P 杂质增多，故抗热裂纹性能下降。

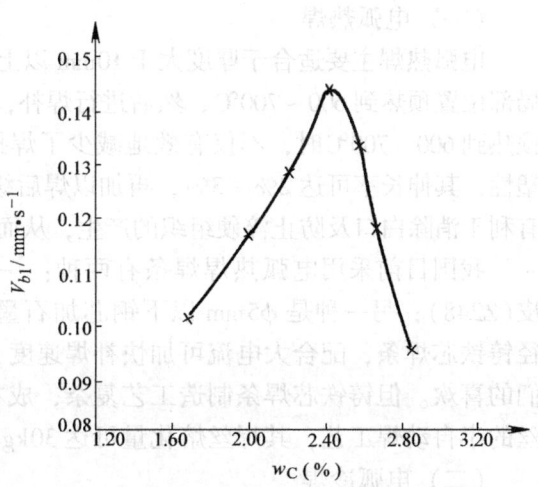

图10-7 碳对 Ni-Fe 铸铁焊条焊缝金属热裂纹的影响

稀土元素钇对镍铸铁焊条的焊缝金属抗热裂纹性能有明显的影响。当焊缝中加入适量稀土，能使焊缝抗热裂纹性能提高（而过量的稀土会使焊缝的抗裂纹性下降）。这是因为适量的稀土有较强的脱硫、脱磷作用，晶界硫、磷量下降，低熔点共晶减少；但是，过量的稀土使晶粒细含量过高时，则钇在晶间偏析较多，钇和镍会形成低熔共晶 $Y_3Ni\text{-}Y_3N_2$（802℃），钇和铁也形成低熔（900℃）$Y + YFe$ 共晶，使焊缝抗热裂纹性能下降。加入适量稀土后焊缝石墨呈球状，焊缝的塑性及强度都有所提高，这也有利于改善抗裂性。

(二) 球墨铸铁焊接性的特点

球墨铸铁和灰铸铁的不同之处，是球墨铸铁中含有一定量的球化剂，故石墨以球存在。

球墨铸铁的焊接特点主要表现在以下两方面：

(1) 球墨铸铁的白口化倾向及淬硬倾向比灰铸铁大。这是因为球化剂有阻碍石墨化过程以及提高淬硬临界冷却速度的作用,所以焊接球墨铸铁时,同质焊缝在半熔化区更易形成白口组织,奥氏体更易出现马氏体组织。

(2) 由于球铁的强度、塑性和韧性比灰铸铁高,故对焊接接头的力学性能要求也相应提高,使焊接更难。

三、铸铁焊接方法简介

下面介绍灰铸铁同质(铸铁型)焊缝的熔焊。

(一) 电弧热焊

电弧热焊主要适合于厚度大于10mm以上的工件补焊。将工件整体或有缺陷的局部位置预热到600~700℃,然后进行焊补,焊后缓冷的工艺称为"热焊"。工件预热到600~700℃时,不仅有效地减少了焊接接头的温差,而且使铸铁有一定的塑性,其伸长率可达2%~3%,再加以焊后缓冷,可使石墨化过程进行比较充分,有利于消除白口及防止淬硬组织的产生,从而有效地防止裂纹的产生。

我国目前采用电弧热焊焊条有两种:一种为φ6mm以上的铸铁芯加石墨药皮(Z248);另一种是φ5mm以下钢芯加石墨型药皮(铸208)。热焊时采用大直径铸铁芯焊条,配合大电流可加快补焊速度,缩短工人劳动时间,因而受到工人们的喜欢。但铸铁芯焊条制造工艺复杂,成本较高。国外目前发展了多根药芯焊丝的半自动焊工艺,其焊丝熔化量可达30kg/h,大大提高了电弧热焊的生产率。

(二) 电弧冷焊

为了改善工人劳动条件,降低成本,提高补焊效率,研究工作者又提示了对铸件不预热的方法,即电弧冷焊。

1. 同质焊缝电弧冷焊　用同质焊缝焊首先要解决的是防止焊接接头白口组织及淬硬组织。解决此问题可从两方面看手:一是提高焊缝石墨化能力,即焊缝的w_C控制在4.0%~5.5%、w_{Si}为3.5%~4.5%时,可有效地防止白口组织。另外,可向焊缝中加入少量的铝、钡、钙,使石墨细化,这些元素含量少时还有一定的促进石墨化能力。二是提高焊接热输入量,如采用大直径焊条,大电流连续焊工艺,以减慢焊接接头冷速。

由于焊缝为灰铁组织,强度低、无塑性,加之采用大电流连续焊工艺,因而焊缝应力状态较严重,故焊补大刚度缺陷时仍易出现焊缝裂纹。但对焊补刚度不大的中、大型缺陷时,可获得满意的结果。

2. 异质焊缝电弧冷焊　异种焊缝是采用异质的焊接材料,用这些焊接材料时,即使焊缝中含碳量较高,由于改变了碳的存在形式,采用小的热输入量焊接,因此也不会出现淬硬组织,且焊缝还有较高塑性。电弧冷焊常用的焊接材料有:

(1) 镍基焊条　采用纯镍、镍铁合金和镍铜合金作为焊芯的焊条。

(2) 铜基焊条　铜的塑性优良,含有大量铜的焊缝可松弛焊接应力,减小裂纹倾向。铜与碳不形成碳化物，又是弱石墨化元素，对减少半熔化区的白口组织有一定作用。但铜对电弧的稳定性差，在焊条中加入一定数量的铁，铜铁比为8：2，这样可使电弧稳定，焊缝致密。常用的有铜芯铁皮焊条、低碳钢芯外缠铜皮焊条等。

（3）高钒焊条　高钒铸铁焊条以 H08 为焊芯，在药皮中加入适量的钒铁，钒是强烈碳化物形成元素，钒在焊缝中与碳形成细小弥散分布的碳化钒。钒是铁素体形成元素，余下的钒将熔于铁素体中，形成合金铁素体。焊缝组织为铁素体基体加弥散的碳化钒组织。

（三）气焊

气焊由于火焰温度较低 <3400℃，热量不集中，很适合于薄壁件的补焊。而且气焊时，由于温度低，加热时间长，加热面积大，冷速较慢，有利于石墨化过程的进行，焊缝易得到灰铸铁组织，而焊接热影响区也不易产生白口及淬硬组织。但由于气焊加热时间长，工件受热面积较大，焊接热应力较大，因而补焊刚度较大缺陷时，比热焊更易产生冷裂纹，所以一般气焊主要适用于刚度小的薄壁件的缺陷补焊。铸铁气焊的焊丝成分见表10-5。

表 10-5　铸铁气焊的焊丝成分

序　号	焊丝成分(质量分数)(%)					用　途
	C	Si	Mn	S	P	
R_2C—1	3.2～3.5	2.7～3.0	0.5～0.8	≤0.08	0.15～0.4	热焊
R_2C—2	3.5～4.5	3.0～3.8	0.5～0.8	≤0.08	0.15～0.4	一般气焊

气焊时宜采用中性焰或弱碳化焰。采用氧化焰焊接铸铁是不恰当的，因为这样会增大熔池中碳、硅的氧化烧损，对焊接质量不利。

第十一章 耐热钢、不锈钢的焊接

本章主要介绍耐热钢和不锈钢的特性与分类,讨论耐热钢和不锈钢的焊接性特点及其焊接工艺。

第一节 耐热钢、不锈钢概述

耐热钢和不锈钢化学成分的共同特点是都加入合金元素铬($w_{Cr}=1\%\sim30\%$)。与低合金结构钢相比,这类钢化学成分、组织变化范围很大;性能上不仅要求常温力学性能,还要有一定的高温性能与耐蚀性能。这类钢的焊接较低合结构钢要困难,除了防止裂纹等缺陷外,更重要的是保证接头的使用性能与母材相当。

一、耐热钢分类及特性

在高温下工作,并具有一定强度和抗氧化、耐蚀能力的铁基合金称之为耐热钢。耐热钢广泛用于石油化工的高温管线、反应塔和加热炉,火力发电设备的锅炉和汽轮机,汽车和船舶的内燃机,航空航天工业的喷气发动机等高温装置。

(一) 耐热钢的分类

耐热钢种类很多,按特性分类,可分为热稳定钢(高温状态下保持化学稳定性)和热强钢(在高温状态下具有足够的强度);按合金元素含量多少分类,可分为低合金耐热钢($w_{Me}<5\%$)、中合金耐热钢($w_{Me}5\%\sim12\%$)和高合金耐热钢($w_{Me}>13\%$);按小截面试样正火后的组织,可分为珠光体耐热钢、马氏体耐热钢、铁素体耐热钢和奥氏体耐热钢。

(二) 耐热钢的特性

耐热钢最基本特性要求是高温化学稳定性和优良的高温力学性能。

(1) 高温化学稳定性 主要是抗氧化性,耐热钢抗氧化性主要取决于钢中的合金成分,能在钢材表面形成坚固保护膜的元素,如 Cr、Al、Si 等可提高钢的抗氧化性。Cr 是提高抗氧化性主要元素,试验表明:在 650℃、850℃、950℃、1100℃条件下,满足抗氧化性要求,钢中 w_{Cr} 要分别达到 5%、12%、20%、28%。Mo、B、V 等元素所生成氧化物熔点较低,如 MoO_3(795℃)、V_2O_5(658℃)容易挥发,对抗氧化性不利。

(2) 高温力学性能 主要指热强性,即在高温下具有足够的强度。高温力学性能与室温性能主要区别在于温度和时间的双重作用,在高温条件下,原子扩散能力增强，晶界强度降低。表现为材料在远低于屈服应力时，连续缓慢地产生塑性变形（蠕变）；并在远低于抗拉强度的应力下断裂。

（三）耐热钢焊接接头性能的特殊要求

耐热钢焊接接头除了满足常温力学性能的要求外，最重要的是必须具有足够的高温性能，具体要求有：

（1）接头的热强性与母材相当（等热强性原则）　即接头的短时或长时高温强度不低于母材的相应值。接头的热强性不仅取决于填充金属的成分，而且与焊接工艺密切相关。因此，要获得等强性的接头，影响因素很多，非常复杂。

（2）接头的抗氧化性　耐热钢焊接接头应具有与母材基本相同的抗高温氧化性，为此焊缝金属主要合金成分应与母材基本一致。

（3）接头的组织稳定性　耐热钢焊接接头在制造和使用过程中，长期受到高温、载荷的作用，原子扩散能力增强。要求接头不应产生明显的组织变化，以及由此引起的性能变化。

（4）接头的物理均一性　耐热钢焊接时，焊缝应具有与母材基本相同的物理性能，特别是热膨胀系数和热导率应大致相当。否则，在高温使用过程中的焊接接头界面处因产生的附加热应力而造成接头早期破坏。

二、不锈钢分类及特性

不锈钢是指在大气或一定介质中具有耐蚀性一类钢的统称。

（一）不锈钢的分类

按照室温下的基体组织分类，不锈钢可分为马氏体不锈钢、铁素体不锈钢、奥氏体不锈钢、铁素体-奥氏体双相不锈钢等。马氏体和铁素体不锈钢为高铬钢，奥氏体不锈钢为高铬镍钢和铬锰氮钢。

不锈钢中的合金元素可分为两大类：一类是扩大 γ 区元素，称为奥氏体形成元素（Ni、C、Mn 等）；另一类是缩小 γ 区、扩大 δ 区元素，称为铁素体形成元素（Cr、Mo、Si、Nb 等）。可将它们分别折合成 Ni 和 Cr 的相当作用，即镍当量（Ni_{eq}）和铬当量（Cr_{eq}）。化学成分对不锈钢基体组织影响可用舍夫勒（Schaeffler）图来研究（图 11-1），它以 Cr_{eq}、Ni_{eq} 分别作为横、纵坐标。因此根据不锈钢的化学成分计算出 Ni_{eq} 和 Cr_{eq}，由图 11-1 就可确定其在图中的位置，从而得到其组织组成。

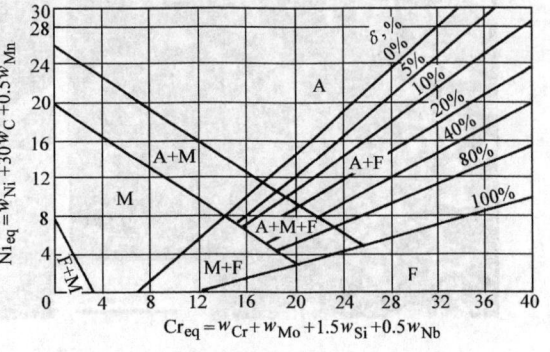

图 11-1　舍夫勒（Schaeffler）图（1949 年）

F—铁素体　M—马氏体　A—奥氏体

（二）不锈钢特性

耐蚀性是不锈钢性能的基本要求,钢腐蚀的性质主要为电化学腐蚀。通过合金化提高金属电极电位是提高不锈钢耐蚀性的主要方法,钢中加入 Cr 元素形成 Fe-Cr 固溶体,可使电极电位得到显著提高。如钢中含量 w_{Cr} 达 11.7%,可使 Fe 的电位由 -0.56V 跃增至 0.2V,从而使钢钝化。由于钢中还含有碳,它与 Cr 形成碳化物,为使固溶体中 $w_{Cr} \geq$ 不低于 11.7%,通常钢中含 Cr 量要适当提高,$w_{Cr} \geq 13\%$。此外,使钢获得单相组织,并具有均匀的化学成分、组织结构,也有助于提高耐蚀性。

(三) 不锈钢腐蚀失效形式

不锈钢腐蚀失效形式很多,有均匀腐蚀(表面腐蚀)、晶间腐蚀、点腐蚀、缝隙腐蚀、磨损腐蚀和应力腐蚀等。其中危害性最大的是晶间腐蚀,对奥氏体不锈钢还有点蚀和应力腐蚀。

晶间腐蚀是沿金属晶界发生的有选择性的腐蚀现象,它是一种危害性很大,容易造成设备突然破坏事故的腐蚀形式。发生晶间腐蚀的金属在外形上没有任何变化,不易察觉,但晶粒间结合力已丧失,材料的强度几乎为零。晶间腐蚀产生原因,一般用晶界贫铬论来解释。

对于奥氏体不锈钢,使用前一般经过了固溶处理,钢中碳原子处于过饱和固溶状态,这种组织是不稳定的。当钢在 500~800℃ 范围加热时(称为敏化处理),碳向晶界扩散,在晶界附近与铬结合为 $Cr_{23}C_6$,造成晶界附近贫铬(贫铬层厚度约 1.5~2.0μm)。当该区含铬量降至钝化所需极限以下时,在腐蚀介质作用下,就会出现该区选择性腐蚀,即晶间腐蚀。图 11-2 为 18-8 奥氏体不锈钢焊接接头,在体积分数为 65% 的 HNO_3 中浸泡 240h 后,热影响区中的敏化处理区域出现了晶间腐蚀。

铁素体钢不锈钢也有晶间腐蚀倾向,但产生晶间腐蚀的条件与奥氏体钢有所

 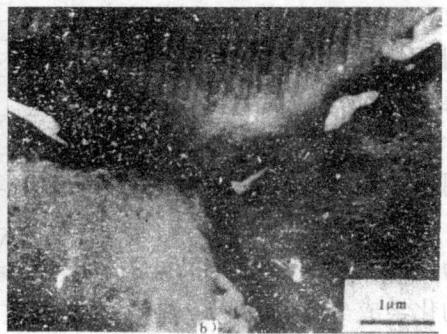

图 11-2 18-8 钢 HAZ 中的敏化区腐蚀
a) 低倍下的晶间腐蚀形貌 b) 被腐蚀的晶界与 $Cr_{23}C_6$(白色相)

不同。由于铁素体钢的供货状态一般为退火态，即稳定化处理（加热到800℃左右，保温一段时间，保证$Cr_{23}C_6$充分析出）。铁素体钢加热温度超过950℃，碳化铬会发生分解固溶，若冷却速度快，固溶在铁素体中的过饱和碳很容易优先在晶界析出（由于碳在铁素体中的溶解度比在奥氏体小得多，并且碳在铁素体中扩散速度也比在奥氏体中快），因而造成晶间贫铬。但这种状态的铁素体钢再次在500~850℃加热后，又相当于稳定化处理，可以促使$Cr_{23}C_6$的扩散均匀化，使贫铬层消失，从而消除晶间腐蚀倾向。

焊接热循环过程会增加不锈钢的晶间腐蚀敏感性，但对于铁素体钢和奥氏体钢而言，二者焊接接头产生晶间腐蚀的条件与出现部位是不相同的，如图11-3所示，铁素体不锈钢在近缝区，奥氏体不锈钢出现在HAZ的敏化加热温度区间范围内。

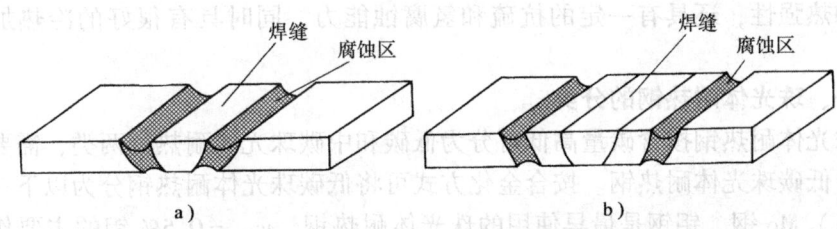

图 11-3 不锈钢焊接接头晶间腐蚀部位
a) 铁素体不锈钢 b) 奥氏体不锈钢

三、不锈钢、耐热钢的物理性能

钢的物理性能，如热导率、热膨胀系数、电阻率等对焊接性有显著影响。它们影响焊接温度场、熔池形状、焊接应力变形等。一般说来，同类组织状态的钢，其物理性能基本相同；合金元素含量越多，热导率越小，而膨胀系数和电阻率越大。不锈钢及耐热钢的物理性能与低碳钢差异很大，它们物理性能见表11-1。

表 11-1 不锈钢及耐热钢的物理性能

物理性能	钢 种			
	奥氏体钢	铁素体钢	马氏体钢	普通碳钢
密度/$g \cdot cm^{-3}$	7.8~8.0	7.8	7.8	7.8
弹性模量/GPa	193~200	200	200	200
平均热膨胀系数(0~538℃)/10^{-6}℃	17.0~19.2	11.2~12.1	11.2~12.1	11.7
热导率(100℃)/$W \cdot (m \cdot k)^{-1}$	18.7~22.8	24.4~26.3	28.7	60
比热容(0~100℃)/$J \cdot (kg \cdot k)^{-1}$	460~500	460~500	420~460	480
电阻率/$10^{-8} \Omega m$	69~102	59~67	55~72	12
熔点/℃	1400~1450	1480~1530	1480~1530	1538

由表 11-1 可见，铁素体钢和马氏体钢的线膨胀系数(α)与碳钢相近，而热导率(λ)仅为低碳钢的 1/2 左右；奥氏体钢的 α 比低碳钢大 50% 左右，λ 却只有低碳钢的 1/3 左右。

第二节 珠光体(含贝氏体)耐热钢的焊接

珠光体耐热钢是一种以 Cr、Mo 为主要合金元素的低、中合金钢。一般 w_{Cr} = 0.5% ~ 5%，w_{Mo} = 0.5% 或 1%，随着使用温度的提高，钢中往往还加入 V、W、Nb、B 等微量强化元素，合金元素总的质量分数一般小于 5%。其中合金元素偏高的钢组织会出现较多贝氏体组织，亦称为贝氏体耐热钢。珠光体耐热钢广泛应用于 600℃ 以下工作的石油化工及动力工业设备中，它不仅具有良好的抗氧化性和热强性，还具有一定的抗硫和氢腐蚀能力，同时具有很好的冷热加工性能。

一、珠光体耐热钢的分类

珠光体耐热钢按含碳量高低可分为低碳和中碳珠光体耐热钢两类，需要焊接的多为低碳珠光体耐热钢。按合金化方式可将低碳珠光体耐热钢分为以下三类：

(1) Mo 钢　钼钢是最早使用的珠光体耐热钢，w_{Mo} = 0.5% 钼的主要作用是固溶强化，提高钢的热强性。这类钢使用温度超过 450℃ 后，容易产生石墨化问题($Fe_3C \rightarrow 3Fe + C$)，使钢的强度降低。

(2) Cr-Mo 钢　为了改善钼钢的石墨化问题，提高钢组织稳定性，从而提高其热强性，在钼钢中加入一定量 Cr，铬溶入 Fe_3C 后，可以使碳化物具有很大的热稳定性，阻止石墨化。铬钼钢的使用温度可提高到 550℃。常见牌号有 12CrMo、10CrMo910 等。

(3) Cr-Mo-V 及多元复合合金化的珠光体耐热钢　这类钢除固溶强化外，钢中加入了 V、Ti、B 等元素进行时效强化、晶界强化，进一步提高钢的热强性和高温组织稳定性。如 12Cr1MoV、12Cr2MoWVTiB(简称钢 102)等。

珠光体耐热钢供货状态一般为正火 + 回火。

二、珠光体耐热钢的焊接性

珠光体耐热钢在焊接中出现的问题与低碳调质钢相似，主要有：焊缝及 HAZ 淬硬与冷裂纹敏感性、HAZ 的软化问题；对某些珠光体耐热钢，接头还会出现再热裂纹及明显的回火脆性。

(一) 淬硬性及冷裂纹敏感性

珠光体耐热钢的主要合金元素是 Cr 和 Mo，它们显著提高钢的淬硬性，若焊接冷却速度较快，在焊缝及热影响区可能形成对冷裂纹敏感的显微组织(马氏体、上贝氏体)，如图 11-4 所示，钢 102 氩弧焊焊接接头的过热区出现了粗大马氏体组织。含铬量越高,冷却速度越快,接头最高硬度越大,可达400HB以上,将显著增加接头冷裂纹敏感性。

(二)再热裂纹(消除应力处理裂纹)倾向

珠光体耐热钢中含有 V、Nb、Ti、Cr、Mo 等强碳化物形成元素。若结构拘束度较大,那么在消除应力处理或高温长期使用时,粗晶部位容易出现再热裂纹。图 11-5 为 10CrMo910 钢焊接接头在 620℃回火处理后出现的再热裂纹。

图 11-4 钢 102HAZ 组织(过热区) (×400)

图 11-5 10CrMo910 钢过热粗晶区的再热裂纹(×200)

形成再热裂纹的敏感温度区间一般为 500~700℃(图 11-6),并且总是出现在残余应力较高的部位,如接头咬边,未焊透等应力集中处,这些部位在加热过程中,残余应力得到释放,蠕变变形较大,更易出现裂纹。防止再热裂纹的措施有:

(1)严格控制母材与焊材的合金成分,特别是要限制 V、Nb、Ti 等合金元素的含量到最低程度。

(2)选用高温塑性优于母材的焊接材料,并降低接头残余应力和应力集中,焊后用砂轮将焊缝余高和焊趾打磨圆滑。

(3)采用低热输入焊接工艺和方法,缩小焊接过热区宽度,细化晶粒。

(4)选择合理的热处理制度,避免在敏感温度区间停留较长时间。

(三)HAZ 的软化

调质钢焊接后,接头 HAZ 都存在软化问题。珠光体耐热钢软化区的金相组织特征是铁素体和少量碳化物,在粗视磨片上

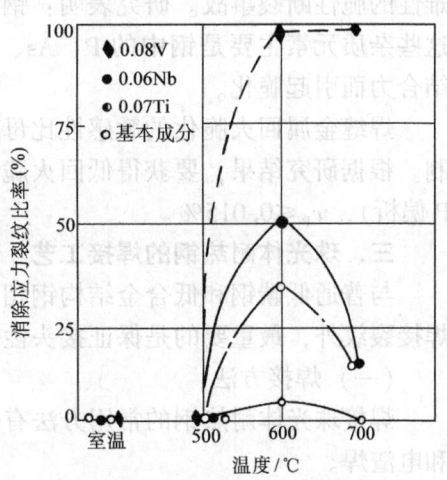

图 11-6 再热裂纹与热处理温度之间的关系

(钢成分:$w_C = 0.16\%$, $w_{Cr} = 0.99\%$, $w_{Mo} = 0.46\%$, $w_{Mn} = 0.60\%$)

观察到一条明显的白带,硬度明显下降。软化与母材焊前的组织状态、焊接时冷却速度以及焊后热处理有很大关系。母材合金化越高,焊前原始硬度越大,焊后软化程度越严重。焊后高温回火不但不能使"软化区"硬度恢复,甚至还会稍有降低,只有经正火+回火后才能消除软化问题。

软化区的存在对室温性能没有什么不利影响,但是在高温长期静载拉伸条件下,接头往往在软化区发生破坏。这是因为长期在高温下工作时,蠕变变形主要集中在软化区,容易导致在这一部位的断裂。由表11-2可以看出,强度级别较高的15Cr1MoV耐热钢焊接接头的持久强度明显低于母材和焊缝,在HAZ断裂,表中的热强系数(Kw)为焊接接头持久强度与母材持久强度之比。

表11-2 15Cr1MoV 珠光体耐热钢焊接接头的持久强度

钢号	试验温度 /℃	10^5h 持久强度/MPa			热强系数 Kw	断裂部位
		焊缝	接头	母材		
15Cr1MoV（铸造）	565~570	93~98	79~83	88~127	0.78	热影响区

（四）回火脆性

Cr-Mo耐热钢在350~500℃温度区间内长期使用过程中发生剧烈脆变的现象,称为回火脆化。如某台10CrMo910钢制造的脱硫反应塔,经332~432℃下工作30,000h后,其40J对应的韧-脆转变温度从-37℃提高到60℃,并导致灾难性的脆性断裂事故。研究表明:钢的回火脆化与其杂质含量有着密切的关系,这些杂质元素主要是钢中的P、As、Sn、Sb等,它们易在晶界偏析,削弱晶间结合力而引起脆化。

焊缝金属回火脆化的敏感性比母材大,这是因为焊接材料中的杂质更难以控制。根据研究结果,要获得低回火脆性的焊缝必须严格控制P和Si含量(Si促进P偏析),$w_P \leq 0.015\%$。

三、珠光体耐热钢的焊接工艺

与普通低碳钢和低合金结构钢相比,制订珠光体耐热钢焊接工艺时,除防止焊接裂纹外,最重要的是保证接头性能,特别是高温性能满足要求。

（一）焊接方法

焊接珠光体耐热钢的常用方法有焊条电弧焊、钨极和熔化极氩弧焊、埋弧焊和电渣焊。

埋弧焊具有熔敷效率高的优点,在大厚度珠光体耐热钢焊接中已得到广泛应用。其缺点是不能在空间任何位置进行焊接,对于小直径管和薄件,很难发挥其应有的效率。

焊条电弧焊具有机动、灵活、能作全位置焊接的优点,其缺点是建立低氢的焊接条件比较困难,从而使焊接工艺复杂化。珠光体耐热钢一般应采用低氢型碱性药皮焊条,含铬量高的珠光体钢要求的焊缝金属扩散氢含量不超过 3mL/100g(按甘油法测定);含铬量低的钢,工艺制订得比较周全,允许含氢量可放宽至 5~10mL/100g。

钨极氩弧焊(TIG 焊)的焊接气氛具有超低氢特点,能获得纯度较高的焊缝金属,并可采用抗回火能力高的低硅焊丝。在珠光体耐热钢管道焊接中,TIG 焊是提高焊接质量的最重要方法,其缺点是焊接效率低,因此厚壁管道焊接时,常采用 TIG 焊焊接根部焊道(打底),而填充层则采用其他高效率的焊接方法完成。

在熔焊方法中,电渣焊是效率最高的一种,在焊接过程中产生大量的热,可起到对母材预热作用,焊缝冷却速度相当缓慢,有利于氢的扩散逸出。缺点是焊缝及热影响区晶粒粗大,接头必须经正火处理后才能使用。

(二)焊接材料的选择

珠光体耐热钢焊接材料的选择原则是焊缝金属的合金成分、强度性能应基本上与母材一致。若二者成分相差很大,这样的焊接接头在高温长期使用后,会因成分不均匀而导致合金元素的扩散,使接头高温性能不稳定;焊缝强度不能选得过高,以免使塑性变差,冷弯角变小,甚至形成裂纹。为了防止焊缝出现热裂纹,其 w_C < 0.12%,但不得低于 0.07%,否则焊缝金属可热处理性、冲击韧度、热强性变坏。含碳量对 10CrMo910 钢焊缝金属冲击韧度的影响如图 11-7 示,焊缝金属 w_C = 0.08% 时的韧性明显高于 w_C = 0.05% 焊缝。

(三)预热

预热可以降低冷却速度,是防止焊接冷裂纹的有效工艺措施。珠光体耐热钢焊接预热温度范围一般在 80~150℃,主要根据钢材化学成分、接头拘束度和焊

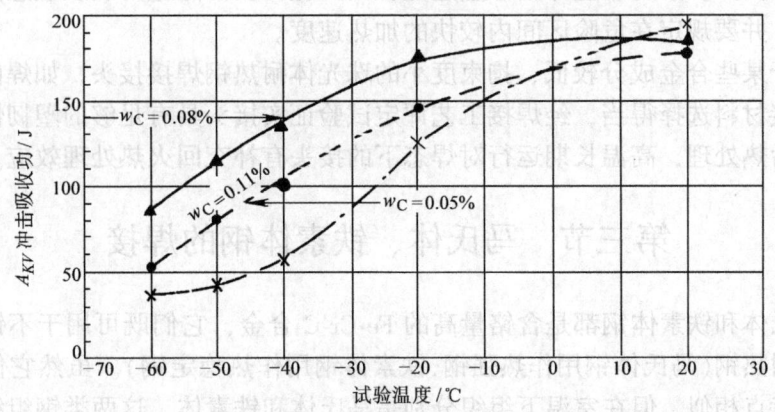

图 11-7 碳含量对 10CrMo910 钢焊缝金属缺口冲击韧度的影响
(w_{Cr} = 2.23%, w_{Mo} = 0.96%, w_{Si} = 0.25%, w_{Mn} = 0.85%, w_S = 0.007%,
w_P = 0.013%, w_{As} = 0.006%, w_{Sb} = 0.002%)

缝金属的扩散氢含量来确定。局部预热时，保证预热宽度大于焊件壁厚的4倍，且不能少于150mm。

（四）焊后热处理

对于珠光体耐热钢来说，焊后热处理目的不仅是消除焊接残余应力，更重要的是改善组织，提高接头的综合力学性能，包括提高接头的高温蠕变强度和组织稳定性，降低焊缝及HAZ的硬度。珠光体耐热钢焊后一般作高温回火处理，回火参数主要是加热温度和保温时间。焊后热处理还可稳定组织，提高接头高温力学性能，图11-8对比了三种热处理工艺的10CrMo910钢焊缝金属蠕变断裂强度的实验结果，由于较高的回火温度提高了组织稳定性，因而可明显延长蠕变断裂时间。

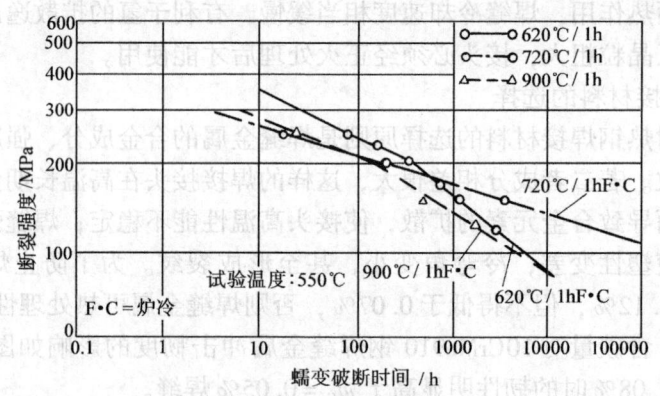

图11-8 焊后热处理对10CrMo910钢焊缝
金属蠕变断裂强度影响

选择回火参数时，应考虑尽量避免在回火脆性及消除应力裂纹敏感温度范围内进行，并要规定在危险区间内较快的加热速度。

对于某些合金成分较低、拘束度小的珠光体耐热钢焊接接头，如焊前正确预热，焊接材料选择得当，经焊接工艺评定试验证实接头具有足够的塑韧性，可以取消焊后热处理，高温长期运行对焊态下的接头有补充回火热处理效应。

第三节 马氏体、铁素体钢的焊接

马氏体和铁素体钢都是含铬量高的Fe-Cr-C合金，它们既可用于不锈钢，又可用作耐热钢（马氏体钢用作热强钢，铁素体钢用作热稳定钢）。虽然它们在化学成分上特点相似，但在室温下组织分别是马氏体和铁素体，这两类钢组织性能差异大，焊接性也有很大不同。

一、铁素体钢的焊接

（一）铁素体钢的类型和特性

铁素体钢是含 $w_{Cr} = 12\% \sim 30\%$ 的高合金钢，其化学成分特点是低碳、高Cr。随着 Cr 含量的增加、碳含量的降低，奥氏体区范围逐渐减少，如 $w_C = 0.03\%$，$w_{Cr} = 12\%$ 或 $w_{Cr} = 17\%$ 钢中，不再形成奥氏体，即从熔点附近至室温一直保持铁素体组织。铁素体钢耐蚀性好，主要用作不锈钢（耐硝酸、氨水腐蚀），也可用于抗高温氧化钢，但很难用作热强钢。

按含 Cr 量不同，铁素体钢可分成三种类型：Cr13 型、Cr17 型和 Cr25～Cr28 型。除 Cr 外，可以根据需要向钢中加入少量 Si、Ti、Al 等元素，加 Ti 可以防止铁素体钢的晶间腐蚀；加 Si、Al 可以进一步提高抗氧化性能。

铁素体钢在 900℃ 以上温度加热时晶粒易长大，铬含量越高，长大倾向越严重。铁素体钢脆性转变温度在室温以上，在室温下韧性极低。

铁素体钢铸态组织晶粒粗大，一般通过压力加工（热轧、锻造）细化晶粒。为了消除压力加工产生应力和获得成分均匀的铁素体组织，压力加工后进行温度不超过 900℃ 的淬火或退火处理。

（二）铁素体钢焊接特点

铁素体钢焊接时的主要问题有：铁素体钢加热冷却过程中无同素异形转变，焊缝及 HAZ 晶粒长大严重，易形成粗大铁素体组织（图 11-9），这种晶粒粗化现象不能通过热处理来改善，导致接头韧性比母材更低；多层焊时，焊道间重复加热，也可能导致 θ′ 相析出和 475℃ 脆性，进一步增加接头脆化。对于耐蚀条件下使用的铁素体钢，还要注意近缝区的晶间腐蚀倾向。

铁素体钢焊接时宜采用低热输入量的焊接方法，如焊条电弧焊、钨极氩弧焊等。为防止裂纹，改善接头塑性和耐蚀性，焊接时要采取下列工艺措施：

1）选择合适的焊接材料。若选用与母材相近的铁素体铬钢作为填充材料，由于焊缝金属为粗

图 11-9 铁素体铬钢焊接接头低倍组织（×8）

大的铁素体组织，韧性很差。为了改善性能，可向焊缝中加入少量变质剂（Nb 等），细化焊缝组织。选用奥氏体钢焊材时，由于焊缝塑性好，改善了接头的性能，但在某些腐蚀介质中，耐蚀性可能低于同质接头。用于高温条件下的铁素体钢，必须采用成分基本与母材匹配的填充材料。

2）低温预热至 150～230℃，使材料在富有韧性的状态下焊接。含 Cr 量越高，预热温度应越高。

3）鉴于铁素体钢过热敏感性大，焊接时应尽可能减少接头在高温下的停留时间。最好采用低线能量的钨极氩弧焊，小电流快速施焊，减少横向摆动，待前

一道焊缝冷却到预热温度后，再焊下一道焊缝。

4) 焊后进行 750~800℃ 退火处理，使铬均匀化，恢复耐蚀性，并可改善接头塑性。退火后应快冷，防止出现 θ' 相及 475℃ 脆化。

此外，铁素体钢的焊接接头经受不起严重的撞击，必须注意吊运和储存。

还有一类超纯铁素体钢，其特点是间隙元素（C+N）含量极低（w_{C+N} = 0.03%~0.05%）。它们室温韧性较好，对高温作用引起的脆化不明显，焊接接头具有良好的塑性和韧性，这类钢焊接时可免除预热和焊后热处理，关键是防止焊缝污染，以免增加焊缝 C、N、O 水平。

二、马氏体钢的焊接

在铁素体钢基础上，适当增加含 C 量、减少含 Cr 量，高温时可以获得较多奥氏体组织，快速冷却后，得到室温下具有马氏体组织的钢，即马氏体钢。因此，它是一类可热处理强化的高铬钢，能获得较好力学性能（高强度、硬度及耐磨性）和耐蚀性的结合，在工业中被广泛应用。它既可用于不锈钢，又可用作为热强钢。

（一）马氏体钢类型和特点

按照合金化特点不同，马氏体钢可分为以下两类：

（1）普通 Cr13 型马氏体　主要有 1Cr13、2Cr13、3Cr13、4Cr13 等。这类钢高温组织稳定性差，但含 Cr 量较高，具有一定耐均匀腐蚀能力，一般用作不锈钢。

（2）热强马氏体钢　以马氏体为基体的耐热钢，目前应用最多的是 Cr9 和 Cr12 系列马氏体热强钢，如 12Cr-1MoWV、9Cr-1MoVNbN 等，马氏体耐热钢热强性好于珠光体耐热钢。

马氏体钢最大特点是高温加热后空冷就有很大的淬硬倾向，经调质处理后，才能充分发挥这类钢材的性能特点。

（二）马氏体钢的焊接特点

马氏体钢在空冷条件下即能淬硬，因此其焊缝及 HAZ 焊态下组织多为硬而脆的马氏体，HAZ 最高硬度主要取决于含碳量，含碳量高时，可达 500HV 以上。当接头拘束度大，再有氢的作用，很容易产生冷裂纹。12Cr-1MoWV（F11）钢焊条电弧焊后，由于 HAZ 产生大量硬而脆的马氏体组织，在焊接应力作用下产生了冷裂纹，如图 11-10 所示。

马氏体钢导热性差，焊接时易过热，热影响区易形成粗大的马氏体组

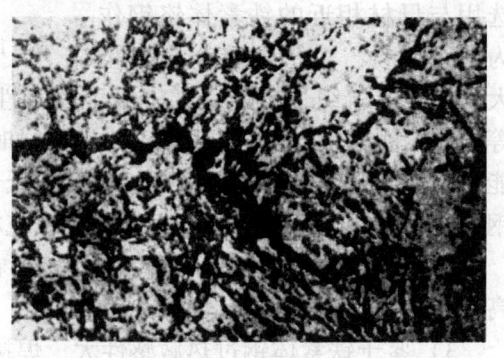

图 11-10　F11 钢 HAZ 淬硬脆化裂纹（×300）

织;多数马氏体钢处于舍夫勒图的 M 和 M+F 的边界区,当钢中奥氏体化元素不足或接头冷却速度小时,过热区会出现块状和网状的一次铁素体,显著降低接头的塑韧性。所以,焊接马氏体钢时要防止 HAZ 过热。

马氏体钢是调质钢,接头 HAZ 也存在明显的软化问题。长期在高温下使用时,软化层是接头的一个薄弱环节,软化层持久强度低,抗蠕变能力差。高温承载时,接头蠕变变形集中于软化层,使得整个接头的持久强度降低。9Cr-1MoVNbN 钢焊接接头由于蠕变变形集中于远离熔合线的 HAZ(软化层),在软化层出现了明显的缩颈(图 11-11)。焊接热输入越大,焊后的回火温度过高,都会增加接头的软化程度。

(三) 马氏体钢的焊接工艺

综上所述,马氏体钢焊接性主要受淬硬性的影响,防止焊接冷裂纹是最大的困难;其次还可能出现接头过热脆化及软化问题。马氏体钢焊接性很差,必须制订严格的焊接工艺,才能得到满足要求的焊接接头。

1. 焊接方法 马氏体钢与低合金珠光体耐热钢相比,具有更高的淬硬倾向,对焊接冷裂纹更为敏感。

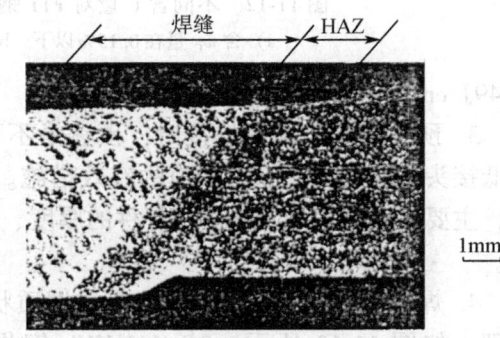

图 11-11 9Cr-1MoVNbN 钢焊接接头 HAZ 的软化区

必须严格保证低氢、甚至超低氢的焊接条件:使用低氢型碱性药皮焊条和焊剂,对于拘束度大的接头,最好采用无氢源的钨极和熔化极氩弧焊。

2. 焊接材料 马氏体钢焊接材料选择有两种方案:一种是采用与母材成分基本相同的同类焊材;另一种采用奥氏体填充金属。由于奥氏体焊缝金属具有良好的塑性,可以缓解接头的残余应力,它还可溶解大量的氢,因此可大大降低接头冷裂纹的可能性,简化焊接工艺。

对于高温下运行的部件,最好采用成分与母材基本相同的同质焊缝。这是因为奥氏体钢线膨胀系数与马氏体钢有较大的差别,接头高温长期使用时,焊缝两侧界面始终存在较高的热应力,使接头提前失效。

采用同质填充材料时,焊缝金属中含碳量控制非常重要,随母材铬含量不同而异。当 $w_{Cr} < 9\%$ 时,含 w_C 量控制在 0.06% ~ 0.10% 较好,过低则明显降低焊缝韧性和高温力学性能;在 Cr12 钢中,含 w_C 量要达到 0.17% 以上,以防止奥氏体化元素不足,焊缝中出现铁素体组织,显著降低焊缝韧性。图 11-12 为两种含 C 量的 F11 钢焊缝金属显微组织,试验结果表明:a 焊缝组织中由于出现大量的网状铁素体组织,焊缝韧性很低(10J/cm² 以下),而 b 焊缝金属的韧性可以稳定

 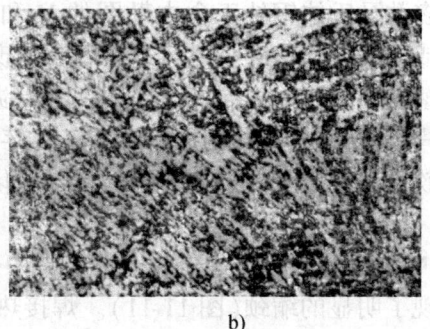

a) b)

图 11-12 不同含 C 量对 F11 钢焊缝金属显微组织影响

a) 含 w_C 量在 0.15% 以下　b) 含 w_C 量为 0.19%

在 49J/cm²。

3. 预热　马氏体钢焊接时，预热是不可缺少的重要工序，是防止冷裂纹、降低接头各区硬度和应力峰值的有效措施。预热温度范围一般在 150~400℃ 之间，主要根据钢中的含碳量、焊件的厚度、填充材料等，由抗裂性试验结果来确定。

4. 焊后热处理　马氏体钢一般在调质状态下焊接，故焊后只需作高温回火处理。如图 11-13 所示，9Cr-1MoVNb 钢焊接接头回火后，接头各区硬度由 400HV 降至 250HV，最高硬度值降至允许范围内。

焊后热处理除了可改善接头组织，降低硬度外，还可明显提高接头韧性和焊缝金属高温性能，热处理最佳规范可通过回火试验来确定。

对于厚度大、马氏体转变点（M_f）低的钢，焊后热处理时机的选择非常重要，必须规定焊后冷却的最低温度以及到焊后升温度热处理的间隔时间，保证接头奥氏体基本转变为马氏体后，再进行回火处理。图 11-14 为 F11 钢（M_f 为 267℃）的焊后热处理规范，焊后冷至 100~150℃，并保温 0.5~1h 后，再加热回火。若回火加热前温度较高，回火过程中发生碳化物沿残余奥氏体晶界沉淀析出和奥氏体向珠光体转变，这样的组织很脆；也不允许接头焊后冷却到室温再进行回火，这样有产生冷裂纹的危险。

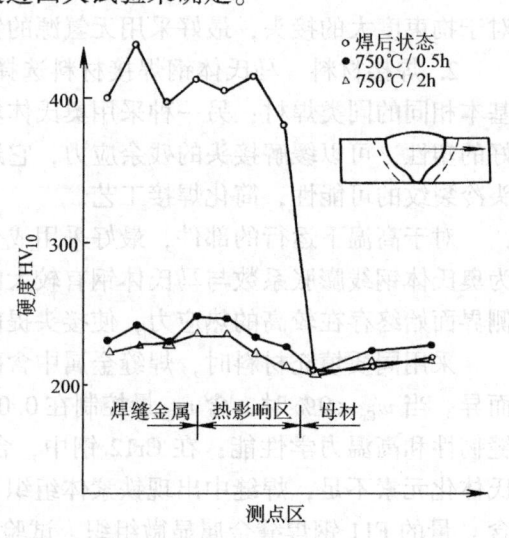

图 11-13　9Cr-1MoVNb 钢焊接接头硬度曲线

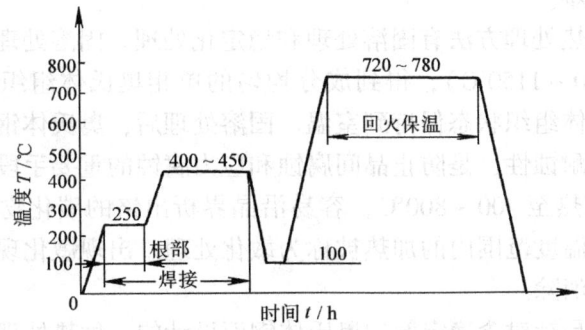

图 11-14 F11 钢的焊接温度控制曲线

第四节 奥氏体钢的焊接

奥氏体钢是在耐热、耐蚀条件下应用均很广泛的一类高合金钢。它是以铁为基,主要以镍、铬、锰、氮等元素合金化,使马氏体转变点降至室温以下,这样的钢空冷至室温时,组织仍然是奥氏体。

一、奥氏体钢的分类和特性

在不锈钢中,奥氏体不锈钢应用最广泛,约占不锈钢总产量的2/3。奥氏体钢具有优良的耐蚀性(通常称耐酸钢),奥氏体不锈钢的化学成分特点是高Cr、高Ni、低碳或超低碳。用18%Cr与9%Ni配合获得单相奥氏体组织,习惯上称为18-8钢,它是铬镍奥氏体钢最典型、最基本的成分。在18-8钢的基础上再增加Cr、Ni量,都能提高钢的钝化性能,进一步提高钢的耐蚀性能。还可以向钢中添加Ti、Nb、Mo、Cu等元素,加Ti、Nb是为了消除晶间腐蚀,加Mo、Cu是为了提高钢耐酸以及提高抗点蚀能力。镍在世界范围内都是贵重金属,为了节省Ni,又研究了许多节和无Ni奥氏体钢不锈钢,以锰、氮等奥氏体化元素替代镍。

奥氏体钢除可用于耐蚀构件外,还可用于高温承载的热强钢。在奥氏体不锈钢基础上,适当提高含碳量,进一步稳定γ相区,同时能时效析出碳化物强化相,从而提高其高温强度。奥氏体耐热钢基体为γ-Fe,热强性优于以α-Fe为基的珠光体、马氏体耐热钢,这是因为γ-Fe晶型原子间结合力大,Fe及其他元素的扩散系数小,再结晶温度高(α-Fe仅为450~600℃,γ-Fe可达800℃)。按照合金化方法及强化机制,奥氏体耐热钢可分为以下三类:①固溶强化型(加Mo、W);②碳化物沉淀强化(加V、B);③金属间化合物沉淀强化(加Ti、Al)。奥氏体耐热钢常用于动力工业的燃汽轮机叶片、转盘、发动机气阀;石化工业的制氢转化炉管、乙烯裂解炉管等高温部件。

奥氏体钢不能用淬火强化,可通过形变强化。其缺点是室温强度低,导热性差,切削加工困难。

奥氏体钢的热处理方法有固溶处理和稳定化处理。固溶处理是把钢加热到单一奥氏体区(1050～1150℃),得到成分均匀的单相奥氏体组织,然后快冷,使高温过饱和固溶体组织状态保持到室温。固溶处理后,奥氏体钢具有最低的强度和硬度、最好的耐蚀性,是防止晶间腐蚀和应力腐蚀的重要手段。但固溶处理后的奥氏体钢再加热至400～800℃,容易沿晶界析出铬的碳化物,使钢对晶间腐蚀更敏感,这一温度范围内的加热被称为敏化处理。出现敏化现象的奥氏体钢可再次用固溶处理消除。

稳定化处理是针对含稳定剂的奥氏体钢而设计的一种热处理工艺。奥氏体钢中加稳定剂(Ti或Nb)的目的是让钢中的碳与Ti或Nb形成稳定的TiC或NbC,而不形成$Cr_{23}C_6$,从而防止晶间腐蚀。稳定化处理加热温度高于$Cr_{23}C_6$的溶解温度,低于TiC或NbC的溶解温度,一般在850～900℃,并保温2～4h。稳定化处理也可用于消除因敏化加热而产生的晶间腐蚀倾向。

二、奥氏体钢的焊接性

奥氏体钢具有面心立方晶体结构,室温下塑韧性很好,因此焊接冷裂倾向很小。从这一点看,其焊接性比铁素体钢、马氏体钢都要好。奥氏体钢焊接时存在的主要问题是:焊缝及热影响区热裂纹敏感性大;接头产生碳化铬沉淀析出,耐蚀性下降;接头中铁素体含量高时,可能出现475℃脆性或σ相脆化。

(一)焊接热裂纹

奥氏体钢焊接时,具有较高的热裂纹敏感性,在焊缝及近缝区都有可能出现热裂纹。最常见的是焊缝凝固裂纹(图11-15),也可能在HAZ或多层焊层间金属出现液化裂纹。

奥氏体钢具有较大的热裂纹敏感性,主要取决于钢的化学成分、组织与性能的特点:

奥氏体钢中合金元素较多,尤其是含有一定数量的镍,它易和硫、磷等杂质形成低熔点共晶,如Ni-S共晶熔点为645℃,Ni-P共晶为880℃,比Fe-S、Fe-P共晶的熔点更低,危害性也更大。其他一些元素如硼、硅等的偏析,也将促使产生热裂纹。

奥氏体钢焊缝易形成方向性强的粗大柱状晶组织,有利于有害杂质元素的偏析,从而促使形成连续的晶间液膜,提高了热裂纹敏感性。

图11-15 奥氏体钢焊缝凝固裂纹

从奥氏体钢的物理性能看，它具有热导率小、线膨胀系数大的特点，因而在焊接不均匀加热的作用下，易形成较大的拉应力，进一步促进焊接热裂的产生。

由上分析可知，奥氏钢的焊接热裂纹倾向比低碳钢大得多，尤其是高镍奥氏体钢。

防止奥氏体钢焊接热裂纹的主要措施有：

(1) 严格控制有害杂质硫、磷的含量　钢中含镍量越高，越应该严格控制。

(2) 调整焊缝化学成分　使焊缝金属中出现双相组织，是提高抗裂性的有效方法。如18-8钢焊缝组织有少量铁素体(δ)相存在，则抗裂性大大提高(图11-16)。

这是因为δ相的存在打乱奥氏体焊缝柱状晶的方向性(图11-17)、细化了晶粒，阻碍杂质的聚集；而且δ相能溶解较多的S、P，并降低界面能，从而提高焊缝抗热裂能力。

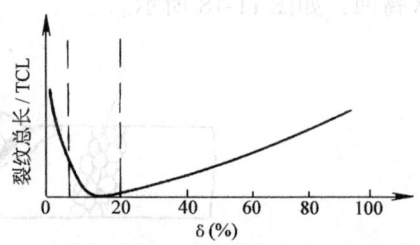

图11-16　δ相含量对热裂倾向的影响

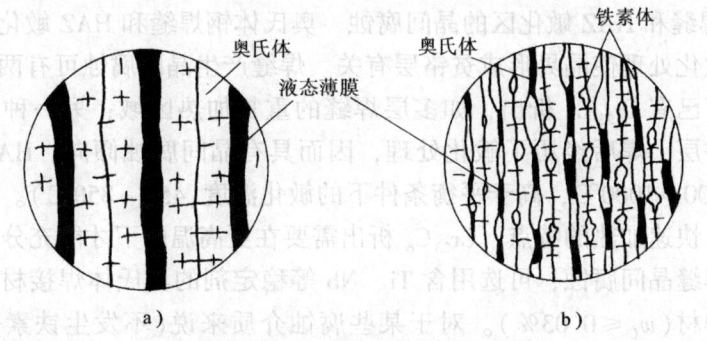

图11-17　δ相在奥氏体基体上的分布

a) 单相γ　　b) γ+δ

在不允许采用双相组织的焊缝时，必须进行合理的合金化。如在单相稳定奥氏体钢中适当增加Mn、C、N的含量，可以提高焊缝的抗裂性能。此外、加入少量的铈、锆、钽等微量元素，可以细化焊缝组织、净化晶界，也可减少焊缝的热裂纹敏感性。

(3) 工艺措施　在施焊时应尽量减小熔池过热，以防止形成粗大的柱状晶。因此焊接奥氏体钢时宜采用小热输入及小截面的焊道。

液化裂纹主要出现于25-20型奥氏体钢的焊接接头中。防止产生液化裂纹，除了严格限制母材中的杂质含量，控制母材的晶粒度以外，在工艺上应尽量采用高能量密度的焊接方法、小热输入和提高接头的冷却速度等措施，以减少母材的过热和避免近缝区晶粒的粗化。

（二）接头耐蚀性

奥氏体不锈钢焊接后，会使接头耐蚀性明显下降。影响最大的是晶间腐蚀和应力腐蚀开裂问题。

1. 晶间腐蚀　根据母材类型和所采用焊材与工艺不同，奥氏体钢焊接接头可能发生焊缝晶间腐蚀、HAZ 敏化区（600~1000℃）晶间腐蚀、熔合区附近的刀状腐蚀，如图 11-18 所示。

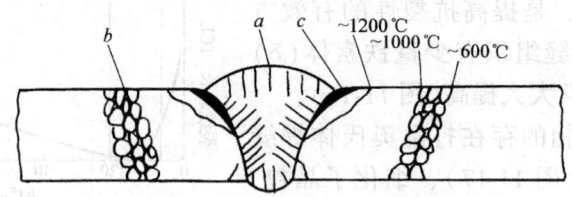

图 11-18　奥氏体不锈钢焊接
接头可能发生晶间腐蚀的部位
a—焊缝区　b—HAZ 敏化区　c—熔合区

（1）焊缝和 HAZ 敏化区的晶间腐蚀　奥氏体钢焊缝和 HAZ 敏化区的晶间腐蚀，都与敏化处理使晶界形成贫铬层有关。焊缝产生晶间腐蚀可有两种情况：一种为焊态下已有 $Cr_{23}C_6$ 析出，如多层焊缝的重复加热区域；另一种为接头在焊态下无贫铬层，焊后经历了敏化处理，因而具有晶间腐蚀倾向。HAZ 敏化区温度范围为 600~1000℃，高于平衡条件下的敏化温度（450~850℃）。这是因为焊接过程具有快速加热的特点，$Cr_{23}C_6$ 析出需要在更高温度下才能充分进行。

防止焊缝晶间腐蚀，可选用含 Ti、Nb 等稳定剂的奥氏体焊接材料，也可选用超低碳焊材（$w_C \leq 0.03\%$）。对于某些腐蚀介质来说（不发生铁素体相选择腐蚀），最经济措施是采用焊缝有少量铁素体组织（$\varphi = 4\% \sim 12\%$）的填充材料。这是因为：铁素体相富铬，$Cr_{23}C_6$ 优先在铁素体中形成，而不致使奥氏体晶界贫铬；铁素体散布在奥氏体晶界，有阻隔晶界并延伸总通道长度的作用，对减少晶间腐蚀是有效的。

凡能防止焊缝晶间腐蚀的措施，对于防止 HAZ 敏化区的晶间腐蚀均有参考价值。如采用含 Ti、Nb 的稳定化奥氏体钢，超低碳奥氏体不锈钢母材；焊接工艺上选用小的焊接热输入，快速冷却等措施。

对于有 $Cr_{23}C_6$ 析出的焊接接头，可通过固溶处理或稳定化处理来消除。固溶处理一般只适用于较小的工件；稳定化处理又称免疫处理，是生产中应用较广的工艺措施。

（2）刀状腐蚀　刀状腐蚀简称刀蚀，它是焊接接头中特有的一种晶间腐蚀，只发生在含有 Ti、Nb 等稳定化元素的奥氏体钢焊接接头中。腐蚀部位沿熔合线发展，处于 HAZ 的过热区，由于区域很窄（电弧焊一般为 1.0~1.5mm），形状有如刀削切口，故称为刀状腐蚀。图 11-19 为 1Cr18Ni9Ti 钢焊条电弧焊焊接接头刀状腐蚀形貌。

高温过热和中温敏化是导致接头过热区产生刀蚀的重要条件。刀蚀产生原因也与晶界碳化铬沉淀造成贫铬层有关。含有稳定剂的奥氏体钢，钢中大部分碳与 Ti、Nb 形成 TiC、NbC。焊接时，在温度超过 1200℃ 的过热区，钛和铌的碳化物将溶入固溶体中。在高温下，由于碳的扩散能力较强，所以溶解的碳能迅速向晶界处迁移，冷却后偏聚在晶界附近形成过饱和状态，而 Ti、Nb 则因扩散能力低而留于晶内。如果焊接接头在敏化温度区间再次加热时，过饱和的碳将在奥氏体晶界以 $Cr_{23}C_6$ 形式析出，而 Ti、Nb 由于在奥氏体相里的扩散速度非常慢，很难迁移到晶界与碳再次结合，这样它们失去了稳定化元素的作用，使晶界形成贫铬层，在腐蚀介质作用下就会产生晶间腐蚀。

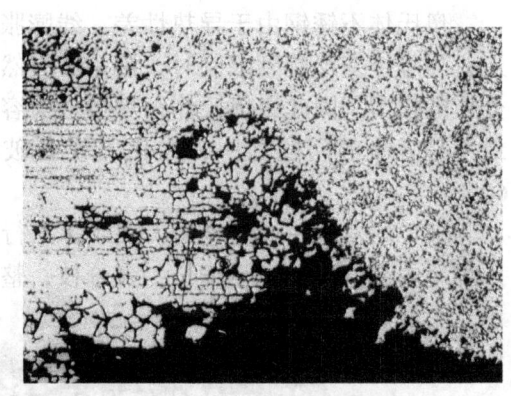

图 11-19　1Cr18Ni9Ti 钢焊条电弧焊焊接接头刀状腐蚀形貌（×50）
（左边为母材，右边为焊缝）

防止刀蚀主要的措施如下：

（1）降低母材料含碳量　这是防止刀蚀的有效措施，超低碳奥氏体不锈钢焊接接头不会产生刀蚀。

（2）采用合理的焊接工艺　尽量选择较小的热输入，以减少过热区在高温停留时间，并注意避免在焊接过程产生"中温敏化"的效果。双面焊时，与腐蚀介质接触的焊缝应最后施焊，如不能实施，则应调整焊接参数及焊缝形状，尽量避免与腐蚀介质接触的过热区再次受到敏化加热，如图 11-20 所示。

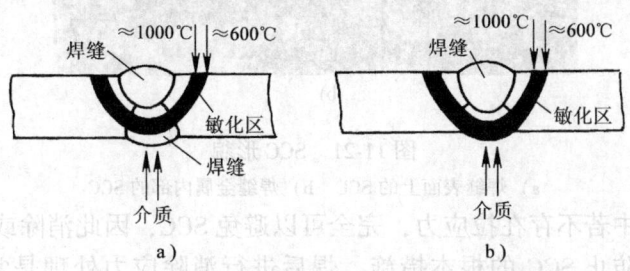

图 11-20　第二面焊缝的敏化区对刀蚀的影响
a）敏化区与腐蚀介质不接触　b）敏化区与腐蚀介质接触

2. 应力腐蚀开裂(SCC) SCC 是在拉应力和特定腐蚀介质共同作用下而发生的一种破坏，随着拉应力加大，发生破裂时间缩短，当取消应力时，腐蚀量很小，并且不发生破裂。SCC 是奥氏体不锈钢非常敏感且经常发生的腐蚀破坏形式。

奥氏体不锈钢由于导热性差、线膨胀系数大、屈服强度低，焊接时很容易变形，当焊接变形受到限制时，接头中必然会残留较大的焊接拉伸应力，加速腐蚀介质的作用。因此，奥氏体钢焊接接头容易出现 SCC，它是焊接奥氏体不锈钢时最不易解决的问题之一，在化工设备破坏事故中，SCC 造成的破坏事故超过 60%。

SCC 均发生在焊缝表面，裂纹多平行且近似垂直于焊道方向，自表面开裂深入焊缝内部。裂纹主干细长，多分枝，整体形状如树枝，SCC 形貌如图 11-21 所示。

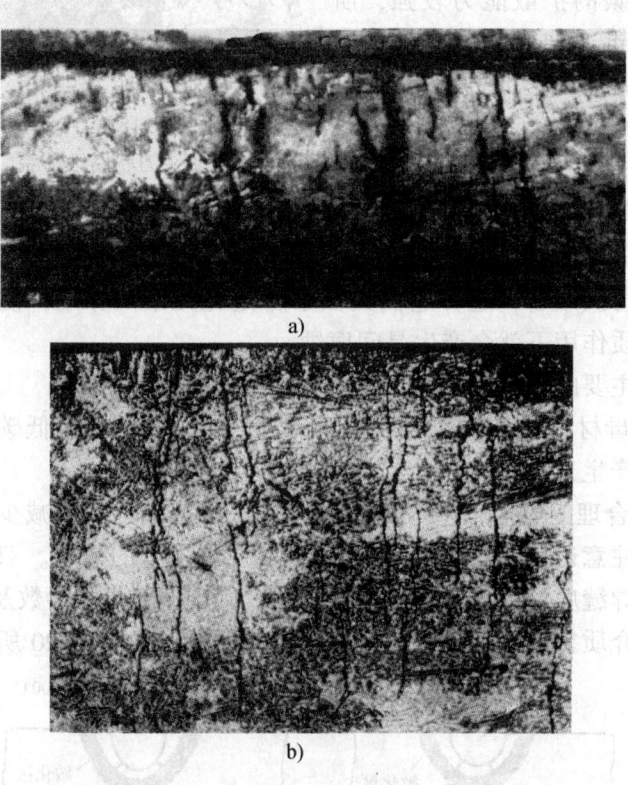

图 11-21 SCC 形貌
a) 焊缝表面上的 SCC b) 焊缝金属内部的 SCC

焊接接头中若不存在拉应力，完全可以避免 SCC，因此消除或降低焊接接头残余应力，是防止 SCC 的根本措施。焊后进行消除应力处理是常用工艺措施，加热温度在 850~900℃ 之间才可得到比较理想的消除应力效果；采用机械方法如表面抛光、喷丸和锤击，造成表面压应力，也有利于防止 SCC。结构设计时要尽可能采用对接接头，避免十字交叉焊缝，单 V 形坡口改用双 Y 形坡口。

（三）焊接接头脆化

奥氏体钢由于含 Cr 量高，也有类似铁素体钢的脆化问题，主要是 475℃ 脆性和 σ 相脆化。

475℃ 脆性主要发生在某些含铁素体的奥氏体钢焊接接头中，随着组织中铁素体含量的增加，发生 475℃ 脆性的危险性增大，在纯奥氏体组织的钢中则不会有 475℃ 脆性。

σ 相脆化主要产生在长期工作于高温条件下（550～850℃）的奥氏体钢中，有时也可能出现在奥氏体钢连续多层焊的焊接接头。σ 相分布在晶界上，性质极硬而脆（>68HRC），使接头塑韧性显著降低。σ 相既可以直接产生于铁素体（γ）相，即 γ→σ；也可以从奥氏体（γ）相转变而成，即 γ→σ，但前者更容易，因此焊缝中存在 γ 相时，更加有利于形成 σ 相。γ 相数量越多，加热温度越高和时间越长，脆化越严重。

为了避免焊接接头的脆化，应尽量限制焊缝中的 γ 相数量；多层焊时，采用较小的焊接线能量，以提高冷却速度，缩短高温停留时间；对于已出现 σ 相的焊缝，可将接头进行固溶处理，使 σ 相重新溶入奥氏体中。

三、奥氏体钢的焊接工艺

由前面分析可知，奥氏体钢焊接时主要是防止焊缝出现热裂纹和保证接头具有与母材相当的使用性能。

（一）焊接方法

奥氏体钢可以采用所有的熔焊方法，如焊条电弧焊、钨极和熔化极氩弧焊、埋弧焊等。

焊条电弧焊是奥氏体钢焊接中应用最普遍的方法，它具有操作灵活方便的优点。为提高抗热裂能力，宜选择碱性药皮焊条；对于耐蚀性要求高、表面成形要求好的焊缝，宜选用工艺性能良好的钛钙型药皮焊条。

氩弧焊是焊接奥氏体钢的理想方法，因为在焊接过程中合金元素烧损很小，焊缝金属表面洁净无渣，焊缝成形好。此外由于焊接热输入量低，特别适宜对过热敏感的奥氏体钢焊接。

埋弧焊是一种高效的焊接方法，特点是热输入量高，熔池尺寸较大，冷却速度和凝固速度慢，因此热裂纹敏感性增大。埋弧焊对母材稀释率变化范围大（10%～75%），这就会对焊缝金属成分产生重大影响，关系到焊缝组织中铁素体含量的控制。

CO_2 气保焊不适合焊接奥氏体不锈钢，因为 CO_2 焊接时使焊缝增碳（[Cr] + CO_2→Cr_2O_3 + [C]）。当焊丝 w_C < 0.1% 时，可使焊缝增碳 0.02%～0.04%。对接

头的耐腐蚀性不利。

(二) 焊接材料的选择

对工作于高温条件下的奥氏体钢,填充材料选择的原则是在无裂纹的前提下,保证焊缝金属的热强性与母材基本相同,这就要求其合金成分大致与母材成分匹配,同时应当考虑焊缝金属中铁素体含量的控制。对于长期在高温条件下运行的奥氏体钢焊接接头,铁素体含量不应超过5%,以免出现脆化。在铬镍含量均大于20%的奥氏体钢中,为获得抗裂性高的纯奥氏体组织,选用含$w_{Mn}=6\%$~8%的焊材是一种行之有效且经济的解决办法。

对于在腐蚀介质下工作的奥氏体不锈钢,主要按腐蚀介质和耐腐蚀性要求来选择焊接材料,一般选用与母材成分相同或相近的焊条。由于含碳量对奥氏体不锈钢的抗腐蚀性能有很大影响,因此熔敷金属含 C 量不要高于母材。腐蚀性弱或仅为避免锈蚀污染的设备,可选用普通的 18-8 型焊接材料;若在强腐蚀介质下工作的设备,要选用含 Ti 或 Nb 等稳定化元素或超低 C 焊接材料;对于耐酸腐蚀性能要求较高的工件,常选用含 Mo 的焊接材料。

(三) 奥氏体钢焊接工艺要点

根据奥氏体钢的物理性能以及对抗裂性和耐腐蚀性的要求,焊接时要注意以下几点:

(1) 焊前不预热 奥氏体钢具有较好的塑性,冷裂纹倾向很小,因此焊前不必预热。多层焊时要避免层间温度过高,一般应冷到100℃以下再焊次层;否则接头冷却速度减慢,促使析出铬的碳化物等不利影响。在工件刚性极大的情况下,有时为了避免裂纹的产生,不得已进行焊前预热。

(2) 防止接头过热 具体措施有:焊接电流比低碳钢时小 10% ~ 20%,短弧快速焊、直线运条,减少起弧、收弧次数,尽量避免重复加热,强制冷却焊缝(加铜垫板、喷水冷却)等。

(3) 焊前要保证工件表面完好无损 焊件表面损伤是产生腐蚀的根源,避免碰撞损伤,避免在焊件表面进行引弧,造成局部烧伤等。

(4) 焊后热处理 奥氏体钢焊接后,原则上不进行热处理。只有焊接接头产生了脆化或要进一步提高其耐蚀能力时,才根据需要选择固溶处理、稳定化处理或消除应力处理。

第十二章 有色金属的焊接

本章主要从成分、性能、焊接性和焊接工艺特点几个方面介绍铝、铜、钛等有色金属金属的焊接。

第一节 铝及铝合金的焊接

一、铝及铝合金的分类

铝具有密度小、抗腐蚀性好、导电性及导热性能优良等特点。在纯铝中加入合金元素形成的铝合金，强度显著提高。铝的储藏量极为丰富，成本也不高，用铝或铝合金来代替铜或其他贵重原料，具有很大的经济价值。

1. 工业纯铝 工业纯铝是指用工业方法大规模生产的纯铝，其纯度为 w_{Al} = 99.7%～98.8%，工业纯铝中还含有铁、硅、铜、锌等少量杂质。工业纯铝的牌号及化学成分，见表12-1。

表12-1 工业纯铝的牌号及化学成分(质量分数)

牌 号	1070A(L1)	1060(L2)	1050A(L3)	1035(L4)	1200(L5)	8A06(L6)
铝(%)	99.7	99.6	99.5	99.3	99.0	98.8
杂质不大于(%)	0.30	0.40	0.50	0.70	1.0	1.2

2. 铝合金 纯铝的强度比较低，不能用来制造承受载荷很大的结构，所以使用受到限制。在纯铝中加入少量合金元素，能大大改善铝的各项性能，如 Cu、Mg 和 Mn 能提高强度，Ti 能细化晶粒，Mg 能防止海水腐蚀，Ni 能提高耐热性。所以在工业上大量使用的是含有少量合金元素的铝合金。

一般铝合金的平衡图，见图12-1，凡成分位于 D' 左边的合金，在加热时能形成单相固溶体组织，塑性较高，适于压力加工，称为变形铝合金；成分位于 D' 右边的合金，都具有共晶组织，适于铸造而不适于压力加工，称为铸造铝合金。

F 点左边的变形铝合金，不能进行热处理强化，称为非热处理强化铝合金（又称防锈铝合

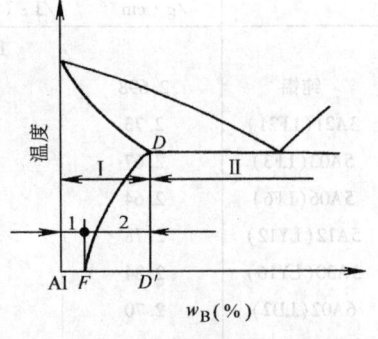

图12-1 铝合金平衡图的一般类型
Ⅰ—变形铝合金 Ⅱ—铸造铝合金
1—非热处理强化铝合金
2—热处理强化铝合金

金);成分在 F 点和 D' 点之间的合金,可以通过热处理进行强化,称为热处理强化铝合金。

非热处理强化变形铝合金(如铝镁合金,铝锰合金),其强度中等、塑性和耐蚀性好,特别是焊接性好,所以广泛用来作为焊接结构的材料。热处理强化变形铝合金的焊接性较差,焊接时易出现裂纹,在焊接结构中应用较少。铸造铝合金的焊接性也较好,所以对铸造缺陷可以进行焊补。几种铝镁合金和铝锰合金的化学成分,见表12-2。

表12-2 铝镁合金和铝锰合金的化学成分(质量分数)

牌 号	Mg	Mn(或Cr)	Si	Ti	Be	杂质不大于(%)
5A02(LF2)	2.0~2.8	0.15~0.4	—	—	—	0.8
5A03(LF3)	3.2~3.8	0.3~0.6	0.5~0.8	—	—	0.85
5A05(LF5)	4.0~5.5	0.3~0.6	—	—	—	1.8
5A06(LF6)	5.8~6.8	0.5~0.8	—	0.02~0.1	0.001~0.005	1.2
3A21(LF21)	—	1.0~1.6	—	—	—	1.75

二、铝及铝合金的性能

铝及其合金的化学活泼性很强,与空气接触时,就会在其表面形成氧化膜(Al_2O_3 薄膜或 MgO 薄膜)。对纯铝而言,表面 Al_2O_3 薄膜非常致密,这层致密的氧化 Al_2O_3 薄膜可防止硝酸及醋酸的腐蚀,但是在碱类和含有氯离子的盐类溶液中,这层氧化膜被迅速破坏,从而引起纯铝的强烈腐蚀。纯铝中所含的其他成分越少,形成氧化膜的能力越显著。铝及铝合金的物理性能如表12-3所示。

表12-3 铝及合金的物理性能

合 金	密度 /g·cm^{-3}	比热容 /J·(kg·K)$^{-1}$ 100℃	热导率 /W·(m·K)$^{-1}$ 25℃	线胀系数 /10^{-4}·K^{-1} 20~100℃	电阻率 /10^{-6}Ω·cm^{-1} 20℃
纯铝	2.698	900	221.9	23.6	2.665
3A21(LF21)	2.73	1009	180.0	23.2	3.45
5A03(LF3)	2.67	880	146.5	23.5	4.96
5A06(LF6)	2.64	921	117.2	23.7	6.73
5A12(LY12)	2.78	921	117.2	22.7	5.79
5A30(LY16)	2.84	880	138.2	22.6	6.10
6A02(LD2)	2.70	795	175.8	23.5	3.70
2A14(LD10)	2.08	836	159.1	22.5	4.03
7A04(LC4)	2.58	—	159.1	23.1	4.02

铝及铝合金的力学性能见表12-4。

表 12-4 铝及铝合金的力学性能

牌号	材料状态	抗拉强度 /MPa	屈服强度 /MPa	伸长率 (%)	断面收缩率 (%)	布氏硬度 /HBS
1035(L4)	冷作硬化	140	10	12	—	32
8A06(L6)	退火	90	3	30	—	25
5A02(LF2)	退火	200	10	23	—	45
5A02(LF2)	冷作硬化	250	21	6	—	60
5A05(LF5)	退火	270	15	23	—	70
3A21(LF21)	退火	130	5	20	70	30
3A21(LF21)	冷作硬化	160	13	10	55	40

三、铝及铝合金的焊接性

虽然已经应用铝及其合金焊成许多重要产品，但实际上并不是没有困难，主要的问题有，焊缝中的气孔，焊接热裂纹、接头"等强性"等。由于铝及其合金的化学活泼性很强，表面极易形成氧化膜，且多具有难熔性质（如 Al_2O_3 的熔点约为 2050℃，MgO 熔点约为 2500℃），加之铝及其合金导热性强，焊接时容易造成不熔合现象。由于氧化膜密度同铝的密度极其接近，所以也容易成为焊缝金属的夹杂物。同时，氧化膜（特别是有 MgO 存在的不很致密的氧化膜）可以吸收较多水分而常常成为焊缝气孔的重要原因之一。此外，铝及其合金的线胀系数大，导热性又强，焊接时容易产生翘曲变形。

（一）焊缝的气孔

焊接接头中的气孔是铝及铝合金焊接时易产生的另一个常见的缺陷。氮气不溶于铝，铝也不含碳。因此，焊接铝和铝合金时不会产生 N_2 气孔 CO 气孔，只可能产生氢气孔。在平衡条件下，氢在液态铝中的溶解度为 0.69 mL/100g，而在 660℃凝固温度时突然降到 0.036 mL/100g，（相差约 20 倍，钢中只相差不到 2 倍），使原来溶于液态铝中的氢大量析出，形成气泡。同时，铝及铝合金的密度小，气泡在熔池中的上升速度较慢，加之铝及合金的导热性很强，在同样的工艺条件下，铝及合金熔合区的冷却速度可为高强钢时的 4~7 倍，不利于气泡浮出，因此，铝及铝合金焊接时容易产生气孔。弧柱气氛中的水分、焊接材料及母材表面氧化膜吸附的水分都是焊缝气体中氢的主要来源，因此焊接前必须严格清理，并合理选择焊接工艺，防止气孔的产生。

（二）焊接热裂纹

铝及其合金焊接时，焊缝金属和近缝区所发现的热裂纹主要是焊缝金属凝固裂纹，也可在近缝区见到液化裂纹。铝合金属于典型的共晶型合金，由平衡状态图的概念可以得出，最大裂纹倾向正好同合金的"最大"凝固温度区间相对应。但是焊接时的加热和冷却过程都很迅速，合金系统来不及建立平衡状态。在不平衡的凝固条件下，固相线一般要向左下方移动，即固相和液相之间的扩散来不及进行，先凝固的固相中合金元素含量较少，而液相中却含较多合金元素，以致可在较少的平均浓度下出现共晶体。若在合金中存在其他元素或杂质时，还可能形成三元共晶体，其熔点要比二元共晶体更低一些，凝固温度区间也要更大一些。易熔共晶体的存在，是铝合金焊缝产生凝固裂纹的重要原因之一。

另外，铝及铝合金的线膨胀系数比钢将近大一倍，凝固时的体积收缩率达6.5%左右，比钢大两倍，因此，在拘束条件下焊接时，易产生较大的焊接应力，这也是促使铝合金具有较大裂纹倾向的原因之一。关于易熔共晶的作用，不仅要看其熔点高低，更要看它对界面能量的影响。易熔共晶成薄膜状展开在晶界上时，必促使晶体分离，而增大合金的热裂倾向；若成球状聚集在晶粒顶点间时，合金的裂纹倾向最小。

至于近缝区"液化裂纹"，同焊缝凝固裂纹一样，也是与晶间易熔共晶的存在有联系，但这种易熔共晶夹层并非晶间原已存在的，而是在不平衡的焊接加热条件下因偏析而形成的，所以称为晶间"液化"。生产中常采用调整焊丝成分和采用合理的焊接工艺来防止热裂纹的产生。

（三）焊接接头的"等强性"

非时效强化的铝合金（如 Al-Mg 合金），在冷作硬化状态下焊接时，接头强度低于母材。时效强化铝合金，焊后不论是否经过时效处理，其接头塑性均未能达到母材的水平；除了 Al – Zn – Mg 合金，无论是退火状态下还是时效状态下焊接，焊后不经热处理，其接头强度均低于母材。

铝合金焊接时的这种不等强性的表现，说明焊接接头发生了某种程度的软化或存在某一性能上的薄弱环节。接头的性能上的薄弱环节，可以存在于焊缝、熔合区或热影响区三个区域中的一个区域之中。

就焊缝而言，由于是铸造组织，即使在退火状态以及焊缝成分同母材基本一样的条件下，强度可能差别不大，但焊缝塑性一般都不如母材。若焊缝成分不同于母材，焊缝性能将主要决定于所选用的焊接材料。为保证焊缝强度与塑性，固溶强化型合金系统要优于共晶型合金系统。对于熔合区，非时效强化铝合金的主要问题是晶粒粗化而降低塑性，在时效强化铝合金焊接时，除了晶粒粗化，还可能因晶界液化而产生显微裂纹。所以，熔合区的变化主要是恶化塑性。关于热影响区，无论是非时效强化的合金或时效强化的合金，主要表现为强化效果的损失，即软化。非时效强化铝合金的软化，主要发生在焊前经冷作硬化的合金上。时效强化铝合金的软化，主要是焊接热影响区"过时效"软化，这是熔焊条件下不可避免的现象。

（四）焊接接头的耐蚀性

焊接接头的耐蚀性一般都低于母材，热处理强化铝合金（如硬铝）接头的耐蚀性的降低尤其明显。接头耐蚀性的下降,主要与接头的组织不均匀性有关(尤其是有析出相存在时),它可以使接头各部位的电极电位产生不均匀性。因此,焊接前后的热处理情况就会对接头的耐蚀性发生影响。焊缝金属的纯度和致密性也是影响接头耐蚀的因素之一。杂质较多,晶粒粗大以及脆性相(如 $FeAl_3$)析出等,耐蚀性就会明显下降,不仅产生局部表面腐蚀,而且经常出现晶间腐蚀。

对于铝合金,焊接应力更是影响耐蚀性的敏感因素,拉应力容易引起应力腐蚀开裂。目前主要在下列几方面采取措施来改善接头的耐蚀性:

(1) 改善接头组织的成分不均匀性　主要是通过焊接材料使焊缝合金化,细化晶粒并防止缺陷,同时调整焊接工艺以减小热影响区,并防止过热。焊后热处理有很好的效果。

(2) 消除焊接应力　局部表面拉应力也可采用局部锤击办法来消除。

(3) 采取保护措施　例如,阳极氧化处理或涂层等。

四、铝及铝合金的焊接工艺特点

(一) 焊接工艺的一般特点

铝及其合金的导热性强而热容量大,线胀系数大,熔点低和高温强度小,给焊接工艺带来一定困难。首先,必须采用能量集中的热源,以保证熔合良好,其次,要采用垫板和夹具,以保证装配质量和防止焊接变形。另外,铝及其合金由固态转变为液态时,并无颜色的变化,因此也不易确定接缝的坡口是否熔化,造成焊接操作上的困难。同时,铝合金中的 Mg、Zn、Mn 均易蒸发,不仅影响焊缝性能,也影响焊接操作。

铝及其合金表面极易形成难熔的氧化膜,不仅妨碍焊接并易形成夹杂物,而且还因吸附大量水分而促使焊缝产生气孔。因此,焊前清理焊丝和母材的氧化膜,对焊接质量有极为重要的影响。除了焊前采用化学的和机械的方法清理外,焊接过程中还必须加强保护,氩弧焊时还可利用"阴极清理"作用。

接头形式及坡口准备工作,原则上同结构钢焊接时并无不同。薄板焊接时一般不开坡口(手工焊时在 3~4mm 以内,自动焊时在 6mm 以内)。如果采用大功率焊接时,不开坡口而可焊透的厚度还可增大。厚度小于 3mm 时还可以采用卷边接头。氩弧焊时应使接口间隙的氧化膜有效地暴露在电弧作用范围内。

(二) 焊接方法的选用

各种熔焊方法中以氩弧焊的应用最为广泛。气焊在薄件生产中仍在采用,但必须采用焊剂。大厚度铝件采用电渣焊很有成效。利用铝焊条的手弧焊,由于焊条本身的质量难以掌握,焊接质量不好控制,故应用很有限。下面着重谈一下氩弧焊的工艺特点。

铝及其合金的氩弧焊分为钨极氩弧焊(TIG)和熔化极氩弧焊(MIG)。TIG 多用于焊接薄板，而 MIG 主要用在板厚 3mm 以上的产品上。

TIG 和 MIG 的保护气体为氩气，氩气的纯度要控制在 99.9% 以上，其中限制杂质氧的体积分数在 0.005% 以下，氢的体积分数在 0.005% 以下，水的体积分数在 0.02mg/L 以下，氮的体积分数在 0.015% 以下。氧、氮增多，均恶化阴极雾化作用。当氧的体积分数超过 0.3% 则使钨极烧损加剧，当氧的体积分数超过 0.1% 则使焊缝表面无光泽或发黑。氮的体积分数超过 0.05%，熔池的流动性变坏，焊缝表面成形不良。

1. 钨极氩弧焊　钨极氩弧焊铝及其合金，通常是采用工频交流钨极氩弧焊或交流方波钨极氩弧焊。近年来，由于大厚度铝合金焊接的需要，也在研究应用直流正接的 TIG 方法。主要是利用其熔深大的特点，同时焊缝截面成形好且气孔倾向相对较小，因此可降低对阴极清理的要求。不过，这时采用的是双层气体保护，并且以用纯氦为好。

2. MIG 焊　采用直流反极性接法（DCRP），焊接电流超过"临界电流"值，以便获得稳定的射流过渡。由于临界电流的限制，焊接板厚小于 3mm 时，就必须采用很细的焊丝，这在送丝上造成很大困难。因此，板厚 3mm 以下的构件一般不采用 MIG 焊接法。但是，熔化极脉冲氩弧焊在薄板焊接上则有其优越性。例如，ϕ1.6mm 焊丝，可成功地焊接板厚 1.6~2.0mm 的构件。由于脉冲氩弧焊的热作用小，很适于焊接热处理强化铝合金。

MIG 用于厚板铝合金焊接是有优越性的，但电流超过 300~400A 以上时，焊缝表面容易产生"皱皮"（Purkering），限制了生产率的提高。有人认为高速的弧柱等离子流破坏了氩气保护，由于紊流而卷入空气，致使焊缝及其附近发生氧化和氮化，因此出现皱皮现象。目前正发展的大电流 MIG 焊接法，主要是用氦代替氩，或采用氩、氦各半的混合气体作为保护气体，并且还采用双层气体保护，比较成功地解决了这个问题。

（三）焊接工艺参数的选定

工艺参数的选定主要根据接头尺寸、形状以及焊缝成形的要求，也必须考虑对气孔、裂纹和热影响区软化的影响。由于具体条件下的主要矛盾不同，在焊接工艺参数的选择上，特别是焊接电流与焊接速度的配合上，必须作具体分析。在 TIG 对接焊接时，在一定的钨极直径时，电流增大，焊接速度也要相应提高。在变动焊接速度时，气体流量要与之相匹配，送丝速度也要相应地调整（填充焊丝送进速度可在 0.16~2.0m/min 之间变动）。功率一定时，焊接速度还和焊件厚度有关，焊条电弧焊时可在 0.065~0.25m/min 之间变动，埋弧焊时可在 0.25~0.50m/min 之间变动。

MIG 焊接时，焊接速度可以在很大的范围内变动，一般为 0.15~1.50m/min。而焊丝送进速度可以在更大的范围内变动，一般为 1.1~10.0m/min。焊接电流必须适当,关键是确定临界电流。临界电流(I_c)与合金种类及焊丝直径(d_s)有关。对于1200(L5 纯铝)及4A01(LT1Al-5%Si),可取 $I_c = 75d_s + 20$。如为 Al-Mg 合金焊丝时,由于其熔化系数大,电流值可以取得比上式的值小一些,含 Mg 量越高,电流值可以取得更小一些。层间温度的控制有重要作用,层间温度的增高,不仅接头强度下降,甚至降低塑性,还可促使产生微裂纹的倾向增大。

(四)焊丝的选用

铝及其合金的焊丝大体可分为同质焊丝和异质焊丝两类:

(1)同质焊丝 焊丝成分与母材成分相同,有的就把从母材上切下的板条做填充金属用。母材为纯铝,3A21(LF21),2Al6(LY16)和 Al-Zn-Mg 合金时,可以采用同质焊丝。

(2)异质焊丝 主要是为适应抗裂性的要求而研制的焊丝,其成分同母材有较大差异。例如用高 Mg 焊丝焊接低 Mg 的 Al-Mg 合金,用 Al-Mg-Zn 焊丝焊接 Al-Zn-Mg 合金,用 Al-5%Si 焊丝焊接 Al-Cu-Mg 合金等。

第二节 铜及铜合金的焊接

铜及铜合金是最早使用、也是目前应用最广泛的一种有色金属,产量仅次于钢和铝。其最大特点是导电性、导热性好,耐蚀并具有较高的强度、优良的塑性和冷热加工成形性能,是电力、化工、航空、交通、矿山等领域不可缺少的贵重材料。

一、铜及铜合金的分类和特性

纯铜表面呈紫红色,又称紫铜。它具有面心立方晶格结构,无同素异构转变,塑性极好,导电性、导热性仅次于银。纯铜物理力学性能见表12-5,由表可见,纯铜的强度低,采用冷作硬化虽然可以提高强度,但伸长率急剧下降。

表12-5 铜及其合金的性能

牌号	材料状态	力学性能		物理性能			
		抗拉强度 σ_b/MPa	伸长率 δ(%)	密度 /g·cm^{-3}	线胀系数 /10^{-6}K^{-1}	热导率 λ/W·(m·K)$^{-1}$	熔点/℃
纯铜	软态	196~235	50	8.94	16.8	391	1083
H62(黄铜)	软态	323.4	49	8.43	20.6	108.68	905
QSn6.5-0.4(锡青铜)	软态	343~441	60~70	8.8	19.1	50.16	995
B30(白铜)	软态	392	23~28	8.9	16	37.2	1230

向铜中加入 Zn、Sn、Al、Ni 等合金元素,可起到较好的固溶强化处理效果,

使铜的强度明显提高。根据加入主要合金元素不同,铜合金可分为黄铜、青铜、白铜三大类。

(1) 黄铜 由 Cu 和 Zn 组成的二元合金,因表面呈淡黄色而得名。含 w_{Zn} = 30%～40%的黄铜具有单一的 α 相组织(Zn 在 Cu 中的固溶体),常用黄铜均设计在此成分范围内,如 H62、H68。黄铜具有比纯铜高得多的强度、硬度,并保持较好的塑性,能承受冷热加工。可用于制造水管、油管、螺钉等构件。

(2) 青铜 原指 Cu-Sn 合金,现习惯上把不以 Zn 或 Ni 为主要合金元素的铜合金都称为青铜。如锡青铜、铝青铜、铍青铜等。锡青铜是最古老的铜合金,由于 Sn 价格昂贵,以 Al 代 Sn,得到铝青铜;铍青铜是 w_{Be} = 1.7%～2.5%的铜合金,它可以时效硬化,因而具有很高的强度和弹性。青铜耐蚀性好于纯铜和黄铜,并且强度、硬度高,常用于制造弹性元件及耐磨、耐蚀零件,如弹簧、轴瓦、阀门和衬套等。

(3) 白铜 Cu 和 Ni 的合金,因为镍的加入使铜由紫色逐渐变白而得名。由于镍无限固溶于铜,白铜合金组织呈单相,这类合金不能热处理强化。白铜具有高耐腐蚀性和抗腐蚀疲劳性能,且冷热加工性能优良,主要用于制造蒸汽和海水环境中工作的精密仪器、仪表零件,冷凝器和热交换器等。

二、铜及铜合金的焊接性

(一) 焊缝成形能力差

熔化焊接铜及大多数铜合金时容易出现母材难于熔合、坡口焊不透和表面成形差等问题,这与铜的物理性有直接关系。由表 12-5 可见,铜和大多数铜合金的热导率比普通碳钢大得多(高 7～11 倍),焊接时输入的热量很快从母材散失,母材厚度越大,散热越严重。尽管铜的比热容略小于铁,但由于散热太快,焊接区难以达到熔化温度。铜在熔化温度时的表面张力比铁小 1/3,流动性比钢大 1～1.5 倍,表面成形能力较差,尤其在大功率的 MIG 焊和埋弧焊时,容易出现熔化金属流失问题。

(二) 气孔倾向严重

气孔是铜及其合金焊接时的一个主要问题,焊缝气孔敏感性较低碳钢严重得多。纯铜气焊时,焊缝中出现的气孔如图 12-2 所示。

(1) 扩散气孔 与氢有关,氢在铜中的溶解度变化如图 12-3 所示。凝固时,氢的溶解度急剧降低,造成氢在铜中的过饱和固溶。而后随温度的降低,氢在固态铜中的溶解度继续下降,过量的氢要扩散逸出,因此铜焊缝在结晶冷却过程中会析出大量气体,很容易出现气孔。

(2) 反应性气孔 与氧有关,在焊接高温下,铜与氧生成 Cu_2O,它在 1200℃ 以上能溶解于液态铜,冷却时从铜中析出,与溶解度在铜中的氢会发生反应,生成的水蒸汽不溶解于铜而形成气孔($Cu_2O + 2H = 2Cu + H_2O\uparrow$)。

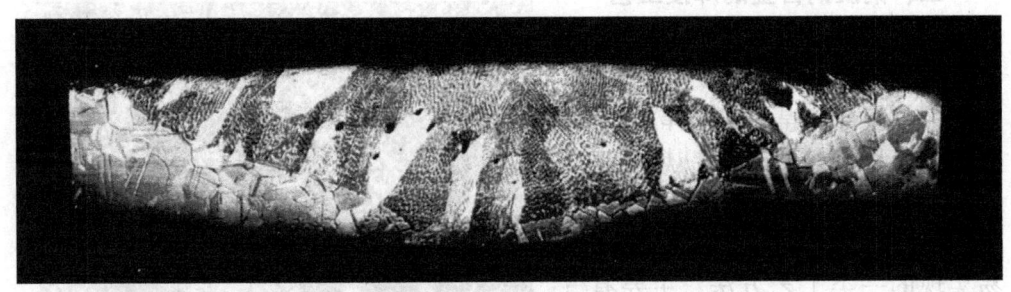

图 12-2 纯铜焊缝中的气孔(气焊,碳化焰)

铜的热导率比低碳钢大 7 倍以上,焊缝的凝固速度特别快,焊缝中的气体要扩散逸出非常困难,更增大形成上述两种气孔的敏感性。

为了减少和消除铜焊缝中的气孔,最重要的是限制氢和氧来源。此外还可以加入一定量的脱氧元素(铝、钛、硅、锰等),加强熔池的脱氧过程;用预热等方法使熔池缓冷,创造有利于气体析出的条件。

(三) 焊缝及热影响区热裂倾向

铜及其合金焊接时容易产生热裂纹,主要原因在于:焊缝及热影响区中的铜溶

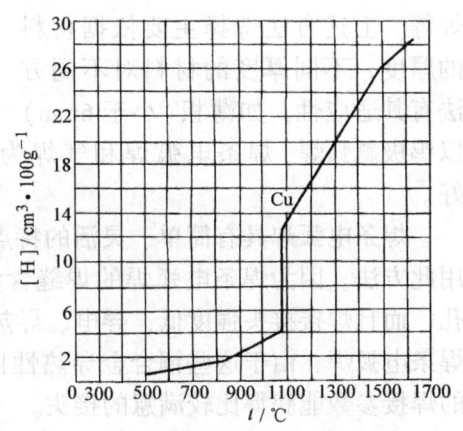

图 12-3 氢在铜中的溶解度变化

解了氧、铅、铋、硫等有害杂质,铜与这些杂质易于形成低熔点共晶,这些低熔点共晶多分布在枝晶间或晶界处,使铜及其合金具有明显的热脆性;铜及其合金在加热过程中无同素异构转变,晶粒长大严重,有利于低熔点共晶薄弱面的形成;铜及其合金的膨胀系数和收缩率也较大,更增加了焊接接头的应力。综合上述因素,铜及其合金焊接时热裂倾向很大。图 12-4 为白铜焊缝中出现的热裂纹,裂纹具有明显的沿晶特点。

为降低焊接热裂纹倾向,应严格限制焊缝中的杂质含量;增强对焊缝的脱氧能力(加入硅、锰、磷等合金元素);选用能获得双相组织的焊丝,细化焊缝晶粒,使易熔共晶分散,还可调整焊缝成分。

(四) 接头性能下降

铜和铜合金在焊接过程中,由于晶粒容易粗化、杂质和合金元素的掺入、有用合金元素的氧化和蒸发等,使焊接接头性能发生很大的变化,主要有:接头塑性严重变坏、导电性下降和耐蚀性能下降。

三、铜及铜合金的焊接工艺

(一) 焊接方法选择

由于铜及铜合金的导热性好,所以铜及其合金焊接宜选择大功率、高能量密度的熔焊方法,热效率越高,能量越集中,越有利。熔焊是铜及铜金焊接中应用最广泛、最容易实现的一类工艺方法,主要有气焊、焊条电弧焊、钨极和熔化极氩弧焊、等离子焊、埋弧焊和电子束焊等。上述方法选择主要依据材料的厚度,不同厚度的材料对不同方法有其适应性,如薄板(小于6mm)

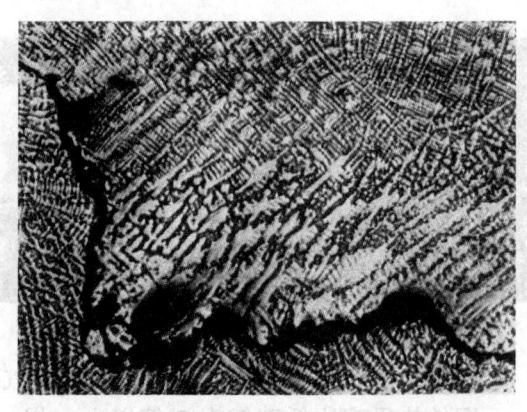

图 12-4　白铜焊缝中出现的热裂纹(×120)
(中部边缘不清晰的为夹杂,向两端延伸的为裂纹)

以钨极氩弧焊、焊条电弧焊和气焊为好;中厚板以埋弧焊、熔化极氩弧焊为好。

焊条电弧焊具有简单、灵活的特点,但纯铜和大多数铜合金的焊接不推荐采用此方法。因为焊条电弧焊的焊缝含氧、氢量较高,锌蒸发严重,容易出现气孔,而且焊接接头强度低,导电、导热性下降严重。对部分青铜和白铜,可采用焊条电弧焊,由于这些铜合金导热性比纯铜低得多(表12-5),选择近似低碳钢的焊接参数能获得比较满意的接头。

(二) 焊接材料的选择

铜及铜合金熔化焊时,焊接材料是控制焊接过程冶金反应,调整焊缝成分以保证优质焊缝的主要手段。母材不同,选择熔焊方法不同,所选用焊材有一定的差别。

1. **焊丝**　焊接铜及铜合金的焊丝除了要满足对焊丝的一般工艺、冶金要求外,最主要的是控制其中杂质含量和提高其脱氧能力。焊丝中一般用 P、Si 和 Mn 作脱氧剂。对黄铜来说,脱氧剂 Si 还可抑制 Zn 的烧损,因为 Si 可在熔池表面形成一层氧化硅薄膜,能很好地阻止锌的蒸发和烧损,一般 $w_{Si} \leq 0.7\%$,否则,氧化硅薄膜增厚,会影响熔池中气体析出,使气孔倾向增大。此外,手工钨极氩弧焊时,宜选用无锌的青铜焊丝(如 SCuSi),避免锌的严重蒸发影响氩气的保护效果,使焊接过程不稳定。

2. **焊剂**　为了保护焊缝,防止熔池金属氧化和其他气体侵入,并改善液体金属的流动性,气焊时必须使用焊剂。气焊用焊剂主要组成物是硼砂($Na_2B_4O_7$),它的熔点只有743℃,在液态下具有很强的化学去膜能力,能迅速与金属氧化物(ZnO、CuO)反应,生成硼酸的复盐,它以薄膜状浮于熔池表面,能有效地防止熔池金属的氧化和锌的蒸发。

3. 焊条 焊条电弧焊用铜焊条有纯铜、青铜焊条两类，基本上按母材的成分选择相应的电焊条，目前应用较多的是青铜焊条。由于黄铜中的锌容易蒸发，一般极少采用焊条电弧焊，必需时可用青铜焊芯的电焊条。

(三) 焊接工艺要点

铜及其合金焊接时，还应注意以下要点：

1. 焊前的清理工作 由于氧、氢是引起焊缝出现裂纹及气孔的主要根源，故焊前应将吸附在焊丝表面和工件坡口上两侧30mm范围内表面上的油脂、水分以及金属表面氧化膜清理干净，直至露出金属光泽。

2. 接头形式设计 铜和铜合金具有热导率高和液态流动性好的特点，其接头形式设计与钢相比有较大不同。具体原则是：尽量避免使用搭接接头、T形接头、内接接头，改为散热条件相同的对接接头；采用单面焊，特别是开坡口的接头必须在背面加上垫板，防止液态铜流失；一般情况下，对铜及铜合金不易实现立焊和仰焊。

3. 采用大的热输入量焊接及焊前预热 由于铜及其合金导热性好，为了保证焊缝的良好成形及随后冷却中气体充分地逸出，铜及其合金焊接时要进行焊前预热，并采用大热输入量焊接。预热温度与板厚和被焊材料有关，黄铜与青铜预热温度比纯铜低，白铜焊接时不预热。

第三节 钛及钛合金的焊接

一、钛及钛合金的分类和性能

(一) 钛及钛合金的分类

钛是一种非磁性材料，具有密度小($4.5g/cm^3$)、强度高(比铁约高1倍)，有较好的高温强度和低温韧性以及良好的耐腐蚀性等特点，在航空工业、宇航工业、化学工业、造船工业等方面得到广泛的应用。钛在882℃以下时，具有密集六方晶格，称α钛。在882℃产生同素异构转变，晶格变为体心立方晶格，称为β钛。钛长时间在高温停留，晶粒容易长大，在快速冷却时，容易生成不稳定的针状组织α钛，称为"钛马氏体"，其强度较高，塑性较低。钛加入合金元素后可改善加工性能和力学性能，常加的合金元素有Al、V、Mn、Cr、Mo等。按照成分和在室温时的组织不同，钛和钛合金可分为：

1. 工业纯钛 工业纯钛按其纯度可分为TA1、TA2、TA3等牌号，其区别在于氧、氮、氢等杂质的含量不同。这些杂质使工业纯钛强化，使塑性显著降低。三种工业纯钛依杂质增多而代号末尾数字依次增大，强度指标依次上升，塑性指标依次下降。TA1的杂质最少、少量杂质将使强度增高而塑性降低，故TA1的强度最低，塑性最好(抗拉强度为 300～500MPa；伸长率为 30%)，工业纯钛有良好的焊接性。

2. α 钛合金　在这类钛合金中加入了 Al、Sn 等元素，牌号为 TA6、TA7 等，有良好的高温强度和抗氧化性，焊接性良好。

3. β 钛合金　这类钛合金中加入了 Mn、V、Mo、Cr 等元素，牌号为 TB2 等。热处理后强度较高，塑性也较好，而且具有良好的加工性。但耐热性较差，密度大，成本高，焊接性不良。

4. α+β 钛合金　这类钛合金中加入了 Al、Sn、Mo、Mn、Cr 等元素，牌号为 TC2、TC4 等。可通过热处理强化，加工性能良好，但高温强度低于 α。钛合金，焊接性最差，焊接结构中很少采用。

(二) 钛及钛合金的性能

1. 钛及钛合金的化学性能　钛和钛合金的化学活性很强，400℃ 以上极易被空气、水分、油脂、氧化皮等污染，吸收 O_2、N、H_2、C 等元素，使焊接接头的塑性及冲击韧度下降，并易引起气孔。因此，焊接时对熔池、焊缝及温度超过 400℃ 的热影响区都要妥善保护。

2. 钛和钛合金物理性能　和其他金属比较，钛和钛合金具有熔点高、热容量较小、热导率小等特点，钛和钛合金的物理性能见表 12-6。

表 12-6　钛及钛合金的物理性能

合金	密度 /g·cm^{-3}	熔点 /℃	比热容 /J·(kg·K)$^{-1}$	热导率 /W·(m·K)$^{-1}$	线胀系数 /10^{-4}·K^{-1}	电阻率 /×10^{-6}Ω·cm^{-1}
钛	4.5	1690	580.2	15.07	8.5	0.478
TA7	4.46	1538～1647	544.2	8.37	9.4	1.57
TC4	4.43	1538～1649	544.2	7.11	8.8	1.57

(3) 钛及钛合金的力学性能　见表 12-7。

二、钛及钛合金的焊接性

下面以工业纯钛及 TC1 钛合金为例，分析钛及钛合金的焊接性。

(一) 气体等杂质污染而引起的焊接接头脆化

在常温下，钛及钛合金是比较稳定的。但试验表明，随着温度的升高，钛及钛合金吸收氧、氮及氢的能力也随之明显上升。钛从 250℃ 开始吸收氢，从 400℃ 开始吸收氧，从 600℃ 开始吸收氮。空气中含有大量氮和氧，在进行钛及钛合金焊接时，采用焊接铝及其合金的气保护焊焊枪结构及工艺是不足以保证焊接接头质量的。因为这种焊枪结构所形成的气保护层只能保护好焊接熔池不受空气的有害作用，对已凝固而尚处于高温状态的焊缝及其附近高温区域则无保护作用；而处于这种状态的钛及钛合金焊缝及其附近区域仍有很强的吸收空气中氮和氧的能力，氮和氧的吸收使焊缝变脆，使塑性严重下降。焊缝背面若不采取有效保护，也将产生类似结果。

表12-7 钛及钛合金的力学性能

合金系和类型	牌号	主要成分①	板材厚度/mm	σ_b/MPa	$\delta(\%)$	α_K/J·cm^{-2}	热处理
工业纯钛（α型）	TA1		0.3~2.0	343~490	40	140	退火
			2.1~10.0		30	130	
	TA2		0.3~2.0	441~588	30	100	退火
			2.1~10.0		25	90	
	TA3		0.3~2.0	541~686	25	90	
			2.1~10.0		20	80	
钛铝合金（α型）	TA6	Ti-5Al	0.8~1.5	686	20	50	退火
			1.6~2.0		15	40	
			2.1~10.0		12	40	
钛铝锡合金（α型）	TA7	Ti-5Al-2.5Sn	1.0~1.5	735~931	20	50	退火
			1.6~2.0		15	50	
			2.1~10.0		12	40	
钛铝锰合金（α+β型）	TC1	Ti-2Al-1.5Mn	0.5~1.0	588~784	25	90	退火
			1.1~2.0		25	70	
			2.1~10.0		20	60	
	TC2	Ti-3Al-1.5Mn	1.0~2.0	686	15	60	退火
			2.1~10.0		12	50	
	TC4	Ti-6Al-4V	棒材	931	10	30	退火
				1171	8	—	淬火+时效
钛铝钒合金（α+β型）	TC10	Ti-6Al-2Sn-0.5Cu-0.5Fe	1.0~4.0	1058	10	25	退火
	TC3		1.0~2.0	882	10	35	退火
		Ti-5Al-4V	2.1~10.0		8	30	
钛铝钼铬合金（β型）	TB1	Ti-3Al-8Mo-11Cr	1.0~3.5	≤1078	16	110	退火
				1274	5	—	淬火+时效

① 成分中的系数是指质量分数。

处于高温熔化状态的熔池与熔滴金属更易为气体等杂质所污染。下面分别就氧、氮、氢、碳等杂质污染对焊缝性能的影响进行分析。

1. 氧的影响 焊缝含氧量基本上随氩气中含氧量增加而直线上升。氧是扩大α相区的元素并使β$\rightleftharpoons$α同素异构转变温度上升，故氧为α稳定元素。氧在高温的α钛及β钛中都容易固溶，形成间隙固溶体，起固溶强化作用。氧在α钛中的最大固溶量为14.5%，在β钛中的最大固溶量为1.8%。

研究表明，工业纯钛焊接时，随焊缝含氧量（由纯氩中含氧量变化）上升，焊缝的抗拉强度及硬度明显增加，而焊缝塑性则显著下降。也就是说，焊缝因氧的污染而变脆。为保证焊缝有足够的塑性，防止氧污染脆化，一般认为焊缝最高允许含氧量为0.15%。焊缝含氧量在0.3%以上时，有人发现由于焊缝过脆而发生裂纹。我国现行技术条件规定工业纯钛及钛合金母材一般$w_O<0.15\%$。

2. 氮的影响　氮在高温液态金属的溶解度是随电弧气氛中氮的分压增高而增大。氮在固态的α钛及β钛中均能间隙固溶，氮在α钛中的最大固溶度为7%左右，在β钛中的最大固溶度为2%。氮也是α稳定元素，它对提高工业纯钛焊缝的抗拉强度、硬度，减低焊缝的塑性性能比氧更为显著，氮的污染脆化作用比氧更为强烈。多数研究者认为，焊缝氮含量很低时的这种作用主要是固溶强化的结果。只有当含氮量较高时，才会析出脆性的氮化物，有人发现，当工业纯钛焊缝含氮量在0.13%以上时，由于焊缝过脆而发生裂纹，故必须对工业纯钛及钛合金焊接时焊缝含氮量进行更严格的控制。一般认为，工业纯钛焊接时，焊缝最高允许含氮量为0.05%。这与我国现行技术条件所规定的工业纯钛及钛合金母材所含的氮量相同。

关于钛合金焊接时，氮的作用规律基本同上。

3. 氢的影响　氢是β相稳定元素，可以在α钛及β钛中间隙固溶。氢在β钛中的溶解度大于在α钛中的溶解度。在325℃时发生共析转变；$\beta \rightleftharpoons \alpha+\gamma$。在325℃以下，氢在α钛中的溶解度急速下降。据测定，在常温时氢在α钛中的溶解度仅为0.00009%。共析转变后析出γ相，γ相为钛的氢化物（TiH_2）。用电子显微镜观察，发现钛的氢化物以细片状或针状析出。焊缝含氢量越多，则细片状或针状析出物越多。

焊缝含氢量变化对焊缝冲击性能的影响最为显著。其原因主要是随焊缝含氢量增加，焊缝中析出的片状或针状TiH_2增多。TiH_2的强度很低，故针状或片状TiH_2的作用类似缺口，对冲击性能最敏感，使焊缝冲击性能显著降低。另外，氢量变化对抗拉强度的提高及塑性的降低的作用不很显著。这是因为氢含量变化对晶格参数变化的影响很小，故固溶强化作用很小，所以强度及塑性变化不很显著。

在工业纯钛焊接时，焊缝含氢量大于0.01%，焊缝冲击韧度即开始下降。焊接工业纯钛时，焊缝含氢量一般控制在0.015%以下。

加铝的α钛合金能提高其对氢的溶解度。例如在$w_{Al}=5\%$的α钛合金中，氢的常温下溶解度为0.023%，故氢对含铝的α钛合金焊缝冲击值的降低作用有所减弱。

在进行α+β钛合金焊接时，由于氢在β钛中的溶解度比在α钛中为大，故氢可以更多地固溶在β钛中，从而由α钛中析出 TiH$_2$ 量减少，故氢对(α+β)钛合金焊接时降低焊缝冲击韧度的作用有所减弱。我国技术条件规定，工业纯钛及钛合金母材的 w_{H_2} < 0.015%。

4. 碳的影响　碳也是工业纯钛及钛合金中常见的一种杂质，另外工件上的油污等都可能成为焊缝增碳的来源。碳在α钛中的溶解度随温度下降而下降，并同时析出 TiC。有人研究发现在工业纯钛中，当含碳量为 0.13% 以下时，碳固溶在α钛中，强度极限有些提高，塑性有些下降，但不及氧、氮的作用强烈。当进一步提高焊缝含碳量时，焊缝即出现网状 TiC，其数量随碳增高而增多，焊缝塑性急剧下降，在焊接应力作用下易出现裂纹。当焊缝 w_C = 0.55% 时，焊缝塑性几乎全部消失而变成非常脆的材料，用焊后热处理也无法消除此种脆性。我国技术条件规定，工业纯钛及钛合金母材的 w_C ≤ 0.1%，焊缝含碳量应不超过母材含碳量。

从以上的讨论可以认识到，对钛及钛合金的焊接工艺提出了特殊的要求。气焊与通用焊条电弧焊由于难于防止气体等杂质污染脆化，均不能满足焊接质量要求，未获应用。氩弧焊应用较广。就是在应用氩弧焊时，对氩气的纯度也要求很高。此外焊枪往往还要采用拖罩，以便对焊缝及其附近 400 ℃ 以上高温区进行保护；从反面用氩气保护 400 ℃ 以上焊接区也往往是必要的；有些结构复杂零件可在充氩箱内进行焊接。近几年来用真空电子束焊及等离子弧焊进行钛及钛合金焊接取得了很大进展。关于具体焊接工艺将在工艺部分中讨论。

(二) 焊接接头裂纹问题

前面已谈到过，当焊缝含氧、氮量较高时，焊缝或热影响区性能变脆，在较大的焊接应力作用下，会出现裂纹，这种裂纹都是在较低温度下形成的。但焊接钛合金的实践表明，在焊接接头的热影响区有时会出现延迟裂纹，这种裂纹可以延迟到几小时，几天甚至几个月后发生。人们经过认真研究，认为 H$_2$ 是引起这种裂纹形成的主要原因。例如有人研究了 TC1 钛合金焊后焊接接头含 H$_2$ 量的分布，发现热影响区内含 H$_2$ 量明显提高，这是氢由高温熔池向较低温度的热影响区扩散的结果(理由见气孔分析部分)。H$_2$ 含量提高使该区析出 TiH$_2$ 量增加，增大该区的脆性。另外，析出氢化物时体积膨胀引起较大的组织应力，再加上氢原子向该区的高应力部位扩散及聚集，以致最后形成裂纹。防止这种延迟裂纹产生的办法，主要是减少焊接接头上氢的来源，必要时也可进行真空退火处理，以减少焊接接头的含氢量。

钛及钛合金对热裂纹是不敏感的，这主要是因为钛及钛合金含硫、碳、杂质少，低熔点共晶在晶界很少生成，另一个原因是钛及钛合金凝固时收缩量小。由于这些原因，故钛材焊接时，可采用与母材完全相等成分的焊丝进行氩弧焊接，而不致发生热裂纹。

(三) 焊缝气孔问题

钛及钛合金焊接时，气孔是经常碰到的一个主要问题。但关于钛及钛合金焊接气孔的形成机理，至今还没有统一的认识。而且有些结果是矛盾的，这是因为不同研究工作者在不同的条件下进行研究。归纳一下主要研究结果，可以认为影响气孔产生的主要因素如下：

1. 氩气及母材、焊丝中不纯气体（O_2、H_2、N_2、H_2O）的影响 研究结果表明，氩气及母材、焊丝中含 H_2、O_2 及 H_2O 量提高，都会明显使焊缝气孔增加，N_2 对气孔的影响较弱。

2. 表面层的影响 钛板及焊丝表面常受到外部杂质的污染，这包括水分、油脂、氧化物（研究结果说明钛及钛合金表层的氧化物常带有结晶水），含碳物质、尘埃、砂粒、磨料质点（表面用砂轮磨后或砂纸擦磨后的残余物），有机纤维，脏指印及吸附的气体等。这些杂质对钛及钛合金气孔的生成都有一定的影响。特别是对接端面处的表面杂质污染对气孔形成的影响更为显著。

3. 焊接工艺因素的影响 关于焊接工艺因素变化对钛及钛合金气孔形成的影响，过去不同文献的研究结果不少是矛盾的。例如熔池存在时间变化对钛及钛合金焊接气孔数量（100mm 长的焊缝中的气孔数，由 X 光照片的气孔数统计而得）的影响问题，有的作者指出，随熔池存在时间增加，气孔减少；而有的作者指出，随熔池存在时间增加，气孔增加。最近几年来又有作者在深入研究后指出，熔池存在时间变化对气孔的影响有一高峰。在高峰出现前，熔池存在时间增加，气孔增加，在高峰出现以后，熔池存在时间再增加，气孔逐渐减少。

在分析这些试验研究的基础上，多数研究工作者认为氢是钛及钛合金焊接形成气孔的主要气体。支持这种论点的主要事实是，通过增氢处理及真空减氢处理来改变焊丝及母材中含氢量变化，或通过在氩气中加入不同量的氢气，发现由此而引起焊缝含氢量增加时，气孔数量随之明显增加。一些研究者认为，工件及焊丝表面上的水气及结晶水等所引起的气孔，主要是由于氢的作用（$Ti + 2H_2O \rightarrow TiO_2 + 2H_2$）。有人认为高熔点的磨料质点及氧化物能作为形成气泡的核心，促使气孔的生成。有的作者认为氧参加的化学反应生成的 CO 及 H_2O 等能生成气孔。有人认为，增加石墨或其他含碳物质生成气孔是由于 CO 所引起。

焊接熔池存在时间变化对气孔数量的影响存在高峰的原因，有人作如下解析：当熔池存在时间很短时，因氢的扩散过程不充分，即使有气泡核存在，也来不及长大成气泡，当熔池存在时间逐渐增长后，氢得以向气泡核扩散而长大成宏观气泡的条件变得有利，于是焊缝气孔逐渐增多，一直到出现一个最大值。此后再进一步延长熔池存在时间，则气泡逸出熔池表面的条件变得有利，故进一步增长熔池存在时间，气孔逐渐减少。

有很多试验研究证明，在不清理状态下进行对接氩弧焊（无间隙或间隙很小),焊缝有大量气孔,但在同样不清理的板材上进行堆焊,则一般不发生气孔。对接间隙增大时,气孔也相应减少。这清楚说明紧密接触的对接端面的表面层是形成气孔的重要根源。有人对此现象作了专门研究并作如下解释:在焊接过程的热作用下,紧靠熔池前部的对接边受严重挤压而接触非常紧密,甚至可观察到塑性变形的情况,对接端面的表面层往往有吸附的水气及其他能形成气体的物质,此时紧靠熔池前方的对接端面又处于高温状态,对生成气体非常有利,这些气体被对接端面严密封锁,处于高压状态,生成微气泡,随后这些微气泡在熔池中生长成为气孔。在堆焊及预留间隙对接时,工件表面及对接端面的水气、结晶水等杂质在熔化前就被加热到高温而分散进入气相,故基本对气孔生成影响很少。

钛及钛合金焊缝气孔往往有些分布在熔合线附近,这是钛及钛合金气孔的一个特点。有些研究者认为这种气孔特点的形成与氢在钛中溶解度的特点有关。氢在钛中的溶解度随温度升高而降低,在凝固温度有跃变。熔池中部比熔池边缘温度高,故熔池中部的氢易向熔池边缘扩散,因后者比前者对氢有更高的溶解度,故熔池边缘容易因氢过饱和而生成气孔。

消除气孔的主要途径如下:
1) 用高纯度的氩气进行焊接,其纯度不应低于99.99%。
2) 焊前工件接头附近表面,特别是对接端面必须认真进行机械清理(不锈钢钢丝刷或用铣削加工端面),再进行酸洗。酸洗后应用清水再清洗。临焊前,工件对接面再用丙酮或酒精仔细擦洗。焊丝在用前可用丙酮脱脂,并应进行真空脱氢处理。焊接时用的辅助装置也应注意清洁,没有油污等物。
3) 选择合适焊接规范 如有可能,适当预留工件间隙(对1mm板,可预留间隙0.2~0.3mm),选择焊接规范应同时考虑到焊接热过程对接头力学性能变化的影响。

三、钛及钛合金焊接的工艺要点

焊接钛及钛合金的方法,在我国主要为钨极氩弧焊。近几年来已部分采用等离子弧焊及试验真空电子束焊。

(一) 氩弧焊

为了要保证焊接质量,必须掌握下列要点:
1) 母材及焊丝中的杂质含量必须在技术条件允许范围内。
2) 采用高纯度的氩气进行焊接。随氩气纯度下降,焊接接头的氧化程度逐步加重,塑性下降。氩气纯度一般为99.99%,以保证焊接接头焊后为银白色。
3) 焊前对工件及焊丝必须认真处理。
4) 根据不同母材及性能要求,正确选用焊丝,焊接参数及必要的焊接热处理。
5) 加强保护措施,对处于400℃以上的熔池后部焊缝及热影响区,均应用拖罩进行氩气保护，焊缝背面也应采取相应的保护措施。保护效果的好坏，可用焊接接头的颜色来鉴别。银白色表示保护效果最好，因银白色为钛或钛合金本色，表明无氧化现象；黄色为 TiO，表示有轻微氧化；蓝色为 Ti_2O_3，表示氧化稍为严重；灰色为 TiO_2 表示氧化甚为严重。氧化情况的轻重程度直接反映了保护效果的好坏，有些结构复杂的零件可在充氩箱内焊接。

大量的试验研究结果说明，在严格防止气体杂质对焊缝及其附近区域发生污染的情况下，不采用填充焊丝或采用与母材等成分的焊丝，采用氩弧焊焊接工业纯钛及 TC1 时，焊缝及焊接接头抗拉强度与母材相同或相近。至于焊缝及焊接接头的塑性，多数研究结果指出较母材稍有降低，但仍接近母材技术条件要求。

工业纯钛及 TC1 焊接接头塑性稍有下降，有下列二方面的原因：

1) 钛及钛合金熔点高，导热性差（比铁的导热性低 4 倍多），且比热容小，因此过热区高温停留时间长（在相同条件下，比钢长 2.5~3 倍），冷速缓慢，其结果使过热区出现显著的粗大晶粒，这种粗大晶粒的存在导致过热区的塑性有些下降。而焊缝为铸造组织，比同样成分的压制板材（经退火）的塑性也稍差。

2) 工业纯钛及 TC1 钛合金当加热到相变点以上而快速冷却时，会实现 β→α′ 无扩散型转变。α′ 是某种（或某些）元素在六方晶格的 α 钛中的过饱和固溶体，是无扩散性相变形成的。在工业纯钛及 TC1 钛合金的焊缝及过热区都可以观察到针状 α′ 相。β→α′ 转变的无扩散性相变性质，类似钢中的马氏体转变，故 α′ 又称钛马氏体，但这种在工业纯钛及 TC1 钛合金焊接中出现的钛马氏体不同于钢中出现的马氏体。因为氩弧焊焊接接头气体杂质很少，而铝、锡在 α 钛中的最大固溶度远高于这些元素在焊接接头中的实际溶解度，故其过饱和的程度很微弱，仍有较好的塑性及韧性，但其塑性稍低于母材经退火后获得的 α 相。

要使工业纯钛 TC1 钛合金焊接热影响区获得良好的塑性，需选用合适的焊接热输入。随着焊接热输入增大，热影响区的高温停留时间增长，过热区面积增大，且晶粒因过热而变粗大的现象更为严重；故用过大的焊接热输入来进行工业纯钛及 TC1 的焊接是不合适的，塑性将明显下降。但焊接热输入过小，由 β 转变而来的 α′ 相增多且变得致密，故具有较低的塑性。表 12-8 列出钛及钛合金钨极自动氩弧焊参考工艺。

（二）等离子弧焊

等离子弧焊具有能量集中、穿透力强、单面焊双面成形、坡口制备简单（直边坡口）、质量稳定及生产效率高等一系列优点。因所用气体为氩气，故很适合于钛及钛合金的焊接。钛及钛合金的比重小，其液态的表面张力较大，故采用"小孔效应"等离子弧进行钛及钛合金焊接时，其厚度范围为 1.5~15mm。

利用等离子弧焊接钛及钛合金时，其焊前工件清理及保护方法（拖罩及背面保护）基本与前述氩弧焊工艺相同。

表 12-8　钛及钛合金钨极自动氩弧焊参考工艺参数

焊接条件		不加焊丝			加焊丝	
板 厚/mm	0.75	1.5	2.25	1.5	2.25	3.1
电极直径/mm	1.6	1.6	1.6~2.3	1.6	1.6~2.3	1.6~2.3
焊丝直径/mm	—	—	—	1.5~1.6	1.5~3.6	1.5~3.6
焊接电压/V	10	10	12	10	12	2.3~3.1
焊接电流/A	25~30	90~100	190~200	120~200	200~210	1.5~3.6
喷嘴内径/mm	14~16	14~16	16~18	14~16	16~19	16~19
焊接速度/mm·min^{-1}	250	250	250	300	300	250
送丝速度/mm·min^{-1}	—	—	—	550	550	500
氩气流量(L·min^{-1}) 焊枪	7	7	9	9	9	9
拖罩	9	14	23	18	23	23
反面保护	2	2	2.5	2.5	3	3

我国已成功地应用等离子弧焊焊接 5mm 及 10mm 厚的工业纯钛,力学性能完全附合要求,并已应用于国产第一套年产 30 万 t 合成氨成套设备的试制上。以 10mm 厚钛板为例,采用等离子弧焊比采用钨极氩弧焊提高效率 5~6 倍。10mm 厚钛板等离子弧焊接参数见表 12-9。

表 12-9　10mm 厚钛板等离子弧焊接参数

参　数	数　据	参　数	数　据
喷嘴孔径/mm	3.2	填充丝速度/mm·h^{-1}	96
钨极直径/mm	5	填充丝直径/mm	1.0
钨极内缩/mm	1.2	离子气/L·h^{-1}	350
焊接电流/A	250	熔池保护气/L·h^{-1}	1200
焊接电压/V	25	拖罩保护气/L·h^{-1}	1500
焊接速度/mm·min^{-1}	9	背面保护气/L·h^{-1}	1500

对于板厚在 1.5mm 以下的钛材,应用"小孔效应"等离子弧进行焊接时,很难保证既不焊漏又使正反两面成形良好,故一般应采用熔透背面成形(背面放铜板垫)的等离子弧焊接法。此时若采用脉冲等离子弧焊,则可降低装配精度要求,更易于保证焊接质量。

焊接 0.5mm 厚以下的钛及钛合金,最好采用微束等离子弧进行。对这种薄件用钨极氩弧焊难于进行焊接,因为钨极氩弧焊要把焊接电流调到适于焊接 0.5mm 厚件是很困难的。而用微束等离子弧焊接小于 0.5mm 厚的钛及钛合金板材则很易保证质量。微束等离子弧电流若控制在 10~3A 时,可焊 0.5~0.07mm 厚的钛材,并且质量良好。

第三篇 焊接结构

焊接结构具有接头系数高、重量轻、密封性好、连接厚度基本上不受限制、结构设计简单、生产周期短、成本低等许多优点；但焊接结构同时具有整体性强、止裂性差、有较大的性能不均匀性、应力和变形以及材料敏感性强、容易产生缺陷等特点。

焊接结构的主要任务是研究焊接过程中材料发生的力学现象，包括应力及变形的产生原因及发展过程；熔焊接头的强度计算；焊接结构的抗脆断性能和疲劳性能；以及焊接结构安全性的评定。

第十三章 焊接应力与变形

本章主要阐述内应力及其产生的机理，分析在焊接条件下应力与变形的产生、演变的过程；介绍焊接残余应力与变形的分布规律、对焊接结构力学性能的影响以及控制、消除焊接残余应力与变形的方法。

第一节 焊接应力和变形的形成过程

一、内应力与内部变形的基本概念

焊接结构的生产，一种是在自由状态下焊接，另一种是在受拘束的状态下（通过工装夹具的紧固）焊接。不论采用哪一种方式生产，焊接结构在不承受外载的情况下，其内部一般会有应力和变形的存在。为了与外载作用产生的应力相区别，这种应力称为内应力。

（一）内应力及产生的原因

1. 内应力 在没有外力的条件下平衡于物体内部的应力。其主要特点是在物体内部构成平衡的力学系统，即内力之和与内力矩之和为零。

2. 内应力产生的原因 内应力产生的原因可用金属框架模型予以说明。如图 13-1 所示金属框架，若只给框架的中心杆件加热，两边的杆件温度保持不变，中心杆件由于温度上升而伸长，但它会受到两边杆件的约束不能自由伸长。因此中心杆件受压而产生压应力。两边杆件受到中心

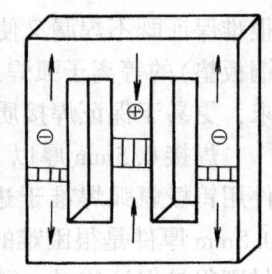

图 13-1 金属框架模型

杆件的反作用受拉而产生拉应力。这种应力是没有外力作用下产生的,且拉应力和压应力在框架中相互平衡,这就是内应力产生的原因。

判断结构中的应力是否是内应力,与所选取的研究对象有关。如果研究对象是中心杆件而不是整个框架,那么中心杆件中的应力是由周围的金属框架对其约束而产生的,因此中心杆件中的应力不属于内应力。

内应力产生的原因很多,如焊接、轧制、铸造和锻压等热加工过程;剪切、弯曲、磨削等冷加工过程和其他的机械加工过程。

3. 内应力的分类　内应力按照其分布的尺度范围可分为三类:

(1) 第一类内应力　也称为宏观内应力,其分布范围较大,与物体尺寸大小相当,是主要的研究对象。

(2) 第二类内应力　也称为微观内应力。内应力在其微观(一个或几个晶粒)范围内平衡。这种应力主要因金相组织的变化而引起。

(3) 第三类内应力　也称为超微观内应力。内应力在其超微观(金属晶格)范围内平衡。

另外,根据内应力的存在方式又可分为:瞬时内应力和残余内应力。

(二) 内部变形

由于内应力是在没有外力的条件下产生的,因此在研究与内应力对应的变形时,需要将物体产生的变形分成几个部分进行分析。

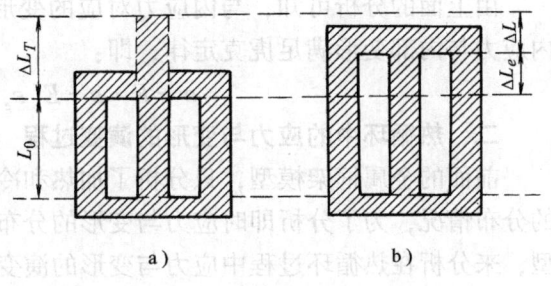

图13-2　自由变形、外观变形和内部变形
a) 自由变形　b) 外观变形

(1) 自由变形　物体在某些因素(温度等)的作用下,如果没有受到外界的任何阻碍而自由进行的变形称为自由变形。即图13-2a 中的 ΔL_T 部分。

$$\Delta L_T = a \cdot L_0 (T_1 - T_0)$$

单位长度上的自由变形,称为自由变形率,用 ε_T 表示。

$$\varepsilon_T = \frac{\Delta L_T}{L_0} = a(T_1 - T_0) = a \cdot \Delta T$$

式中　a——材料的热膨胀系数;

L_0——杆件的原始长度;

T_0——杆件的原始温度;

T_1——杆件加热后温度。

(2) 外观变形　物体的自由变形受到外界的阻碍而只能部分表现出来的变形

部分称为外观变形。即图 13-2b 中的 ΔL_e 部分。单位长度上的外观变形称为外观变形率，用 ε_e 表示。

$$\varepsilon_e = \frac{\Delta L_e}{L_0}$$

（3）内部变形　物体的自由变形受到外界的阻碍而没有表现出来的变形部分称为内部变形。即图 13-2b 中的 ΔL 部分。单位长度上的内部变形称为内部变形率，用 ε 表示。

$$\varepsilon = \frac{\Delta L}{L_0}$$

（4）自由变形、外观变形与内部变形之间的关系　按材料力学的规定，拉伸变形为正，压缩变形为负。从图 13-2b 中可以看出：

$$\Delta L = -(\Delta L_T - \Delta L_e) = \Delta L_e - \Delta L_T$$
$$\varepsilon = \varepsilon_e - \varepsilon_T$$

（三）内应力与内部变形间的关系

由上面的分析可知，与内应力对应的变形部分是内部变形。在弹性范围内，内应力与内部变形满足虎克定律，即：

$$\sigma = E \cdot \varepsilon = E(\varepsilon_e - \varepsilon_T)$$

二、热循环中的应力与变形的演变过程

前面的金属框架模型，只分析了加热和冷却这两种静止状态下的应力与变形的分布情况，为了分析即时应力与变形的分布情况，下面以受拘束金属杆件的模型，来分析在热循环过程中应力与变形的演变过程。

为了分析简便，设金属杆件为单位长度的低碳钢棒，固定在绝热的刚性壁之间。经历均匀加热然后均匀冷却至原始温度的热循环。假定在热循环过程中低碳钢的热膨胀系数为常数，低碳钢的屈服应变在 500℃ 以下为常数，在 500～600℃ 范围内近似为温度的线性函数。下面分以下几种情况进行讨论。

（一）内部应变小于屈服应变（$|\varepsilon| < \varepsilon_s$）

如图 13-3，在整个热循环过程中金属棒被刚性固定，外观变形量 $\varepsilon_e = 0$，内部变形量 $\varepsilon = \varepsilon_e - \varepsilon_T$。

在 $0 \sim t_1$ 间：随着温度上升，压缩的内部变形量不断增加，压应力不断上升。

在 t_1 时刻：温度达到最大值，内部变形和压应力也达到最大值。

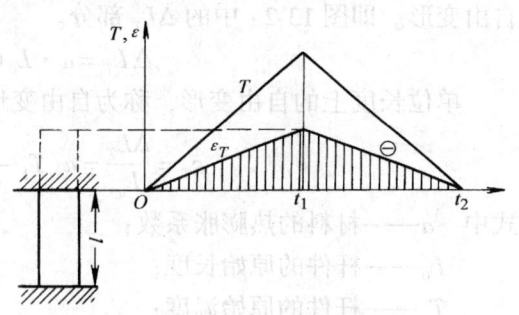

图 13-3　受拘束低碳钢棒加热及冷却过程中的应力和变形 $|\varepsilon| < \varepsilon_s$

在 $t_1 \sim t_2$ 间：温度逐渐降低，内部变形不断减小，压应力不断下降。

在 t_2 时刻：温度恢复到原始值，内部变形降为零，压应力为零。

在此情况下经历了一次热循环以后，金属棒内部不会出现残余变形和残余应力。变形和应力的大小随时间而变化，变形和应力是瞬时性的。

（二）内部应变大于屈服应变（$|\varepsilon| > \varepsilon_s$），$T_{max} < 500℃$

在 $0 \sim t_1$ 间：分析同上。

在 t_1 时刻：应变达到屈服应变 ε_s，即最大弹性应变，应力达到了屈服点 σ_s（见图 13-4）。

在 $t_1 \sim t_2$ 间：温度继续升高，弹性变形量和应力值维持不变，而继续增加的变形量为压缩塑性变形量。此阶段，内部变形是由弹性变形和塑性变形两部分组成。

在 t_2 时刻：温度达到了最大值，压缩塑性变形量也达到最大值。

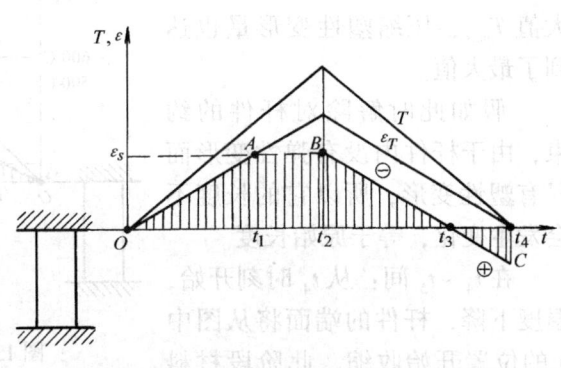

图 13-4 受拘束低碳钢棒加热及冷却过程中的应力和变形 $|\varepsilon| > \varepsilon_s$

如果此时解除对杆件的约束，杆件因压缩弹性变形的释放而伸长，端面将伸长到 A 的位置。而压缩塑性变形是不可恢复的变形部分，保留在杆件中。

在 $t_2 \sim t_3$ 间：从 t_2 时刻开始，温度下降，杆件的端面以 B 点为起点开始收缩。弹性变形量不断减少，压应力也不断的降低。

在 t_3 时刻：弹性变形量降低到零，压应力也降低到零。如果此时解除对杆件的约束，杆件既不伸长也不会缩短。

在 $t_3 \sim t_4$ 间：从 t_3 时刻开始，随着温度继续下降，杆件的收缩会受到约束而不能自由地进行，出现了拉伸弹性变形和拉应力。

在 t_4 时刻：温度恢复到原始状态，杆件中保留着残余变形和残余应力。残余应力的大小取决于 t_2 时刻的最高温度 T_{max}。如果此时解除对杆件的约束，杆件会因弹性变形的释放而缩短至 B 点的位置，但是压缩塑性部分不可恢复，保留在杆件中。此时拉应力消失，只有残余变形存在。杆件的缩短量即为压缩塑性变形部分，其大小取决于 t_2 时刻的最高温度。

（三）最高温度大于热塑性温度（$T_{max} > 600℃$）

在 $0 \sim t_2$ 间：情况同前。

在 t_2 时刻：温度达到 500℃，低碳钢的屈服应变开始下降（见图 13-5）。

在 $t_2 \sim t_3$ 间：温度的升高，压缩塑性变形继续增加。同时由于屈服应变的降低,一部分压缩弹性变形转化压缩塑性变形,弹性变形量不断减少,因而压应力不断降低。

在 t_3 时刻:屈服应变 ε_s 降低至零,压应力消失。此时的变形全部为压缩塑性变形。

在 $t_3 \sim t_4$ 间:压缩塑性变形继续增加,此时属于塑性压缩过程。

在 t_4 时刻:温度值达到了最大值 T_{max},压缩塑性变形量也达到了最大值。

假如此时解除对杆件的约束,由于杆件内没有弹性变形而只有塑性变形,所以它的长度不会发生变化,等于原始长度。

在 $t_4 \sim t_5$ 间:从 t_4 时刻开始,温度下降,杆件的端面将从图中 A 的位置开始收缩。此阶段材料的应变 ε_s 仍然为零,材料还没有

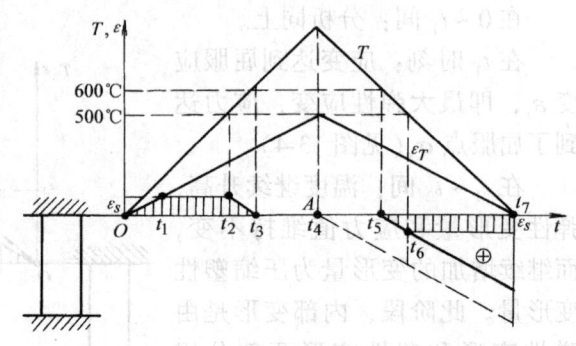

图 13-5 受拘束低碳钢棒加热及冷却过程中的应力和变形 $T_{max} > 600℃$

恢复弹性,处于热塑性状态。杆件在收缩过程中受到约束而被拉伸,产生拉伸塑性变形。原来的压缩塑性变形量将因被不断的拉伸而减少。此阶段属于(热)塑性拉伸过程。

在 t_5 时刻:材料的应变 ε_s 从零开始上升,材料开始恢复弹性。

在 $t_5 \sim t_6$ 间:随着温度降低,材料的应变 ε_s 不断升高,拉伸弹性变形量由零逐渐增大,拉应力不断增大。

值得注意的是,在这个阶段会不产生拉伸塑性变形,同 $a(T - T_0)$ 与 $\varepsilon_s(T)$ 之间大小有关。如果前者大于后者,则会产生拉伸塑性变形,属于弹塑性拉伸过程;反之,只产生拉伸弹性变形。

在 t_6 时刻:材料的屈服应变达到室温下的 ε_s(最大值),此时的弹性变形量也达到了最大值,拉应力达到了室温下的 σ_s。

在 $t_6 \sim t_7$ 间:此时拉应力已经达到了室温下屈服应变(最大值),杆件继续收缩,将产生拉伸塑性变形。直到温度恢复到原始状态。此阶段又属于塑性拉伸过程。

如果金属杆件没有被刚性固定而具有一定的自由度。在上述的热循环情况下,其内部的应力和变形过程,可以采用同样的方法进行分析。从图 13-6a 中可以看出:假定加热时产生了塑性变形,那么在同样条件下,杆件中的残余变形比完全刚性固定时的残余变形要小。对于图 13-6b,金属杆件中的残余应力比完全刚性固定时的残余应力要小。

三、焊接过程中应力和变形的形成

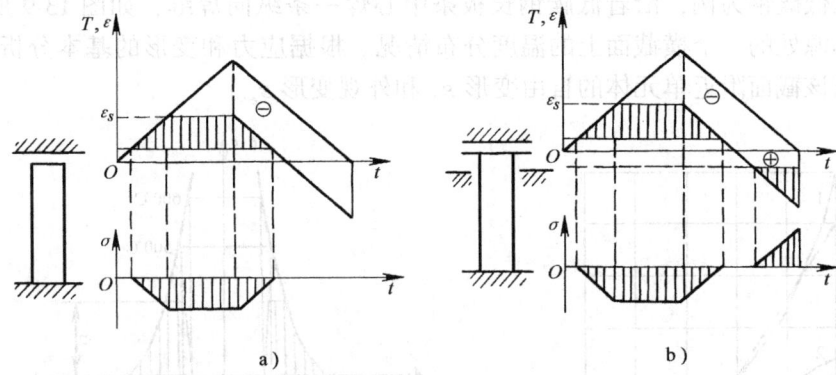

图 13-6 非完全刚性固定时金属棒中的应力与变形

焊接过程中应力和变形的形成的机理和规律与前面的受拘束金属杆件的模型相似,只是在焊接条件下情况更为复杂。

(一) 焊接热过程的特点

焊接热过程比一般热处理的过程复杂得多,它的特点主要表现在三个方面:

(1) 加热的局部性 热源仅作用在焊件上的焊接接头部位,焊件上受到热源直接作用的范围很小。由于焊接加热的局部性,焊件上的温度分布很不均匀,特别是在焊缝附近,温差很大。

(2) 热源的移动性 焊接热源沿着一定方向移动而形成焊缝。金属被连续加热熔化,随后又不断冷却凝固。移动热源在焊件上所形成的是一种准稳定温度场,对它作理论计算也比较困难。

(3) 极高的加热速度和冷却速度

焊接热源可使加热区在极短时间内加热到熔化温度。如电弧焊时加热速度可达 1500℃/s 以上,热源离开后,温度又很快下降。

图 13-7 为低碳钢的力学性能与温度的关系。因此,焊接过程中应力和变形的分析十分复杂,为了简化分析,假设金属的热膨胀系数、热导率、比热容等热物理参数不受温度影响,低碳钢屈服点 σ_s 与温度的关系简化为两条直线段,如图 13-8 虚线所示。

(二) 焊接条件下的应力和变形的分布

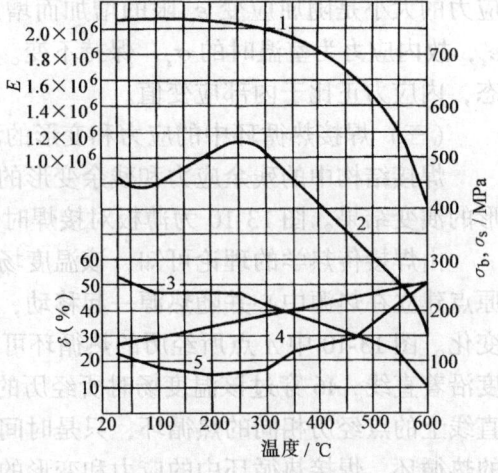

图 13-7 低碳钢的力学性能与温度的关系
1—弹性模量 E 2—抗拉强度点 σ_b 3—屈服点 σ_s
4—膨胀系数 α 5—伸长率 δ

以低碳钢为例，沿着低碳钢长板条中心焊一条纵向焊缝，如图 13-9 所示为接近热源处的一个横截面上的温度分布情况。根据应力和变形的基本分析方法，可找出该截面附近单元体的自由变形 ε_T 和外观变形 ε_e。

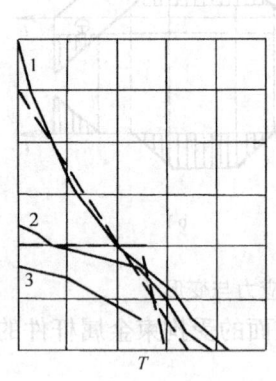

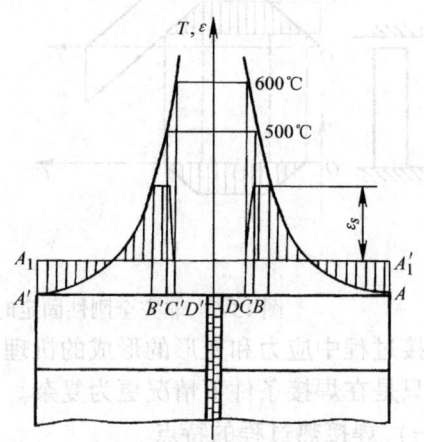

图 13-8　金属屈服点 σ_s 与温度的关系

1—钛合金　2—低碳钢　3—铝合金

图 13-9　低碳钢长板条中心焊接的温度及应力分布

假如端面从 AA' 平移到 A_1A_1'，则 AA_1 为 ε_e，在 DD' 区域内温度超过 600℃，σ_s 可认为是零，不产生应力。该区域不参与内应力平衡。DC 和 $D'C'$ 区域的温度从 600℃ 降至 500℃，屈服应变 ε_s 从零上升到室温时的数值。这两个区域里的内应力的大小是随屈应变 ε_s 限的增加而增加。在 CB 和 $C'B'$ 区域内 $|\varepsilon_e - \varepsilon_T| > \varepsilon_s$，故内应力为室温时的 σ_s，保持不变。AB 和 $A'B'$ 区域内金属完全处于弹性状态，内应力正比于内部应变值。

（三）焊接热循环中的应力和变形的演变

焊接结构中的残余应力和残余变形的分布，取决于焊接热循环中的应力和变形的演变结果。图 13-10 为薄板对接焊时的一个典型温度场。

由焊接传热学的理论可知，该温度场是一个准稳定温度场，如果将坐标系的原点建立在热源中心并随热源一起移动，在动坐标系中各点的温度将不随时间而变化。图 13-10 中 A 点所经历的热循环可以看作热源不动，A 点以热源移动的速度沿着直线 $AA6$ 穿过该温度场时所经历的温度变化。B 点也是如此。显然，同一直线上的点经历相同的热循环，只是时间的先后不同。不同直线上的点经历不同的热循环。焊接热循环中的应力和变形的分析方法，同前面的受拘束金属杆件的分析方法类似。

1. 热循环中不发生相变时的应力和变形的演变　以图 13-10 中的 A 点进行分析。在 A 点处取一单元体。

273

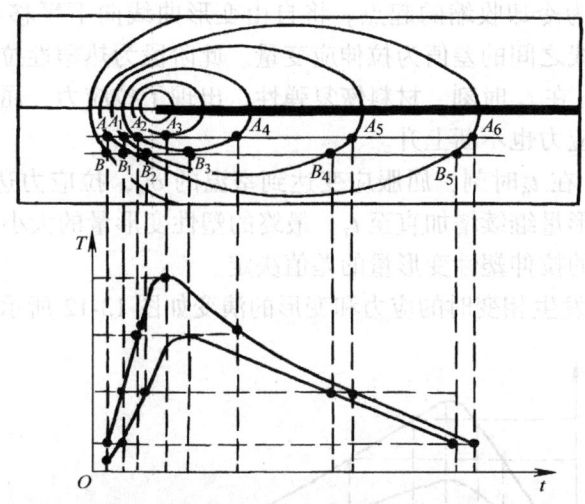

图 13-10 不同点处的热循环

在 $0 \sim t_1$ 间：自由变形 ε_T 大于外观变形 ε_e，此阶段受压，压应力不断上升。在 t_1 时刻，压应力达到了屈服点 σ_s，出现了压缩塑性变形量，如图 13-11 所示。

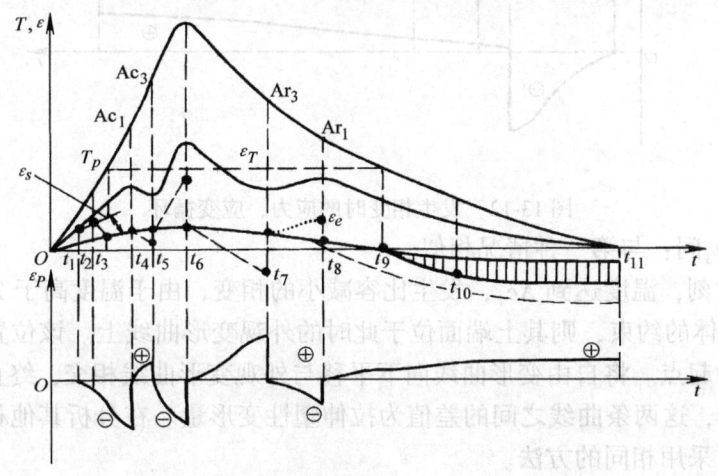

图 13-11 不发生相变时的应力、应变循环

在 $t_1 \sim t_2$ 间：弹性变形和压应力维持不变，压缩塑性变形继续增加。在 t_2 时刻，屈服点开始下降。

在 $t_2 \sim t_3$ 间：弹性变形和压应力不断下降，压缩塑性变形继续增加。在 t_3 时刻，达到塑性温度 T_p，屈服应变下降到零，弹性变形和压应力也下降到零。

在 $t_3 \sim t_4$ 间：热塑性压缩塑性过程。

在 $t_4 \sim t_5$ 间：在 t_4 时刻，压缩塑性变形达到最大值。从 t_4 时刻开始，温度下降，此时若允许 A 点处单元体自由变形，其上端面位于此时的外观变形曲线上。因此，该点为冷却收缩的起点。将自由变形曲线向下平移与外观变形曲线相交，这两条曲线之间的差值为拉伸应变量。此阶段为热塑性拉伸。

在 $t_5 \sim t_6$ 间：在 t_5 时刻，材料恢复弹性，出现了拉应力，屈服应变随温度下降不断上升，拉应力也不断上升。

在 $t_6 \sim t_7$ 间：在 t_6 时刻，屈服应变达到室温的 σ_s，拉应力达到 σ_s 并保持不变，拉伸塑性变形量继续增加直至 t_7。最终的塑性变形量的大小由最大的压缩塑性变形量与最大的拉伸塑性变形量的差值决定。

2. 热循环中发生相变时的应力和变形的演变如图 13-12 所示。

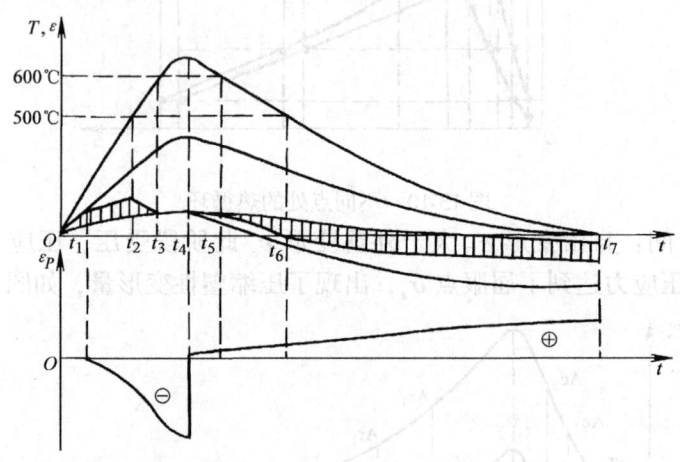

图 13-12　发生相变时的应力、应变循环

在 $0 \sim t_3$ 间：与第一种情况相似。

在 t_4 时刻，温度达到 Ac_1，发生比容减小的相变，由于温度高于 T_p，若解除 A 点处单元体的约束，则其上端面位于此时的外观变形曲线上。该位置为相变区自由变形的起点。将自由变形曲线向下平移与外观变形曲线相交，终止于 Ac_3 对应的 t_5 时刻，这两条曲线之间的差值为拉伸塑性变形量。在分析其他相变区塑性变形时，可采用相同的方法。

在 t_5 时刻，相变结束。由此之后，塑性变形方向逆转，出现压缩塑性变形，直至 t_6 为止。随后温度下降，出现拉伸塑性变形。至 t_7，温度达到 Ar_3，发生比容增大的相变，出现压缩塑性变形。在 t_8 时刻，温度达到 Ar_1，相变结束，此后又出现拉伸塑性变形。在 t_9 时刻，温度达到 T_p，单元体恢复弹性，直至 t_{11}，此时又与第一种情况的 $t_5 \sim t_7$ 相似。最终的塑性变形量的大小由各区间最大的压缩塑性变形量之和与各区间最大的拉伸塑性变形量之和的差值决定。

第二节 焊接残余应力

焊接残余应力是焊接后残留在焊接结构中的应力，它往往是双向或三向的复杂应力状态，通常只研究正应力。为了便于分析，将平行于焊缝方向的应力称为纵向残余应力，用 σ_x 表示。将垂直于焊缝方向的应力称为横向残余应力，用 σ_y 表示，厚度方向的残余应力用 σ_z 表示。

一、焊接残余应力的分布

（一）纵向残余应力 σ_x

纵向残余应力 σ_x 分布的一般规律是：焊缝及其附近区域为拉应力。离开焊缝区，拉应力迅速下降，随后出现压应力，如图 13-13b 所示。

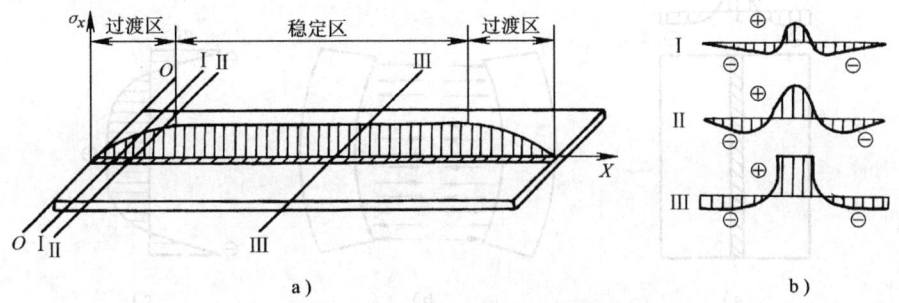

图 13-13 垂直焊缝各截面的 σ_x

σ_x 沿焊缝长度方向的分布并不完全相同，与焊缝的长度等因素有关。长焊缝的中部区域，σ_x 基本保持不变，为稳定区，靠近焊缝两端的部位，σ_x 逐渐降低到零，为过渡区。随着焊缝长度缩短，稳定区逐渐减小，直至消失，图 13-13a。图 13-14 为不同长度焊缝的 σ_x 分布情况。短焊缝比长焊缝中的 σ_x 应力峰值小。如果将长焊缝分段进行焊接，可减少焊件中的 σ_x，这就是焊接工艺中常采用分段焊的主要原因。

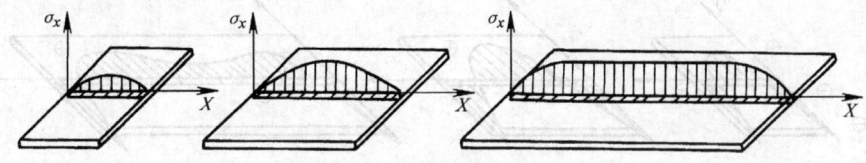

图 13-14 不同长度焊缝的 σ_x

板的宽度不如焊缝长度对纵向残余应力影响的明显，当板的宽度为拉应力区宽度几倍时，宽度的影响可以忽略不计。材质对焊接残余纵向应力的大小和分布影响很大。不同材质的热物理和力学性能，会影响压缩塑性变形量的大小。在材质方面，屈服强度是最主要因素。

（二）横向残余应力 σ_y

横向残余应力的形成机理较纵向残余应力复杂，它由两个组成部分组成：一个是由焊缝及附近塑性区的纵向收缩引起，用 σ'_y 表示；另一个是由焊缝及附近塑性区的横向收缩不同时引起，用 σ''_y 表示。

1. 纵向收缩所引起残余应力 σ'_y　假想沿焊缝中心线将已焊好的对接接头切开，见图 13-15a，则每块板条会像板条边缘堆焊时那样，发生弯曲变形，见图 13-15b。只有在每块板条的上、下端部施加压力、中部施加拉力后才能使板条恢复到原来的位置。由此可以断定，沿焊缝方向的截面上的上、下端部是压应力，中部是拉应力，σ'_y 分布规律如图 13-15c 所示。

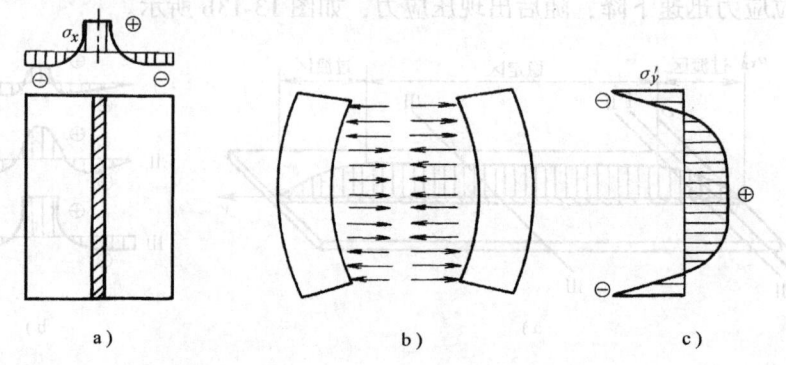

图 13-15　纵向应力 σ_x 引起的横向应力 σ'_y

与焊缝距离不同的截面上，σ'_y 分布是不同的，离焊缝越远，应力值越小。另外，焊缝的长度对 σ'_y 分布也有影响。当长宽比（L/B）增加时，σ'_y 有可能随之增加。当焊缝足够长时，σ'_y 分布规律稍有变化，中部区域的 σ'_y 逐渐减小，见图 13-16，有趋于零的趋势。当板宽较大时（L/B 较小），由于纵向切开后的纵向收缩量很小，所以 σ'_y 很小，此时横向残余应力只能由 σ''_y 决定。

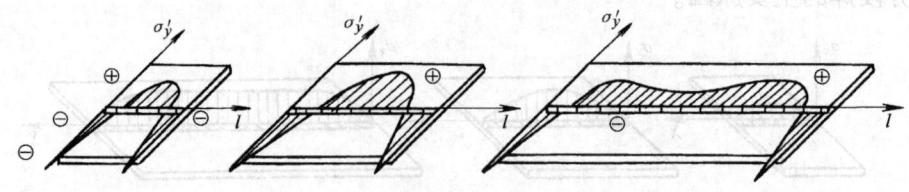

图 13-16　不同长度焊缝的 σ'_y 分布

2. 横向收缩不同时引起 σ''_y　横向收缩的不同时性是热源在移动过程中对材料的加热存在着时间上的先后，冷却存在着相应的先后次序所造成的。在此情况下，不能用前面的长板条同时加热模型来分析 σ''_y。

为了分析焊接横向应力的演变过程，将焊接过程分为三个区段，并认为每个小区段的温度和冷却速度相同，图13-17。

假如当电弧位于某点时，区段Ⅰ的焊缝金属在恢复弹性，区段Ⅱ的金属处于热塑性状态，区段Ⅲ中焊缝区的金属处于熔化状态。随着焊接过程的进行，区段Ⅰ中的金属横向收缩不会受到区段Ⅱ和区段Ⅲ的拘束，换言之，此时区段Ⅰ中的金属横向收缩不会产生横向应力，只是接头宽度有微量的缩小。

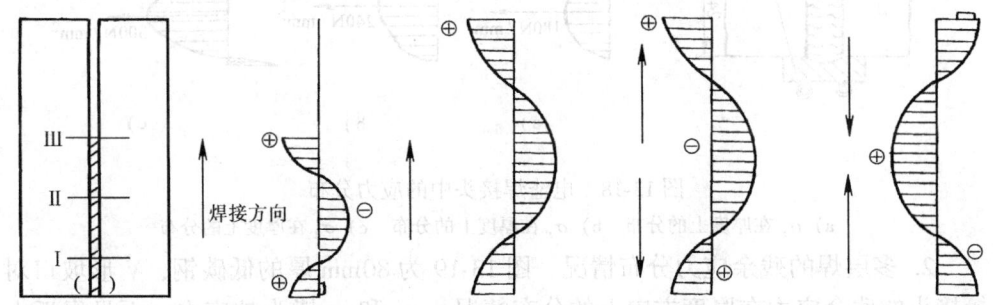

图13-17 焊缝横向收缩不同时性引起的横向应力 σ''_y

当区段Ⅱ恢复到弹性状态并开始横向收缩时，将受到区段Ⅰ的拘束，在区段Ⅱ上端和区段Ⅰ的下端产生横向拉伸应力，在区段Ⅰ和区段Ⅱ结合处附近产生横向压应力，图13-17。此时区段Ⅲ处于热塑性状态时，对区段Ⅱ的横向收缩不起拘束作用。当区段Ⅲ过渡到弹性状态时，其横向收缩必然受到区段Ⅰ和区段Ⅱ的拘束，使 σ''_y 分布区扩展，直到焊完为止。最终的分布规律如图13-17所示。

σ''_y 的分布还与焊接方向有关。如果将一条焊缝分成两段，当采用从中间向两端焊接时，中间的部分先恢复弹性，两端的横向收缩受到中间部位的拘束而产生拉应力，而中间产生压应力，图13-17。如果采用从两端向中间焊接，结果相反，图13-17。若采用分段退焊或分段跳焊，应力分布将出现多次交替的拉应力和压应力，残余应力的峰值较低。

（三）厚板中的残余应力

目前采用的应力测量技术，如电阻应变片、磁测法、X光衍射等，都只能以被测量构件表面的应变变化来确定应力的大小，除了正在研究中超声波测量内应力的技术外，对大厚度结构中残余应力的测量尚缺乏合适的检测技术。

实验表明，当焊接结构构件的厚度超过25mm时，除了有纵向残余应力和横向残余应力以外，还有厚度方向的残余应力。不同的焊接工艺其应力分布规律有较大差别。

1. 电渣焊的残余应力分布情况　图13-18所示为240mm厚的低碳钢电渣焊时的残余应力分布情况。在电渣焊过程中，焊缝的正面和对面都装有水冷铜滑块，因此焊缝在凝固过程中，靠近焊缝正面和背面的金属冷却较快，而中心部位冷却较慢，后者就会受到先凝固的金属的限制，因此中心部位有较高的拉应力。以上残余应力的分布规律与电渣焊的工艺特点密切相关。

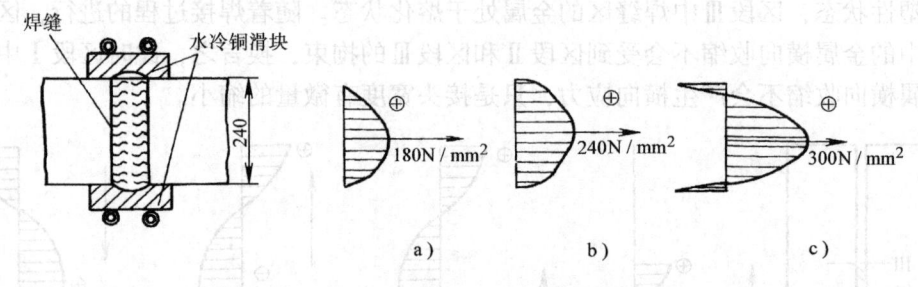

图 13-18　电渣焊接头中的应力分布
a) σ_x 在厚度上的分布　b) σ_y 在厚度上的分布　c) σ_z 在厚度上的分布

2. 多层焊的残余应力分布情况　图 13-19 为 80mm 厚的低碳钢，V 形坡口对接接头的残余应力在厚度方向上的分布情况。σ_x 和 σ_y 皆为拉应力，而且靠近上下表面处的应力值较大，中心部位的应力较小。σ_z 的值较小，可能是压应力，也可能是拉应力。

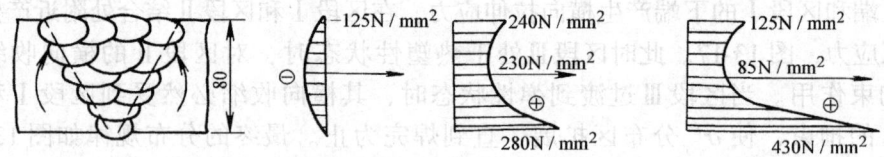

图 13-19　厚板多层焊缝中的应力分布

值得注意的是，σ_y 在焊缝根部附近特别大，有时甚至大大超过了材料的屈服点。产生的原因与多层焊等特点有关。多层焊时，每层焊道都会使焊接接头产生一次角变形，在根部引起相应的拉伸变形，多次塑性变形的结果使得根部焊缝金属塑性耗尽发生硬化，应力不断上升，在较严重的情况下，甚至能够达到抗拉强度，导致接头根部开裂。

二、焊接残余应力对焊接结构性能的影响

焊接结构中的残余应力和残余变形，会影响焊接结构的静载强度、疲劳强度、断裂韧性、结构的刚度、受压稳定性及耐蚀性能等。

（一）残余应力对静载强度的影响

残余应力对静载强度的影响取决于材料的塑性性能。以塑性较好的低碳钢为例，若试板中的纵向残余应力分布如图 13-20a 所示。焊接区的残余拉应力达到了材料的屈服点，两侧为压应力。在外加拉力的作用下其内部产生均匀的拉应力，因此，构件内部的应力是由残余应力和外力产生的拉应力共同作用的结果。

残余应力为拉应力的区域叠加后拉应力上升直至屈服而产生塑性变形,残余应力为压应力的区域叠加逐渐减小继而转变为拉应力。如果材料具有足够的塑性,这个过程会继续下去直到材料全部屈服为止。可见,如果是塑性好的材料,能够达到全面屈服而不破坏,残余应力的存在并不影响其静载强度。

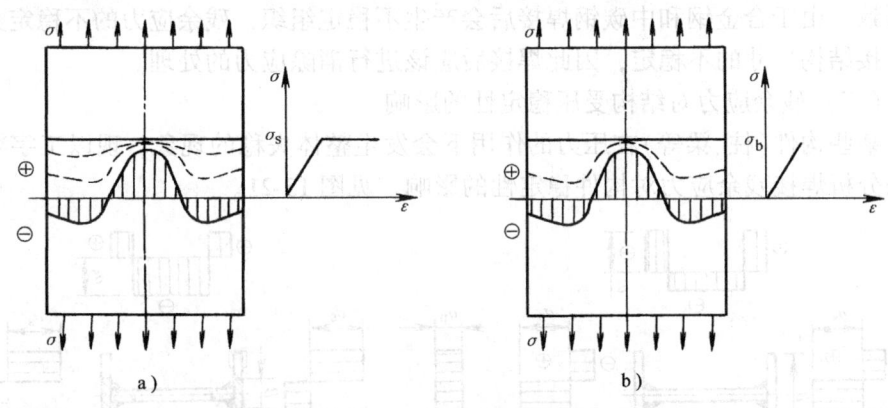

图 13-20 残余应力对材料强度的影响

如果构件是塑性较低的材料,在外力加载的过程,没有足够的塑性变形保证其他部位的材料继续加载,结果是应力峰值高的部位经塑变强化后应力值继续上升最后达到抗拉强度而发生破坏,见图 13-20b。在这种情况下,残余应力的存在会影响其静载强度。

(二) 残余应力对机加工精度的影响

机械加工一般要将工件的部分材料切削掉,如果这部分材料中有残余应力存在,加工会破坏结构中残余应力的平衡状态,残余应力将重新分布,达到新的平衡状态。在 T 形焊件上加工一个平面时,会引起工件的挠曲变形。但工件在加工过程中受到夹具加紧,变形不能发生。加工完毕后松开夹具时变形就会表现出来,破坏了加工面的精度。加工的焊接齿轮箱轴孔时,加工后一个轴孔所引起变形将影响前一个已加工过的轴孔的精度。

保证加工精度的最好办法是先消除焊接内应力然后再进行加工。有时在不消除应力的情况下也可以通过调整机械加工工艺来达到这个目的。如对于上述 T 形焊件,可以分几次加工,每加工一次后适当放松夹具,让变形表现出来,然后垫好工件重新紧固后加工,如此反复,加工量逐次递减。对于上述焊接齿轮箱齿轴孔的加工,避免将一个轴孔全部加工完毕后再加工另一个轴孔,应采用多次交替加工的方法,加工量逐次递减。用这些方法一般能保证加工精度,但比较费时,只有在非常必要时才采用。

一些对精度要求较高的构件(如精密机床的床身、大型量具的框架等)必须考虑完全消除残余应力。30CrMnSi、25CrMnSi、12CrMnMo 和 20CrMnSiNi 等高温合金结构钢焊接后会产生残余奥氏体，这种奥氏体在室温下存放会不断转变成马氏体，残余应力因马氏体的体积膨胀而降低，其降低的百分比远超过低碳钢。35号钢和4Cr13的焊件在室温或稍高于室温条件下存放时，其残余应力有增大倾向。其原因是焊后产生的淬火马氏体逐渐转化为回火马氏体的过程中发生体积缩小所致。由于合金钢和中碳钢焊接后会产生不稳定组织，残余应力的不稳定又导致焊接结构尺寸的不稳定，因此焊接后应该进行消除应力的处理。

（三）残余应力对结构受压稳定性的影响

某些构件（柱、梁等）在压力的作用下会发生整体失稳的现象。现以工字梁为例来分析焊接残余应力对构件稳定性的影响。见图13-21。

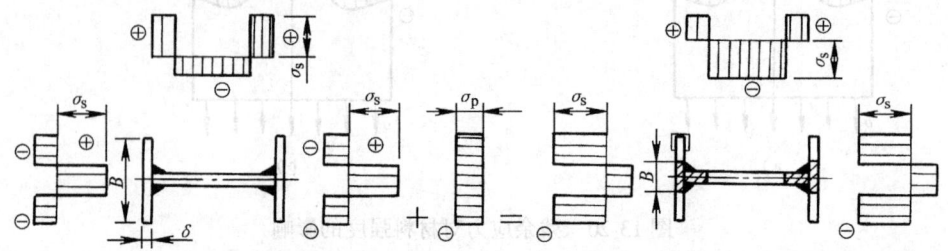

图13-21 受压焊接构件工作时的应力分析

外载引起的压应力与构件中的残余压应力叠加，使该区域的应力值可能达到屈服点而丧失进一步外力的能力，相当于减小了构件的有效承载能力。σ_{cr}正比于I，反比于F，如果弹性强度σ_p使残余压应力区域达到屈服点，那么加载前（$K=\pi^2 E/l^2$，腹板的惯性矩忽略不计）：

$$\sigma_{cr}=K\frac{I}{F}=K\frac{2\cdot B^3\cdot \delta/12}{B\cdot \delta}=\frac{B^2}{6}K$$

加载后：

$$\sigma'_{cr}=K\frac{I'}{F'}=K\frac{2\cdot B'^3\cdot \delta/12}{B'\cdot \delta}=\frac{B'^2}{6}K$$

由于$B'<B$，所以$\sigma'_{cr}<\sigma_{cr}$，即残余压应力的存在会降低临界应力。如果内应力的分布与上述情况相反，即翼缘的两边为拉应力，使有效面积分布在远离中性轴的位置，则情况大有好转。气割加工或由几块板叠焊，可以达到这种效果，从而提高结构的稳定性。

内应力的影响只在一定长细比范围内的构件中起作用。当长细比λ较大（>150），它的临界应力本来就很低，或当内应力较小时，外载与残余内应力之和在失稳时仍未达到σ_s，则内应力对稳定性不会产生影响。当λ较小（<30），相对偏心不大（<0.1），临界应力取决于构件的全面屈服，内应力也不产生影响。

（四）焊接残余应力对刚度的影响

当构件中存在着达到 σ_s 的残余应力且外力与它的方向相同时，则构件的刚度会降低。焊接结构经过一次加载和卸载后，如再次加载的载荷不超过前一次，残余应力不影响结构的刚度，外载也不影响残余应力的大小。这个结论只适用于静载，对频率较高的动载不适用。

（五）残余应力对应力腐蚀开裂的影响

应力腐蚀开裂（应力腐蚀）是在拉应力和腐蚀介质的共同作用下产生裂纹的一种现象。例如低碳钢在 NaOH、NH_4NO_3 溶液，干燥的 NH_3、H_2S 等介质中，18-8 奥氏体钢在 Mg_2Cl 和氯化物及水气中承受拉力时可能出现裂纹。

首先，局部腐蚀形成的微小蚀坑造成应力集中，产生微小裂纹。然后，在腐蚀的作用下，金属从裂纹尖端不断被腐蚀掉，在应力的作用下又产生新表面，这些新表面又腐蚀掉。这个过程不断地进行使裂纹不断扩展。最后，当裂纹扩展到临界值时，裂纹就在应力的作用下快速扩展造成脆性断裂。

应力腐蚀引起的断裂所需的时间与应力的大小有关。图 13-22 是 18-8 和 25-20 两种铬镍不锈钢的应力与断裂时间关系。在曲线以下不发生断裂，在曲线以上发生断裂。可见应力越大，发生断裂的时间越短。反之，发生断裂的时间越长。

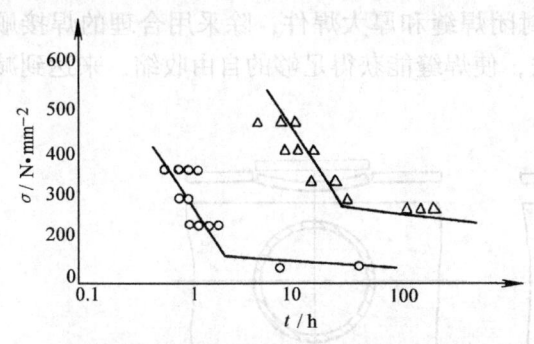

图 13-22　不锈钢的应力腐蚀开裂
○—Cr18Ni9Ti　△—Cr25Ni20 在 42% $MgCl_2$ 沸腾溶液中

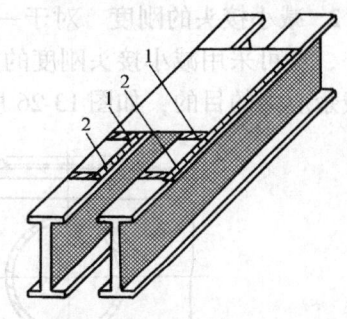

图 13-23　按受力大小
确定焊接顺序
1—对接焊缝　2—角焊缝

因此对于在腐蚀性介质中工作的焊接结构，应采用消除残余应力的措施，特别是残余拉应力。但残余压应力有助于提高抗腐蚀开裂性能。另外，还可采用涂保护涂层，在介质中加入缓蚀剂等措施。

三、焊接残余应力的控制和消除措施

（一）在焊接过程中调节应力

在焊接过程中采用一些工艺措施，可以降低残余应力的峰值，调整应力的分布，改善焊接接头的性能，这些措施主要有：

1. 采用合理的焊接顺序和方向　尽量让焊缝能自由收缩。一般先焊收缩量大的焊缝，例如图 13-23 中的双工字梁构件，先焊盖板的对接焊缝 1，然后焊盖

板与工字梁的角焊缝 2，使对接焊缝能自由收缩，减小内应力。

为了提高焊接接头强度，先焊工作应力较大的焊缝。如图 13-24 所示的工字梁接头，先焊受力最大的对接焊缝 1，然后再焊对接焊缝 2，最后焊角焊缝 3。这样的焊接顺序可以使受力大的焊缝 1 和 2 得到自由收缩，使内应力减小。焊完角焊缝 3 后，其横向收缩能使翼板的对接焊缝中残余应力进一步减小。

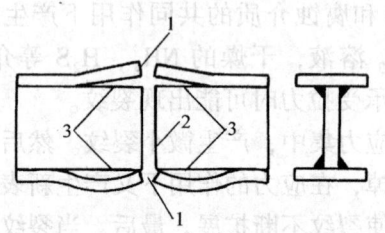

图 13-24　按受力大小确定焊接顺序　　　图 13-25　按焊缝布置确定焊接顺序
1、2—对接焊缝　3—角焊缝　　　　　　　1、2—短焊缝　3—长焊缝

在焊接图 13-25 所示的拼板时，先焊错开的短焊缝 1 和 2，再焊长焊缝 3，若焊接顺序相反，则短焊缝的横向收缩受到限制会产生很大的拉应力。

2. 减小接头的刚度　对于一些封闭焊缝和厚大焊件，除采用合理的焊接顺序外，还可采用减小接头刚度的方法，使焊缝能获得足够的自由收缩，来达到减小残余应力的目的，如图 13-26 所示。

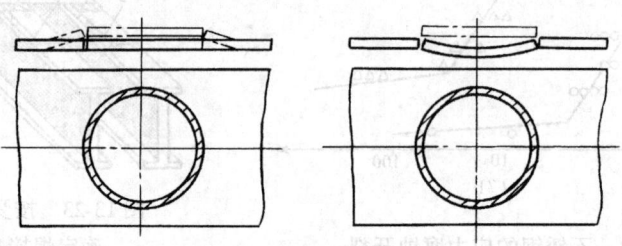

图 13-26　降低局部刚度减小内应力

3. 采用局部加热法　该方法是利用在局部的加热产生膨胀伸长，使焊接区产生与焊缝收缩时相反的变形，在冷却时，加热区的收缩和焊缝收缩一致，从而使焊缝能自由收缩，降低内应力。另外，由于预热的作用，减小了温度梯度，也使内应力减小。利用此方法，在修复如图 13-27 所示的皮带轮的轮辐时，在需修复的轮辐两侧的轮缘处进行加热（图 13-27a），使待修复部位产生径向拉开，随后进行焊接修复。若需修复轮缘，则在需修复部位两侧的轮辐上进行加热（图 13-27b），使待修复的轮缘处产生周向张开，然后进行焊接修复。采用这种方法可明显降低焊接部位的残余应力。

（二）焊后消除应力的措施

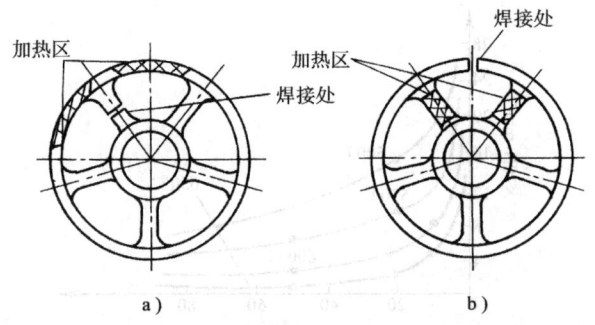

图 13-27 局部加热降低内应力

1. 机械拉伸法（过载法） 通过拉伸加载，拉应力区在外力的作用下产生拉伸塑性变形。它与焊接时产生的压缩塑性变形相抵消，拉伸量越大，压缩塑性变形抵消得越多，内应力也消除得越彻底。其原理见图 13-28。当外界使截面全面屈服时，内应力可以全部消除。

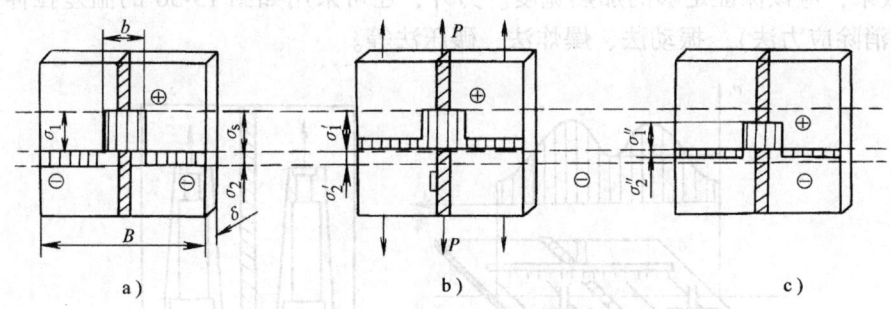

图 13-28 加载降低内应力
a) 加载前的内应力分布　b) 加载后的内应力分布
c) 卸载后的内应力分布

机械拉伸法对塑性好的材料很实用。特别对是焊接容器消除内应力，对于这类结构，不需要专门的拉伸装置，可通过水压试验来进行，采用一定的过载系数。水压试验的介质温度最好高于材料的脆性断裂临界温度，以免发生结构脆断。

2. 焊后热处理 焊后热处理是将焊接结构整体或局部均匀加热到某一合适的温度，在该温度下保持预定的时间，然后使其均匀冷却到室温。目前常用的加热方式有电阻加热、感应加热、火焰加热和远红外加热等。

（1）整体高温回火 消除内应力的效果主要取决于加热温度、材料的成分和组织、应力状态以及保温时间。同一种材料，回火温度越高，时间越长，应力消除对越彻底。如图 13-29 所示为低碳钢在 500℃、550℃、600℃ 和 650℃ 下，经过不同的时间保温后内应力消除的情况。

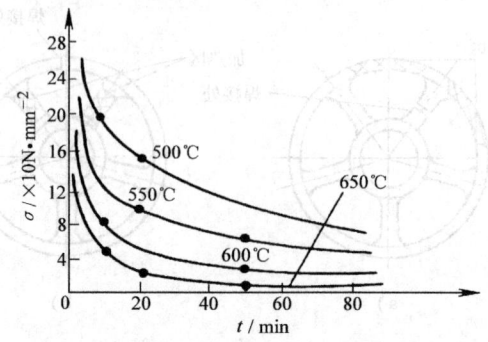

图 13-29　消除内应力退火温度与时间的关系

（2）局部高温回火　在焊缝周围的一个局部区域进行加热，消除应力的效果不如整体回火。它只能降低应力峰值，不能完全消除应力。局部处理可以改善焊接接头的力学性能。效果与加热时温度场的分布有关。为了得到较好的降低应力的效果，应该保证足够的加热宽度。另外，还可采用如图 13-30 的温差拉伸法（低温消除应力法）、振动法、爆炸法、碾压法等。

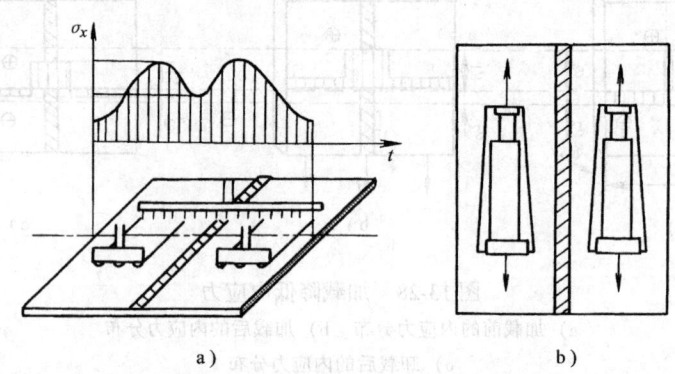

图 13-30　温差拉伸法消除内应力

四、焊接残余应力的测定

残余应力测定的方法很多，按其对结构是否破坏，可分为完全破坏、半破坏和无损法。若按测试原理，又可分为应力释放法和物理法等。

（一）应力释放法

基本原理是利用构件经过机械加工后，被加工的部分应力释放，使残余应力重新分布，产生应变。利用应力应变关系便可求出应力。这种方法简单可靠，易于实施，缺点是被测工件会受到不同程度的破坏。应力释放法又可分为如下几种：

1. 切条法　将待测构件先划分成几个区域，在待测点处贴应变片或加工机械引伸计所需的标距孔,测定它们的原始读数,然后在各测定点间切出梳状切口,见图13-31。使内应力释放,再测出由于应力释放而引起的应变量。由公式得:

$$\sigma_x = -E\varepsilon_x$$

在这种测量方法中,变形性质与残余应力性质恰好相反,若残余应力为拉应力,分割后释放应变是负值;反之,应变是正值。切条窄越,测量精度越高。如果要测定横向残余应力,需要按照垂直于焊缝方向设置应变片而进行分割。如果残余应力是二维的(平面应力),可采用两个互成90°应变片,其方向与主应力方向相同来进行测量 ε_x 和 ε_y。再由公式得:

$$\sigma_x = -\frac{E}{1-\mu^2}(\varepsilon_x + \mu\varepsilon_y)$$

$$\sigma_y = -\frac{E}{1-\mu^2}(\varepsilon_y + \mu\varepsilon_x)$$

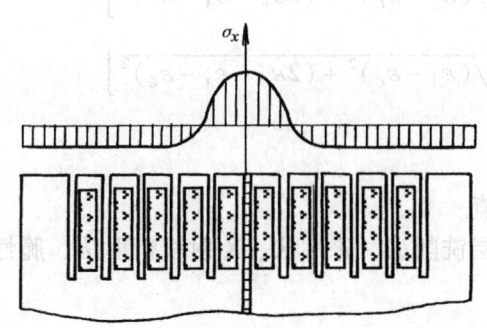

图13-31 切条法示意图

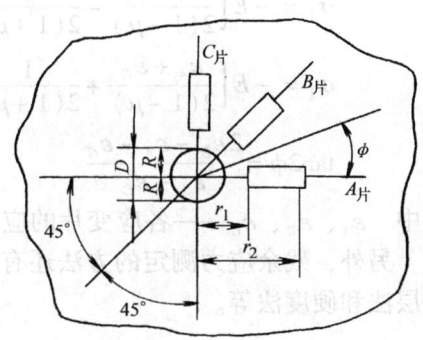

图13-32 钻孔法

为了充分释放内应力,窄条的宽度应该尽量小,使其小于焊缝纵向塑性变形区宽度的一半。这种方法易于掌握,简单可靠。但是测量构件受到破坏,属于全破坏法,常用于实验验证手段,是校核其他测量方法的基础。

2. 小孔(盲孔)释放法 属于半破坏法。在应力场中钻一小孔,应力的平衡被破坏将会重新分布。通过测定小孔周围的应变变化,利用弹性力学来计算小孔处的应力。图13-32中共有三个各成45°的应变片,主应力和它的方向按下式推算:

$$\sigma_1 = \frac{\varepsilon_A(k_1 + k_2\sin\gamma) - \varepsilon_B(k_1 - k_2\cos\gamma)}{2k_1k_2(\sin\gamma + \cos\gamma)}$$

$$\sigma_2 = \frac{\varepsilon_A(k_1 + k_2\cos\gamma) - \varepsilon_B(k_1 - k_2\sin\gamma)}{2k_1k_2(\sin\gamma + \cos\gamma)}$$

式中

$$k_1 = \frac{(1+\mu)R^2}{2r_1r_2E}$$

$$k_2 = \frac{2R^2}{r_1 r_2 E}\left(-1 + \frac{R^2(1+\mu)}{4} \frac{r_1^2 + r_1 r_2 + r_2^2}{r_1^2 r_2^2}\right)$$

$$\gamma = -2\phi = \tan^{-1}\left(\frac{2\varepsilon_B - \varepsilon_A - \varepsilon_C}{\varepsilon_A - \varepsilon_C}\right)$$

该方法在应力释放法破坏性最小，可用 $\phi 2mm \sim \phi 3mm$ 的盲孔，孔深达 $(0.8 \sim 1)D$ 时各应变片的值趋于稳定。采用盲孔法时，k_1 和 k_2 由实验来标定。

3. 套孔法　属于半破坏法。采用套料钻孔加工环形孔来释放应力，见图 13-33。如果在环形孔内贴上应变片或加工标距孔，利用应力释放后测出的应变量可求出应力值。计算公式为：

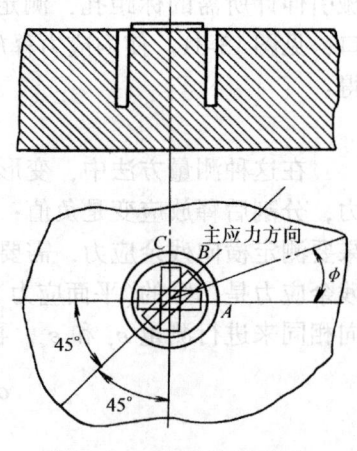

图 13-33　套孔法示意图

$$\sigma_1 = -E\left[\frac{\varepsilon_A + \varepsilon_C}{2(1-\mu)} - \frac{1}{2(1+\mu)}\sqrt{(\varepsilon_A - \varepsilon_C)^2 + (2\varepsilon_B - \varepsilon_A - \varepsilon_C)^2}\right]$$

$$\sigma_1 = -E\left[\frac{\varepsilon_A + \varepsilon_C}{2(1-\mu)} + \frac{1}{2(1+\mu)}\sqrt{(\varepsilon_A - \varepsilon_C)^2 + (2\varepsilon_B - \varepsilon_A - \varepsilon_C)^2}\right]$$

$$\tan 2\phi = \frac{2\varepsilon_B - \varepsilon_A - \varepsilon_C}{\varepsilon_A - \varepsilon_C}$$

式中　ε_A、ε_B、ε_C——各应变片的应变值。

另外，残余应力测定的方法还有逐层铣削法、磁性法、X 射线衍射法、脆性涂层法和硬度法等。

第三节　焊接残余变形

焊接残余变形产生主要由焊接热循环中产生的压缩塑性变形所致，由于塑性变形不可恢复，导致结构收缩而缩短。

一、焊接残余变形的基本形式

焊接残余收缩主要表现在两个方面：①沿焊缝长度方向的收缩，称为纵向收缩；②沿着垂直于焊缝长度方向的收缩，称为横向收缩。焊接残余变形的表现形式多种多样，其实质是这两种基本收缩的综合效果。焊接残余变形的表现形式大致可分为下列七类，即焊件在焊缝方向发生的纵向收缩变形（图 13-34a）；焊件在垂直焊缝方向发生的横向收缩变形（图 13-34b）；挠曲变形（翘曲变形见图 13-35；焊件的平面围绕焊缝产生的角位移，称为角变形（图 13-36）；发生在承受的压力薄板结构中波浪变形或失稳变形（图 13-37）；两焊件的热膨胀不一致，发生的长度方向的错边，或厚度方向的错边（图 13-38）；以及焊件发生的扭曲变形（图 13-39）。

开放形的断面结构(如工字梁)如果在点焊固定后不采用适当的夹具夹紧和正确的焊接顺序可能会产生螺旋形变形。这是因为角变形沿焊缝长度上逐渐增加,使构件扭转。改变焊接次序和方向,把两个相邻的焊缝同时向同一方向焊接,可以克服这种变形。

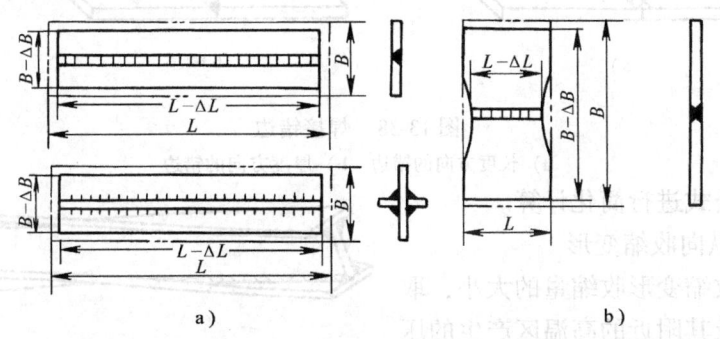

图 13-34 收缩变形
a) 纵向收缩变形 b) 横向收缩变形

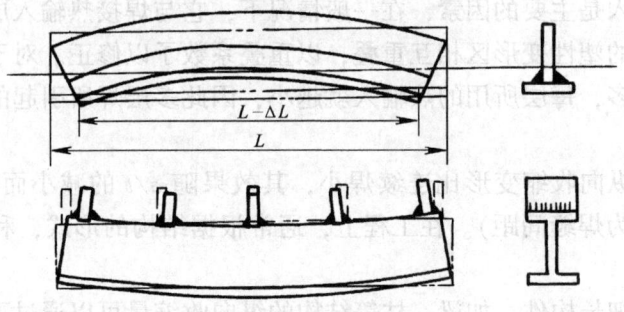

图 13-35 翘曲变形

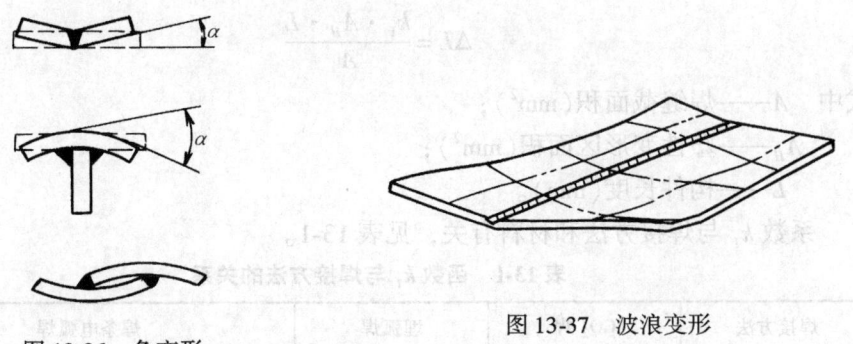

图 13-36 角变形　　　　图 13-37 波浪变形

二、焊接残余变形的计算及影响因素

从理论上精确计算焊接残余变形量的大小目前是十分困难的,在工程上通常

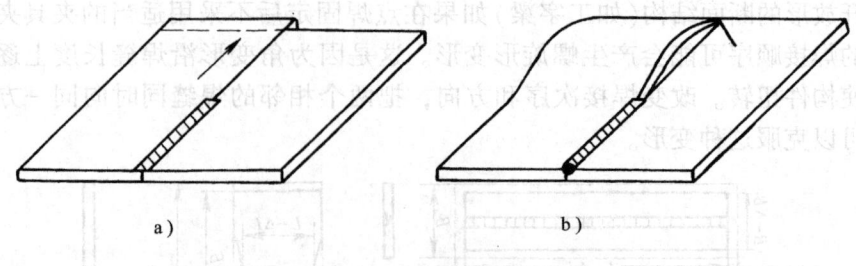

图 13-38　焊接错边
a) 长度方向的错边　b) 厚度方向的错边

采用经验公式进行简化计算。

(一) 纵向收缩变形

纵向收缩变形收缩量的大小,取决于焊缝及其附近的高温区产生的压缩塑性变形量。影响纵向收缩量大小

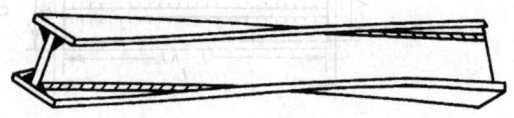

图 13-39　扭曲变形

的因素很多,主要包括焊接方法、焊接参数、焊接顺序以及材料的热物理参数。其中焊接热输入是主要的因素,在一般情况下,它与焊接热输入成正比。多层焊时,由于产生的塑性变形区相互重叠,以重叠系数予以修正。对于同样截面积的焊缝,分层越多,每层所用的热输入就越小,因此多层焊所引起的纵向收缩比单层焊小。

间断焊的纵向收缩变形比连续焊小,其效果随 a/t 的减小而提高 (a 为分段焊缝的长度, t 为焊缝间距)。在工程上,通常根据结构的形式,利用经验公式进行简化计算。

对于钢质细长构件,如梁、柱等结构的纵向收缩量可以通过下式估算单层焊的纵向收缩量 ΔL:

$$\Delta L = \frac{k_1 \cdot A_H \cdot L}{A}$$

式中　A——焊缝截面积(mm^2);

　　　A_H——塑性变形区面积(mm^2);

　　　L——构件长度(mm)。

系数 k_1 与焊接方法和材料有关,见表 13-1。

表 13-1　函数 k_1 与焊接方法的关系

焊接方法	CO_2 焊	埋弧焊	焊条电弧焊	
材料	低碳钢	低碳钢	低碳钢	奥氏体钢
k_1	0.043	0.071 ~ 0.076	0.048 ~ 0.057	0.076

多层焊的纵向收缩量，将上式中 A_H 改为一层焊缝金属的截面积，并将所计算的结果乘以系数 k_2。其中：$k_2 = 1 + 85 \cdot \varepsilon_s \cdot n$

式中　$\varepsilon_s = \dfrac{\sigma_s}{E}$

　　　n——层数

对于两面有角焊缝的 T 形接头，由上面公式计算的收缩量乘以系数 1.15 ~ 1.40（式中的 A_H 系指一条角焊缝的截面积）。奥氏体钢的热膨胀系数大于低碳钢，其变形比低碳钢大。

（二）横向收缩变形

横向收缩变形的计算比较复杂，有很多经验公式，下面给出一个对接接头的横向收缩量的估算公式，可作参考：

$$\Delta B = 0.18 \dfrac{A_H}{\delta} \quad (\text{mm})$$

式中　ΔB——对接接头的横向收缩量(mm)；

　　　A_H——焊缝截面积(mm^2)；

　　　δ——板厚(mm)。

（三）挠曲变形（弯曲变形）

当塑性变形区偏离构件截面形心，导致纵向收缩或横向收缩的假想应力偏离构件截面的中性轴线方向而产生的弯曲变形。构件的挠曲计算公式为：

$$f = \dfrac{ML^2}{8EI} = \dfrac{P_f \cdot eL^2}{8EI}$$

对于钢制构件单道焊缝的挠度可用下式估算：

$$f = \dfrac{k_1 A_H eL^2}{8I}$$

多层焊或双面焊缝的挠度以上式的结果乘以与纵向收缩公式中相同的系数 k_2。

（四）角变形

角变形的计算比较困难，不同形式的接头，角变形具有不同的特点。角变形的大小通常根据实验以及经验数据来确定。

1. 堆焊　堆焊是在焊接的表面进行的金属熔敷，因此，堆焊时焊缝正面的温度明显高于背面的温度，会产生较大的角变形。其温度差越大，角变形越大。由于温度与焊接热输入量有关，所以热输入较大时，角变形也相应较大。但是，当热输入增大到某一临界值时，角变形不再增加，出现减小的现象，如图 13-40 所示。这是因为热输入的进一步增加，使得沿厚度方向的温度梯度减小所致。

2. 对接接头　对接接头的坡口角度和焊缝截面形状对角变形的影响较大。坡口越大，厚度方向的横向收缩越不均匀，角变形越大。对称的双 Y 形比 V 形角变形小，但不一定能够使角变形完全消除。对接接头的角变形不但与坡口形式和焊缝截面积有关，还与焊接方式有关。同样的板厚和坡口形式，多层焊比单层焊的角变形大，层数越多，角变形越大；多道焊比多层焊的角变形大。在采用双Y、双U形式的坡口，如果不采用合理的焊接顺序，仍然会产生角变形。一般应两面交替焊接，最好的方法是两面同时焊接。薄板焊接时，由于正反两面温度差较小，角变形没有明显的规律性。

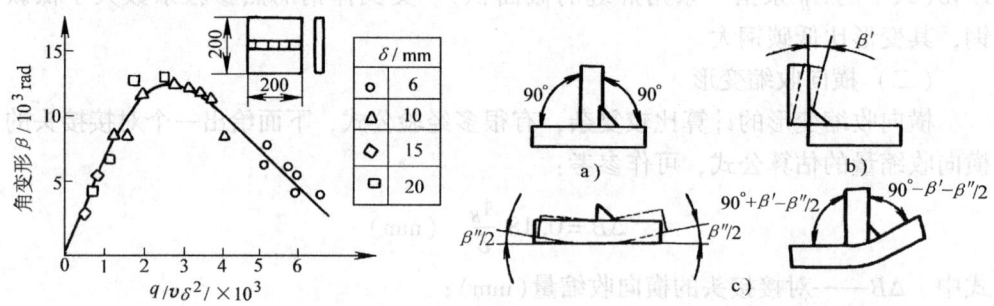

图 13-40　角变形与 $q/v\delta^2$ 的关系曲线　　图 13-41　T形字接头角焊缝产生的各种角变形

3. T形接头　T形接头的角变形包括筋板相对与主板的角变形和主板自身的角变形两部分。前者相当于对接接头的角变形，不开坡口的角焊缝相当于坡口 90°的对接接头产生的角变形，见图 13-41b 中 β'。主板的角变形相当于堆焊产生的角变形，见图 13-41c 中 β''。通过开坡口，可以减小筋板与主板之间的焊缝夹角，降低 β' 值。减少金属量，可以降低 β'' 值。低碳钢各种板厚和焊角 K 的丁字接头的角变形可参照图 13-42 估计。

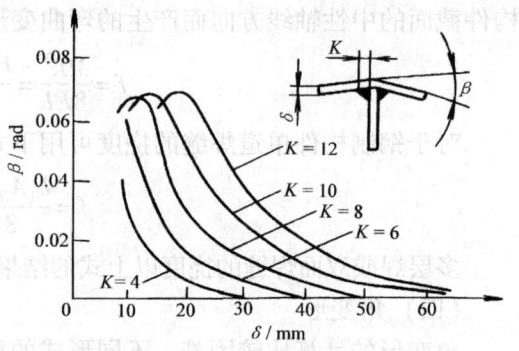

图 13-42　板厚及焊角与T形接头角变形的关系曲线

三、焊接残余变形的控制与矫正

焊接残余变形的存在对焊接结构的制造精度及使用性能有很大的影响，因此常常在生产过程中采用一些措施对变形进行控制，在生产后对焊接残余变形进行矫正。

（一）控制焊接变形的措施

控制焊接变形的措施主要有工艺措施和设计措施。设计上如果考虑得比较周到，注意减少焊接变形，能够比单纯从工艺的措施更有效地控制焊接变形。

1. 设计措施　包括以下几个方面：

(1) 合理选择焊件尺寸 焊件的长度、宽度和厚度等尺寸焊接变形有明显影响。以角焊缝为例，板厚对于角焊缝的角变形影响较大。当厚度达到某一数值（钢，约为9mm；铝，约为7mm）时，角变形最大。另外，在焊接薄板结构时会产生较大的波浪变形。在焊接细长结构时，会产生弯曲变形。因此，需要精心设计焊接结构的尺寸参数（如厚度、宽度、长度和间距等）。

(2) 合理选择焊缝尺寸和坡口形式 焊缝尺寸过大，焊接工作量大、填充金属消耗量大，焊接变形也越大。因此，在设计焊缝尺寸时，在保证结构承载能力的条件下，应尽量采用较小的焊缝尺寸。但是，较小的焊缝尺寸由于冷却速度过快，又容易产生焊接缺陷如焊接裂纹、热影响区硬度过高等。表13-2 列出了不同厚度典型钢板的最小角焊缝尺寸。表中的板厚为两板厚度中的较大者。

表13-2 角焊缝最小角焊缝尺寸

板厚/mm	最小角焊缝尺寸 K/mm	
	3号钢	16Mn钢
7~16	4	6
17~22	6	8
23~32	8	10
33~50	10	12
>50	12	—

由于低合金钢对冷却速度比较敏感，所以在同样厚度条件下，最小焊角尺寸应比低碳钢焊角尺寸大些。

合理地设计坡口形式也有利于控制焊接变形。例如，双 Y 形坡口的对接接头角变形明显小于 V 形坡口对接接头的角变形。但是，为了使双 Y 坡口对接接头角变形消除，还要进一步精心设计坡口的具体尺寸。

对于受力较大的丁字接头和十字接头，在保证相同强度的条件下，采用开坡口的焊缝不仅比不开坡口的角焊缝焊缝金属量小，能有效地减小焊接变形。尤其对厚板接头意义更大。除了坡口形状和尺寸要精心设计外，还要注意坡口位置的设计。

(3) 尽量减少不必要的焊缝 焊接结构应该力求焊缝数量少。在设计焊接结构时，有时为了减轻结构的重量需要而选用板厚较薄的构件，采用加强筋板来提高结构的稳定性和刚度。如果使用加强筋板数量过多，将大大地增加装配和焊接的工作量，经济差，焊接变形量也较大。因此需要选择合适的板厚和筋板数量，使焊缝节省。

(4) 合理安排焊缝位置 应该力求使焊缝位置对称于焊接结构的中性轴，或者接近于中性轴，避免焊接结构的弯曲变形。

焊缝对称于中性轴，有可能使焊缝引起的弯曲变形相互抵消。焊缝接近于中性轴，可以减小由焊缝收缩引起的弯曲力矩，使构件的弯曲变形也会减小。焊缝的对称布置在很大程度上取决于结构设计的对称性，所以在设计焊接结构时，应该力求使结构对称。

2. 工艺措施　包括以下几个方面：

（1）反变形法　通过焊前估算结构变形的大小和方向，然后在装配时给于一个相反方向的变形量，使之与焊后构件的焊接变形相抵消，达到设计的要求。这是生产中最常用的方法。反变形法一般有自由反变形法（图13-43a）；塑性反变形法图(13-43b)；弹性反变形（图13-43c）等几种方式。如果能够精确的控制塑性反变形量，可以得到没有角变形的角焊缝，否则得不到良好的效果。正确的塑性预弯曲量随着板厚、焊接条件和其他因素的不同而变化，而且弯曲线必须与焊缝轴线严格配合，这些都给生产带来困难，实际中很少采用。角焊缝通常采用专门的反变形夹具，将垫块放在工件下面，两边用夹具夹紧，变形量一般不超过弹性极限变形量，这种方法比塑性反变形法更可靠，即使反变形量不够准确，也可以减少角变形，不至于残留预弯曲的反变形。

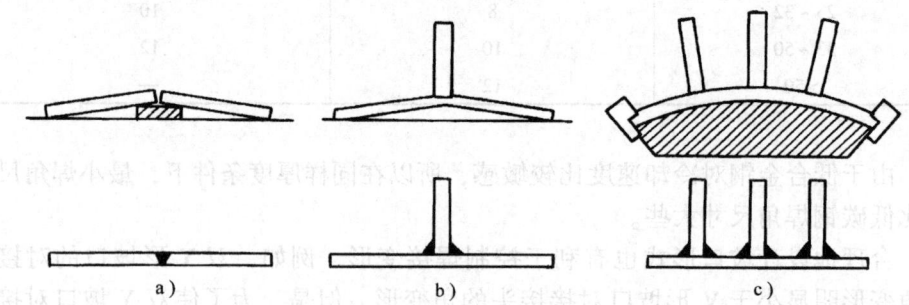

图13-43　减少焊接变形的反变形法
a）自由反变形法　b）塑性反变形法　c）弹性反变形

（2）刚性固定方法　这个方法是在没有反变形的条件下，将焊件加以固定来限制焊接变形。采用这种方法，只能在一定程度上减小变形量，效果不及反变形法。但用这种方法来防止角变形和波浪变形，效果较好。例如，焊接法兰盘时采用直接点固，或压在平台上，或两个法兰盘背对背地固定起来，见图13-44。

（3）合理选择焊接方法及焊接规范　选用热输入较低的焊接方法，可以有效防止焊接变形。焊缝不对称的细长结构有时可以选用合适的热输入而不必采用反变形或夹具克服挠曲变形。如图13-45中的构件，焊缝1、2到中性轴的距离大于焊缝3、4到中性轴的距离，若采用相同的规范焊接，则

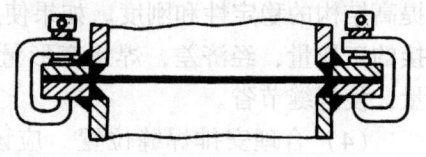

图13-44　刚性固定法焊接法兰盘

焊缝1、2引起的挠曲变形大于焊缝3、4引起的挠曲变形,两者不能抵消。如果把焊缝1、2适当分层焊接,每层采用小热输入,则可以控制挠曲变形。

如果焊接时没有条件采用热输入较小的方法,又不能降低焊接参数,可采用水冷或铜冷却块的方法限制和缩小焊接热场分布的方法,减少焊接变形。

(4) 采用合理的装配焊接顺序　设计装配焊接顺序主要是考虑不同焊接顺序的焊缝产生的应力和变形之间的相互影响,正确选择装配焊接顺序可以有效地控制焊接变形。如图13-46所示的加盖板的工字梁,可以采用三种方案进行焊接。

1) 方案1:先把隔板与槽钢装配在一起,焊接角焊缝3,角焊缝3的大部分在槽钢的中性轴以下,它的横向收缩产生上挠度 f_3。再将盖板与槽钢装配起来,焊接角焊缝1,角焊缝1在构件断面的中性轴以下,它纵向收缩引起上挠度 f_1。最后焊接角焊缝2,角焊缝2也位于断面的中性轴以下,它的横向收缩产生上挠度 f_2。构件最终的挠曲变形为 $f_1+f_2+f_3$。

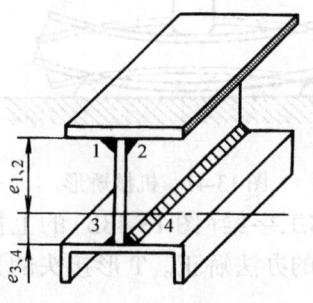

图13-45　防止非对称截面挠曲变形的焊接

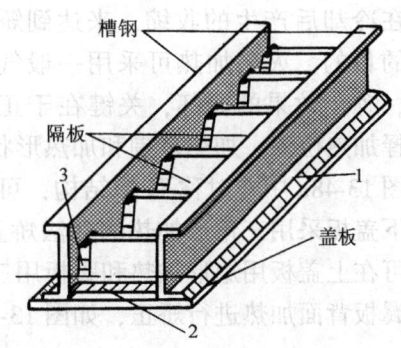

图13-46　带盖板的双槽钢焊接梁

2) 方案2:先将槽钢与盖板装配在一起,焊接角焊缝1,它纵向收缩引起上挠度 f_1。再装配隔板,焊接角焊缝2,它的横向收缩产生上挠度 f_2。最后焊接角焊缝3,此时角焊缝3的大部分在构件断面的中性轴以上,它的横向收缩产生下挠度 f'_3。构件最终的挠度为 $f_1+f_2-f'_3$。

3) 方案3:先将隔板与盖板装配在一起,焊接角焊缝2,盖板在自由状态下焊接,只能产生横向收缩和角变形,若采用压板将盖板紧压在平台上是可以控制角变形的。此时盖板没有与槽钢连接,因此焊缝2的收缩不引起挠曲变形,$f_2=0$。再装配槽钢,焊接角焊缝1,引起上挠度 f_1。最后焊接角焊缝3,引起下挠度 f'_3。构件最终的挠度为 $f_1-f'_3$。

比较以上三种方案可以看出,不同的装配焊接顺序导致不同的变形结果,第一种方案挠曲变形最大,第三种最小,第二介于第一种和第三种之间。

(二) 矫正焊接变形的方法

尽管在焊接结构的设计中和生产中采取的许多控制焊接变形的措施,但是焊接残余变形难以完全消除。在必要时，我们还必须对焊接结构使残余变形进行矫正。矫正焊接残余变形方法一般分为两大类：

1. 机械矫正法　利用外力使构件产生与焊接变形方向相反的塑性变形，使两者相互抵消。在薄板结构中，如果焊缝比较规则(直焊缝或环焊缝)，采用圆盘形辊轮辗压焊缝及其两侧，使之伸长来达到消除焊接残余变形的目的。这种方法效率高，质量也好。对于塑性较好的材料(如铝)效果更佳。

图 13-47 为用加压机械来矫正工字梁焊接变形的例子。除了采用压力机外，还可以用锤击法来延展焊缝及其周围压缩塑性变形区域，达到消除焊接变形的目的。这种方法比较简单，经常用来矫正不太厚的板结构。其缺点是劳动强度大，表面质量不好，锤击力不易控制。

2. 火焰加热矫正法　利用火焰局部加热时产生的压缩塑性变形，使较长的金属在冷却后产生的收缩，来达到矫正变形的目的。火焰加热可采用一般气焊焊炬，矫正效果的好坏，关键在于正确地选择加热位置、加热范围和加热形状。

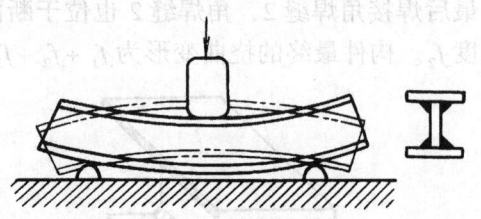

图 13-47　机械矫形

图 13-48a 中非对称 II 形结构，可以在上下盖板采用三角形加热的办法矫正。非对称工字梁(图 13-48b)的上挠曲变形，可在上盖板用矩形加热和腹板用三角形加热的办法矫正。T 形接头的角变形可在翼板背面加热进行矫正，如图 13-48c 所示。

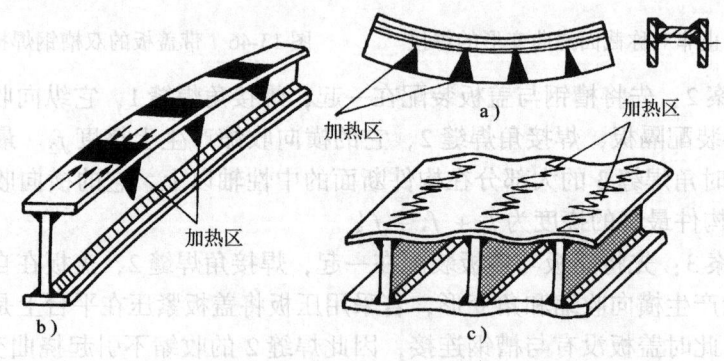

图 13-48　火焰矫形

第十四章 焊接接头强度及计算

本章主要介绍焊接接头的基本概念及特点，焊缝与焊接接头的基本形式以及焊接接头的强度计算的基本方法。

第一节 焊接接头的特点及形式

焊接接头的类型很多，其中应用最为广泛是熔焊焊接接头，本章将重点分析这种接头工作性能和焊缝强度计算方法。

一、焊接接头的概念及特点

1. 焊接接头　由焊缝金属、熔合线、热影响区和邻近的母材组成（图14-1）。焊接接头中的化学成分、金相组织和力学性能一般是不均匀的。焊接接头因焊缝的形式和布局不同，会引起不同程度的应力集中。另外，在焊接接头中存在残余应力和残余变形。

2. 焊接接头的特点　焊接接头是一个化学和力学不均匀体。焊接接头的不连续性体现在以下四个方面：几何形状不连续；化学成分不连续；金相组织不连续；力学性能不连续。

影响焊接接头的力学性能的因素主要有焊接缺陷、接头形状的不连续性、焊接残余应力和变形等。常见的焊接缺陷的形式有焊接裂纹、熔合不良、咬边、夹渣和气孔。焊接缺陷中的未熔合和焊接裂纹，往往是接头的破坏源。接头的形状的不连续性主要是焊缝增高及连接处的截面变化造成

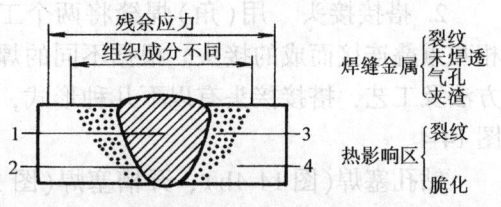

图 14-1　焊接接头的构成
1—焊缝金属　2—熔合线　3—热影响区　4—母材

的，此处会产生应力集中现象，同时由于焊接结构中存在着焊接残余应力和残余变形，导致接头力学性能的不均匀。在材质方面，不仅有热循环引起的组织变化，还有复杂的热塑性变形产生的材质硬化。此外，焊后热处理和矫正变形等工序，都可能影响接头的性能。

二、焊缝及焊接接头的基本形式

（一）焊缝的基本形式

焊缝是构成焊接接头的主体部分，焊缝的基本形式有对接焊缝和角焊缝。

1. 对接焊缝　用于对接接头中的焊缝，一般情况下对接焊缝是沿被连接的

焊件的厚度方向进行连接的，它是力学性能较好的焊缝形式。

2. 角焊缝　角焊缝一般是按被连接的焊件的两个表面进行连接的，通常把它的截面看成三角形，按形状可分为四种（见图 14-2a～d），其中应用最多的是截面为直角等腰三角形（图 14-2a）。一般用腰长来表示其大小，称为焊角尺寸 K。斜边上的高 a 所在的截面称为计算断面。

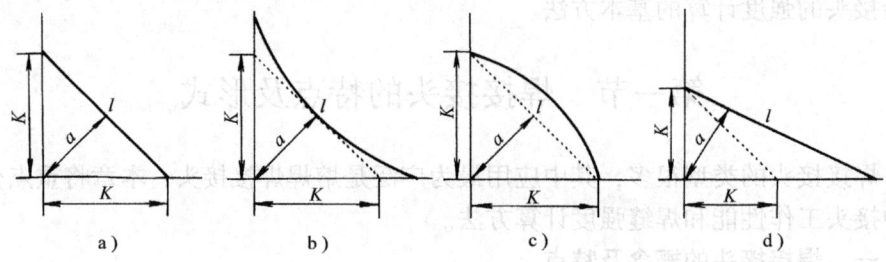

图 14-2　角焊缝截面形状及计算断面

（二）焊接接头的基本形式

焊接接头的基本形式有：对接接头、搭接接头、T 形（十字）接头和角接头。不同类型的接头有各自的优缺点和实用性，另外，不同的焊接工艺及方法也有其特殊的接头形式。

1. 对接接头　对接接头是最常用的接头形式。根据焊件的厚度不同，有卷边对接接头、平对接接头和坡口对接接头等形式。坡口形式如图 14-3 所示。

2. 搭接接头　用（角）焊缝将两个工件相互重叠连接而成的接头。根据不同的焊接方法及工艺，搭接接头有以下几种形式，见图 14-4。

钻孔塞焊（图 14-4b）、开槽塞焊（图 14-4d）常用于对强度要求不高的结构中；电阻点焊（图 14-4c）常用于薄板结构中。搭接接头虽然不是焊接结构的理想接头形式，但因焊前准备和装配工作比较简单，其横向收缩量也比较小，因此在焊接结构中仍然得到广泛的应用。

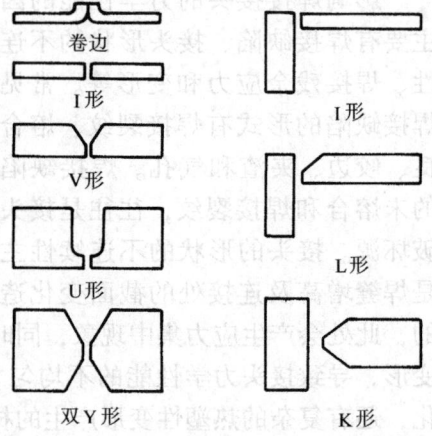

图 14-3　对接接头的坡口形式

3. T 形接头（十字接头）　将互相垂直的工件用（角）焊缝连接起来的接头。这种接头种类较多，能承受各种方向的外力和力矩。这类接头应避免采用单面角焊缝，因为接头的根部有较深的缺口，其承载能力较低，如图 14-5 所示。

4. 角接接头　角接接头多用于箱形结构，常用的形式如图 14-6。其中 14-6a 是

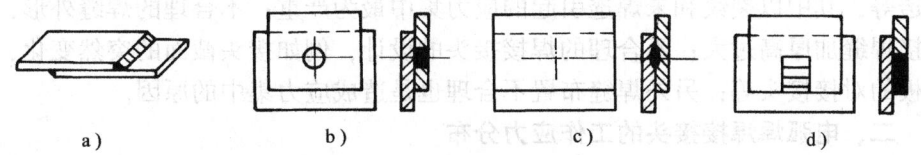

图 14-4 搭接接头的形式

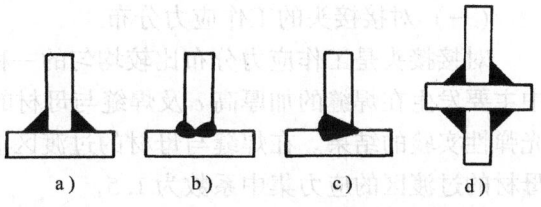

图 14-5 T形接头的基本形式

最简单的角接头,但承载能力差;采用双面焊缝从内部加强的角接头,承载能力较大,见图 14-6b;如果图 14-6c、d 开坡口易焊透,有较高的疲劳强度。图 14-6e、f 易装配,是最经济角接头。图 14-6g 保证角接头有准确的直角,并且刚性大,但角钢的厚度应大于焊件厚度。图 14-6h 不易施焊,是不合理的角接头。

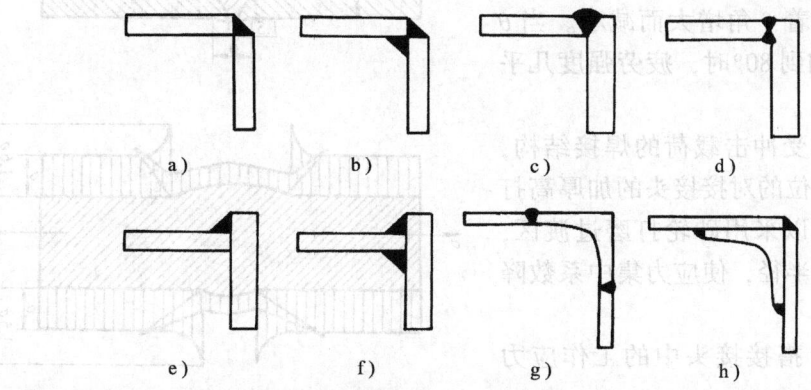

图 14-6 角接头的形式

第二节 焊接接头的工作应力分布

一、焊接接头工作应力分布特点

由于焊缝的形状和焊缝布置的特点,焊接接头工作应力的分布是不均匀的。局部应力峰值 σ_{max} 比平均应力 σ_m 高的现象称之为应力集中,应力集中系数为:

$$K_T = \frac{\sigma_{max}}{\sigma_m}$$

产生应力集中的主要原因有:焊缝中的工艺缺陷,如气孔、夹杂、裂纹和未焊透等,其中以裂纹和未焊透引起的应力集中最为严重;不合理的焊缝外形,如对接焊缝加厚高过大;不合理的焊接接头的设计,例如接头截面的突然变化,加盖板的对接接头等;另外焊缝布置不合理也是造成应力集中的原因。

二、电弧焊焊接接头的工作应力分布

不同的焊接方法,接头的工作应力的分布特点是不相同的。下面以电弧焊焊接接头来分析工作应力的分布特点。

(一) 对接接头的工作应力分布

对接接头是工作应力分布比较均匀的一种接头类型。通过实验发现,应力集中主要发生在焊缝的加厚高 c 及焊缝与母材的过渡区(半径为 r)。图 14-7 所示为光弹性实验的结果。在焊缝与母材的过渡区应力集中系数为 1.6,在焊缝背面与母材的过渡区的应力集中系数为 1.5。

由加厚高产生的应力集中对接接头的疲劳强度影响最大,例如,对接接头在 2×10^6 周交变载荷作用下,其疲劳强度随着 θ 角增大而减小。当 θ 角从 0°增加到 80°时,疲劳强度几乎减少了 60%。

对于承受冲击载荷的焊接结构,应将重要部位的对接接头的加厚高打磨掉,也可以采用砂轮打磨过渡区,增加过渡区半径,使应力集中系数降低。

(二) 搭接接头中的工作应力分布

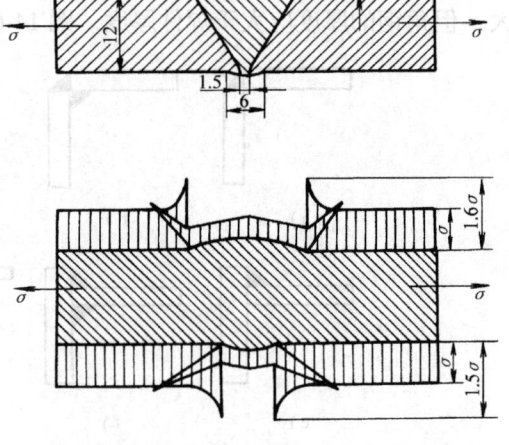

图 14-7 对接接头的应力分布

搭接接头中的角焊缝根据其受力的方向可以分为:与受力方向垂直的角焊缝——正面角焊缝,图 14-8 中 l_3;与受力方向平行的角焊缝——侧面角焊缝,图中 l_1、l_5;与受力方向成一定夹角的角焊缝——斜向角焊缝,图中 l_2、l_4。

1. 正面角焊缝 正面角焊缝的应力集中主要是在角焊缝根部 A 和焊趾 B 处。其大小与许多因素有关。焊趾部位的应力集中系数随角焊缝的斜边与直角边间的夹角而变化,减小夹角 θ 和增大熔深焊透根部,可以降低应力集中系数,如图 14-9 所示。

由于搭接接头的正面角焊缝于作用力偏心,会产生附加弯曲应力,为了减少弯曲应力,两条角焊缝之间的距离应该不少于板厚的 4 倍($l \geq 4\delta$),如图 14-10 所示。

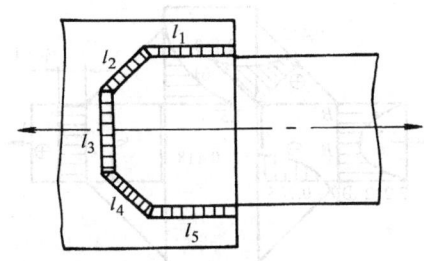
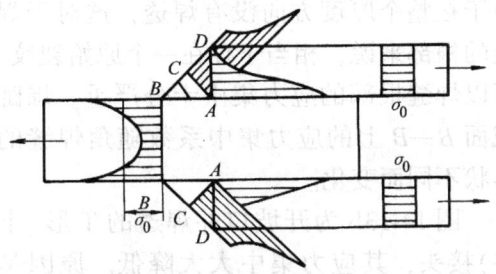

图14-8 搭接接头角焊缝　　　　图14-9 正面搭接角焊缝的应力分布

2. 侧面角焊缝　侧面角焊缝的工作应力分布更为复杂。焊缝中既有正应力又有剪应力，剪应力沿角焊缝长度上的分布是不均匀的。它

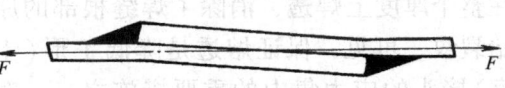

图14-10 正面搭接焊缝的弯曲变形

与焊缝尺寸、断面尺寸和外力作用点位置等因素有关。沿焊缝长度上剪力 q_x（q_x 为单位长度焊缝的剪力）分布如图14-11所示。形成这种应力分布的原因是，搭接板件并非绝对的刚体，受力作用时会产生弹性变形。在两板搭接区域的各个不同的截面上，受力是不同的。

不同长度的侧面角焊缝构成的搭接接头两端受拉时，角焊缝中剪应力的情况如图14-12所示，可以看出，最大应力出现在两端，中间最小。焊缝较短时（$l = 200\text{mm}$），应力分布较为均匀，焊缝较长时（$l = 400\text{mm}$），应力分布的不均匀程度更大。

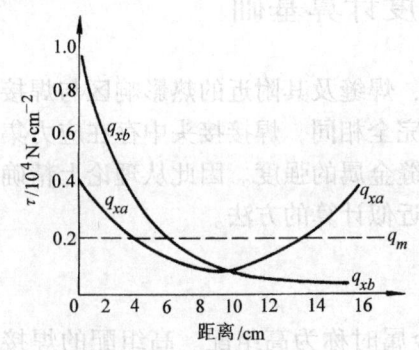
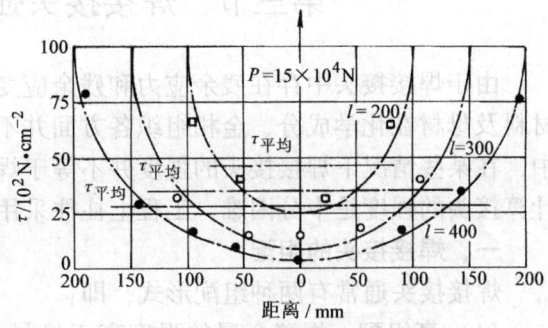

图14-11 侧面搭接接头中的　　　图14-12 不同长度侧面角焊缝剪应力的分布
　　　　剪应力的分布

（三）T形接头（十字接头）的工作应力分布

由于T形接头工作截面发生急剧的变化，其工作应力分布极不均匀，再有角焊缝的根部和过渡区域都有很大的应力集中，如图14-13所示。

图14-13a是未开坡口的T形（十字）接头中正面角焊缝的工作应力分布情况。

由于在整个厚度方向没有焊透,这对于焊缝的根部来说,相当于存在一个原始裂纹。所以焊缝根部的应力集中十分严重。焊趾截面 B—B 上的应力集中系数随角焊缝的形状不同而变化。

图 14-13b 为开坡口并焊透的 T 形(十字)接头,其应力集中大大降低。原因是焊缝工作截面的变化趋于均匀,另外由于在整个厚度上焊透,消除了焊缝根部的原始裂纹。可见,保证熔透是降低 T 形(十字)接头的应力集中的重要措施之一。对于重要 T 形(十字)接头必须开坡口和采用深熔焊接法进行焊接。

实验证明,在焊角尺寸和外形完全相同的情况下,联系焊缝的应力集中系数低于工作焊缝的应力集中系数。如果有可能,应该将工作焊缝转化为联系焊缝。如果十字接头的两个方向都受力,则采用圆形、方形或特殊形状轧制、锻制的插入件进行联结。

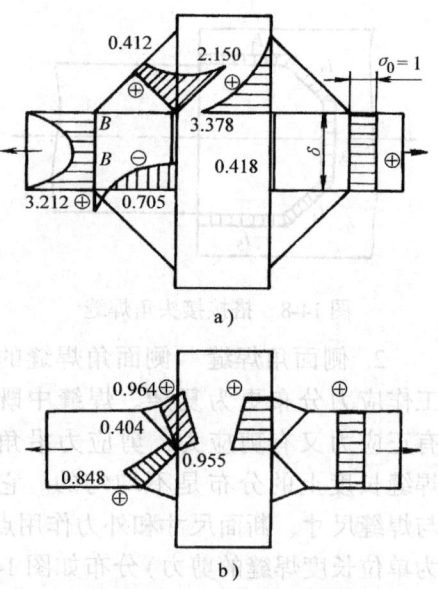

图 14-13 T 形(十字)接头的应力分布
a) 未开坡口的 T 形(十字)接头
b) 开坡口并焊透的 T 形(十字)接头

第三节 焊接接头强度计算基础

由于焊接接头中存在残余应力和残余应变,焊缝及其附近的热影响区与焊接材料及母材在化学成分、金相组织各方面并不完全相同,焊接接头中存在应力集中,在某些情况下焊接接头的强度并不等于焊缝金属的强度。因此从理论上精确计算接头的强度是十分困难,工程上往往采用近似计算的方法。

一、焊接接头的组配

焊接接头通常有两种组配形式,即:

(1) 高组配 焊缝金属的强度高于母材金属时称为高组配。高组配的焊接接头中,断裂多发生在母材金属上。

(2) 低组配 焊缝金属的强度低于母材金属时称为低组配。低组配的焊接接头中,断裂多发生在焊缝金属上。

实验表明,在某些情况下接头强度并不等于焊缝金属本身的强度。图 14-14 中是一个直径为 10mm 的圆柱形的"软层"接头的试验。两侧用高强度材料(σ_b =733N/mm^2),中间用不同厚度 H 的低强材料(σ_b = 440N/mm^2)作夹层进行拉伸试验。结果表明,当相对厚度 $H/D<0.8$ 时,随着 H/D 的降低,接头强度开始上升。当 $H/D\leq 0.2$ 时,接头强度可达到母材的强度。

焊接接头的重要部分是接头区的焊缝,焊缝金属的强度直接关系到焊接结构的使用性能。在焊接结构的强度计算中,目前主要有两种设计原则:即焊缝金属与母材等强度原则和焊接接头强度与母材等强度原则。

二、焊接接头强度计算的基本假设

焊接接头中的工作应力十分复杂,在保证焊接结构安全性的前提下,工程计算中通常作如下一些假定:

1) 残余应力对接头强度没有影响。

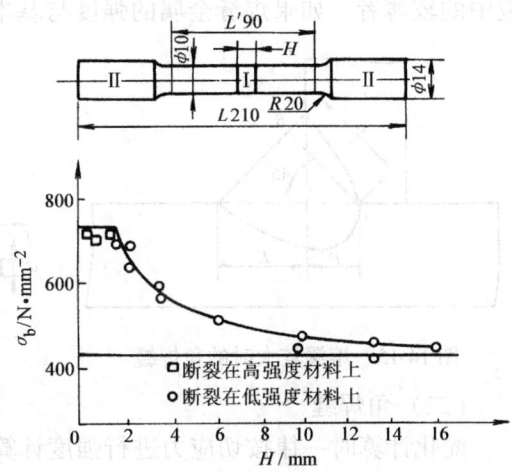

图 14-14 低强焊缝金属接头强度试验结果
Ⅰ—低强度材料:;$\sigma_b = 268\text{N/mm}^2$
Ⅱ—高强度材料:$\sigma_b = 733\text{N/mm}^2$,$\sigma_b = 461\text{N/mm}^2$

2) 应力集中对接头强度没有影响。

3) 工作应力的分布式是均匀的,以平均应力计算。

4) 正面角焊缝与侧面角焊缝的强度没有差别。

5) 焊脚尺寸的大小对角焊缝的强度没有影响。

6) 角焊缝都是在切应力的作用下破坏,按切应力计算强度。

7) 角焊缝的破断面(计算断面)在角焊缝截面最小高度 a(计算高度)上。直角等腰三角形角焊缝的计算高度:

$$a = \frac{K}{\sqrt{2}} = 0.7K$$

8) 少量的熔深对接头强度没有影响,熔深较大时 a 由下式确定(见图14-15):

$$a = (K+p)\cos 45°$$

当 $K \leq 8\text{mm}$,a 可取 K。

当 $K > 8\text{mm}$,p 一般可取 3mm。

三、强度计算的基本方法

焊缝强度条件的计算方法从根本上说与材料力学中计算方法是相同的,只是这里的计算对象是焊缝金属。由于不同形式的焊缝其使用强度有较大的差别,因此不同的焊缝形式常采用不同的计算方法。

(一) 对接焊缝

常见的对接接头承受的外载情况如图 14-16 所示。在不考虑加厚高的情况下，其强度的计算与基本金属相同。焊缝的计算长度取实际长度，计算厚度取两板中的较薄者。如果焊缝金属的强度与基本金属相当，可不进行强度计算。

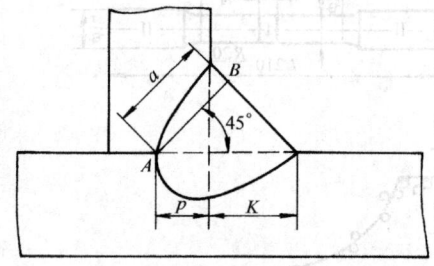

图 14-15 熔深较大时的角焊缝

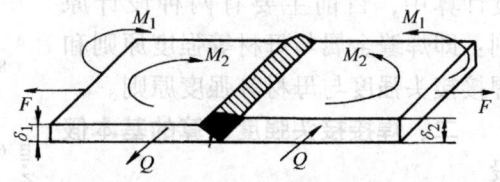

图 14-16 对接接头的承载情况

（二）角焊缝

简化计算时一律按切应力进行强度计算。为了提高计算的精确度，也可以采用折合应力的方法进行计算。

1. 按切应力计算 把角焊缝破断面上的应力一律作为切应力，按许用切应力进行校核，强度条件为：

$$\tau_合 \leq [\tau']$$

2. 按折合应力计算 按切应力进行强度计算所得到的焊缝尺寸常常偏大，这是基于接头的安全性考虑的。研究表明，角焊缝的承载能力与外载的作用方向有关，1976 年国际焊接学会（ⅡW）提出了在任意外力 F 的作用下，在角焊缝的破断面（M）上不考虑平行于焊缝的正应力 $\sigma_{//}$，只考虑 $\sigma_\perp$、$\tau_\perp$ 和 $\tau_{//}$ 三种应力（图 14-17）共同作用的结果，它的折合应力为：

$$\sigma_折 = \beta \sqrt{\sigma_\perp^2 + 3(\tau_\perp^2 + \tau_{//})^2} \leq [\sigma'_l]$$

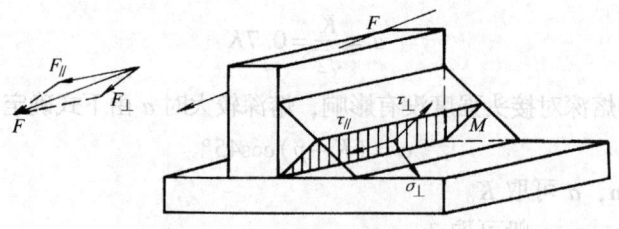

图 14-17 角焊缝的受力分析

并且要求 $\sigma_\perp \leq [\sigma'_l]$。

式中 β 是因材料屈服极限 σ_s 而变化的系数；

$$\sigma_s = 240 \text{N/mm}^2, \beta = 0.7;$$

$$\sigma_s = 360 \text{N/mm}^2, \beta = 0.78。$$

其他钢种按 σ_s 值，用插值法确定 β 值。

（三）复杂的接头形式

对于复杂的焊接结构，首先应该正确地对焊接接头的受力情况进行分析，找出焊缝承载截面上应力最大点，然后进行强度校核。具体应注意以下几点：

（1）若结构承受复合载荷，应分别计算出各载荷引起的应力，再计算复合应力。应力的性质及大小根据焊缝和接头的形式由前面的基本假定确定。

（2）若危险应力点难以确定，应选几个高应力点计算合应力，以合应力最高处为危险点。

（3）粗略计算时，有时将正应力当切应力考虑，这是偏于安全的简化计算方法。

四、焊接接头的静载强度计算

（一）对接接头的静载强度计算

由焊缝强度计算的假定和对接接头强度计算的基本方法，根据图 14-16 所示对接接头的承载情况可得：

1）受拉力 F $\qquad \sigma_l = \dfrac{F}{l \cdot \delta} \leq [\sigma'_l]$

2）受压力 F $\qquad \sigma_a = \dfrac{F}{l \cdot \delta} \leq [\sigma'_a]$

3）受剪切力 Q $\qquad \tau = \dfrac{Q}{l \cdot \delta} \leq [\tau']$

4）平面内弯矩 M_1 $\qquad \sigma = \dfrac{6M_1}{l^2 \cdot \delta} \leq [\sigma'_l]$

5）非平面内弯矩 M_2 $\qquad \sigma = \dfrac{6M_2}{l \cdot \delta^2} \leq [\tau'_l]$

（二）搭接接头的静载强度计算

1. 角焊缝受拉力、压力 F

$$\tau = \dfrac{F}{\sum l \cdot a} \leq [\tau']$$

2. 角焊缝受弯矩 M　有三种计算方法：分段法、轴惯性矩法和极惯性矩法。

（1）分段法　见图 14-18，利用外力矩 M 与正面角焊缝力矩 M_H 和侧面角焊缝力矩 M_V 之和相平衡：$\qquad M = M_H + M_V$

水平焊缝中的力矩：$\qquad M_H = F(h+K) = \tau \cdot 0.7 \cdot K \cdot l(h+K)$

垂直焊缝中的力矩：$\qquad M_V = \tau \cdot W = \dfrac{0.7 \cdot K \cdot h^2}{6}$

即：$\qquad M = \tau \left[0.7K \cdot l \cdot (h+K) + \dfrac{0.7K \cdot h^2}{6} \right]$

所以：$\qquad \tau = \dfrac{M}{0.7K \cdot l \cdot (h+K) + \dfrac{0.7K \cdot h^2}{6}} \leq [\tau']$

式中 W——焊缝抗弯截面系数。

（2）轴惯性矩法 （见图 14-19）假定焊缝中的应力与基本金属中的变形成比例，由于基本金属中的应力与到中性轴的距离成正比，故焊缝中某处的应力也与至中性轴的距离成正比。

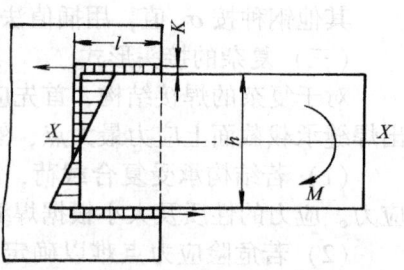

图 14-18 分段计算法

焊缝上微面积 dA 上的反作用力为：
$$dT = \tau \cdot dA$$
它对中性轴的反作用力矩：$dM = dT \cdot y$

全部焊缝对中性轴的反作用力矩：$M = \int_F dM = \int_F dT \cdot y = \int_F \tau \cdot dA \cdot y$

设 τ_1 为距中性轴单位长度处的应力值，则有：$\tau = \tau_1 \cdot y$

所以：$M = \int_F \tau_1 \cdot y^2 \cdot dA \int_F y^2 \cdot dA = \tau_1 \cdot I_x$

$$\tau_1 = \frac{M}{I_x}$$

式中 I_x——焊缝计算截面对中性轴 X—X 的计算惯性矩。

最大切应力为：
$$\tau_{max} = \frac{M}{I_x} y_{max}$$

（3）极惯性矩法 见图 14-20，假定接头在 M 的作用下以 O 点为中心扭转，焊缝中的应力与基本金属中的变形成比例，故焊缝中某处的应力与至扭转中心的距离成正比。

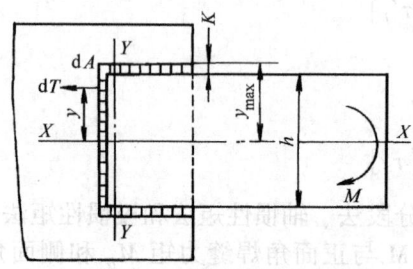

图 14-19 轴惯性矩计算法

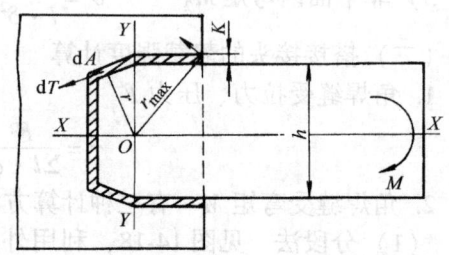

图 14-20 极惯性矩计算法

焊缝上微面积 dA 上的反作用力为：$dT = \tau \cdot dA$

它对 O 点的反作用力矩：$dM = dT \cdot r = \tau \cdot r \cdot dA$

全部焊缝对 O 点的反作用力矩：$M = \int_A dM = \int_A \tau \cdot r \cdot dA$

设 τ_1 为距 O 点单位长度处的应力值，则有：$\tau = \tau_1 \cdot r$

所以 $M = \int_A \tau_1 \cdot r^2 \cdot dA = \tau_1 \int_A r^2 \cdot dA = \tau_1 \cdot I_p$

即
$$\tau_1 = \frac{M}{I_p}$$

式中 I_p——焊缝计算截面对 O 点的计算极惯性矩,$I_p = I_x + I_y$。

最大切应力为:
$$\tau_{max} = \frac{M}{I_x} y_{max}$$

分段法和轴惯性矩法计算的结果大体相同,极惯性矩法的结果较准确。

3. 短焊缝大间距搭接接头强度的计算 由于焊缝长度远小于焊缝间距,可以认为两条焊缝中的应力各处相同,因此两条焊缝的内力构成力矩与偏心力 F 产生的附加力矩 M 平衡,设力矩在焊缝产生的切应力为 τ_Q,根据力矩平衡有:

$$M = \tau_M \cdot 0.7Kl \cdot h = F \cdot L$$

$$\tau_M = \frac{F \cdot L}{0.7Kl \cdot h}$$

由偏心力 F 在两条焊缝产生的剪力与 F 构成静力平衡:

$$\tau_Q \cdot 2 \times 0.7Kl = F$$

$$\tau_Q = \frac{F}{1.4Kl}$$

强度条件是 τ_M 与 τ_Q 的合成切应力 $\tau_合$ 满足:

$$\tau_合 \leq [\tau']$$

对于图 14-21a,偏心力 F 与焊缝垂直,切应力 τ_M 与 τ_Q 相互垂直,所以焊缝内的合成切应力为:
$$\tau_合 = \sqrt{\tau_M^2 + \tau_Q^2}$$

所以
$$\sqrt{\left(\frac{FL}{0.7Klh}\right)^2 + \left(\frac{F}{1.4Kl}\right)^2} \leq [\tau']$$

对于图 14-21b,偏心力 F 与焊缝平行,切应力 τ_M 与 τ_Q 方向相同,所以焊缝内的合成切应力为:
$$\tau_合 = \tau_M + \tau_Q$$

所以
$$\frac{FL}{0.7Klh} + \frac{F}{1.4Kl} \leq [\tau']$$

4. 长焊缝小间距搭接接头强度的计算 在这种情况下,构成内力矩的两条

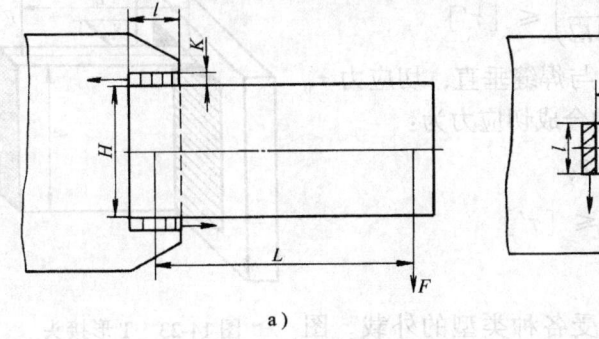
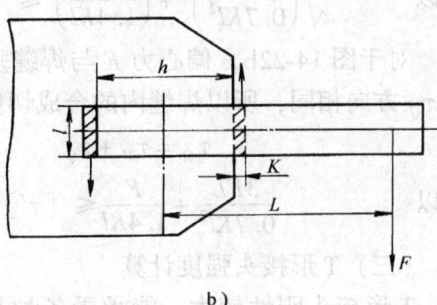

图 14-21 短焊缝大间距搭接接头

焊缝中的切应力若按平均应力计算,会产生较大的误差,此时两条焊缝中的应力应按两条焊缝发生弯曲变形的应力计算。考虑切应力的最大值处为焊缝受力危险点,有:

$$\tau_M = \frac{M}{I}y_{max}$$

$$\tau_M = \frac{FL}{2 \cdot 0.7Kl^3/12} \cdot \frac{l}{2} = \frac{3FL}{0.7Kl^2}$$

由偏心力 F 在两条焊缝产生的剪力与 F 构成静力平衡,有:

$$\tau_Q \cdot 2 \times 0.7Kl = F$$

$$\tau_Q = \frac{F}{1.4Kl}$$

强度条件是 τ_M 与 τ_Q 的合成切应力 $\tau_合$ 满足:

$$\tau_合 \leq [\tau']$$

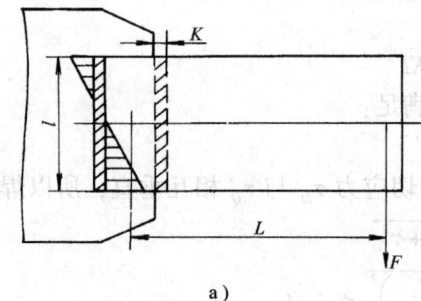 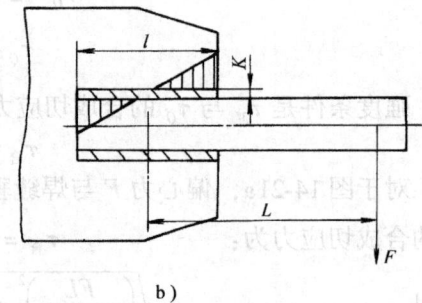

图 14-22 长焊缝小间距搭接接头

对于图 14-22a,偏心力 F 与焊缝平行,切应力 τ_M 与 τ_Q 相互垂直,所以焊缝内的合成切应力为:

$$\tau_合 = \sqrt{\tau_M^2 + \tau_Q^2}$$

所以

$$\sqrt{\left(\frac{3FL}{0.7Kl^2}\right)^2 + \left(\frac{F}{1.4Kl}\right)^2} \leq [\tau']$$

对于图 14-22b,偏心力 F 与焊缝垂直,切应力 τ_M 与 τ_Q 方向相同,所以焊缝内的合成切应力为:

$$\tau_合 = \tau_M + \tau_Q$$

所以

$$\frac{3FL}{0.7Kl^2} + \frac{F}{1.4Kl} \leq [\tau']$$

(三) T形接头强度计算

T形接头刚性较大,能承受各种类型的外载。图 14-23 所示是载荷平行焊缝的 T形接头,由偏心力 F 引

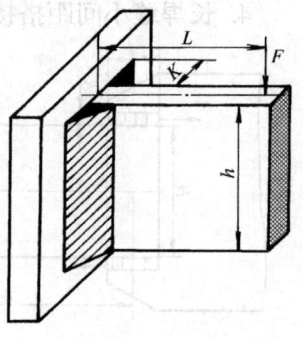

图 14-23 T形接头
(载荷平行焊缝)

起的 $M=F\cdot L$,它在焊缝中产生的切应力:

$$\tau_M = \frac{3FL}{0.7Kl^2}$$

由 $Q=F$ 引起的切应力: $\tau_Q = \dfrac{F}{1.4Kl}$

所以 $\tau_合 = \sqrt{\tau_M^2 + \tau_Q^2} \leqslant [\tau']$

图 14-24 所示是弯矩垂直于焊缝的 T 形接头,由弯矩 M 在焊缝中产生的应力以切应力进行强度校核:

$$\tau_M = \frac{M}{W} \leqslant [\tau']$$

其中 $W = \dfrac{l(\delta + 1.4K)^2 - \delta^2}{6(\delta + 1.4K)}$

如果 T 形接头开坡口并焊透,一般按照对接接头进行强度计算。

合应力为: $\tau_合 = \sqrt{\tau_M^2 + \tau_Q^2} \leqslant [\tau'_0]$。

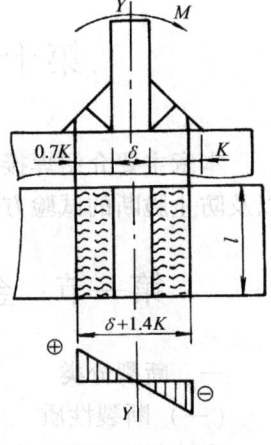

图 14-24　T 形接头
（弯矩垂直板面）

第十五章　焊接结构的脆性断裂

本章主要介绍焊接结构的特点，焊接结构产生脆性断裂的原因以及影响因素以及防止脆断的试验方法和各种措施。

第一节　金属材料或结构的断裂及其影响因素

一、断裂分类

(一) 断裂性质

脆性断裂和延性断裂说明断裂性质，反映材料或结构断裂前的行为，是人为定性的概念。在定量上，金属发生多大程度的塑性变形属于延性断裂，小于何种程度的塑性变形量属于脆性断裂，仍需依具体情况而定，这往往与采用的评定标准有关，和测量塑性变形的工具类型和精度有关，也和评定的金属和结构的特性有关。

比利时的 W. Soete 教授从"合于使用"原则出发按图 15-1 对金属结构断裂性质进行了分类，将中心开有缺口的试样作拉伸试验，试样上产生三种应变：① 无缺口部位的应变或称施加应变 ε；② 缺口尖端处的应变 ε'；③ 缺口所在平面内 (或结构) 边缘处的应变 ε''。一般情况下，它们之间具有如下关系：$\varepsilon' > \varepsilon'' > \varepsilon$。

构件断裂时，此三值与材料的屈服应变 ε_s 相比，分别有下述 4 种情况，即 $\varepsilon_s > \varepsilon' > \varepsilon'' > \varepsilon$ 为线弹性断裂；$\varepsilon' > \varepsilon_s > \varepsilon'' > \varepsilon$ 为弹塑性断裂；$\varepsilon' > \varepsilon'' > \varepsilon_s > \varepsilon$ 为韧带屈服断裂；$\varepsilon' > \varepsilon'' > \varepsilon > \varepsilon_s$ 为全面屈服断裂。

对于焊接结构用钢而言，前两种情况断裂时应力和塑性变形值太低，因而断裂性质属脆性断裂；对于第三种情况，在断裂前发生一定的塑性变形，因此断裂性质属于脆断还是延性断裂颇难直观规定。但应当说明的是所产生的塑性变形分布极不均匀，它只集中于缺陷所在截面内，断裂时在缺陷平面有一定缩颈出现。同时从应力角度出发，其断裂应力将低于材料的屈服点，可谓低应力破坏。这种断裂无疑也缺乏安全保证，应力求避免。第四种无疑为延性断裂。

(二) 断裂机制

1. 解理断裂　指晶体材料沿某些特定结晶学截面发生的断裂。解理断裂是一种拉应力引起的脆性穿晶断裂，通常是严格地沿着一定晶面分离，这个晶面叫解理面。但有时断裂也可沿着滑移面或孪晶面分离。

解理断裂多见于体心立方、密排六方金属中，这是因为金属材料在一定的条件下，如低温、高应变速率及高应力集中，材料的塑性变形严重受阻，材料不能

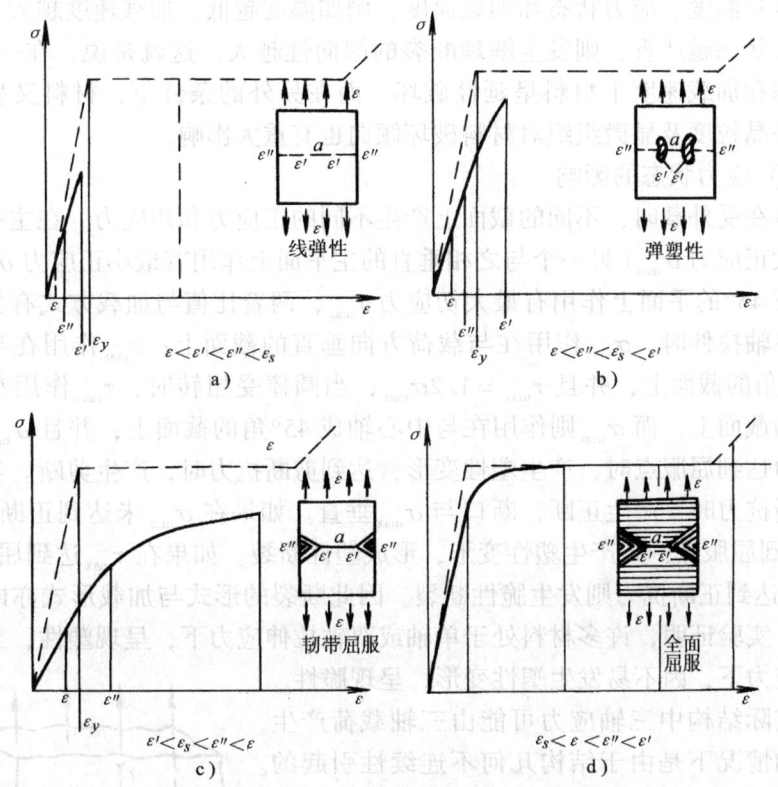

图 15-1 金属结构的断裂性质

以形变的方式而是以分离来顺应外加应力,从而发生解理裂纹。

体心立方晶粒的{100}为解理面,材料有 Mn、W、Ti-β、Mo、Cr 等。密排六方晶粒的{0001}为解理面,材料有 Mg、Zn、Ti-α、Sn 等。

在一般情况下,解理断裂具有脆性性质。典型的解理断口金相照片的重要特征为河流状花样、解理台阶,还有舌状花样、鱼骨状花样等。

2. 剪切断裂　在切应力的作用下,沿滑移面滑移形成的断裂叫剪切断裂。有两种类型:

（1）纯剪切或滑断　在外力作用下,沿最大切应力的滑移面(一般与拉应力轴线成 45°角)滑移,最后因滑移面滑移分离而断裂。多发生于单晶金属中。

（2）微孔洞聚集断裂　断裂过程是首先是位错移动在晶界、亚晶界、第二相质点及夹杂物上聚集形核,随着应力增加,微孔长大、聚合而形成连续的裂纹,直至发生断裂。

二、影响金属材料断裂的主要因素

同一种材料在不同条件下可以显示出不同的破坏形式。研究表明,最重要的影响因素是温度、应力状态和加载速度。例如温度越低、加载速度越大；材料中三向应力状态越严重，则发生解理断裂的倾向性越大。这就是说，在一定温度、应力状态和加载速度下材料呈延性破坏。而在另外的条件下，材料又呈脆性破坏。此外晶粒度及显微组织对材料破坏倾向也有重大影响。

（一）应力状态的影响

物体在受外载时，不同的截面上产生不同的正应力和切应力。在主平面上作用有最大正应力 σ_{max}（另一个与之相垂直的主平面上作用有最小正应力 σ_{min}），与主平面成45°的平面上作用有最大切应力 τ_{max}，两者比值与加载方式有关，例如杆件受单轴拉伸时，σ_{max} 作用在与载荷方向垂直的截面上；τ_{max} 作用在与载荷方向成45°角的截面上，并且 $\tau_{max} = 1/2\sigma_{max}$，当圆棒受扭转时，$\tau_{max}$ 作用在与中心轴垂直的截面上，而 σ_{max} 则作用在与中心轴成45°角的截面上；并且 $\sigma_{max} = \tau_{max}$。当切应力达到屈服点时，产生塑性变形，达到剪断抗力时，产生剪断。当正应力达到正断抗力时，产生正断，断口与 σ_{max} 垂直。如果在 σ_{max} 未达到正断抗力前，τ_{max} 先达到屈服点，则产生塑性变形，形成塑性断裂。如果在 τ_{max} 达到屈服点前，σ_{max} 首先达到正断抗力则发生脆性断裂。因此断裂的形式与加载形式亦即应力状态有关。实验证明，许多材料处于单轴或双轴拉伸应力下，呈现塑性，当处于三轴拉伸应力下，因不易发生塑性变形，呈现脆性。

在实际结构中三轴应力可能由三轴载荷产生，但更多的情况下是由于结构几何不连续性引起的。虽然整个结构处于单轴、双轴拉伸应力状态下，但其局部地区由于设计不佳，工艺不当，往往出现形成局部三轴应力状态的缺口效应。图 15-2 表示构件受均匀拉伸应力时，其中一个缺口根部出现高值的应力和应变集中，缺口越深、越尖，其局部应力和应变也越大（图 15-2 中 σ_y）。

在受力过程中，缺口根部材料的伸长，必然要引起此处材料沿宽度和厚度方向的收缩。但由于缺口尖端以外的材料受到的应力较小，它们将引起较小的横向收缩。由于横向收缩不均，缺口根部横向

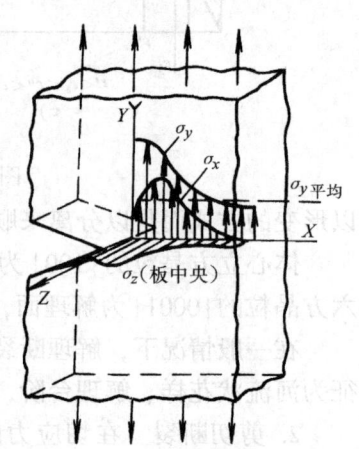

图 15-2　缺口根部应力分布

收缩受阻，结果产生横向和厚度方向的拉伸应力 σ_x 和 σ_z，即在缺口根部产生三轴拉应力。

在三轴拉伸时，最大应力就超出单轴拉伸时的屈服应力，形成很高的局部应力而材料尚不发生屈服，结果降低了材料的塑性，使该处材料变脆。

这说明了为什么脆断事故一般都起源于具有严重应力集中效应的缺口处；而在试验中也只有引入这样的缺口才能产生脆性行为。

(二) 温度的影响

如果把一组开有相同缺口的试样在不同温度下进行试验，就会看到随着温度的降低，它们的破坏方式会发生变化，即从塑性破坏变为脆性破坏。这是因为随着温度的降低，发生解理断裂的危险性增大，材料的剪切屈服点增大，而正断抗力相对不变(图 15-3)。对于一定的加载方式(应力状态)，当温度降至某一临界值时，将出现由延性到脆性断裂的转变，这个温度称之为韧脆转变温度。转变温度随最大切应力与最大正应力之比值的降低而提高。带缺口的试样的比值比光滑试样低，拉伸试样的比值比扭转试样低，因此转变温度前者比后者高。

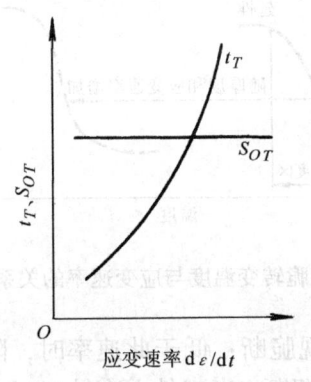 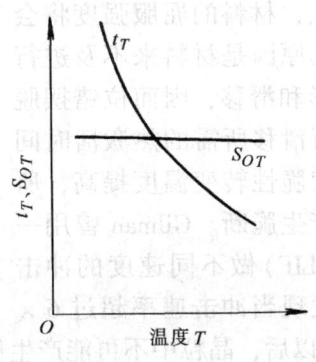

图 15-3 温度对 t_T 和 S_{OT} 的影响　　　　图 15-4 应变速率 $d\varepsilon/dt$ 对 t_T 和 S_{OT} 的影响

降低温度会增加脆断危险，现在有几种理论对此进行了解释。根据 Mott 和 Stroh 的理论，材料处于临界温度以上时，借助热激活能可以使位错源容易移动，可能会出现新的滑移面，因而脆性裂纹难于形成。Kohpan 认为屈服强度随温度的变化，主要是因为热激活能帮助位错克服了运动的阻力，所以温度升高时屈服强度会降低。现在也有人认为这是由于热激活能的作用，这些热能将使滑移面上不动组态的扩展螺型位错，重新组建为可滑动位错。此外还有人认为是表面能的影响，随温度的降低，表面能也下降，因而容易产生脆性开裂。

由于解理断裂通常发生在体心立方和密集六方点阵的金属和合金中，只在特殊情况下，如应力腐蚀条件下，才在面心立方点阵金属中发生，因此面心立方点阵金属(如奥氏体不锈钢)，可以在很低温度下工作而不发生脆性断裂。

(三) 加载速度的影响

加载速度对材料破坏的影响已由实验证实，即提高加载速度能促使材料脆性破坏，其作用相当于降低温度。原因是钢的剪切屈服限不仅取决于温度，而且取决于加载速率，或者说还取决于应变速率。随着应变速率的提高，t_T 提高而 S_{oT} 基本不变(图 15-4)。

应当指出，在同样加载速率下，当结构中有缺口时，应变速率可呈现出加倍的不利影响。此时有应力集中的影响,应变速率比无缺口结构高的多,从而大大降低了材料的局部塑性,这也说明了为什么结构钢一旦开始脆性断裂,就很容易产生扩展现象。当缺口根部小范围金属材料发生断裂时,则在新裂纹前端的材料立即突然受到高应力和高应变载荷,换句话说,一旦缺口根部开裂,就有高的应变速率;而不管其原始加载条件是动载的还是静载的,此时随着裂纹加速扩展,应变速率更急剧增加,致使结构最后破坏。韧脆转变温度与应变速率的关系如图15-5所示。

大量试验证明,随着变形速率的增大,材料的屈服强度将会增加,其原因是材料来不及进行塑性变形和滑移,因而位错摆脱束缚进行滑移所需的热激活时间减少,使脆性转变温度提高,所以易于产生脆断。Gilman曾用一种材料(LIF)做不同速度的冲击试验,发现当冲击速率超过$6 \times 10^8 cm/s$以后,晶粒中不再能产生位错,晶体呈现脆断;低于此速率时,随着形变速率的降低,晶体中的位借密度增加,表现为塑断。当试件上有缺口时,应变速率的影响更为显著。

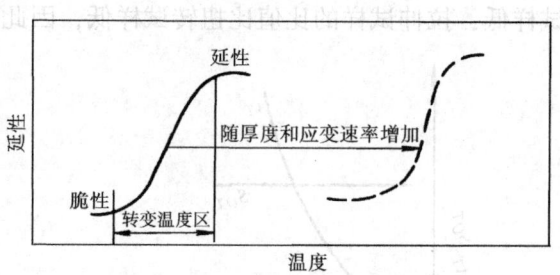

图 15-5 韧脆转变温度与应变速率的关系

(四) 组织状态的影响

1. 化学成分的影响 金属材料(特别是钢)除了基本成分外,还含有各种合金元素、杂质、气体和夹杂物,这些对金属材料的性能和断裂都产生重大影响。这个问题比较复杂,一般说来,降低碳、磷、硫的含量和增加锰的含量,对防止断裂是有利的,因为这样既提高了钢的塑性,又保证了钢的强度。美国从1956年起对半镇静钢的成分作了如下调整:碳的上限从$w_C = 0.23\%$降为0.21%;锰的含量范围从$w_{Mn} 0.60\% \sim 0.90\%$上升到$0.80\% \sim 1.10\%$。其目的就是提高钢的低温塑性。适当增加钢中镍、钒、铬、铌、钛、锆、铝等元素的含量,这些元素都能细化晶粒,所以对材料的抗断裂能力是有利的。例如,镍能改善钢中铁素体基体的塑性,除Cr-Ni奥氏体钢外,国外大部分低温用钢都含有镍,如大量使用的3.5%镍钢和9%镍钢等。铬常和镍一起加入钢中,制成高强调质钢。用它们可以改善钢的淬透性,获得既有足够强度又有良好塑性和韧性的回火低碳马氏体和贝氏体组织。镍、铬和钼一起,是组成Cr-Ni-Mo系列超高强度钢的元素。还有其他各种成分的影响,成为金属学、冶金学和焊接冶金学的重要内容,这里就不多作介绍了。

钢中所含气体主要是氢、氮和氧,它们对钢的性能都是有害的。氢能使钢中产生白点，造成氢脆。材料强度越高，结构尺寸越大，则氢的危害性也越严重。

钢中的氮能使钢材丧失塑性。一般沸腾钢由于含氧和氮都比镇静钢高，用这种钢来制造焊接结构很容易发生脆性断裂。氮使钢丧失塑性的原因是它能形成气团，阻止位错运动，产生位错积塞。当氮以过饱和的形式存在于固溶体中时，则危险更大。此时氮将以针状氮化物的形式析出，使材料的塑性和韧性急剧下降，出现时效脆化。但是如果钢中同时有钛、铝、锆等元素存在，形成稳定氮化物，则可以抑制或消除时效现象。假如钢中同时含有元素钒，氮与钒将会生成稳定的VN，从而提高了材料的强度。在镍铬或镍铬锰钢中，氮能代替部分镍的作用，提高了奥氏体的稳定性；在这种情况下，氮又成为一种有益的元素。氧常常以氧化物类型的夹杂物形式存在于钢中，氧在钢中的溶解度有限。氧和氧化物都能降低金属的硬度、强度和韧性，成为产生时效脆化的重要原因。

除了氧的夹杂物而外，硫化物也是一种很有害的夹杂物。MnS 通常会使热轧钢板的横向塑性降低，使钢板不适于制造焊接结构（现在已研究出用锆和稀土元素固定硫成球状的办法，来改善钢的横向塑性和焊后韧性）。

一般钢中的夹杂物都是脆性相，夹杂物的含量越多，则钢的塑性越差。从断裂微观机理的讨论中，我们知道夹杂物和第二相粒子的数目、大小、距离等对断裂都有影响。夹杂物的尺寸越小，相互距离越远，就可以降低其不利的影响，甚至能够化害为利。但是对于合金元素及由合金元素组成的第二相粒子，由于它们的影响要复杂得多，所以目前发展高韧性材料常用尝试法，除了提高材料屈服应力所必需的粒子外，还要避免其他粒子和影响因素的产生。

2. 组织和状态　　金属材料（特别是钢）的组织和状态对材料的性能有重大影响。本书中不准备专门讨论钢中各种组织（如马氏体、贝氏体、奥氏体等）对材料断裂性能的影响，因为这些问题都已经在金属材料的热处理工艺中作了充分的研究。现在仅就金属材料晶粒度和加工过程中产生的各向异性对材料断裂的影响进行讨论。实验证明，金属材料晶粒度的增大能使其脆性解理断裂的危险性增加。目前大量应用的结构钢，在一般条件下可以证明其断裂强度决定于晶粒大小。

焊接结构使用的材料，绝大多数是轧制的，还有一些锻件和铸件。在加工过程中，它们会形成各向异性，或冷、热变形。因而可能导致晶粒的晶轴偏向某一方向或形成织构，出现金属的机械纤维化，即晶粒拉长以及形成线状或带状拉长的夹杂物和第二相粒子。

3. 板厚的影响　　板厚对断裂的影响可以分为内部的和外部几何因素的两种。通过断裂力学的研究，我们知道加大板厚将使其塑性约束加大，断裂将从塑性向脆性转变，并由平面应力状态向平面应变状态转变。过去曾有人把原厚度为 45mm 的同一块钢板，分别刨成厚度为 10mm、20mm、30mm 和 40mm 的试件，然后对这些同样材料和组织性能的板材进行试验，以观察由于板厚不同而造成的不同应力状态，究竟对材料的脆性破坏有何影响。试验结果发现当板厚小于30mm时，随板厚的增加，脆断转变温度提高得很快，但当板厚超过30mm后，则变化缓慢。

对于厚度较大的板材，轧制次数较少，终轧温度较高，所以材料的组织比较疏松，内外层组织的不均匀性加大；或是为了补偿轧制次数不足而使材料强度下降的矛盾。通常在冶金过程中提高钢材中碳和锰的含量。这些都可能增加钢材的脆性断裂危险。

第二节 金属材料和焊接结构断裂的评定方法

一、临界转变温度和断裂判据

影响材料脆性断裂的因素相当多，有些文献将这些因素分为工程的、机械的和冶金的三大类。在一个结构中究竟哪种因素对脆性断裂起决定性作用这还很难确定，因为造成各种脆断事故的条件很不相同。有人试图找到一种试验方法，从而测出材料和焊接结构的某种性能，用以作为结构有无脆断危险的判据。但这种单一的判据至今仍未找到。例如目前广泛采用的临界转变温度法只不过是一种带广泛经验性的判断方法。

温度对脆性断裂有重大影响，高加载速度对脆断同样也有较大影响（相当于降低温度），而低温下的缺口、大厚度、焊接缺陷和残余应力等对脆断的有害影响特别明显，所以防止脆断的试验首先注意到温度。这些试验所用的试件大都带有各种预制缺口，在不同温度下，对不同尺寸和形式的试件进行各种加载试验，得出相应的临界温度。转变温度通常表示一个区间，在某一温度区间内，材料的韧性急骤下降。通常有三种评价标准：能量、断口和延性标准。各种材料可以有相应的转变温度，而同样材料用不同试验方法必然会得出不同的转变温度区间和临界转变温度。

为了防止脆性断裂，常在试验的基础上用临界转变温度作为断裂的判据。例如用模拟实际结构工作条件的试件（如材料及板厚相同，应力集中、缺口条件相似，制造工艺、冶金条件和内应力等相同）进行试验，从而获得试件的某种临界转变温度，用它作为材料是否会发生脆性断裂的判据。如果实际结构的使用温度高于该温度，则认为结构没有发生脆断的危险。美国曾对100多条发生断裂事故的船舶钢板进行了大量的V形缺口冲击试验，试验说明能够产生脆断的钢板，在工作温度下的冲击吸收功很少有大于13.5J(10ft·lb)的。能够传播脆性裂纹但不会产生脆断的钢板，其冲击吸收功均在27J(20ft·lb)以下。如果钢板的韧性更好，冲击吸收功比27J更大时，裂纹扩展到这些钢板时将被制止。所以美国规定在-6℃（船的最低工作温度）下冲击吸收功可以达到20.3J时，作为材料不发生脆断的判据。

二、防止裂纹发生和阻止裂纹扩展的原则

通过焊接结构脆断事故的大量实际调查和试验研究，在英美等先进国家已经完成了在选材、制定工艺；确定检查及验收标准等防止结构发生脆性断裂方面的一些原则，即所谓"防脆断设计原则"，下面介绍其中重要的开裂和止裂原则。

按照止裂原则，当所设计的结构在可能出现的最低温度下工作时，必须能阻止脆性裂纹的自由扩展。根据这一要求，设计者可以用阻止脆性裂纹扩展的相应临界转变温度来选择合适的结构材料。在生产过程中进行的质量检验，通常使用与止裂试验相对应的V形缺口冲击试验作为验收标准。例如，日本的规范要求在规定的试验温度下进行V形缺口冲击试验的能量值必须达到剪切断面率为100%时能量值的一半。止裂原则的出发点认为由焊缝和近缝区的缺陷及应力集中源所产生的脆性裂纹，应当在高于止裂温度时被相邻的母材所制止，从而防止了整个结构的脆性断裂。

止裂原则对材料质量的要求较高，提高了结构的成本。通常能够发生止裂的条件是裂纹起源于局部脆化区内，而且处于较高的应力场中。当裂纹扩展进入韧性区和较低应力场中时，已经裂开的裂纹长度如果小于新区域中裂纹失稳断裂的临界长度，则裂纹将受到阻止。这种材料和应力场的不均匀情况在焊接结构中是普遍存在的，因而止裂原则能够为大家所公认。虽然按止裂原则要求材料价格昂贵，但对于一些装有气态介质或气液态介质的高压容器，一旦出现穿透裂纹，由于不能立刻泄漏降压，裂纹处漏出的高压气体又快速膨胀，使容器的局部温度急速下降，所以裂纹被制止的可能性极小。

对于只承受静载或压力变化缓慢的焊接压力容器和其他结构，一般适用开裂原则是只要结构能防止裂纹发生，即可认为结构不会脆断，整个设备是安全可靠的。由于影响材料脆性开裂的因素十分复杂，多年来选择钢材和制造工艺都以经验为主，例如规定选用在工作温度下冲击能为27J，或20.3J的钢材。但这种过于简单的评定标准有许多问题，使制成的结构仍不时发生脆断事故。近年发展起来的大型宽板试验弥补了这一缺点，利用宽板试验所得到的临界转变温度作为结构的工作温度来进行结构的防脆性开裂设计，可获得比较可靠的效果。在一般情况下，使中、低强度钢开裂要比保持裂纹扩展更困难，即阻止裂纹扩展的转变温度要高于裂纹发生的温度。所以按开裂原则认为合用的材料，按止裂原则就必然会显得韧性不足了。

三、防止结构脆断的试验研究方法

（一）冲击试验

V形缺口冲击试验在研究船舶脆断事故时曾大量被采用，积累了许多有参考价值的数据。在一般情况下，常用以下几种方法进行评定：

1. **能量标准** 以冲击断裂功 a_K 值降至某一特定数值时的温度作为临界温度 T_K。按这种方法确定 T_K，一般要做低温下的系列冲击试验，测定冲击功随温度改变的变化曲线。因此，在进行冲击试验时，必须控制试件的温度。通常是将试件浸入控温介质中，在0℃左右时可用冰；在0℃~-70℃时可用酒精和干冰；在-70℃到-196℃时可用液氮和汽油作为冷却介质。

图15-6为两种典型的系列冲击试验曲线。在曲线中，其冲击功在某一温度下突然下降，这一温度就是材料的临界温度 T_K，但实际上很少有这样的材料。大多数材料的冲击功是在某一温度范围内连续下降，如图中曲线 B 所示，此时的 T 是根据试验规定来确定的。例如，对船用钢板常规定夏比V形缺口试样冲击功(C_V)降至21J(15ft·lb)所对应的温度 T_{r15} 作为材料的 T_K。也有规定当吸收功降至最大吸收功(Eh)的一半时将对应的温度 T_{rE} 作为 T_K。

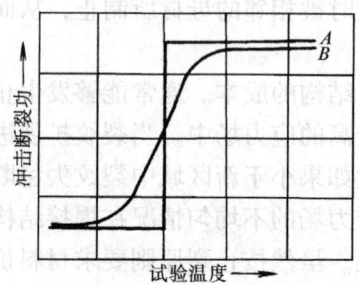

图15-6 冲击断裂功和试验温度关系示意图

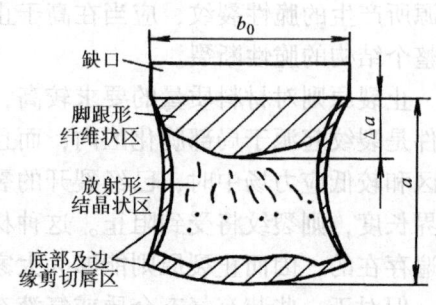

图15-7 冲击断口形貌示意图

2. **断口形貌准则** 按特定的断口形貌(纤维状区域与结晶状区域相对面积)所对应的温度来确定 T_K。冲击断口形态的示意图如图15-7所示。随着温度降低，纤维状区域面积减少，结晶状区域增加。根据这种相对面积的变化来确定 T_K。通常取结晶区域面积占总面积50%时所对应的温度作为 T_K，并记为 T_{rS}。

（二）落锤试验

1953年，佩里尼的著名落锤试验(Drop Weight Test)，简称DW法取得了成功。1963年，该法正式列入美国ASTM标准。目前DW法在我国有关研究单位和高等学校科研工作中采用。

落锤试件以简支梁的形式加载，如图15-8所示。在长条状25.4mm厚度试件(25.4mm×89mm×355mm)的中部堆焊一道

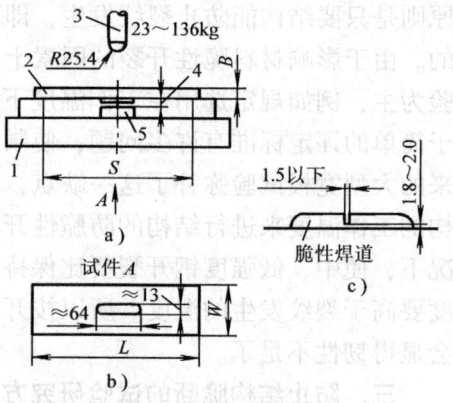

图15-8 落锤试验
a) 试验进行示意图 b) 试件图 c) 焊道
1—砧座 2—试件 3—重锤
4—终止挠度 5—止挠块

蚕形脆性焊道，然后在焊道中部的垂直方向上锯开一个人工缺口，将试件堆焊面朝下，置于跨度为305mm的砧座上，砧座中部有限制下挠度的止挠块。在不同的温度下，用一个头部半径为25.4mm的圆柱面重锤向试件的中部加载。冲击能量可以调节，参照钢材屈服强度规定，可以选择落锤能量，试件发生断裂的最高温度就是NDT温度。

落锤试验属裂纹传播试验（止裂试验），其判据标准说明了这一点。如果锯口根部未开裂，则判为试验无效。锯口根部开裂并扩展至边缘则判为断裂。锯口开裂但被母材制止，未能扩展到试件边缘则判为未断。这种试验有与V形缺口冲击试验类似的优点，即试件加工及试验设备均较简单。其缺点是除了试件尺寸不能反映大型焊接结构尺寸效应和较大拘束效应外，还由于表面堆焊脆性焊道，使某些对热敏感的合金材料性能有所改变，使试验结果不能完全反映材料的真实性能。

（三）逻伯逊试验和ESSO(SOD)试验

早在1940年就发明的逻伯逊(Robertson)止裂温度试验(Crack Arrest Temperature)，简称CAT法，以及后来在此原理上改进的埃索(Esso Test)试验，使佩里尼的NDT温度概念完整化，进而发展成为断裂分析理论，具有重大

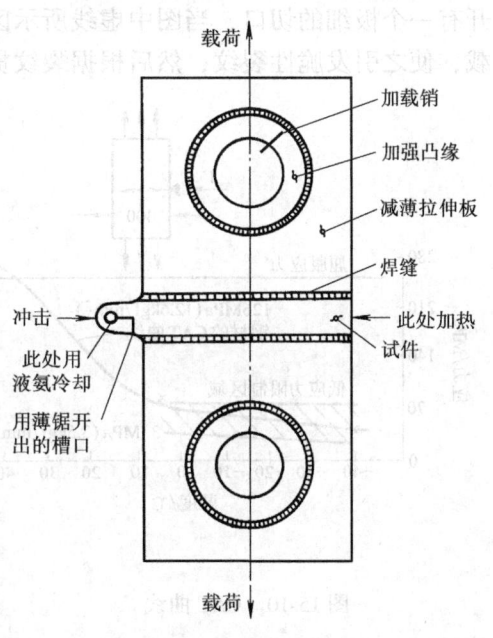

图15-9 罗伯逊试件

意义。罗伯逊试验用的试件如图15-9所示。试件一端呈半圆形，在其中心部位钻孔，并锯出一缺口，然后将试件焊接到联接板上。整个试件的制备和装夹应保证外载荷在试件上均匀分布。

试验时，在试件上先制造一个有稳定温度梯度的温度场，为制造这一稳定的温度梯度，可在试件一端圆孔内喷淋液氮，而在另一端则用电阻丝加热。调整温度场达到符合要求之后，在试件上带有缺口的一端用重锤施加冲击载荷，使缺口开裂。在均匀的拉应力作用下，试件中的裂纹将继续扩展，直达某一温度区域才被止裂。裂纹尖端出现剪切唇的温度就是止裂转变温度。图15-10是由罗伯逊方法测定的典型CAT曲线。

由图15-10可以看出，在低温区曲线平缓，即在这区间内温度对钢材的承载能力影响很小，因为此时钢材的韧性极差。若要在这一温度区间使之有止裂能

力,则只能把应力严格地限制在 35~55MPa 以下,实际上象这样低的应力值在焊接构件中极少出现。可是,当温度一旦高于某一数值,钢材的止裂能力即显著提高。

CAT 曲线也可以用 ESSO 石油公司的 ESSO 试验(旧称 SOD 试验)求得。1952 年英国两座大型原油贮柜发生了严重的脆性破坏事故,为查明和研究这次事故的原因,研制了这种试验方法,试验所用试样如图 15-11 所示。试件处在某一温度场中,其一侧有一个尖锐的缺口,在另一侧用楔子加载,加载一侧缺口的尖端也开有一个极细的切口,当图中虚线所示区被冷却到指定温度时,对楔子用锤击加载,使之引发脆性裂纹,然后根据裂纹贯穿或停止,绘制 CAT 曲线。

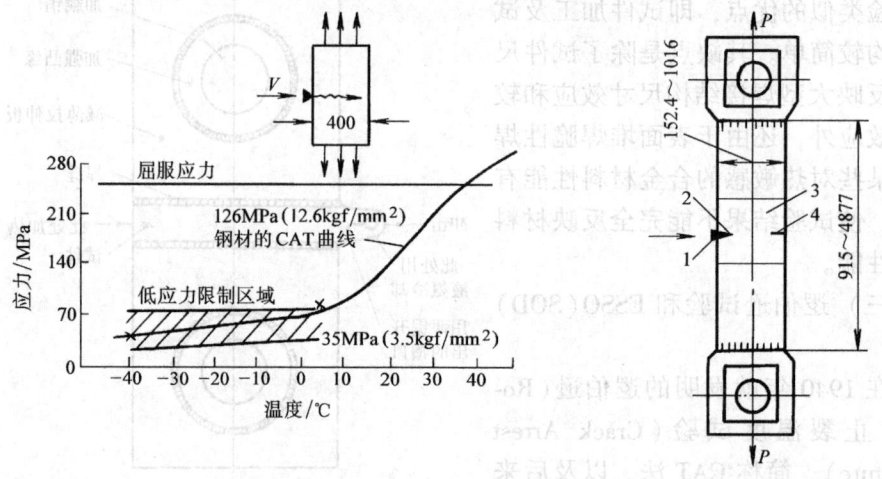

图 15-10 CAT 曲线　　　图 15-11 SOD(ESSO)裂纹扩展试验试件
1—加载楔　2—尖锐切口　3—冷却区　4—锯切口

佩里尼以 NDT 温度作为参考点,把 DW 法、ESSO 法及逻伯逊(CAT)法加以综合之后,形成了著名的佩里尼断裂分析图(Francture Analysis Diagram),简称 FAD。它把缺陷尺寸的大小程度与脆断关系通过 NDT 温度建立起联系,如图 15-12 所示。

佩里尼断裂分析图表明了温度、缺陷尺寸和断裂强度三者之间的关系。从图中不难看出断裂强度和断裂形态是温度和缺陷尺寸的函数,当温度低于 NDT 时,随着缺陷尺寸的增加,断裂强度明显下降,但当工作温度高于 NDT 时,这种关系便发生明显的变化,其断裂强度明显上升。当温度达到 FTE 后,其断裂强度不管缺陷尺寸如何,都达到或超过材料的屈服点,而当温度达到 FTP 后,材料只有受到相当于抗拉强度 σ_b 应力时,才会被拉断。在图中还表示了脆断止裂(CAT)曲线,这意味着当应力在该曲线以下时,裂纹将停止扩展。

FAD 确定了四个临界转变温度区,它可以提供钢材质量等级,为设计者选择

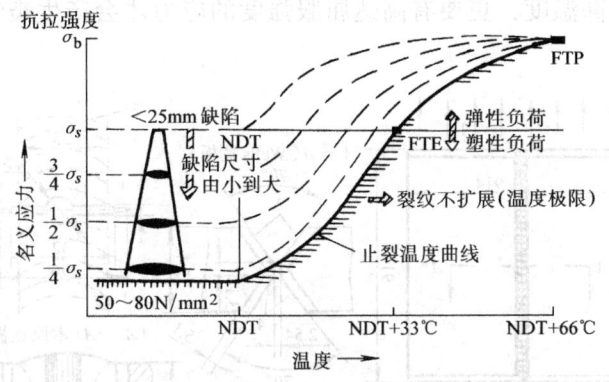

图 15-12 佩里尼断裂分析图(FAD)

使用,即:①NDT 温度作为参考起点,把工作温度限制在较 NDT 温度稍高处,以求得有一定的抗脆断安全储备,这包括应力高达屈服点状态之下;②NDT 到 FTE 之间的中间参考点温度把工作温度设计在 NDT + 17℃ 以上时,就相当于由 NDT 至 FTE 之间的中点。则在名义应力值或设计应力值 $\leqslant 0.5\sigma_s$ 的条件下,就具备止裂的安全储备;③FTE 温度作为参考起点把工作温度设计在 FTE 温度以上,若设计应力 $\leqslant \sigma_s$,则具备止裂的安全储备;④FTP 温度参考点把工作温度设计在 FTP 温度以上,则产生纯塑性断裂。

显然,要求 NDT 温度越低,则所需钢材越昂贵,因为要经过正火处理,添加微量合金元素,晶粒细化处理以及淬火处理,控制轧制等。因此,应当在保证所需结构的安全条件下,不要过高地把 NDT 温度定得过低。

(四) 宽板试验

宽板试验是为了研究焊接结构中出现低应力脆断而设计的。它能在试验室内再现低应力脆性断裂的开裂情况。Wells 于 1956 年提出如图 15-13 所示预开缺口的焊接宽板拉伸验法。试件尺寸为 25.4mm×914mm×914mm,由两个半块组成,试件的焊边刨成 X 形坡口,并在坡口上锯出缺口(如图 15-13a A—A 剖视),然后在 X 形坡口上用焊条电弧焊焊成纵向对接焊缝。试件用连接板装在特制的拉伸试验机上,将试件中部冷却至不同温度后加载将其拉断,这样得到的低应力脆性断裂有以下几种情况:

(1) 低应力下产生裂纹并且立即断裂,如图 15-13b H 点所示。这当然是焊接结构中最危险的失稳断裂,所以将发生这种断裂的温度称为灾难性温度或失稳断裂温度。

(2) 低应力下虽然产生脆性裂纹,但裂纹发展到一定长度后会自行停止。以后继续增加负载,待试件材料达到屈服强度后才完全断裂。这种情况一般也是在低温情况下出现,如图 15-13c A、B、C、E、G 等点所示。

(3) 在较高温度,更要有高达屈服强度的应力才会产生裂纹,最后发生断裂(F 点)。

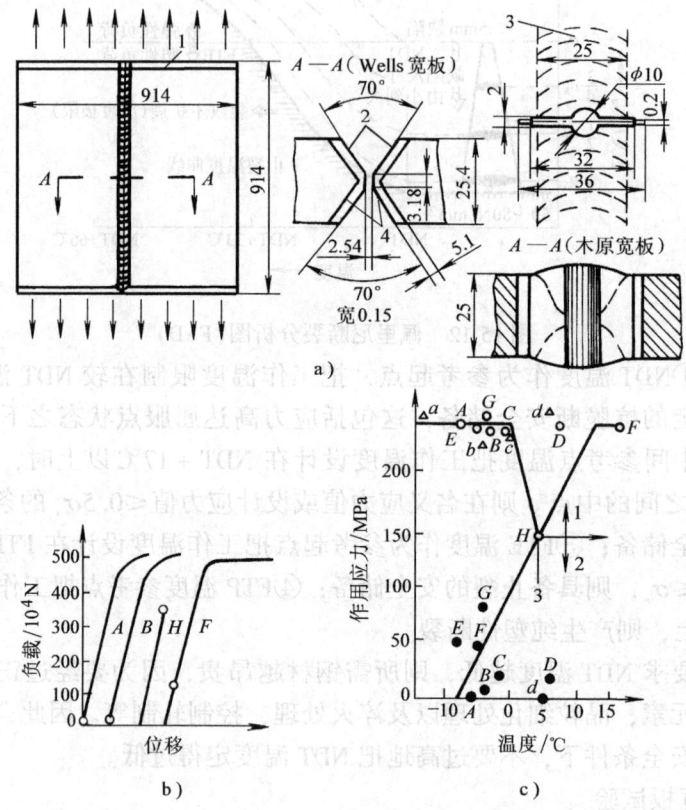

图 15-13 预先开缺口并带纵向焊缝的焊接宽板试验
a) 试件图 1—往卡头焊的坡口 2—未施焊前预先加工的坡口及缺口
3—焊缝宽 4—缺口
b) 负载-位移曲线 ○裂纹开裂 c) 断裂(开裂)应力与温度关系
焊后状态 { ●一期断裂 ○二期断裂 预应变状态 △ 完全断裂 ◐一次断裂 }

木原等人进行了类似的宽板试验,试件尺寸为 25mm × 1000mm × 1000mm,采用先焊接后开缺口的办法,缺口尺寸如图 15-13a。用木原法同样可以得到上述三种断裂情况,而且发生了多次低应力断裂。木原把他们的试验结果与其他断裂试验结果一起整理成图 15-14 所示的宽板试验断裂行为图。图中分七个区域:①有残余应力和尖锐缺口,裂纹开裂后并不扩展的区域;②与①情况相同,但应力较高,裂纹开裂后即行扩展的区域;③由于试件缺口较钝并且消除了残余应力,裂纹开裂后扩展，在超过 σ_s 时断裂的区域；④试验温度高于裂纹开裂临界温度 T_a，试件中虽有内应力和尖锐缺口，也不会产生脆性开裂的区域，断裂应力可以达到 T_s 曲线附近。⑤由于温度较高，应力较低，材料处于 Robertson 止裂曲线的右下部既不会发生脆性开裂又能够制止别处引发裂纹的区域；⑥试件有尖锐缺口，但无残余应力，必须达到 QS 曲线附近才能发生塑性断裂的区域；⑦试件有尖锐缺口，但无残余应力，试件开裂后，不会扩展，能够止裂的区域。

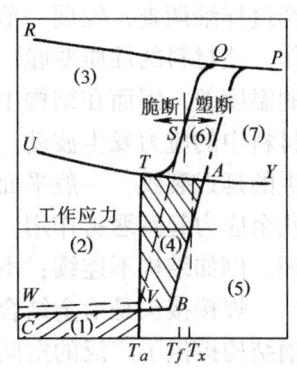

图 15-14　木原宽板试验断裂行为图

RQP——光滑试件强度极限
TY——光滑试件屈服极限
AB——Robertson 试验止裂曲线
UT——有刻槽无残余应力试件的断裂应力
SV——ESSO 试验启裂曲线
WV——有刻槽及残余应力试件临界应力曲线

木原的试验结果证明钢材在相当宽的温度范围内会发生低应力一次断裂。木原的试验和 Wells 试验都能在试验室内再现焊接结构的低应力脆性断裂，反映了全厚度板的拘束效应、缺口和应力集中效应、残余应力的影响以及冶金因素的作用。同时试验的加载方式符合大多数焊接结构的实际承载情况，已成为通用的抗脆性断裂的大型开裂试验方法，试验结果有些已经纳入国家标准和规范。通过计算裂纹扩展的能量释放率，进一步能与断裂力学分析相联系，建立起焊接结构防止脆断的缺陷允限标准。

第三节　焊接结构的特点及其对脆断的影响

一、焊接结构的特点

自从焊接结构得到广泛应用以来，许多国家都发生过一些焊接结构的脆性断裂事故。其所涉及的焊接结构形式有焊接船体、球形贮罐、压力容器、桥梁、发电设备、工程机械以及海洋工程和石油开发设备等等。破坏事故大都是突然发生的，同时造成灾难性的损失，因此不免使人对焊接工艺在重要结构中应用的可靠性产生怀疑，影响了焊接结构的推广和发展。近年来各国学者曾进行了广泛的调查和研究。目前公认结构脆性断裂的特征为：

1）断裂都在没有显著塑性变形的情况下发生，具有突然破坏的性质。
2）由于焊接结构的整体性和大刚度，破坏一经发生，瞬时就能扩展到结构整体，使脆断难以事先发现加以预防。
3）结构发生脆断时，材料中的平均应力比材料的屈服极限和设计许用应力都小得多，是一种低应力下的破坏。

焊接结构的设计和制造工艺虽然改进得很快，但目前仍难免发生脆断事故，经过详细调查，发现一般脆断事故是在下列情况下发生的：①结构在低温下工作，使材料的性质变脆。一些在野外露天工作的结构，其向风面和背风面有明显的温度差，因而在结构中形成温度应力。压力容器内部温度的变动也可能使容器材料中的应力发生波动。②结构中难免有一些焊后漏检的缺陷，或使用过程中产生的延迟裂纹。一般平面缺陷将会造成严重的应力集中。③在一些条件下，焊接残余应力起到恶劣作用。④使用了不合格的或性能差的钢材。⑤结构的设计不合理。例如结构不连续；不必要的大厚度，在装焊过程中形成的错边和角变形等。

焊接接头是冶金结合，具有良好的致密性和整体性。这为设计和制造合理的钢结构提供了广泛的空间。但是，这种整体性也是焊接结构毁灭性事故的重要因素。如果焊接结构一旦发生开裂，裂纹很容易由一个构件扩展到另一个构件，继而扩展到结构的整体，造成结构的整体破坏。而铆接结构则不易发生整体破坏，因为铆接接头有阻止裂纹跨越构件扩展的特点，即裂纹扩展到铆接接头处会停下来，不会扩展至另一构件中，从而就有可能避免灾难性的脆性破坏。因此，在许多大型焊接结构中，有时还保留着少量的铆接接头。例如，在船舶设计中，甲板与船舷的连接有时就是这样处理的。

由于焊接结构的整体性和大刚度，使得焊接结构对应力集中非常敏感。美国"自由轮"所发生的破坏事故，很能说明这个问题。以往，当这种形式的轮船采用铆接结构时，虽然应力集中很大，但并未发生过脆性破坏事故。在采用了焊接结构后，却发生了一系列脆性破坏事故。经对这个问题进行了深入研究后发现，船体设计不合理是造成破坏的重要原因之一。

二、焊接结构制造工艺的影响

在焊接结构生产制造过程中，通常要经过下料、成形（冷、热成型）、装配、焊接、矫形和焊后热处理等工序。在这些工序中，金属材料要经受冷、热切割、锻压、焊接热循环和焊后热处理工艺过程，难免产生应变时效和焊接残余应力和变形。所有这些过程都发生在局部区域内，使焊接接头成为最薄弱的环节，因此易从接头部位引发脆性裂纹。由此可见，焊接结构制造工艺中所发生的材质的应变脆化、焊接缺陷、焊接应力与变形、应力集中和金相组织不均匀等都是研究焊接结构脆断的关键。

（一）焊接残余应力的影响

在韧脆转变温度以上时，外载荷使得残余应力均匀化，对脆性断裂影响不大。在韧脆转变温度以下时，残余应力将会使断裂应力显著减小，其影响程度可以从图15-14看出。

（二）焊接应力循环和应变循环对脆断的影响

焊接过程必然会使焊接构件，特别是接头附近的材料经受焊接应力应变循环，并且产生复杂的焊接残余应力和变形。这些因素对焊接结构的脆性都会产生巨大的影响，很多人进行了大量研究。在研究焊接结构脆断中，最有说服力的是带缺口焊接宽板的大型试验。开缺口的焊接宽板试件有两种情况，一种是开了初始裂纹之后再进行焊接；另一种是焊完后再开裂纹。佐藤(Satoh)等人曾对过两种情况进行了有限元分析，集中研究了裂纹尖端附近热应力和热应变循环的影响。他们认为焊前开缺口(裂纹)与焊后开缺口(裂纹)对于应力循环并没有明显的差别(图15-15a)，且残余应力值大体相等，都能达到材料的屈服强度。在中心裂纹延长线上的纵向应力分布情况如图15-16a所示。但是焊前开缺口(裂纹)与焊后开缺口(裂纹)的热应变循环却有很大差别，前者在焊接热循环中有较严重的应变集中，具有较大的热应变量，致使两者的应变循环和残余应变分布有明显差别。这种差别分别示于图15-15b和图15-16b中。

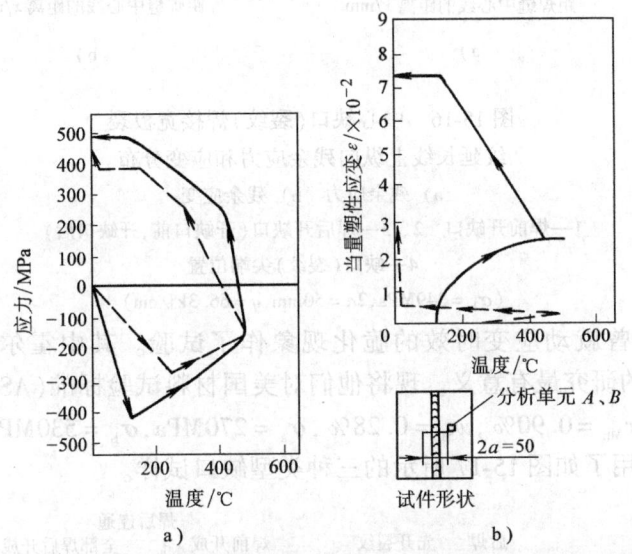

图15-15　中心缺口(裂纹)焊接宽板裂纹尖端附近
单元焊接热应力、热应变循环的有限元分析
a) 应力循环　b) 应变循环实线为焊前开缺口，虚线为焊后开缺口

对于焊前预制裂纹的试件，由于裂纹尖端受到相当大的热应变，往往使该局部材料产生"动应变时效"作用，增大脆性断裂的倾向。所谓"动应变时效"概念是由"应变时效"概演变而来。人们很早就知道钢材被剪切、冷作和弯曲成形之后，如果在150~450℃范围内加热，材料的性能就会发生脆化现象，称为人工时效。人工时效也可以在常温下进行(称为自然时效)。这种时效脆化现象比动应变时效脆化弱得多。在焊接过程中，材料经受应力和应变循环，同时也受到热作用而发生的应变时效，即称为"动应变时效"(或称"热应变时效")。上述几种时效可以认为没有本质上的差别，只是温度的高低和脆化严重程度不同而已。

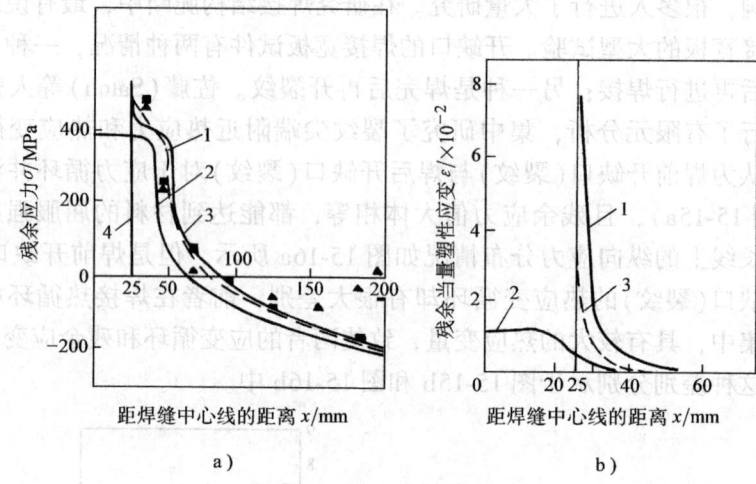

图 15-16 中心缺口(裂纹)焊接宽板裂
纹延长线上纵向残余应力和应变分布
a) 残余应力 b) 残余应变
1—焊前开缺口 2、3—焊后开缺口(开缺口前,开缺口后)
4—缺口(裂纹)尖端位置
($\sigma_b = 349\text{MPa}, 2a = 50\text{mm}, q = 66.3\text{kJ/cm}$)

许多学者曾就动应变时效的脆化现象作了试验。其中霍尔(Hall)和芒斯(Mause)等人的研究最有意义。现将他们对美国材料试验标准(ASTM)A—214 钢($w_{Co} = 0.3\%, w_{Mn} = 0.90\%, w_{Si} = 0.28\%, \sigma_s = 270\text{MPa}, \sigma_b = 530\text{MPa}$)的试验介绍如下。试验采用了如图 15-17 所示的三种类型缺口试样。

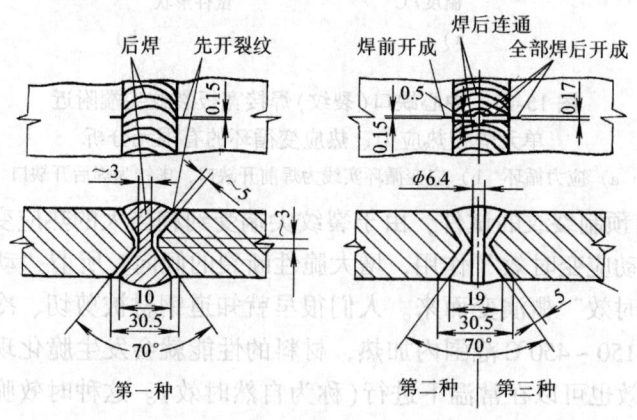

图 15-17 Hall 宽板的裂纹加工工作图

第一种类型是韦尔斯宽板缺口,预开缺口(裂纹),后焊接。

第二种类型是焊前开缺口(裂纹),焊后再联通。

第三种类型先焊,后开缺口(裂纹)。

宽板试件试验结果证明第二种类型缺口试样的转变温度比第三种类型缺口试样高出33℃。

以上试验结果表明,焊接应力、应变循环对于焊前有裂纹和焊后开裂纹的宽板试件抗脆断能力有不同程度的影响,特别是应变循环的影响差别更大。所以在进行多层焊时,如果在先焊的焊道中产生了焊接裂纹或未焊透,则在后续的焊道焊接过程中,有可能在这些缺陷处产生热应变时效,使焊接结构的抗脆断能力下降。

(三) 焊接生产过程对结构脆断的影响

1. 预应变对脆断的影响　在焊接结构的生产过程中,一般要经过剪切和成形等加工工序。材料在成形加工中的预应变量可能达到2%~3%,因而使材料的塑性降低,脆断倾向增加。试验证明,这种塑性降低和脆断倾向增加与预应变温度和预应变量有关。在一般情况下,预应变会使材料断裂时的残余塑性变形减小,断裂韧性降低。高温(200~600℃)预应变对材料脆化倾向的影响比室温预应变的影响更大,图15-18就是有关这方面的试验结果。试验时采用四组10mm²方形截面的缺口试件。试验材料为C-Mn钢,成分为 $w_{CO}=14\%$, $w_{Mn}=1.15\%$, $w_{Si}=14\%$,第一组试件在20℃下预弯(模拟室温情况下的冷变形),随后在250℃下时效半小时。其他三组试件分别在150℃、250℃和350℃下热弯/模拟动应变时效。所有试件的预弯处理是先使试件缺口张开0.16mm,然后向里弯曲到原来的尺寸。经过这样处理的试件在不同温度下进行COD试验,测出断裂前的COD值。由图15-18b可以看出,不同温度下预弯处理的试件,其转变温度不同,以20℃预弯试件的转变温度为最低,以250℃预弯试件的转变温度为最高。由图

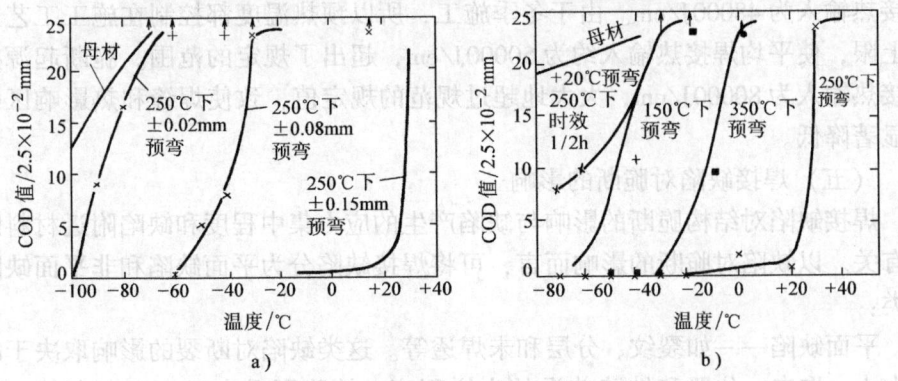

图15-18　缺口弯曲试件预应变对脆断的影响
a) 预应变量的影响　b) 预应变量的影响

15-18a 可以看到，预弯变形量越大，转变温度越高。

2. 火焰弯板和矫形对脆断的影响　焊接结构的弯板和矫形时，常采用气体火焰加热并用水冷的办法完成。无疑这将会使材料的性能发生变化。许多研究表明，火焰加热区的温度分布、最高加热温度、冷却条件和加热次数都对材质的脆化有影响。日本学者对50kg级船用钢板的试验表明，如果将材料加热到 Ac_1 相变点以上，然后在空气中冷却，加热区的韧性不会下降，但水冷则呈现明显的脆化。他们根据研究的结果，提出了火焰弯板工艺的技术要求：加热后空冷时要把加热温度提高到 800～900℃。如果加热后立即水冷，则应将加热温度控制在 600～650℃以内。如果加热后先空冷，不久再水冷，则加热温度也可达到 800～900℃，而水冷开始温度以500℃以下为宜。

（四）焊接热循环产生的金相组织变化对脆断的影响

焊接过程的快速加热和冷却，使焊缝及其近区发生了一系列复杂的变化，使接头中各部位的缺口韧性不同。热影响区是焊接接头薄弱环节之一。某些钢材试验表明，热影响区的临界转变温度比母材高 50～100℃。

热影响区的金相组织主要取决于钢材的原始组织、化学成分、焊接方法和焊接线能量。对一定的钢种和一定的焊接方法而言，热影响区的金相组织主要取决于焊接工艺参数，即取决于焊接热输入。因此，合理的选择焊接热输入对防止结构发生脆断极为重要，尤其是对于高强钢的焊接结构，更要注意焊接热输入的选择。实践证明，过小的热输入会引起淬硬组织，容易产生裂纹；过大的热输入则会使晶粒粗大，使材质脆化，韧性降低。日本德山球形容器的脆断事故说明了在焊接高强度钢时选择焊接热输入的重要性。该容器所用钢材的强度为80kg高强度钢，板厚为30mm。该容器焊好后在进行水压试验时发生破坏。事故分析结果认为破坏的直接原因是焊接时采用了不适当的焊接热输入所致。规范规定正确的焊接热输入为 48000J/cm。由于冬季施工，所以预热温度都控制在施工工艺规定的上限，使平均焊接热输入约为 50000J/cm，超出了规定的范围。脆断起源处的焊接热输入为 80000J/cm，大大地超过规范的规定值，致使焊缝和热影响区的韧性显著降低。

（五）焊接缺陷对脆断的影响

焊接缺陷对结构脆断的影响与缺陷产生的应力集中程度和缺陷附近材料的性能有关。以缺陷对脆断的影响而言，可将焊接缺陷分为平面缺陷和非平面缺陷两大类：

平面缺陷——如裂纹、分层和未焊透等。这类缺陷对断裂的影响取决于缺陷的大小、取向、位置和缺陷前沿的尖锐程度。缺陷面垂直于应力方向的 I 形缺陷、表面及近表面缺陷和前沿尖锐的裂纹，对断裂的影响最大。

非平面缺陷——如气孔、夹渣等，它们对断裂的影响程度一般低于平面缺陷。

熔化焊的特点是焊缝相当于一个微小的炼炉熔池，炉壁和锭模是母材，加热温度高达熔点以上。在加热和冷却过程中，在焊缝及其近区的不同部位发生相变。其范围包括相图中从液相到固态各个相区。在冷却速度极大的情况下，热应力和相变应力可能使焊件产生裂纹，这将是焊件工作时的潜在断裂源。

总之，焊接缺陷是焊接结构脆断的重要原因，据美国对船舶脆断事故的调查表明，40%的脆断事故是从焊接缺陷处开始破坏的。

第四节 预防焊接结构脆性断裂的措施

明确认识焊接结构脆断的原因、机理和影响因素之后，防止焊接结构脆断的合理设计、完善的制造工艺和安全的使用原则就有章可循。这些原则包括质量控制，使用监督以及脆断影响程度的评定。

一、正确地选用材料

选择材料的基本原则是既要保证结构的安全性，又要考虑经济效益。一般说来，应使所选母材和焊接填充金属保证在工作温度下有合格的缺口韧性；其具体含义是：

1) 在结构工作条件下，焊缝、热影响区和熔合线部位应具有足够的抗开裂性能，母材应具有一定的止裂性能。

2) 随着钢材强度级别的提高，其断裂韧性和工艺性都有不同程度的下降，因此在选材时，不宜选用比实际所需强度更高的材料；特别不应该单纯追求强度指标，而忽视了其他性能。

3) 充分了解结构的工作条件(如最低气温和气温变化，以及载荷条件)。

通常采用以下几种方法进行材料的验收和评定。

（一）按缺口韧性试验验收材料

当前，一般都是对选定的钢材用 V 形缺口冲击试验结果来验证材料的适用性，即要求以该种材料制备的标准试件在规定温度下能达到某一规定的能量值来考核。这种方法在各国已使用了几十年，积累了许多丰富的资料。

对于工作在低温下的结构(例如在低温介质下工作的压力容器)，在许多国家的标准或规范中都作了特殊的规定。目前通用的有英国 BS5500—1976 附录 D 低温用碳钢和碳锰钢压力容器推荐暂行规定；美国 ASME 标准中的锅炉和压力容器规范第Ⅷ篇第一分篇《低温操作》；联邦德国 AD 压力容器规范 W10—7611 低温用钢铁材料以及日本焊接协会标准 WES—136—1972 低温结构用钢板材质评定标准等。这些标准对低温使用的焊接结构，特别是对压力容器的选材，制定了适用的规范。例如，英国《非直接受火焊接压力容器规范》附录 D "低温用碳钢和碳锰钢压力容器推荐的暂行规定"（BS5500—1976 附录 D）是以大型焊接宽板试验为基础的。在大型焊接宽板试验中焊前预制人工缺口，试件经过焊接热应变时效和局部脆化，并带有较高的焊接残余应力。在某一温度下，将带有裂纹的该试件拉断。拉断时试件应当具有 0.5% 的残余应变，该温度即可作为设计温度，但由于试验过程复杂，并需较大吨位的试验机，故不便作为材料的验收试验。大量的研究表明，上述温度与 V 形缺口冲击试验达到某一能量数值的温度（例如，对于 <450N/mm² 的材料冲击能大于 27J 时的温度或 6l >450N/mm² 的材料冲击能大于或等于 40J 时的温度有一定的对应关系，如图 15-19 所示。图中 a 所示为焊态情况，b 所示为焊后热处理后的情况。图中纵座标为宽板拉伸试验的转变温度，可作为允许的最低设计温度。

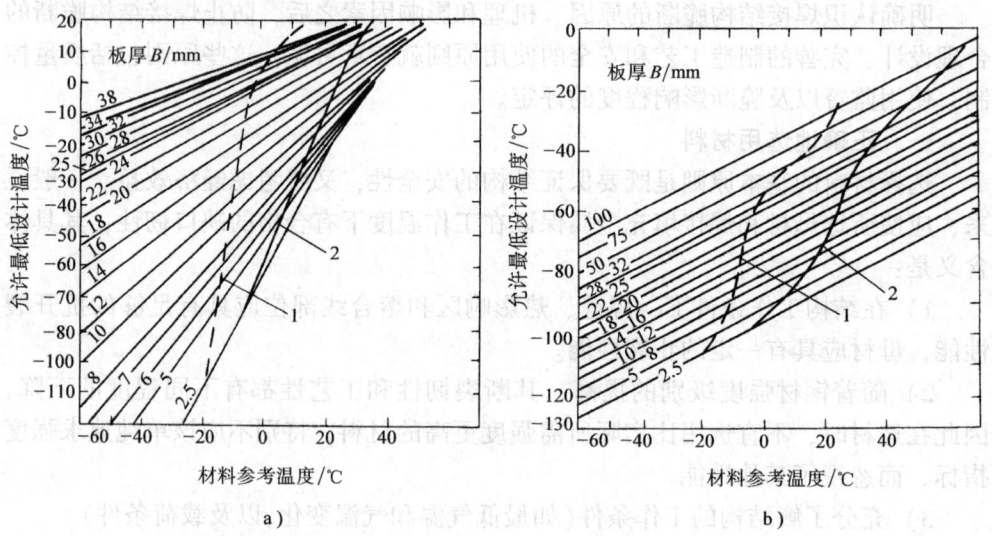

图 15-19　宽板试验与 V 形缺口冲击试验转变温度的关系

a）焊态的　b）焊后热处理的

1—规定最低含 Mn 量与最高含 C 量之比 ≥4 的正火钢在该曲线以右，免作冲击试验

2—当最小 σ_b <450N/mm² 在该曲线以右，免作冲击试验

由允许的最低设计温度和结构强度决定的板厚，在该图中便可查得 V 形缺口冲击试验时选择材料的参考温度。当材料的参考温度已知后，就可从材料标准中选取能满足规定的 V 形缺口冲击试验最低冲击能量所要求的材料。

（二）用断裂韧度与屈服点之比值来评定材料的抗脆断能力

在防止脆性断裂研究方面，目前断裂力学主要用于评定焊接结构缺陷的严重性。国际焊接学会和许多国家都相应制定和推荐了有关标准和规范。

断裂韧度本身尚不足以说明材料的脆—塑性，而断裂韧度（K）与材料屈服点之比，才能更好地说明这个问题。因为两者之比反映了裂纹尖端处在断裂前塑性区的大小(用 R 表示裂纹尖端区的塑性区尺寸,在平面应变条件下,$R = K_{IC}/2\sqrt{2}\pi\sigma_s^2$;在平面应力条件下,$R = K_{IC2}/\pi\sigma_s^2$),塑性区半径与($K_{IC}^2/\sigma_s^2$)成正比。显然,小的塑性区意味着裂纹扩展消耗的能量少,因而可以认为这是一种较脆的材料;反之,大的塑性区则意味着裂纹扩展时要消耗较多的能量,因此可以认为这种材料具有较好的抗脆断性能。

二、采用合理的结构设计

为减少和防止脆断,焊接结构设计必须遵守以下几项原则。

(一) 全面了解焊接结构的工作条件

对于露天情况下工作的焊接结构,应当详细了解其工作环境下的最低气温和气温变化情况,以供设计参考之用。例如,对近海工作的钻井船桩腿,其设计的计算温度应采用在规定海区作业时可能遇到的最低温度,该温度要求在 20 年气象报告进行概率统计之后得出。对贮存低温工作介质的焊接容器,则以环境中最低温度和介质温度两者中最低的温度作为设计计算温度。同时还要对焊接结构的工作载荷有无变动,如何变动,有无冲击载荷等因素予以考虑。

(二) 尽量减少结构和接头的应力集中

1) 在结构中一些截面需要改变的地方,必须设计成平缓过渡,不允许有突变,不允许有尖角,如图 15-20 所示。

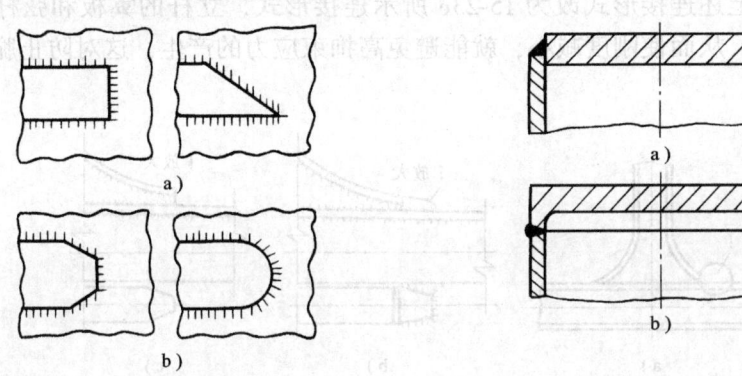

图 15-20　尖角过渡与平滑过渡的接头　　图 15-21　封头设计合理与不合理的接头
　　　　a) 不正确　b) 正确

2) 在设计中应尽量选用应力集中系数小的对接接头,力求避免选用应力集中系数较大的盖板接头。如有可能,尽量将角焊缝改用对接焊缝。图 15-21a 所示接头设计不甚合理,在使用中曾多次出现焊缝破坏现象。若能将这种接头形式改为图 15-21b 所示形式,则焊缝处的应力集中程度将会大大下降,结构的承载能力明显提高。

3）不同厚度的构件对接时应当尽可能采用圆滑过程的形式，如图 15-22 所示。其中以图 b 所示的形式为最好，因为这种形式焊缝部位应力集中最小。图 a 和 c 所示形式虽然将厚板减薄，但在焊接部位仍有相当大的应力集中。

4）充分考虑可焊到性。为有效避免焊接缺陷产生，应将焊缝布置在便于施焊和便于检验的部位。

5）避免焊缝密集。为防止焊接部位的材质性能变坏和复杂的残余应力场，一般认为焊缝不应密集于某一局部区。

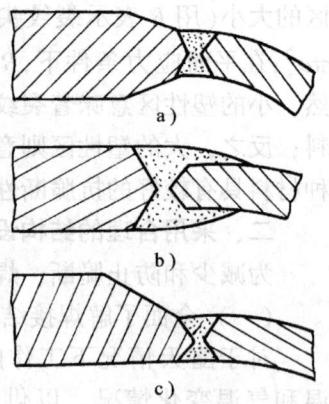

图 15-22 不同板厚的接头设计方案

（三）尽量减小结构的刚度

对于大型焊接结构，在满足结构的使用条件下，应当尽量减小结构的刚度，以降低应力集中和附加应力的影响。

例如，曾在前面提到的比利时阿尔拜特运河上桥梁脆断事故，分析表明，这种威廉德式桥梁的主要缺点是刚度大。设计者采用了如图 15-23b 所示的连接方式，即先将铸钢块或锻钢块相连接。这种设计极不合理，因为在施焊对接焊缝时会在该处产生较大的应力，容易引起焊接缺陷。事实证明，脆断事故正是起源于此处。如果将上述连接形式改为 15-23c 所示连接形式，立杆的翼板和弦杆的翼板之间不焊接，从而使刚度减小，就能避免高拘束应力的产生，这对防止脆断产生是很有利的。

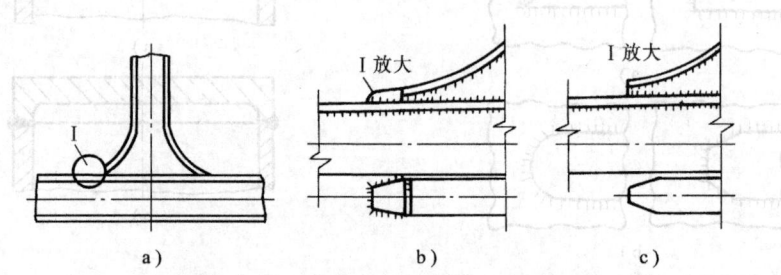

图 15-23 威廉得式桥立杆和玄杆的焊接

在压力容器中，经常要在容器上开孔，焊接接管。因为焊接部位的刚性过大，焊接时有较大的焊接应力，易产生焊接缺陷。为减小焊接部位的刚性，可采用开"缓和槽"的方法使其拘束度减小，如图 15-24 所示。

（四）不采用过厚的板材

在大型焊接结构中，不宜采用过厚的板材。在满足工作应力的条件下，尽量采用薄板材。采用多层板是减小结构刚度，降低钢板的转变温度的有效办法，这对防止结构脆性破坏是非常有利的。

设计者试图以降低许用应力来减小脆断的危险性显然是不恰当的,因为这样做的结果将使选用厚度增大。实践证明,过厚的板材其断裂韧性较低,反而容易引起脆断事故的发生。

(五) 要重视结构中附加件的连接形式和不受力焊缝的设计

结构在使用中经常发现这些不受重视的接头部位一旦产生了脆性裂纹以后,裂纹就会扩展到结构的主体,使结构发生断裂。因此,对结构中的一些附加件也要仔细设计,一般不要在受力构件上加焊附加件。例如,如图 15-25a 所示支架,若采用断续焊缝将支架焊到受拉伸梁的翼板上,由于难以保证焊缝质量,此处极易产生裂纹,严重影响结构的断裂强度。若将此设计方案改用卡箍,而不用焊缝连接(如图 15-25b 所示),则就会避免上述方案的缺点,有助于防止脆断事故的发生。

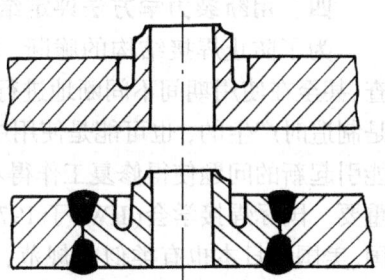

图 15-24 容器开缓和槽举例

(六) 采用合理的焊接工艺

在允许的情况下减小焊接热输入,减小焊接残余应力和变形。在某些情况下可考虑焊后热处理,以消除焊接残余应力的影响。

三、精心制造,严格执行制造工艺和质量要求

实践证明,无论结构设计如何合理,材料如何优质,生产工艺制定得如何正确,但这些不过是些技术文件,如果不能精心制造,严格质量监督而使结构产生了一些明显的或隐藏的缺陷,将使精心设计和合理选材等工作等于无用。为了提高结构的生产质量,必须严格执行制造工艺规定;按规定的工艺参数进行焊接;禁止使用过大的焊接热输入;绝对不允许在结构主体上随意点焊或打弧;充分利用装焊卡具和机械化装置进行焊接;根据需要与可能,对某些焊接结构进行焊后热处理。但要注意的是,尽管对于许多焊接结构焊后热处理可改善由热循环所产生的局部材料性能的恶化,并能消除部分焊接残余应力,但是,对于那些对焊后热处理特别敏感的材料,如果处理不当,常常会产生新的问题。所以对于一些重要的和有脆性危险的焊接结构,最好通过试验来决定是否需要进行焊后热处理。

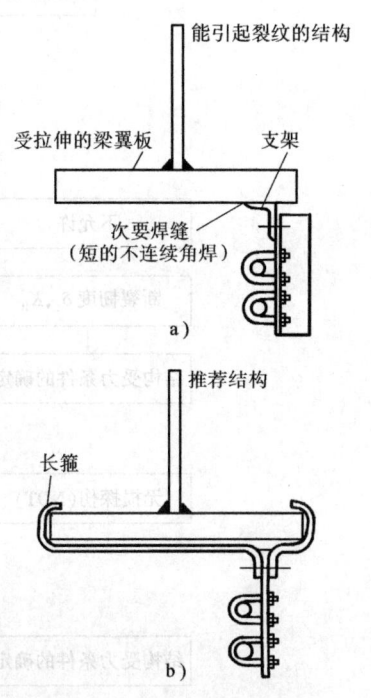

图 15-25 附加元件安装方案

四、用断裂力学方法评定结构的安全性

为了防止焊接结构的脆断,除上述措施外,还应加强对结构进行定期质量检查,甚至在使用期间不间断地进行监控——如声发射监测。检查时发现的缺陷可能是制造时产生的,也可能是使用中产生的。有些缺陷难以修复,或在修复过程中可能引起新的问题使得修复工作得不偿失。在这种情况下进行缺陷严重性的评定十分重要。国际焊接学会(IIW)于 1975 年发表了按脆断观点的缺陷评定标准草案。英国、美国和日本也有类似的规范,这些标准对缺陷严重性的评定步骤如图 15-26 所示。

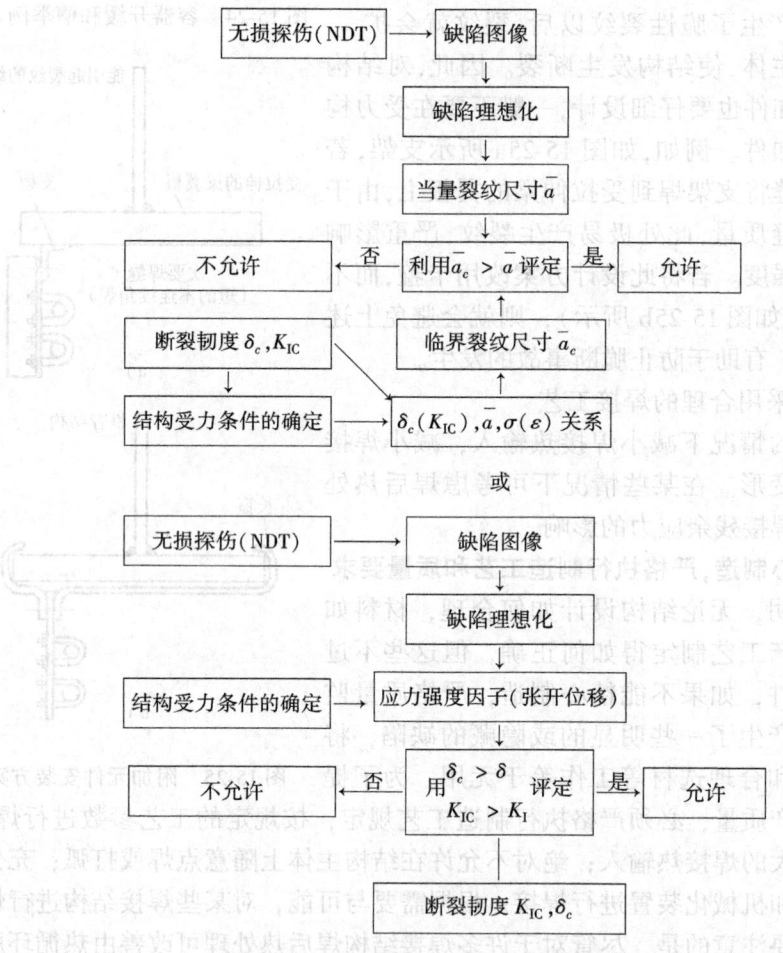

图 15-26　缺陷是否允许的评定流程

我国于 1984 年也指定了类似的评定规范。基于"合理使用"原则的"压力容器缺陷评定规范" CVDA—1984 主要用于在役压力容器的缺陷评定(容器的壁厚 $\delta \geqslant 10mm, \sigma_y \leqslant 500N/mm^2$)。

第十六章 焊接接头和焊接结构的疲劳强度

本章主要介绍疲劳断裂的基本概念，影响焊接结构断裂的基本因素以及提高和改善焊接结构疲劳强度的方法。

第一节 疲劳断裂的基本概念

一、疲劳断裂

在某点或某些点承受扰动应力，且在足够多的循环扰动作用之后形成裂纹或完全断裂时，材料中所发生的局部永久结构变化的发展过程，称为"疲劳"。

上述定义清楚地指出：只有在材料承受扰动应力作用条件下，疲劳才会发生。所谓"扰动应力"（或称交变应力，循环应力），是指随时间变化的应力。这种变化可以是有规律的，如正弦波形、梯形波形、三角波形等；也可以是不规则的，甚至是随机的。

疲劳是一个"发展过程"，这一过程发生在一段时间内(即寿命)。由于扰动应力作用，结构或构件一开始使用，疲劳发展过程就开始了。我们观察到的"形成裂纹"和"断裂"，是这一发展过程中不断形成的损伤累积的结果。疲劳过程的发展必定会形成裂纹，断裂是由于裂纹扩展到临界尺寸造成的，它标志着疲劳发展过程的终结。

二、疲劳破坏的断口特征

大部分疲劳破坏的断口都有一些共同的特征。图 16-1 所示为某 Al-Cu 合金的

图 16-1 断叶片的断面形态

其中 A 所指为疲劳裂纹区，B 所指为快速断裂区

涡轮机翼轮叶片的疲劳断口照片。照片上的断口明显地显示出二个区域，断口 B 区的粗糙部分是最后断裂破坏区，称为瞬断区；A 区是疲劳裂纹扩展区。裂纹起源于上表面，裂纹源附近的断口表面是光滑的，黑而发亮；裂纹稍大后，就可看到一系列明暗相间的椭圆形条带，这些条带称为"海滩条带"，就象海水退离沙滩后留下的条带一样。海滩条带显示了疲劳裂纹不断扩展的过程及裂纹形状的改变，对于疲劳研究提供了重要的信息。在循环载荷的作用下，裂纹上、下表面不断地开闭，相互摩擦并且在变幅载荷或腐蚀环境的作用下以不同的速率扩展，形成了断口上疲劳裂纹扩展区内的光滑表面和海滩条带。若将疲劳断裂后的断口对合在一起，一般都能吻合得很好。这表明在疲劳破坏之前构件并未发生大的永久变形，即使对于延性很好的钢材也常常是这样。这是疲劳断口不同于单调加载破坏的一个重要特点。

许多工程构件疲劳破坏都具有上述断口特征，这类典型疲劳断口的一般特征为：有明显的裂纹源（1 个或多个）；有表征着裂纹扩展的海滩条带；有明显不同于裂纹扩展区的，比较粗糙的最后断裂区（瞬断区域）。

综上所述，可得一般结论：

1）断口反映了包括裂纹萌生、扩展和最后断裂的疲劳过程。

2）断口上的裂纹扩展区与瞬断区可借助于海滩条带、断面光滑平坦与粗糙程度以及腐蚀痕迹而加以区别。

3）疲劳裂纹起源于高应力区，且通常在最大拉应力平面内扩展。

4）表面裂纹的形状一般呈半椭圆形。

5）断裂时疲劳裂纹扩展区的大小占断口面积的比例，与载荷、材料等因素有关。

第二节 疲劳破坏机理

一、疲劳裂纹萌生机理

金属材料如果含有缺陷、夹杂物、切口或其他应力集中源，疲劳裂纹就可能起源于这些地方。通常将疲劳裂纹的起始或萌生过程称为疲劳裂纹成核。如果金属材料没有上述各种应力集中源，则裂纹成核往往是在构件表面。因为构件表面应力水平一般比较高，且难免有加工痕迹（如切削加工的刀痕）影响；同时，表面区域处于平面应力状态，有利于塑性滑移的进行。

从本质上说，金属材料都是晶体，其原子按照一定的有序形式排列。大部分结构金属是多晶体，它由许许多多的晶体或晶粒组成，每一个晶粒都有其自己的特定力学性能、排列方位及方向性。在某些晶粒中，其方位可能正好使晶粒内容易发生滑移的平面与最大施加剪应力一致。这样在载荷的作用下，就会出现在晶

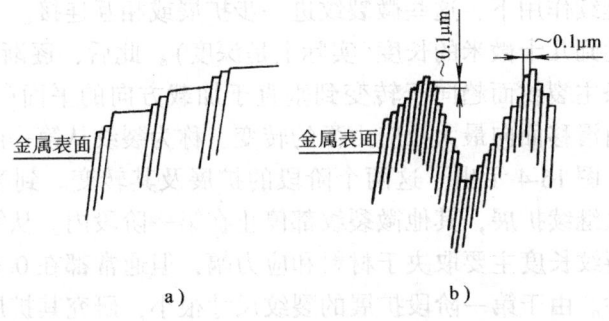

图 16-2 延性金属中的滑移

粒内有一个或若干个平面发生滑移的情况。滑移可以在单调载荷,也可以在循环载荷下发生。单调载荷或高应力幅循环载荷下发生的粗滑移,如图 16-2a 所示。图 16-2b 所示为低应力循环载荷下发生的细滑移。垂直表面看时,滑移是一些平行的线或带。对于粗、细滑移的研究都是用事先抛光、最后酸洗的试件通过光学或电子显微技术进行的。

在循环载荷作用下,利用电子显微镜已经观察到在金属表面发生的滑移带挤出和凹入情况,这种凹入将形成进一步的应力集中,成为裂纹起始的原因(图 16-3)。滑移主要由切应力控制,切应力幅越大,反复循环次数越多,滑移就越严重。

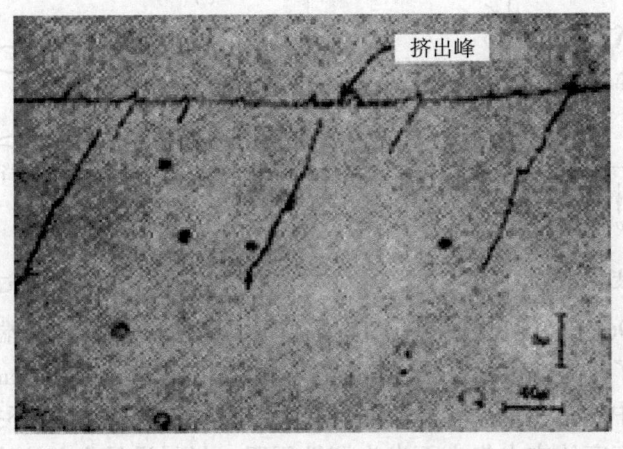

图 16-3 $w_{Fe}=2.90\%$ 的铝合金
挤出峰吞并引起的裂纹以及挤出峰下凹处的裂纹

二、疲劳裂纹扩展机理

疲劳裂纹在表面处成核,是由最大切应力控制的,这些微裂纹在最大切应力方向上。在单轴加载条件下,微裂纹与加载方向大致呈45°角,如图16-4所示。

在循环载荷的继续作用下，这些微裂纹进一步扩展或相互连接。

微裂纹能达到几十微米的长度（实际上是深度）。此后，逐渐偏离原来的45°方向，形成一条主裂纹而趋向于转变到垂直于加载方向的平面（最大拉应力面）内扩展。裂纹由滑移面向最大拉应力面的转变，称为裂纹从第一阶段扩展向第Ⅱ阶段扩展转变。图16-4示出了这两个阶段的扩展及其转变。到第一阶段，一般都只有一个裂纹继续扩展，其他微裂纹都停止在第一阶段内。从第一阶段向第二阶段转变时的裂纹长度主要取决于材料和应力幅，但通常都在0.05mm内，只有几个晶粒的尺寸。由于第一阶段扩展的裂纹尺寸很小，研究其扩展过程的文献很少；故着重讨论第二阶段的疲劳裂纹扩展机理。

第二阶段一般是指$0.05\text{mm} < a < a_f$的疲劳裂纹扩展。a_f是断裂时的临界裂纹尺寸。这一阶段的裂纹扩展称为疲劳裂纹的亚临界扩展或稳定扩展。

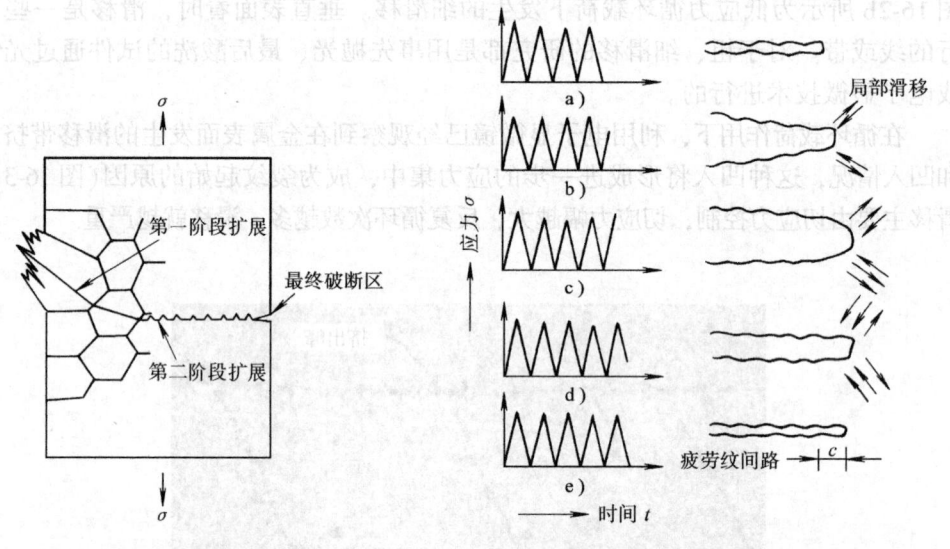

图16-4 疲劳裂纹扩展阶段　　　　图16-5 塑性钝化过程

C. Laird(1967)直接观察了一个应力循环中延性材料裂纹尖端几何形状的改变情况，提出了描述疲劳裂纹扩展的"塑性钝化模型"或称 Laird 模型，如图16-5所示。图中 a 是一个循环开始时的裂纹尖端情况，随着循环拉应力的增大，裂尖材料由于高度的应力集中而发生塑性屈服，材料沿最大剪应力方向产生塑性滑移，如图16-5b所示。循环拉应力进一步增大，滑移区扩大使裂尖钝化而呈半圆形，此时裂纹尖端已向前移动，见图16-5c。此后，进入卸载循环。在循环加载时，由于滑移在裂尖形成一个塑性区，塑性区外的材料只有弹性变形。卸载后弹性变形恢复，而裂尖已发生塑性变形的材料却不能协调地收缩，故形成了压缩应力作用在塑性区上。在裂尖处这种压应力值可以很大，甚至能够超过屈服极限而使裂尖材料发生反向塑性变形(压缩塑性变形)，滑移反向，裂纹上、下表面间距离缩小。但是，加载时裂尖塑性钝化形成的新的裂纹面却不能消失，它将在压应力的作用下产生失稳，而在裂尖形成双凹槽形，如图 16-5d 所示。最后，在循环最大压应力作用下又形成了一个尖裂纹，但长度已经增加了 Δa，见图 16-5e。下一个循环开始，裂纹又张开、钝化、扩展、锐化，重复上述过程。这样，断口裂纹面上就留下了一条痕迹，称之为疲劳条纹。

借助于高倍电子显微镜(扫描电镜或透射电镜)，在疲劳断口上可以观察到疲劳条纹的存在，图 16-6 是疲劳条纹照片。

研究结果表明，条纹数与应力循环是一一对应的。进一步的研究表明，每一个疲劳条纹都是在一个应力循环内形成的，但并不是每一次应力循环都一定形成一条疲劳条纹，即有的循环并不引起裂纹扩展。

疲劳条纹不同于前述之断口海滩条带。海滩条带一般是肉眼(或用低倍显微镜)可见的，一个海滩条带可以包含几千条甚至更多的疲劳条纹。疲劳条纹则必须借助于高倍电镜才可能观察到，许多情况下，由于裂纹面间的摩擦、腐蚀，断口上看不到疲劳条纹。

疲劳条纹的存在，对于塑性钝化模型无疑是一种支持。正因为 Laird 模型解释了断口疲劳条纹的形成，又没有什么假设的限制，故易为人们所接受。

疲劳裂纹一般起源于表面，沿最大切应力面进行第一阶段扩展而穿过几个晶粒后，形成一条主裂纹，在最大拉应力平面内成"之字形"向前扩展，这是第二阶段的扩展。

对于高强度或脆性材料，疲劳机理可以不包括滑移带的形成，微裂纹通常

图 16-6　铝合金(7178)的疲劳条纹，
(图上方中央界限为晶界)

直接在杂质或空孔等不连续处出现，然后就在最大拉应力面内扩展。

三、瞬断阶段

疲劳裂纹扩展到某临界长度时，将发生不稳定扩展而迅速导致断裂。这一阶段为失稳扩展或瞬断阶段，是材料或构件寿命的最后阶段。失稳扩展由材料韧性、裂纹尺寸和应力水平等因素综合决定。

第三节 疲劳断裂力学的基本概念

传统疲劳强度的计算方法,是在疲劳试验的大量统计结果上,获得载荷—循环次数曲线,然后在此曲线基础上,利用疲劳图再给以一定的安全系数进行设计和选材,然而构件在实际使用中仍然会过早地发生意外破坏。这就是说,设计的可靠性未能得到充分保证。这种情况的出现主要是由于评定疲劳特性所用试件与实际构件之间存有差异。

实际构件在加工制造和使用过程中,由于各种原因(如焊接、锻造、表面划痕等)往往存在着各种类型的裂纹。带有裂纹的构件,在变载荷的作用下,裂纹可能逐渐扩展。应用断裂力学把疲劳设计建立在构件本身存在裂纹这一客观事实的基础上,按照裂纹在循环载荷下的扩展规律,估算结构的寿命是保证构件安全工作的重要途径,同时也是对传统疲劳试验和分析方法的一个重要补充和发展。

一、裂纹的亚临界扩展

一个含有初始裂纹 a_0 的构件,当承受静载荷时,只有在其应力水平达到临界应力 σ_c 时(图16-7),亦即当其裂纹尖端的应力强度因子达到临界值 $K_{IC}(K_c)$ 时,才会发生失稳破坏。假如构件承受一个低于 σ_c,但又足够大的循环应力,那么这个初始裂纹 a_0 便会发生缓慢扩展,当达到临界裂纹尺寸时,会使构件发生破坏。裂纹在循环应力作用下,由初始值 a_0 到临界值 a_c 这一段扩展过程,就是疲劳裂纹的亚临界扩展阶段。

可以分为两种类型来研究裂纹的亚临界扩展:即裂纹在裂纹尖端弹性区内的扩展和裂纹在范性区内的扩展。在前一种情况下,裂纹长度远远地超过裂纹尖端塑性区的尺寸,即 $a \geq r_p$(r_p 为塑性区尺寸),对于许多承受高循环、低载荷、低裂纹扩展速度($da/dN < 10^{-2}$mm,即每次循环裂纹扩展的距离小于百分之一毫米)的零件、构件,其裂纹扩展

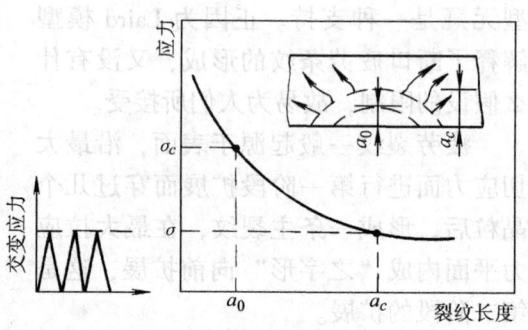

图16-7 亚临界裂纹扩展与临界裂纹尺寸

就属于这种情况;在后一种情况下 $a \leq r_p$,对于承受低循环、高载荷,裂纹扩展速率高($da/dN > 10^{-2}$mm)的零、构件,即属于这种情况。前者有时称为应力疲劳,后者有时称为应变疲劳。

关于疲劳裂纹扩展规律,近年来已有许多研究。这些研究基本上是讨论在单轴循环应力作用下,裂纹长度 a 沿着垂直于应力方向扩展速率的理论和规律。

在一般情况下，裂纹扩展速率可写成以下形式：
$$da/dN = f(\sigma, a, C) \tag{16-1}$$
式中　　N——循环次数；

σ——应力；

a——裂纹长度；

C——与材料有关的常数。

帕瑞斯（Paris）指出：应力强度因子既然能够表示裂纹尖端的应力场强度，那么也可以认为 K 值是控制裂纹扩展速率的重要参量。并由此提出了以下关于裂纹扩展的重要经验公式：
$$da/dN = C(\Delta K)^n \tag{16-2}$$
式中　ΔK 为应力强度因子幅度（$\Delta K = K_{max} - K_{min}$），它等于最大载荷时的应力强度因子值减去最小载荷时的应力强度因子值，C 和 n 是由材料决定的常数。例如，对于中心开有缺口的无限宽板
$$\Delta K = \Delta \sigma \sqrt{\pi a} \tag{16-3}$$
把式 da/dN 代入 ΔK 公式中，则有
$$da/dN = C_1 \Delta \sigma^n a^{n/2} \tag{16-4}$$

但是，帕瑞斯的指数规律公式有两个缺点：首先它未考虑平均应力对 da/dN 的影响，而试验证明平均应力对裂纹扩展速率是有显著影响的；其次是它未考虑当裂纹尖端的应力强度因子趋近其临界值 K_{IC} 时，裂纹的加速扩展效应。考虑上述两个因素的影响，福曼（Forman）提出修正公式：
$$da/dN = C(\Delta K)^n / (1-r) K_{IC} - \Delta K \tag{16-5}$$

由上式可见，由于引入了考虑平均作用应力的循环特性 r，它可在任何 r 的载荷条件下更好地描述疲劳裂纹扩展规律，同时上式还反映出 da/dN 值不仅取决于 ΔK 值的大小，并且它还是材料本身 K_I 值的函数。就是说材料的 K_{IC} 值越高，da/dN 值就越小。

图 5-8 示出了 7075—T6 铝合金在各种 r 值条件下的 da/dN—ΔK 的关系。可见在同一个 ΔK 值下 r 值越高（亦即平均应力越高），裂纹扩展速率也越高。同时亦可看到每条线都有自己单独的"指数规律"关系。

虽然福曼公式在处理许多材料（特别是高强钢、铝合金）的数据中，获得了广泛的应用，但由于此公式中有材料的 K_{IC} 值，这就使得不能用它描述目前尚难以测定出 K_{IC} 值的高韧性材料裂纹扩展规律。因此华格（Walker）提出用下述公式来描述裂纹扩展规律：
$$da/dN = C\left[K_{max}(1-r)^m\right]^n \tag{16-6}$$
式中　m、n、C 为与材料和介质有关的常数。华格称 $K_{max}(1-r)^m$ 为有效应力强

度因子。当 $m=1$ 时，则它与帕瑞斯公式完全一致。可以说，帕瑞斯指数规律公式可看作是华格公式的特例。

图 16-9 是图 16-8 的 5 组数据用华格公式处理的结果。

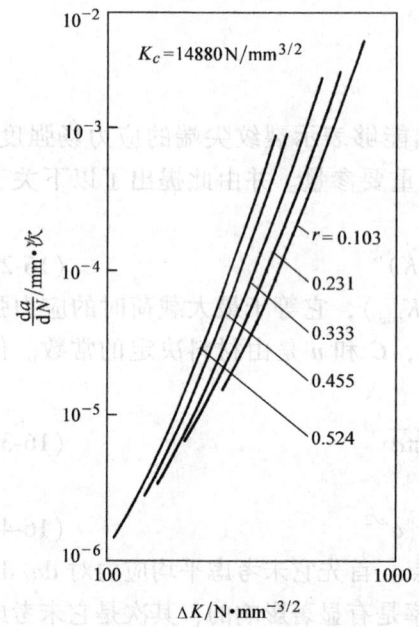

图 16-8 根据"指数规律"公式绘制的 7075 – T6 铝合金的 $\mathrm{d}a/\mathrm{d}N$ 与 ΔK 的关系曲线

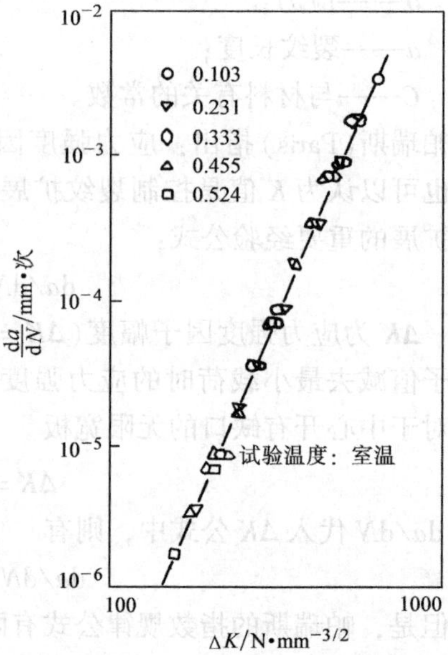

图 16-9 以华格公式处理的 $\mathrm{d}a/\mathrm{d}N$—ΔK 的关系

二、疲劳裂纹的扩展特性

根据裂纹扩展的指数定律，整理各种材料的大量试验数据发现，各种金属材料的指数大约处在 $n=2\sim7$ 的范围内，而其中绝大多数材料 $m=2\sim4$。

进一步研究各种金属材料的 $\mathrm{d}a/\mathrm{d}N$-ΔK 在双对数坐标上的关系时，发现它们之间的关系在宽广的 ΔK 范围内，并非由一条直线，而是由四条不同斜率的线段组成，其形状如图 16-10 所示。

在应力强度因子幅度小于某一界限值时，裂纹不发生扩展，此界限值定义为 ΔK_{th}（即门槛值），它是材料固有的特性。当外加应力强度因子幅度达到此界限值 ΔK_{th} 后，裂纹扩展速率急剧上升，此线段几乎与纵坐标轴相平行。

此后，稍微增加一点 ΔK 值，$\mathrm{d}a/\mathrm{d}N$ 与 ΔK 成指数 n_1 的关系变化。对钢材而言，屈服强度、抗拉强度、加工硬化特性、组织结构以及温度等对此阶段的斜率基本上不发生明显的影响。从试样断口可以看出，在此扩展阶段内为平断口，与外加拉应力成 90°。电子金相图片表明它为穿晶断裂，且具有典型的疲劳辉纹。

继续增加 ΔK 时，出现斜率转折点 I（图 16-10），过此点斜率降低为 n_2，即 $n_2 < n_1$。宏观断口表明，在此阶段内开始出现切变斜断口，断口表面与外力成 45°而它的电子金相图片表明，断口为解理断裂和疲劳断裂的混合型。与斜率转折点 I 对应的裂纹扩展速率，一般在 $10^{-3} \sim 10^{-4}$ mm/次 的范围内。测定转折点以及转折点两侧的斜率，对估算疲劳破坏寿命，具有重要的实际意义。

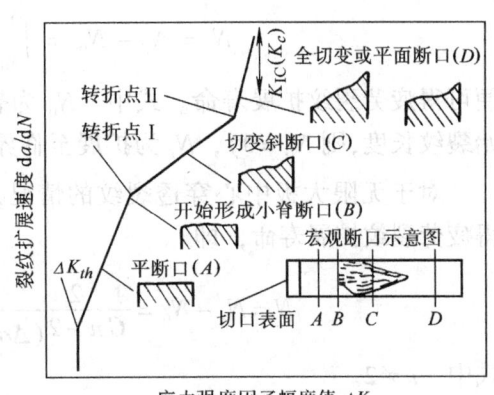

图 16-10 金属材料 $da/dN - \Delta K$ 在双对数坐标上的一般关系图

继续增加 ΔK 值，当 K_{max} 逐渐迫近材料的 $K_{IC}(K_c)$ 值时，达到了材料的第 II 转折点，过此点后，其斜率将增大，点 II 实际上是裂纹扩展速率加速转变点。在此区内宏观断口为全切变断口。研究表明，各种材料的疲劳裂纹扩展速率加速转折点，大体上在一恒定裂纹张开位移幅度下发生，即此转折点 B 所对应的 $\Delta \delta_t = 3.96 \times 10^{-2}$ mm。$\Delta \delta_t$ 即为转折点 II 上的裂纹尖端张开位移幅度。

以上所讨论的是在应力循环条件下，裂纹在弹性区内的扩展规律。应当说明，这些规律的应用范围是低应力、高循环、低扩展速率。而这种指数规律不能用来表征高应变循环条件下裂纹的扩展规律。高应变循环疲劳也称为低循环疲劳或塑性疲劳。它一般发生在高应力、低循环、高扩展速率的情况下，此时试验条件不是控制应力、而是控制应变幅值。

近年来，许多人试图用裂纹尖端的张开位移来描述此时的裂纹扩展规律，即：

$$da/dN = C(\Delta \delta_t)^m \tag{16-7}$$

式中 $\Delta \delta_t$ 为裂纹尖端的张开位移幅度。试验结果表明，当张开位移幅度 $\Delta \delta_t$ = 常数时，则 da/dN 亦为一恒值。这就是说在控制裂纹张开位移幅度 $\Delta \delta_t$ 的条件下，裂纹张开位移幅度 $\Delta \delta_t$ 就是影响裂纹扩展速率的主要参量。不过到目前为止，有关这方面试验做的尚不够多，资料仍然有限，需要继续进行研究。

三、疲劳裂纹扩展寿命的估算

构件在进行疲劳裂纹扩展寿命的估算中，其基本数据就是材料（或构件）的裂纹扩展速率。在文献及图册中所给出的裂纹扩展速率与应力强度因子幅度 ΔK 段的关系，通常是以帕瑞斯公式，福曼公式等表示。现仅以帕瑞斯公式为例：

对 $da/dN = c(\Delta K)^n$ 式求定积分

$$N = N_f - N_0 = \int_{N_0}^{N_f} dN = \int_{a_0}^{a_c} \frac{da}{C(\Delta K)^n} \tag{16-8}$$

便可得疲劳裂纹扩展寿命。式中 N_0 为裂纹扩展至 a_0 时的循环次数（若 a_0 为初始裂纹长度，则 $N_0 = 0$），N_f 为扩展至临界失稳断裂长度 a_c 时的循环次数。

对于无限大板中心穿透裂纹的情况，$\Delta K = \Delta \sigma \sqrt{\pi a}$ 代入 (16-11) 积分式后，得疲劳裂纹扩展寿命，即

$$N = N_f - N_0 = \frac{1}{C} \frac{2}{n-2} \frac{a_c}{(\Delta \sigma \sqrt{\pi a_c})} \left[\left(\frac{a_c}{a_0} \right)^{\frac{n}{2}-1} - 1 \right] \tag{16-9}$$

式中 $n \neq 2$。

若 $n = 2$ 时，疲劳裂纹扩展寿命得：

$$N = N_f - N_0 = \frac{1}{C} \frac{1}{(\Delta \sigma \sqrt{\pi})^n} \ln \frac{a_c}{a_0} \tag{16-10}$$

第四节 疲劳强度的常用表示法

为了表达疲劳强度和循环特性之间的关系，应当绘出疲劳图。从疲劳图中可以得出各种循环特性下的疲劳强度。疲劳图可以有几种形式：

1) 用 σ_{max} 和 r 表示的疲劳图如图 16-11 所示。它能直接将 σ_{max} 与 r 的关系表示出来。

2) 用 σ_{max} 和 σ_m 表示的疲劳图如图 16-12 所示。图中横坐标表示平均应力 σ_m，纵坐标表示应力 σ_{max} 和 σ_{min} 的数值。在与水平线成 45°角的方向内绘一虚线，将振幅的数值 σ 对称地绘在斜线的两侧。两曲线相交于 C 点，此点表示循环振幅为零。其疲劳强度与静载强度 σ_b 相当。线段 ON 表示对称循环时的疲劳强度，此时 σ_m 等于零。线段 $O'N'$ 表示脉动循环

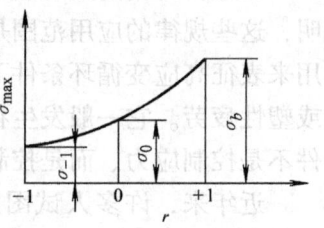

图 16-11 用 σ_{max} 和 r 表示的疲劳图

时的疲劳强度。在该疲劳图上可以用作图法求出任何一种循环特性系数 (r) 下的疲劳强度，自 O 点作一与水平线成 α 角的直线，使

$$\tan \alpha = \frac{\sigma_{max}}{\sigma_m} = \frac{2\sigma_{max}}{\sigma_{max} + \sigma_{min}} = \frac{2}{1+r} \tag{16-11}$$

则直线与图形上部曲线的交点的纵坐标就是该循环特性下的疲劳强度 σ_r。

3) σ_a 和 σ_m 表示的疲劳图如图 16-13 所示。图中横坐标为平均应力 σ_m，纵坐标为应力振幅 σ_a，曲线上各点的疲劳强度 $\sigma_r = \sigma_a + \sigma_m$。曲线与纵轴交点 A 的纵坐标即为对称循环时的疲劳强度 σ_1；曲线与横轴交点 B 的横坐标即为静载强

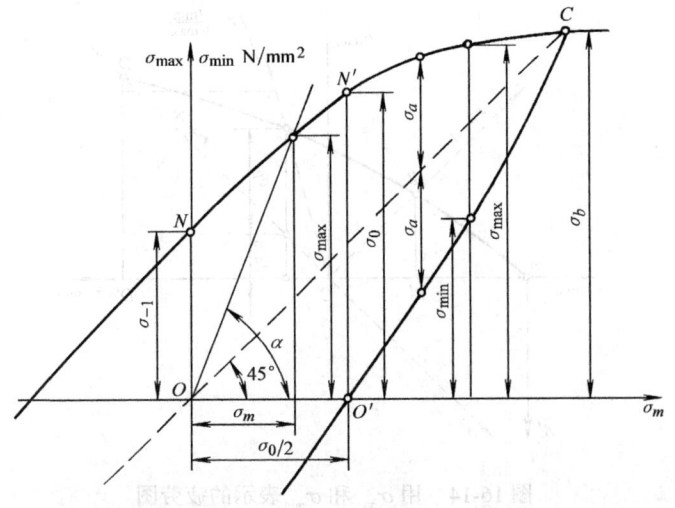

图 16-12 用 σ_{max} 和 σ_m 表示的疲劳图

度 σ_b，此时，$\sigma_a = 0$，$r = 1$；从 O 点作 45°射线与曲线的交点 C 表示脉动循环，其疲劳强度 $\sigma_0 = \sigma_a + \sigma_m = 2\sigma_a = 2\sigma_m$。若自 O 点作一与水平轴成 α 角的射线与曲线相交，并使

$$\tan\alpha = \frac{\sigma_a}{\sigma_m} = \frac{1-r}{1+r} \qquad (16\text{-}12)$$

则交点的 $\sigma_0 + \sigma_m = \sigma_r$，即为循环特征系数为 r 时的疲劳强度。

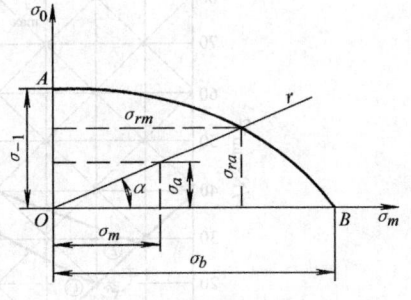

图 16-13 用 σ_a 和 σ_m 表示的疲劳图

4) 用 σ_{max} 和 σ_{min} 表示的疲劳图如图 16-14 所示。图中纵坐标表示循环中的最大应力 σ_{max}，而横坐标表示循环中的最小应力 σ_{min}，由原点出发的每条射线代表一种循环特性。例如，由原点向左与横坐标倾斜 45°的直线表示交变载荷，$r = \sigma_{min}/\sigma_{max} = -1$，它与曲线交于 B 点，BB' 即为 σ_{-1}；向右与横坐标倾斜 45°的直线表示静载 $r = 1$，它与曲线交于 D 点，DD' 即为静载强度 σ_b，而纵坐标本身又表示脉动载荷 $r = 0$，CC' 即为 σ_o 等。

图 16-15 为一组实例。该钢种的静载强度为 60kgf/mm²（588N/mm² A 点），200 万次脉动循环的疲劳强度为 31kgf/mm²（304N/mm² B 点），而其交变载荷 $r = -1$ 的疲劳强度为 20kgf/mm²（196N/mm² C 点）。对于 $r = 1/2$ 的疲劳强度，根据 $ADBC$ 线的交点即可找出为 42kgf/mm²（420N/mm²）等。同样在该图上也可找出 $n = 100$ 万次的各种循环特性的疲劳强度值。

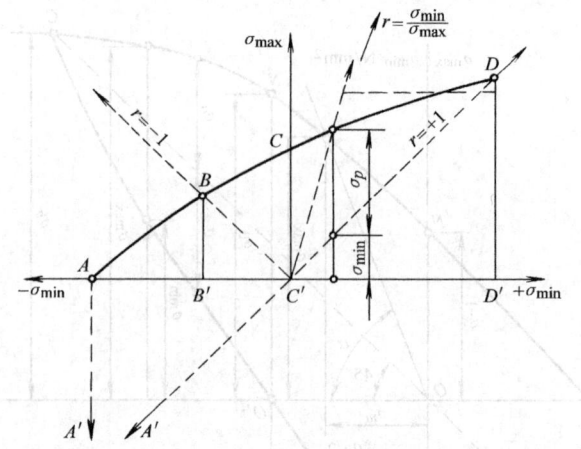

图 16-14 用 σ_{max} 和 σ_{min} 表示的疲劳图

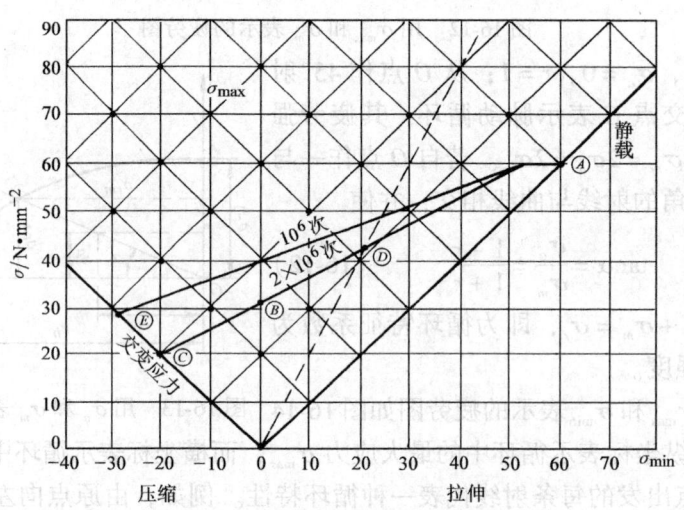

图 16-15 疲劳图实例

第五节 影响焊接结构疲劳强度的因素

一、应力集中的影响

用金属材料制成的机械零件和用钢材焊成的焊接结构，其形状一般是比较复杂的。有时设计很好的构件也难免会出现一些几何不连续、材料成分不均匀或加工形成的缺陷等，都会使构件中出现应力集中，降低了构件的疲劳强度。应力集中的程度用应力集中系数 K_T 表示。

(一) 接头形式引起的应力集中影响

焊接结构中,在接头部位由于传力线受到干扰,因而发生应力集中现象。可以预料对接接头的力线干扰较小,因而应力集中系数较小,其疲劳强度也将高于其他接头形式。但实验表明,对接接头的疲劳强度在很大范围内变化,这是因为有一系列因素影响对接接头的疲劳性能的缘故。

在对接接头中,对于质量良好的具有一定量余高的焊缝,主要应力集中点发生在焊趾处,如图16-16所示,裂纹可在焊缝或热影响区内产生,然后根据接头的形状特征,裂纹可向基本金属扩展,也可以向焊缝金属扩展。在对接接头中,纵然是质量良好的接头,亦有许多因素影响疲劳强度。如试样的尺寸、坡口形式、焊接方法及焊条类型;焊接位置、焊缝形状、焊后的焊缝加工、焊后的热处理等均会对其产生影响。

由于这些变量的影响,有时造成很难把不同实验室的数据进行比较,或者也可以说不同试验室的结果具有很大的分散性。近年来的研究说明,由于应力集中系数的不同,对接焊缝的形状对于接头的疲劳强度影响最大。焊缝形状的影响,包括下述内容。

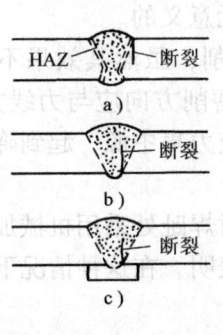
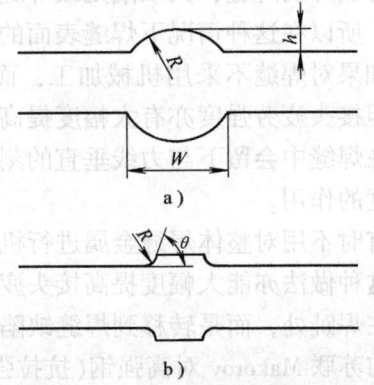

图16-16 横向对接焊缝的断裂部位　　图16-17 研究焊缝余高影响的试样

1. 过渡角的影响　采用图16-17所示的试样进行试验。Yamaguchi等人建立了疲劳强度和基本金属与焊缝金属之间过渡角(外钝角)的关系。试验中W(焊缝宽度)和h(高度)变化,但h/W比值保持不变,这意味着夹角保持不变,试验结果表明疲劳强度也保持不变。但如果W保持不变,变化参量h,则发现h增加,接头疲劳强度降低,这显然是外夹角降低的结果。

2. 焊缝金属过渡半径的影响　Sander等人采用图16-18所示试样进行试验,结果表明焊缝过渡半径同样对接头疲劳强度具有重要影响。即半径R增加(θ角保持不变),疲劳强度增加。图16-18也给出了在给定应力循环下对接接头过渡

角 θ 以及过渡圆弧半径 R 对接头疲劳强度的影响。

3. 垫板的影响 具有永久型垫板的对接接头由于垫板处形成严重的应力集中，降低了接头的疲劳强度。这种接头的疲劳裂纹均从焊缝和垫板的接合处产生，而并不是在焊趾处产生，其疲劳强度一般与不带垫板的不佳外形的对接接头的疲劳强度相等。

4. 机加工的影响 若对焊缝表面进行机械加工，应力集中程度将大大减少，对接接头的疲劳强度也相应提高，当焊缝不存在缺陷时，接头的疲劳强度可高于基本金属的疲劳强度。但是这种表面机械加工的成本很高，因此只有真正有益和确实能加工到的地方，才适宜于采用这种加工。而带有严重缺陷和

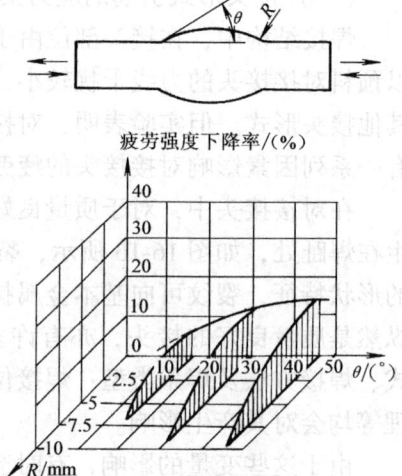

图 16-18 θ、R 对对接接头疲劳强度的影响

不用打底焊的焊缝，其缺陷处或焊缝根部应力集中要比焊缝表面的应力集中严重的多，所以在这种情况下焊缝表面的机械加工是毫无意义的。

如果对焊缝不采用机械加工，而是采用砂轮磨削，虽然其效果不如机械加工，但接头疲劳强度亦有大幅度提高。要注意的是磨削方向应与力线方向一致，否则在焊缝中会留下与力线垂直的刻痕，它相当于应力集中源，起到降低接头疲劳强度的作用。

有时不用对整体焊缝金属进行机加工，而只需对焊趾处采用机械加工磨削处理，这种做法亦能大幅度提高接头疲劳强度。研究表明，在这种情况下，起裂点不是在焊趾处，而是转移到焊缝缺陷部位。

前苏联 Makorov 对高强钢（抗拉强度 $\sigma_b = 1080MPa$）横向对接焊缝的交变载荷的疲劳强度试验表明，在焊态条件下 2×10^6 循环次数时疲劳强度为 $\pm 160MPa$，如果对焊缝进行机械加工处理，除去余高，则疲劳强度提高到 $\pm 275MPa$，这已与基本金属的疲劳强度相当。但如果对焊趾处进行局部磨削加工，其疲劳强度为 $\pm 245MPa$，它是机加工效果的 83%。与焊态相比，疲劳强度提高 65%。当然不论是采用机加工方法，还是磨削方法，如果不能仔细按要求进行，以便保证加工效果，疲劳强度的提高是有限的。

十字接头或T形接头在焊接结构中得到了广泛的应用。在这种承力接头中，由于在焊缝向基本金属过渡处具有明显的截面变化，其应力集中系数要比对接接头的应力集中系数高。因此十字或T形接头的疲劳强度要低于对接接头，对未开坡口的用角焊缝连接的接头，和局部熔透焊缝的开坡口接头，当焊缝传递工作应

力时，其疲劳断裂可能发生在两个薄弱环节上，即基本金属与焊缝趾端交界处或焊缝上。当单个焊缝的计算厚度 a 与板厚 B 之比 $a/B<0.6\sim0.7$ 时，一般断于焊缝；当 $a/B>0.7$ 时，一般断于基本金属。但是增加焊缝尺寸对提高疲劳强度仅仅在一定范围内有效。因为焊缝尺寸的增加并不能改变另一薄弱截面即焊趾端处基本金属的强度，故充其量亦不能超过该处的疲劳强度，如图 16-19 所示。

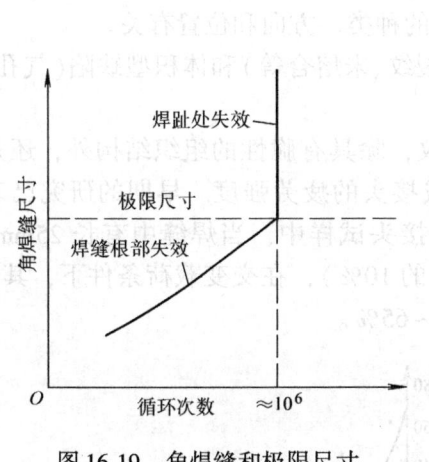

图 16-19 角焊缝和极限尺寸

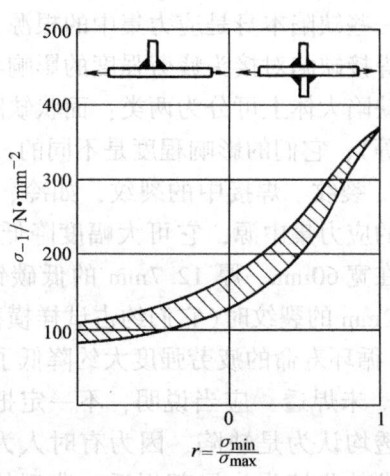

图 16-20 焊缝不承力的 T 形接头和十字接头的疲劳强度

Soete，Van Crombrugge 采用 16mm 厚板用不同的角焊缝施焊，在轴向疲劳载荷下的试验发现，焊缝的焊脚为 13mm 时，断裂发生在焊趾处基本金属或焊缝中；当焊缝的焊脚小于此值时，疲劳断裂发生在焊缝上；当焊脚尺寸为 18mm 时断裂发生在基本金属中。据此他们提出极限焊脚尺寸 $a=0.85B$（B 为板厚），可见即使焊脚尺寸达到板厚时(16mm)，仍可得到焊在缝处的断裂结果，这一结果与理论结果相符合。

对于开坡口焊透的十字接头，断裂一般只发生在焊趾处，而不是在焊缝处。提高 T 形和十字接头疲劳强度的根本措施是开坡口焊接，并加工焊缝过渡处使之圆滑过渡。通过这种改进措施，疲劳强度可有较大幅度的提高。焊缝不承受工作应力的 T 形和十字接头的疲劳强度主要取决于焊缝与主要受力板交界处的应力集中。图 16-20 为焊缝不承受工作应力的低碳钢 T 形和十字接头的疲劳强度，T 形接头具有较高的疲劳强度，其数值接近于图中阴影线的上限，而十字接头则接近于下限。

低碳钢搭接接头的早期疲劳试验结果证明搭接接头的疲劳强度是很低的。应当强调，采用所谓"加强"盖板的对接接头是极不合理的。由于加大了应力集中影响，采用盖板后，原来疲劳强度较高的对接接头被大大地削弱。

承力盖板接头的疲劳裂纹可发生在母材，也可发生在焊缝，另外改变盖板的宽度或焊缝的长度，也会改变应力在基本金属中的分布，因此将会影响接头的疲劳强度，即随着焊缝长度与盖板宽度比率的增加，接头的疲劳强度增加，这是因为应力在基本金属中分布趋于均匀所致。

（二）缺陷引起应力集中的影响

一些缺陷本身是应力集中的根源，因而对结构和接头的疲劳强度产生显著影响，焊接缺陷对接头疲劳强度的影响与缺陷的种类、方向和位置有关。

缺陷大体上可分为两类：面状缺陷（如裂纹、未熔合等）和体积型缺陷（气孔、夹渣等），它们的影响程度是不同的。

1. 裂纹 焊接中的裂纹，如冷、热裂纹，除具有脆性的组织结构外，还是严重的应力集中源，它可大幅度降低结构或接头的疲劳强度。早期的研究已表明，在宽60mm、厚12.7mm的低碳钢对接接头试样中，当焊缝中有长25mm、深5.2mm的裂纹时（它们约占试样横截面积的10%），在交变载荷条件下，其 2×10^6 循环寿命的疲劳强度大约降低了55%~65%。

2. 未焊透 应当说明，不一定把未焊透均认为是缺陷，因为有时人为地要求某些接头为局部焊透，典型的例子是某些压力容器接管的设计。未焊透缺陷有时为表面缺陷（对单面焊缝），有时为内部缺陷（双面焊缝），它可以是局部性质的，也可以是整体性质的。其主要影响是削弱截面积和引起应力集中。图16-21 示出试样截面积减少量与 2×10^6 循环次数时的疲劳强度关系。以削弱面积10%时的疲劳寿命与未含有该类缺陷的试验结果相比，其疲劳强度降低了25%，这意味着其影响不如裂纹严重。还应指出，

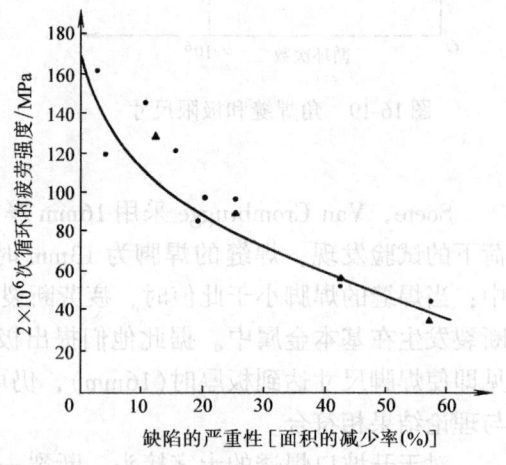

图16-21 未焊透对低碳钢对接接头的疲劳强度的影响

如果存有未焊透缺陷，表面机加工变得毫无意义，因为疲劳裂纹将不在余高和焊趾处起始，而是转移到焊缝根部未焊透处。在有未焊透缺陷存在的情况下，机加工反而往往会降低接头疲劳强度。

3. 未熔合 由于试样难以制备，至今有关研究极其稀少。但是无可置疑，未熔合属于平面缺陷，因而不容忽视，一般将其和未焊透等同对待。

4. 咬边 咬边可由图16-22所示的6个参量决定。影响疲劳强度的主要参量是咬边深度，目前可用深度 h 或深度与板厚比值（h/B）作为参量评定接头疲劳

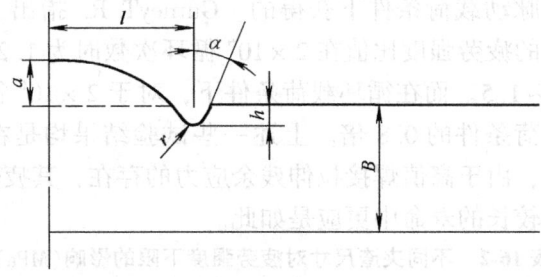

图 16-22 咬边缺陷的参量

强度。因为后者是无量纲因子，因而为其应用带来无限方便。有关研究已证实，对于角焊缝来说，焊缝形状变化对接头疲劳强度的影响，甚至大于常见深度的咬边影响。

5. 气孔　为体积缺陷，因而难以采用断裂力学方法进行评定。Harrison 对前人的有关试验结果进行了分析总结，如表 16-1 所示。

上表主要说明，疲劳强度下降主要是由于气孔减少了截面积尺寸造成的它们之间有一定的线性关系。但是一些研究表明，当采用机加工方法加工试样表面，使气孔处于表面上时，或刚好位于表面下方时，气孔的不利影响加大，它将作为应力集中源起作用，而成为疲劳裂纹的起裂点。这说明气孔的位置比其尺寸对接头疲劳强度影响更大，表面或表层下气孔具有最不利影响。

6. 夹渣　IIW 的有关研究报告指明：作为体积型缺陷，夹渣比气孔对接头疲劳强度影响要大。Harrison 采用对待气孔缺陷的方法，把具有各种夹渣缺陷尺寸的脉动载荷下的疲劳强度试验结果的分散性进行了总结，总结中不考虑板厚和缺陷在板中的位置，其结果如表 16-2 所示。

由表可见，应力消除试样的疲劳强度不论是对酸性焊条还是低氢焊条疲劳强度区别不大，但是焊态下，低氢焊条施焊的具有夹渣的接头试样，其疲劳强度要高些。

表 16-1　气孔对疲劳强度的影响

气孔（体积的百分比）	疲劳强度/MPa	
	10^5 循环	2×10^6 循环
3	305	147
4	300	145
6	250	121
8	190	92
20	120	58

这些数据是在脉动载荷条件下获得的。GurneyT. R. 指出，交变载荷条件下与脉动载荷条件下的疲劳强度比值在 2×10^6 循环次数时为 1.2~1.6；在 6×10^5 循环次数下为 1.3~1.5。而在循环载荷条件下，对于 2×10^6 循环次数下其疲劳强度是脉动循环载荷条件的 0.8 倍。上述一些试验结果均是在小型试样上得出的。在大型试样中，由于高值焊接拉伸残余应力的存在，其疲劳强度值将会更一步降低，尤其是在较长的寿命中更应是如此。

表 16-2 不同夹渣尺寸对疲劳强度下限的影响(MPa)

制造方法	缺陷尺寸/mm									
	1.6		5		10		25		连续	
	10^5	2×10^6	10^5	2×10^6	10^5	2×10^6	10^5	2×10^6	10^5	2×10^6
酸性焊条，未经消除应力处理	310	147			205	97			170	80
低氢焊条，未经消除应力处理			310	147					205	97
应力消除焊缝			310	147					205	97

通过上述介绍可见焊接缺陷对接头疲劳强度的影响，不但与缺陷尺寸有关，而且还决定于许多其他因素，如表面缺陷比内部缺陷影响大，与作用力方向垂直的面状缺陷的影响比其它方向的大；位于残余拉应力区内的缺陷的影响比在残余压应力区的大；位于应力集中区的缺陷（如焊缝趾部裂纹）比在均匀应力场中同样缺陷影响大。

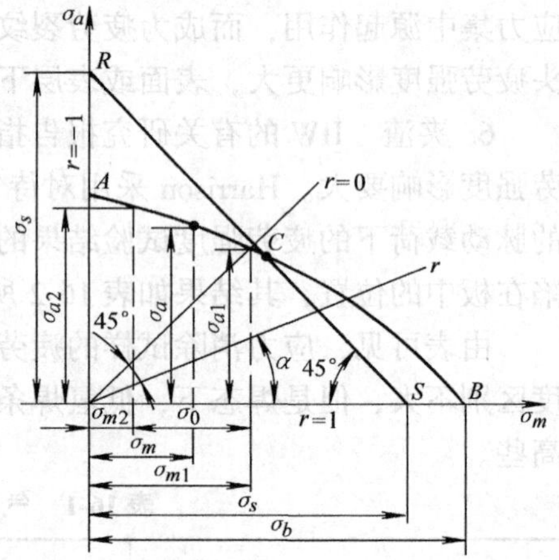

二、残余应力的影响

焊接残余应力对于结构疲劳强度的影响是人们广泛关心的问题，对于这个问题人们进行了大量试验研究工作。试验往往

图 16-23 疲劳强度与 σ_a、σ_m 的关系

采用有焊接应力的试样与经过热处理消除内应力后的试样进行疲劳试验作对比。由于焊接残余应力的产生往往伴随着焊接热循环引起的材料性能的变化，而热处理在消除内应力的同时也恢复或部分恢复了材料的性能。因此，对于试验的结果就产生了不同的解释，对内应力的影响也有了不同的评价。

现在首先分析内应力对于构件疲劳强度的影响。在用 σ_a 和 σ_m 表示的疲劳图中（图 16-23）曲线 -ACB 代表不同平均应力时的极限应力振幅值 σ_a。当构件中的应力振幅值大于极限幅值时,将发生疲劳破坏,小于极限幅值则是安全的。由图中可以看出,随着 σ_m 的增加,极限应力幅值有所下降。

下面通过几个具体试验研究结果,来说明焊接残余应力对疲劳强度的影响。

首先介绍一个采用不同焊接次序来获得不同的焊接应力分布的试样对比试验。图 16-24 为两组带有纵向横向焊道的试样。第一组试样 A 是先焊纵向焊缝,后焊横向焊缝;另一组试样 B 是先焊横向焊缝,后焊纵向焊缝。在焊缝交叉处,第一组试样的拉伸焊接应力低于第二组,两组试样的对比疲劳实验结果见图 16-24。从图上可以看出第一组疲劳强度高于第二组。这个试验并没有采用热处理来消除内应力,排除了热处理对材料性能的影响,比较明确地说明了内应力的作用。

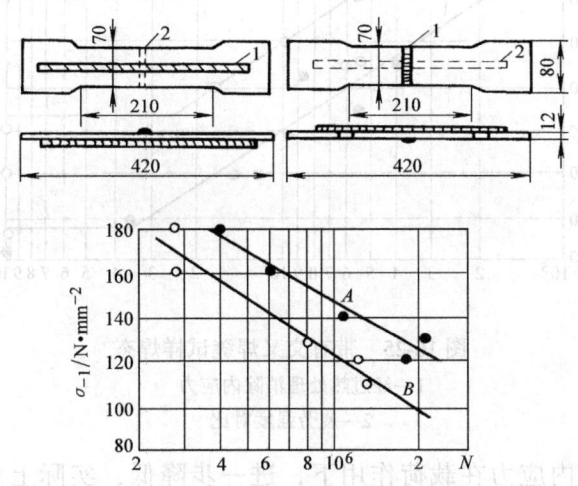

图 16-24 利用不同焊接次序调整试样焊接
应力的疲劳强度对比试验结果
1—纵向焊缝 2—横向焊缝

图 16-25 为另一个试验结果。试验采用 14Mn2 普通低合金结构钢,试样有一条横向对接焊缝,在正反两面堆焊纵向焊道各一条。一组试样焊后作消除内应力热处理;另一组未经热处理,然后进行疲劳强度对比试验。疲劳试验采用三种应力循环特征系数 $r = -1, 0, +0.3$。从图中可以看出在交变载荷下($r = -1$)消除内应力试样的疲劳强度接近 130N/mm^2,而未消除内应力的仅为 75N/mm^2。在脉动载荷下($r = 0$)两组试样的疲劳强度相同,为 185N/mm^2。而当 $r = 0.3$ 经热处理消除内应力的试样疲劳强度为 260N/mm^2,反而略低于未热处理的试样(270N/mm^2)。产生这个现象的原因是:在 $\sigma_{\min}/\sigma_{\max}$ 比值较高时,例如在脉动载荷下,疲劳强度较高,在较高的拉应力作用下,内应力较快地得到释放,因此内应力对疲劳强度的影响就减弱;当 $\sigma_{\min}/\sigma_{\max}$

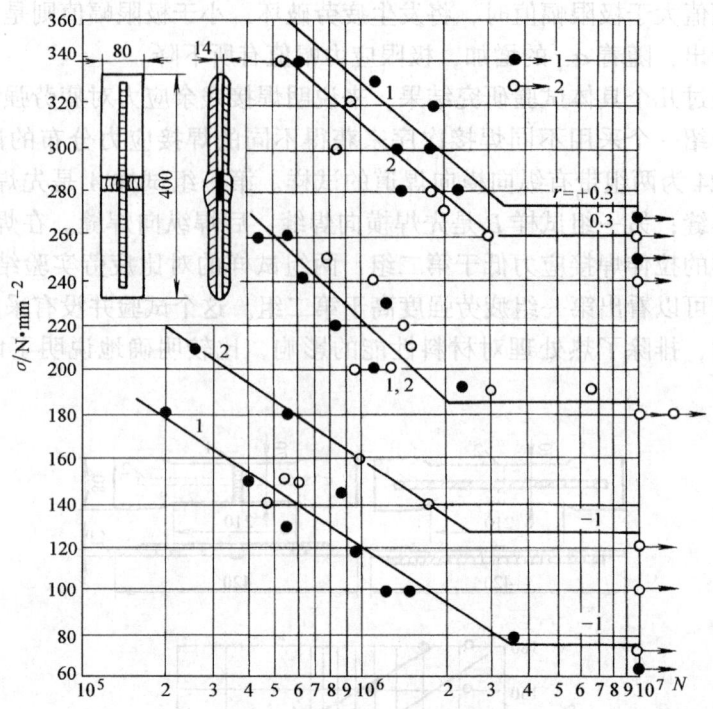

图 16-25 带有交叉焊缝试样焊态
1—经过热处理消除内应力
2—疲劳强度对比

增大到 0.3 时，内应力在载荷作用下，进一步降低，实际上对疲劳强度已不起作用。而热处理在消除内应力的同时又消除了焊接过程对材料疲劳强度的有利影响，因而疲劳强度在热处理后反而下降。这个有利影响在交变载荷试样里并不足以抵消内应力的不利影响，在脉动载荷试样里正好抵消了残存的内应力的不利影响。这一试验比较好地说明了内应力和焊接热循环所引起的材质变化对疲劳强度的影响。从这里也可以看出焊接内应力对疲劳强度的影响与疲劳载荷的应力循环特征系数有关。在 $\sigma_{min}/\sigma_{max}$ 比值较低时，影响比较大，如上述试验所采用的试样，应力集中比较低。下面再介绍一个应力集中比较严重的试样的试验结果。试样带纵向短筋板，具有较高的应力集中系数。一组试样焊后经过消除应力热处理，另一组不作热处理，两组试样作脉动载荷疲劳强度试验，其结果见图 16-26。消除内应力后的试样疲劳强度均高于未热处理的。在这个试验中，内应力的作用在脉动载荷下仍有反映。说明内应力的影响在应力集中较高时更大。

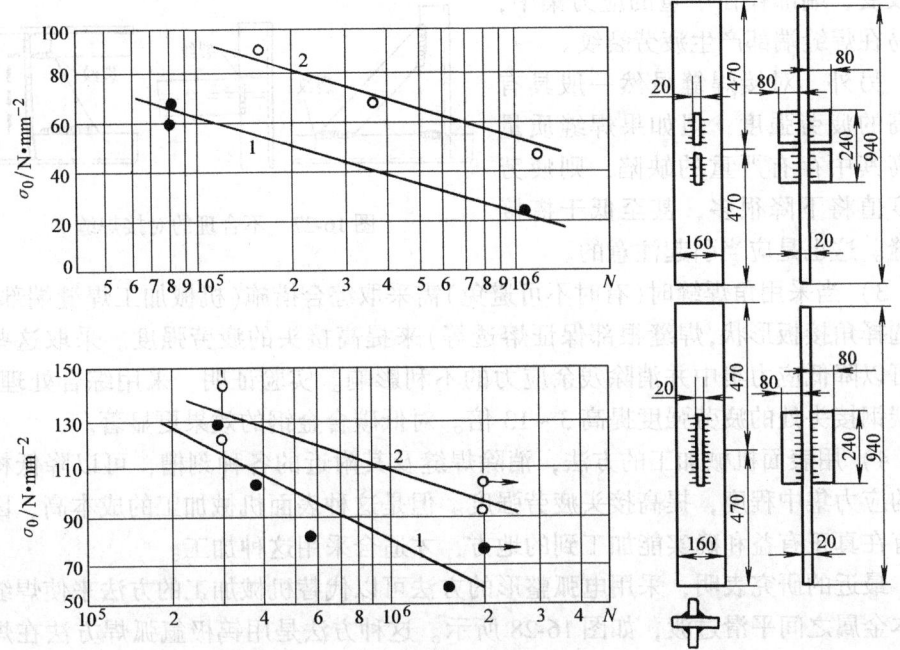

图 16-26 带纵向短筋板试样的疲劳强度
1—焊态 2—焊后经过热处理

第六节 提高焊接接头疲劳强度的措施

综上所述可以看出，应力集中是降低焊接接头和结构疲劳强度的主要原因，只有当焊接接头和结构的构造合理；焊接工艺完善，焊接金属质量良好时，才能保证焊接接头和结构具有较高的疲劳强度。提高焊接接头和结构的疲劳强度，一般可以采取下列措施。

一、降低应力集中

1）采用合理的构件结构形式，减少应力集中，以提高疲劳强度。

2）尽量采用应力集中系数小的焊接接头。如对接接头的应力集中系数小，因而疲劳强度高，应当尽量选用。

在对接焊缝中，应当保证基本金属与焊缝之间平缓过渡，机械打磨过渡区是可采用的方法，但注意打磨方法应是顺着力线传递方向，而垂直力线方向打磨往往取得相反的效果。

在对接焊缝中还应当指出的是，只有保证联接件的截面没有突然改变的情况下传力才是合理的。图 16-27 是一些不合理对接焊缝的实例，由于接头形状的突然改变，端部存在严重的应力集中，故易在焊缝端部产生疲劳裂纹。

另外，对接焊缝虽然一般具有较高的疲劳强度，但如果焊缝质量不高其中存有严重的缺陷，则疲劳强度值将下降很多，甚至低于搭接焊缝。这也是应当引起注意的。

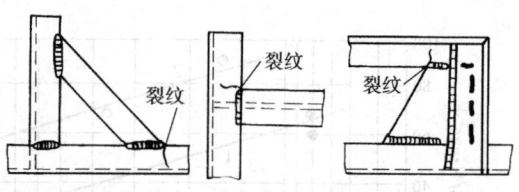

图 16-27　不合理的对接焊缝

3) 当采用角焊缝时(有时不可避免)需采取综合措施(机械加工焊缝端部，合理选择角接板形状，焊缝根部保证熔透等)来提高接头的疲劳强度。采取这些措施可以降低应力集中并消除残余应力的不利影响。实验证明，采用综合处理后，低碳钢接头处的疲劳强度提高 3～13 倍。对低碳合金钢的效果更显著。

4) 用表面机械加工的方法，消除焊缝及其附近的各种刻槽，可以降低构件中的应力集中程度，提高接头疲劳强度。但是这种表面机械加工的成本高，因此只有在真正有益和确实能加工到的地方，才适合采用这种加工。

最近的研究表明，采用电弧整形的方法可以代替机械加工的方法来使焊缝与基本金属之间平滑过渡，如图 16-28 所示。这种方法是用钨极氩弧焊方法在焊接接头的过渡区重熔一次，使焊缝与基本金属之间平滑过渡，同时减少该部位的微小非金属夹渣物，因而可使接头部位的疲劳强度提高。

对于低碳钢和低合金钢来说，其疲劳强度提高的程度和机械加工的效果相似。对于高强钢来说，用电弧整形法就具有更重要的意义。因为高强度钢对应力集中比较敏感，采用电弧整形法对提高疲劳强度的效果更好。

二、调整残余应力场

消除接头应力集中处的残余拉应力或使该处产生残余压应力都可以提高接头的疲劳强度。这种方法可以分为两类：一类是结构或元件整体处理；另一类是对接头部位局部处理。第一类包括整体退火或超载预拉伸法，第二类一般是在接头某部位采用加热、辗压、局部爆炸等方法，使接头应力集中处产生残余压应力。

（一）整体处理

正如前面已经谈到的整体退火方法，不一定都能提高构件的疲劳强度。实践表明，退火后的焊接构件在某些情况下能够提高构件的疲劳强度，而在某些情况下反而使疲劳强度有所降低。

一般情况下在循环应力较小或应力循环系数较低，应力集中较高时，残余拉应力的不利影响增大，此时退火往往是有利的。

超载预拉伸方法由于可降低残余拉伸应力，甚至在某些条件下在缺口尖端处产生残余压应力，因此它往往可以提高接头的疲劳强度。

（二）局部处理

采用局部加热或挤压可以调节焊接残余应力场,在应力集中处产生残余压应力,图16-29为采用局部加热在应力集中处产生压应力的试件。在未经处理的试件上,不管连接板的形状如何(图16-29的点 B、C、D),低碳钢的试件疲劳强度都很低,但进行局部加工后,由于在焊缝根部造成残余压应力,其疲劳强度大为提高。此时疲劳裂纹可能不在焊缝的端部发生,而在母材上出现。目前此法只在实验室得到验证,实际结构上应用不多。

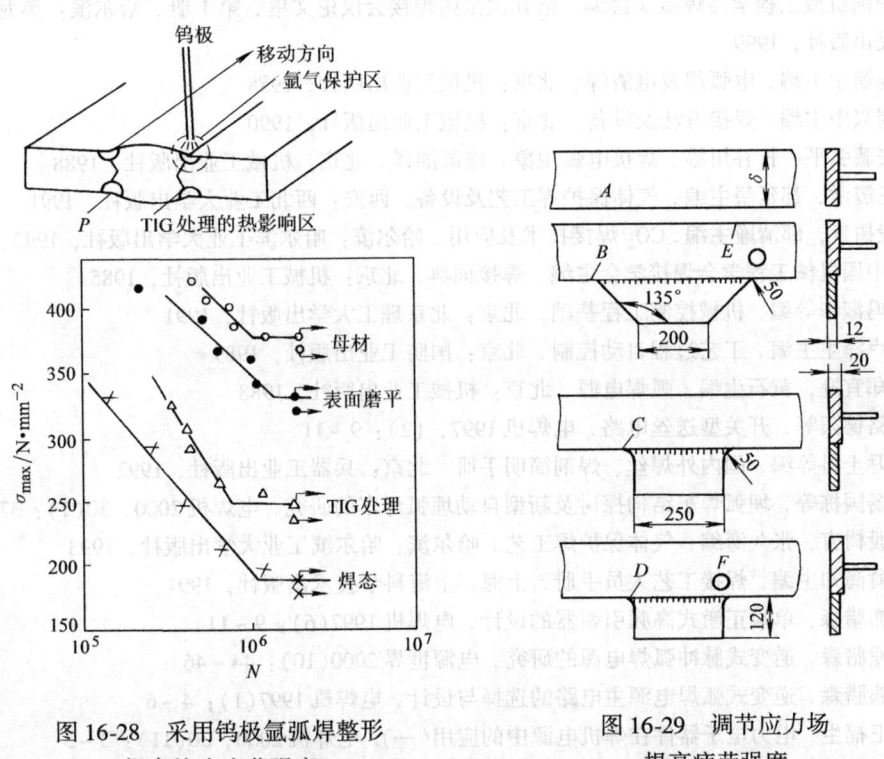

图16-28 采用钨极氩弧焊整形
提高接头疲劳强度

图16-29 调节应力场
提高疲劳强度

三、改善材料的力学性能

表面强化处理,用小轮挤压和用锤轻打焊缝表面及过渡区,或用小钢丸喷射(即喷丸处理)焊缝区,都可以提高接头的疲劳强度。因为材料经过这种处理后,不但形成有利的表面压应力,而且使材料局部加工硬化,因而可以提高疲劳强度。应当说明,采用这种方法时,对锻打程度要加以严格规定。

此外,介质往往对材料的疲劳强度有影响,因此采用一定的保护涂层是有利的。例如在应力集中处涂上加填料的塑料层。

参 考 文 献

1. 中国机械工程学会焊接学会．焊接手册．第一、二、三卷．北京：机械工业出版社，1992
2. 胡特生主编．电弧焊．北京：机械工业出版社，1995
3. 中国机械工程学会焊接学会编．第八次全国焊接会议论文集．第1册．北京：机械工业出版社，1997
4. 中国机械工程学会焊接学会编．第九次全国焊接会议论文集．第1册．哈尔滨：黑龙江人民出版社，1999
5. 姜焕中主编．电弧焊及电渣焊．北京：机械工业出版社，1988
6. 周兴中主编．焊接方法及设备．北京：机械工业出版社，1990
7. 安藤弘平、长谷川雄．焊接电弧现象．施雨湘译．北京：机械工业出版社，1988
8. 王震澂、都延玺主编．气体保护焊工艺及设备．西安：西北工业大学出版社，1991
9. 殷树言，邵清廉主编．CO_2焊接技术及应用．哈尔滨：哈尔滨工业大学出版社，1992
10. 中国机械工程学会焊接学会主编．焊接词典．北京：机械工业出版社，1985
11. 冯淑华等编．机械控制工程基础．北京：北京理工大学出版社，1991
12. 卢泽生主编．工艺过程自动控制．北京：国防工业出版社，1989
13. 郑宜庭，黄石生编．弧焊电源．北京：机械工业出版社，1988
14. 骆德阳等．开关型送丝电路．电焊机1997，(2)：9~11
15. 尹士科等编．国内外焊丝、焊剂简明手册．北京：兵器工业出版社，1992
16. 杨国栋等．埋弧焊车结构探讨及新型自动埋弧焊车的研究．电焊机2000，30(1)：37~38
17. 殷树言、张久海编．气体保护焊工艺．哈尔滨：哈尔滨工业大学出版社，1993
18. 俞尚知主编．焊接工艺人员手册．上海：上海科学技术出版社，1991
19. 熊腊森．单端正激式高频引弧器的设计．电焊机1997(6)：9~11
20. 熊腊森．逆变式脉冲弧焊电源的研究．电源世界2000(10)：44~46
21. 熊腊森．逆变式弧焊电源主电路的选择与设计．电焊机1997(1)：4~6
22. 王福生．电力电子器件在焊机电源中的应用(一)．电焊机2000，30(11)：3~5
23. 王福生．电力电子器件在焊机电源中的应用(二)．电焊机2000，30(12)：3~6
24. 王志强等．绝缘门极双极晶体管(IGBT)交流方波弧焊电源．焊接学报1992，13(3)：175~180
25. 张富巨．表面张力过渡．中国机械工程．1997．VOL. 8 专辑　119~123
26. 张富巨．张建强．表面张力过渡焊接中飞溅规律的研究．武汉水利水电大学学报，1997. NO. 6：61~64
27. 张富巨．表面张力过渡的波形分析．武汉水利水电大学学报．1998，NO. 1：79~82
28. Elliott. Stava. A New Low Spatter Arc Welding Machine. Welding Journal. Jan. 1993：25~29
29. 姜常莹．微计算机研究CO_2短路过渡焊接的探讨．焊接．1989(12)：6~13
30. J. F. Collard. Adaptive Pulsed GMAW Control The Digipulse System. Welding Journal. Nov 1988：35~38
31. T. Ogasawara、T. Maruyama、T. Saito、M. Sato、Y. Hida. A Power Source for Gas Shield Arc

Welding With New Current Waveforms. Welding Journal. Mar. 1987：57~63

32 朱正行、严向明、王敏著. 电阻焊技术. 北京：机械工业出版社, 2000
33 毕惠琴主编. 焊接方法及设备：第2分册篇电阻焊. 北京：机械工业出版社, 1981
34 赵熹华主编. 压力焊. 北京：机械工业出版社, 1988
35 潘际銮. 现代焊接控制. 北京：机械工业出版社, 2000
36 王其隆. 弧焊过程适时传感与控制. 北京：机械工业出版社, 2000
37 林尚扬. 焊接机器人及其应用. 北京：机械工业出版社, 2000
38 周振丰, 张文钺. 焊接冶金与金属焊接性. 北京：机械工业出版社, 1988
39 吉林工业大学焊接教研室编. 金属熔焊原理及工艺(下册). 北京：机械工业出版社, 1992
40 周振丰. 焊接冶金学(金属焊接性). 北京：机械工业出版社, 1996
41 邹茉莲. 焊接理论及工艺基础. 北京：北京航空航天大学出版社, 1994
42 钱昌黔. 耐热钢焊接. 北京：水利电力出版社, 1987
43 中国机械工程学会焊接学会. 焊接金相图谱. 北京：机械工业出版社, 1987
44 田燕. 焊接区断口金相分析. 北京：机械工业出版社, 1993
45 朱日彰、卢亚轩. 耐热钢和高温合金. 北京：化学工业出版社, 1996
46 田锡唐主编. 焊接结构. 北京：机械工业出版社, 1982
47 钟汉通、傅玉华、吴家声编著. 压力容器残余应力. 武汉：华中理工大学出版社, 1993
48 孟广喆、贾安东著. 焊接结构强度和断裂. 北京：机械工业出版社, 1986
49 吴清可主编. 防断裂设计. 北京：机械工业出版社, 1991
50 陈传尧、高大兴. 疲劳断裂基础. 武汉：华中理工大学出版社, 1991
51 日本焊接协会. HSE委员会编. 严鸢飞译. 钢焊接区的热应变脆化. 北京：机械工业出版社, 1982
52 [日]佐藤邦彦、向井喜彦、丰田政男著. 张伟昌、严鸢飞译. 焊接接头的强度与设计. 北京：机械工业出版社, 1983
53 霍立兴. 焊接结构工程强度. 北京：机械工业出版社, 1995